中国海监行政执法培训丛书

中国海监总队
中国海洋大学 组编

海洋行政执法理论

刘惠荣　刘　卫　张　颖　刘　玲 编著

2013 年·北京

图书在版编目（**CIP**）数据

海洋行政执法理论/刘惠荣等编著．—北京：海洋出版社，2013.12
（中国海监行政执法培训丛书）
ISBN 978－7－5027－8696－0

Ⅰ．①海… Ⅱ．①刘… Ⅲ．①海洋法－行政执法－中国－技术培训－教材
Ⅳ．①D993.5

中国版本图书馆 CIP 数据核字（2013）第 248057 号

责任编辑：杨海萍　　杨　明
责任印制：赵麟苏

http://www.oceanpress.com.cn
北京市海淀区大慧寺路 8 号　邮编：100081
北京旺都印务有限公司印刷　新华书店发行所经销
2013 年 12 月第 1 版　2013 年 12 月第 1 次印刷
开本：787mm×1092mm　1/16　印张：29.25
字数：404 千字　定价：50.00 元
发行部：62132549　邮购部：68038093　总编室：62114335
海洋版图书印、装错误可随时退换

《中国海监行政执法培训丛书》编委会

主　　任：张宏声
副 主 任：孙书贤
主　　编：孙书贤
副 主 编：于宜法　贾建军　郭佩芳
编　　委：李凤岐　刘惠荣　闫国林　房　鸣　张润秋
　　　　　刘　卫　刘晓燕　方向南　冯米玲　刘绍生
编写人员：郭佩芳　李凤岐　刘惠荣　朱庆林　张润秋
　　　　　刘　卫　方向南　丁金钊　何建苗　施星平
　　　　　郭　飞　张　颖　段　伟　俞兴树　陈　亮
　　　　　林细巧　刘　玲
通讯编辑：史建国　张　婷　王　勇　陈　达

序

2500年前,古希腊海洋学者狄米斯托克利预言:"谁控制了海洋,谁就能控制世界。"15世纪初,我国明代航海家郑和论断:"国家欲富强,不可置海洋于不顾。财富取之海,危险也来自海上。"伟大的革命先行者孙中山先生曾疾呼,海权"操之在我则存,操之在人则亡。"已故美国总统约翰·肯尼迪则说:"控制海洋意味着安全,控制海洋意味着和平,控制海洋就意味着胜利。"

历史充分表明,国家民族的兴衰与海洋息息相关,海兴则国强,海衰则国弱。大国崛起的历史,在某种程度上就是一部海洋争霸与竞逐史。昔日的海上强国葡萄牙、西班牙和荷兰,当年的日不落帝国英国,二战后的苏联,当今世界第一强国美国,无一不是以海强国。鸦片战争前后,面对列强进逼侵扰,清政府腐败无能,我国海上力量逐渐衰败、海权逐步丧失,日渐沦为有海无防、门户洞开、丧权辱国的半封建半殖民地国家。新中国成立后,尤其是改革开放以来,我国的海洋事业得到了迅速发展,国家海洋权益得到了有效维护。

海洋,无论在历史上还是在当下,无论在军事博弈还是在经济竞争中,对国家生存和发展都具有不可替代的战略地位。《联合国海洋法公约》生效后,国际政治经济形势发生了重大的深刻的变化,许多国家通过开发海洋资源迅速提高了本国的实力和地位,进一步彰显了海洋对于国家和民族兴衰的战略价值。进入21世纪后,海洋的战略地位更加突出,越来越多的沿海国家竞相把控制和开发利用海洋作为强国之国策,并且在海洋权益保护、深海矿产资源勘探开发以及生物资源利用等方面展开日趋激烈的竞争。面对严峻复杂的海洋形势，各沿海国为谋求政治、经济、军事上的有利态势和战略利益，纷纷调整海洋战略和政策。

中国是海洋大国，但还不是海洋强国。要赶上世界发展潮流，实现中华民族伟大复兴，必须全面实施海洋战略。我们党和国家对海洋事业历来非常重视，党的"十八大"提出了"建设海洋强国"的战略决策，从国家战略高度对海洋事业发展作出了全面部署，这标志着海洋战略已上升为国家大战略，标志着我国开始走上建设海洋强国的战略新征程。建设海洋强国是中华民族复兴崛起的历史路径，海洋强国之路任重道远。我们必须义无反顾地走向海洋、经略海洋，必须坚定不移地以海富国、以海强国，为建成海洋经济发达、海洋科技创新强劲、海洋生态环境优美、海洋资源开发能力和海洋综合管控能力强大的海洋强国而不懈奋斗。

当前，我们已经站在海洋事业发展新的历史起点上。作为我国海洋综合行政执法的主导力量——中国海监，使命更加神圣，任务更加艰巨。面对新形势、新任务和新要求，中国海监必须坚决维护国家海洋权益，实现管辖海域有效监管；强化海洋行政执法，全力推进海洋综合管理；加强队伍正规化建设，全面提高执法人员综合素质；加强执法能力建设，夯实海洋执法基础；构建海洋执法技术支持体系，提高海洋管控科技含量；健全海洋执法工作机制，加强执法理论研究，等等。所有这些，既是党和人民赋予中国海监的光荣使命，也是中国海监更好履职尽责的着力之点。

功以才成，业由才广。中国海监总队着眼海监队伍现代化、正规化建设要求，组织编辑并出版了《中国海监行政执法培训丛书》。这套丛书是中国海监多年执法实践和培训实践成果的结晶，既有理论知识的概括和阐述，又有实践经验的归纳和总结，编写目的明确，读者定位准确，适应海洋行政执法的发展趋势和特点，是一套专业性、针对性和实用性强的海监执法人员培训教材。丛书的出版，进一步完善了海洋执法人才培训体系，是中国海监发展史上值得记忆的重要事件。我们相信，这套丛书必将为提高海监队伍的正规化建设水平和综合业务素质，更好履行各项职责、圆满完成使命任务发挥重要作用。

　　事业凝聚人心，使命激发力量。海洋事业发展的宏伟蓝图已经绘就，让我们以崇高的使命感、强烈的责任心，励精图治、发愤图强，为实现中华民族的海洋强国梦作出新的贡献！

国家海洋局副局长
中国海监总队总队长

2013 年 1 月

前　言

我国海洋行政执法的迅速崛起，是从上世纪 90 年代末伴随着中国海监总队的诞生开始的。十五年来，海洋行政执法以其特定的管理领域和对经济社会发展的巨大作用，成为我国涉海行政管理部门的核心职能，中国海监也以其卓著的执法业绩备受瞩目。作为我国海洋行政主管部门管理的海洋行政执法队伍，中国海监依法履行神圣职责，对我国管辖海域实施巡航执法，查处侵犯我国海洋权益、破坏海洋开发利用秩序、损害海洋环境和资源的违法行为，日益凸显出保障国家海洋事业健康发展的重要作用。与此同时，中国海监在执法实践过程中，开拓了由初、中、高层次相结合的分级培训，执法、航海、航空、装备技术等交叉式的分类培训，远程教育培训和体能礼仪训练等培训方法与领域。经过多年建设发展，中国海监已经成为一支政治坚定、业务精湛、作风优良、执法公正、具有中国特色的海洋行政执法队伍。

当前，我国进入了改革发展的关键时期，新的形势、新的任务和新的挑战对海洋行政执法工作提出了更高要求。面对日益加剧的海洋开发活动、日益恶化的海洋环境趋势和日益严峻的海洋维权形势，中国海监必须与时俱进。为此，中国海监总队委托中国海洋大学，组织具有丰富教学与科研经验的中国海洋大学、国家海洋局海洋发展战略研究所、中国政法大学的有关专家学者和具有丰富执法经验的中国海监总队及其所属各海区总队资深执法人员，在中国海监总队与中国海洋大学多年合作开展海监执法人员培训所形成的培训教材基础上，编写了《中国海监行政执法培训丛书》（以下简称《丛书》）。

组织编写这套《丛书》，旨在提供规范性、系统性教材，提高海监队伍业务水平，强化海监执法人员综合素质，有效开展海洋行政执法工作，全面忠实地履行各项职责。因此对内容体系的设计思路是：介绍必要的海洋自然科学和海洋自然环境的基础知识，充实海洋管理的基础理论和专业知识，掌握并进一步提高海洋行政执法的法理知识和实务技能。《丛书》适用于中国海监执法人员，可作为上岗培训、在岗培训、年审培训和复合人才培训的教材，也可作为有关高校海洋行政执法课程的辅助教材。《丛书》由海洋自然基础、海洋管理基础、海洋执法理论和海洋执法实务等部分组成，主要包括海洋与环境概论、海洋管理概论、海洋行政执法理论、海域使用行政执法实务、海岛保护行政执法实务、海洋环境保护行政执法实务等内容。

《丛书》全套5册，第一册《海洋与环境概论》，由李凤岐编写；第二册《海洋管理概论》，第一、二、三、六章由郭佩芳编写，第四章由朱庆林编写，第五、七、八章由张润秋编写；第三册《海洋行政执法理论》，其中，第一篇法学基础理论由刘玲编写。第二篇海洋行政法理论的第一章至第七章由刘惠荣编写，第八章至十一章由刘卫编写。第三篇中国的海洋法律制度由张颖编写；第四册《海域使用和海岛保护行政执法实务》，其中，第一篇海域使用行政执法实务初稿由郭飞撰写，而后由俞兴树编写第一章至第七章，由段伟编写第八章至十章。第二篇海岛保护行政执法实务的第一、五章由方向南编写，第二章由林细巧编写，第三、四章由陈亮编写；第五册《海洋环境保护行政执法实务》，第一、三章由丁金钊编写，第二、四章由施星平编写，第五章由何建苗编写。

《丛书》的完成，是集体智慧的结晶，是团队合作的成果。编写期间，得到了中国海洋大学、国家海洋局海洋发展战略研究所、中国政法大学和中国海监各海区总队的大力支持与热情帮助，在此一并致以衷心感谢！

  由于时间和能力所限，难免存在许多不妥或者错误之处，敬请批评指正。

编者

2012 年 12 月 30 日

目 录

第1篇 法学基础理论

1 法的概念 (3)
  1.1 法的定义 (3)
    1.1.1 词源意义上的法与法律 (3)
    1.1.2 现代语境中的法与法律 (4)
    1.1.3 法的定义 (4)
  1.2 法的基本特征与法的思维方式 (5)
    1.2.1 法的基本特征 (5)
    1.2.2 法律思维方式 (6)
  1.3 法的本质 (7)
    1.3.1 法的国家意志性 (7)
    1.3.2 法的阶级意志性 (8)
    1.3.3 法的物质制约性 (9)
  1.4 法的分类 (10)
    1.4.1 法的一般分类 (10)
    1.4.2 法的特殊分类 (12)
    1.4.3 法律分类对执法和司法的意义 (14)

2 法的渊源与效力 (16)
  2.1 法的渊源 (16)
    2.1.1 法的渊源概述 (16)

2.1.2　法的渊源的分类……………………………………(16)
　　2.1.3　当代中国法的渊源…………………………………(18)
2.2　法的效力与实效……………………………………………(22)
　　2.2.1　法的效力……………………………………………(22)
　　2.2.2　法律实效……………………………………………(27)

3　法的要素……………………………………………………(30)
3.1　法的要素的含义……………………………………………(30)
　　3.1.1　法的要素的概念……………………………………(30)
　　3.1.2　法的要素的特征……………………………………(30)
　　3.1.3　法的要素的内容……………………………………(31)
3.2　法律规则……………………………………………………(33)
　　3.2.1　法律规则的含义……………………………………(33)
　　3.2.2　法律规则的属性……………………………………(34)
　　3.2.3　法律规则的逻辑结构………………………………(34)
　　3.2.4　法律规则适用之逻辑………………………………(35)
　　3.2.5　法律规则与法律条文………………………………(36)
　　3.2.6　法律规则的分类……………………………………(37)
3.3　法律原则……………………………………………………(38)
　　3.3.1　法律原则的含义和特征……………………………(38)
　　3.3.2　法律原则的功能……………………………………(39)
　　3.3.3　法律原则的适用……………………………………(40)
　　3.3.4　法律原则的分类……………………………………(41)
3.4　法律概念……………………………………………………(42)
　　3.4.1　法律概念释义………………………………………(42)
　　3.4.2　法律概念种类………………………………………(42)

4　法律体系……………………………………………………(43)
4.1　法律体系的定义与划分部门法的标准与原则……………(43)

####### 4.1.1 基本概念 (43)
####### 4.1.2 部门法的划分标准与原则 (45)
4.2 我国法律的部门划分 (47)
####### 4.2.1 传统理论上的法的部门划分 (47)
####### 4.2.2 我国现行部门法的划分 (48)
5 法律关系与法律事实 (51)
5.1 法律关系的概念和种类 (51)
5.1.1 法律关系的概念 (51)
5.1.2 法律关系的种类 (53)
5.2 法律关系的要素 (56)
5.2.1 法律关系的主体 (56)
5.2.2 法律关系的客体 (58)
5.2.3 法律关系的内容——权利和义务 (59)
5.3 法律事实 (62)
5.3.1 法律事实的概念 (63)
5.3.2 法律事实的分类 (63)
5.3.3 认定法律事实的基础 (64)
5.3.4 法律事实的认定与解释 (64)
6 法律责任 (66)
6.1 法律责任的概念 (66)
6.1.1 责任及法律责任的含义 (66)
6.1.2 法律责任的目的和功能 (67)
6.2 法律责任的构成要件 (68)
6.2.1 责任主体 (68)
6.2.2 违法行为或者违约行为 (68)
6.2.3 主观过错 (69)
6.2.4 损害事实 (69)

  6.2.5 因果关系 …………………………………………………… (70)

 6.3 法律责任的配置原则 ……………………………………………… (70)

  6.3.1 法律责任的合法性原则 ………………………………… (70)

  6.3.2 法律责任的合理性原则 ………………………………… (70)

  6.3.3 法律责任的节制性原则 ………………………………… (71)

  6.3.4 法律责任的协调性原则 ………………………………… (71)

 6.4 法律责任的分类 …………………………………………………… (72)

  6.4.1 刑事责任、民事责任、行政责任、宪法责任、国家赔偿责任

     ……………………………………………………………… (72)

  6.4.2 公法责任和私法责任 …………………………………… (73)

  6.4.3 财产责任和非财产责任 ………………………………… (73)

  6.4.4 职务责任和个人责任 …………………………………… (73)

 6.5 法律责任的认定和归结 …………………………………………… (74)

7 法的作用 ……………………………………………………………… (76)

 7.1 法的规范作用 ……………………………………………………… (77)

  7.1.1 法的指引作用 …………………………………………… (77)

  7.1.2 法的评价作用 …………………………………………… (78)

  7.1.3 法的预测作用 …………………………………………… (78)

  7.1.4 法的教育作用 …………………………………………… (79)

  7.1.5 法的强制作用 …………………………………………… (79)

 7.2 法的社会作用 ……………………………………………………… (80)

  7.2.1 阶级社会中法的社会作用 ……………………………… (80)

  7.2.2 当代我国社会主义社会中法的社会作用 ……………… (81)

 7.3 法的作用的局限性 ………………………………………………… (81)

  7.3.1 法律的主观性 …………………………………………… (82)

  7.3.2 法律的滞后性 …………………………………………… (82)

  7.3.3 法律的僵化性 …………………………………………… (82)

7.3.4 法律的压制性…………………………………………(83)

8 立法……………………………………………………(84)
8.1 立法的概念与立法体制………………………………(84)
8.1.1 立法的概念………………………………………(84)
8.1.2 立法体制…………………………………………(85)
8.2 立法的原则……………………………………………(87)
8.2.1 理想和现实兼顾原则……………………………(88)
8.2.2 原则与具体兼顾原则……………………………(89)
8.2.3 普适性与地方性兼顾原则………………………(89)
8.2.4 稳定性与变动性兼顾的原则……………………(89)
8.2.5 法治原则…………………………………………(90)
8.3 立法的程序……………………………………………(90)
8.3.1 立法的准备程序…………………………………(91)
8.3.2 正式立法程序……………………………………(91)
8.4 法律解释………………………………………………(93)
8.4.1 法律解释的含义…………………………………(93)
8.4.2 法律解释制度及其存在的问题…………………(94)

9 法治与法治国家………………………………………(97)
9.1 法治与法治国家释义…………………………………(97)
9.1.1 法治的概念………………………………………(97)
9.1.2 法治国家的含义…………………………………(100)
9.2 法治的原则和基础……………………………………(103)
9.2.1 法治的原则………………………………………(103)
9.2.2 法治的基础………………………………………(104)
9.3 法治的要件……………………………………………(106)
9.3.1 法治的实体要件…………………………………(106)
9.3.2 法治的形式要件…………………………………(107)

第 2 篇　海洋行政法理论

10　行政法概述 (113)
 10.1　行政法的概念和特点 (113)
  10.1.1　行政法的起源、含义及基础理论 (113)
  10.1.2　行政法的特点 (115)
 10.2　行政法的渊源 (116)
  10.2.1　行政法的成文法渊源 (116)
  10.2.2　行政法的其他渊源 (118)
 10.3　行政法律关系 (120)
  10.3.1　行政法律关系的概念和特点 (120)
  10.3.2　行政法律关系的构成要素 (121)
 10.4　海洋行政法的内涵及其特征 (122)
  10.4.1　海洋行政法的内涵 (122)
  10.4.2　海洋行政法的特征 (123)

11　行政法的基本原则 (125)
 11.1　行政法的基本原则概述 (125)
  11.1.1　行政法基本原则的含义 (125)
  11.1.2　行政法基本原则的特点 (126)
  11.1.3　行政法基本原则的缘起 (127)
 11.2　行政合法性原则 (129)
  11.2.1　行政合法性原则的含义 (129)
  11.2.2　行政合法性原则的适用 (130)
 11.3　行政合理性原则 (131)
  11.3.1　行政合理性原则的含义与具体要求 (131)
  11.3.2　行政合理性原则与行政合法性原则的关系 (132)
 11.4　行政信赖保护原则 (133)

     11.4.1 行政信赖保护原则的含义……………………………(133)
     11.4.2 行政信赖保护原则的要件……………………………(135)
  11.5 比例原则…………………………………………………………(135)
     11.5.1 比例原则的含义………………………………………(135)
     11.5.2 比例原则的内容………………………………………(136)
12 行政法律关系主体……………………………………………………(138)
  12.1 行政主体…………………………………………………………(138)
     12.1.1 行政主体的概念、特征…………………………………(138)
     12.1.2 行政主体的范围…………………………………………(140)
     12.1.3 行政主体的种类与资格认定……………………………(141)
  12.2 行政相对人………………………………………………………(143)
     12.2.1 行政相对人的含义………………………………………(143)
     12.2.2 行政相对人的确认和范围………………………………(144)
     12.2.3 行政相对人的法律地位及其权利义务…………………(146)
     12.2.4 行政相对人的法律责任…………………………………(148)
13 行政行为………………………………………………………………(149)
  13.1 行政行为的概念与特征…………………………………………(149)
     13.1.1 行政行为的概念…………………………………………(149)
     13.1.2 行政行为的特征…………………………………………(150)
  13.2 行政行为的分类…………………………………………………(151)
  13.3 行政行为的类型…………………………………………………(153)
     13.3.1 行政行为类型的含义……………………………………(153)
     13.3.2 主要的行政行为类型……………………………………(154)
  13.4 行政行为的成立与合法要件……………………………………(157)
     13.4.1 行政行为的成立…………………………………………(157)
     13.4.2 行政行为的生效与合法要件……………………………(158)
     13.4.3 行政行为生效的情形……………………………………(158)

13.4.4　行政行为失效的情形 …………………………… (159)
13.5　行政行为的效力 …………………………………………… (160)
　　13.5.1　公定力 …………………………………………… (160)
　　13.5.2　确定力 …………………………………………… (161)
　　13.5.3　拘束力 …………………………………………… (161)
　　13.5.4　执行力 …………………………………………… (161)

14　行政程序 …………………………………………………… (162)

14.1　行政程序的概念、类型 …………………………………… (162)
　　14.1.1　行政程序的概念 …………………………………… (162)
　　14.1.2　行政程序的类型 …………………………………… (162)
　　14.1.3　行政程序的意义 …………………………………… (163)
14.2　行政程序的基本原则 ……………………………………… (164)
　　14.2.1　正当程序原则 ……………………………………… (165)
　　14.2.2　公平、公正原则 …………………………………… (165)
　　14.2.3　公开原则 …………………………………………… (165)
　　14.2.4　效率原则 …………………………………………… (166)
　　14.2.5　参与原则 …………………………………………… (166)
14.3　行政程序法的基本制度 …………………………………… (166)
　　14.3.1　听证制度 …………………………………………… (166)
　　14.3.2　告知与说明理由制度 ……………………………… (168)
　　14.3.3　表明身份制度 ……………………………………… (169)
　　14.3.4　回避制度 …………………………………………… (169)
　　14.3.5　信息公开制度 ……………………………………… (170)
　　14.3.6　职能分离制度 ……………………………………… (171)
　　14.3.7　时效制度 …………………………………………… (171)
　　14.3.8　权利救济制度 ……………………………………… (172)

15 行政许可 ……(174)

15.1 行政许可概述 ……(174)
- 15.1.1 行政许可的概念 ……(174)
- 15.1.2 行政许可的性质 ……(174)
- 15.1.3 行政许可的作用 ……(175)
- 15.1.4 行政许可的类型 ……(175)
- 15.1.5 行政许可的基本原则 ……(177)

15.2 行政许可的设定 ……(178)
- 15.2.1 行政许可的设定原则 ……(178)
- 15.2.2 行政许可的设定范围 ……(179)
- 15.2.3 行政许可的设定权 ……(180)

15.3 行政许可的实施 ……(181)
- 15.3.1 行政许可的实施主体 ……(181)
- 15.3.2 行政许可的实施程序 ……(182)

15.4 行政许可的撤销、注销与中止 ……(187)
- 15.4.1 行政许可的撤销 ……(187)
- 15.4.2 行政许可的注销 ……(188)
- 15.4.3 行政许可的中止 ……(188)

15.5 行政许可中的法律责任 ……(188)
- 15.5.1 行政机关及其工作人员的法律责任 ……(189)
- 15.5.2 行政相对人的法律责任 ……(190)

16 行政检查 ……(192)

16.1 行政检查概述 ……(192)
- 16.1.1 行政检查的概念和特征 ……(192)
- 16.1.2 行政检查的目的和作用 ……(193)
- 16.1.3 行政检查应遵循的程序和原则 ……(193)
- 16.1.4 行政检查的对象与内容 ……(194)

16.1.5　行政检查的分类与方式……………………………………(195)
　16.2　海洋行政检查………………………………………………………(197)
　　16.2.1　海域使用行政检查………………………………………(197)
　　16.2.2　海洋环境保护行政检查…………………………………(199)
　　16.2.3　涉外海洋科研行政检查…………………………………(202)
　　16.2.4　海底电缆管道铺设和保护行政检查……………………(202)
　　16.2.5　海岛保护行政检查………………………………………(203)

17　海洋行政处罚……………………………………………………………(206)
　17.1　行政处罚与海洋行政处罚概述……………………………………(206)
　　17.1.1　海洋行政处罚的概念……………………………………(206)
　　17.1.2　海洋行政处罚与相关概念的区别………………………(208)
　　17.1.3　海洋行政处罚的基本原则………………………………(210)
　17.2　行政处罚的种类……………………………………………………(213)
　　17.2.1　学理上对行政处罚的分类………………………………(213)
　　17.2.2　法律法规对行政处罚的分类……………………………(214)
　　17.2.3　海洋行政处罚的分类……………………………………(217)
　17.3　行政处罚与海洋行政处罚的设定…………………………………(218)
　　17.3.1　法律的设定权……………………………………………(218)
　　17.3.2　行政法规的设定权………………………………………(219)
　　17.3.3　地方性法规的设定权……………………………………(219)
　　17.3.4　行政规章的设定权………………………………………(219)
　17.4　行政处罚的实施主体、管辖与适用………………………………(220)
　　17.4.1　行政处罚的实施主体……………………………………(220)
　　17.4.2　行政处罚与海洋行政处罚的管辖………………………(223)
　　17.4.3　海洋行政处罚的适用……………………………………(226)
　17.5　海洋行政处罚程序…………………………………………………(229)
　　17.5.1　海洋行政处罚程序概述…………………………………(229)

017.5.2 简易程序 (230)
017.5.3 一般程序 (232)
17.6 立案 (233)
 17.6.1 立案的概念与特点 (234)
 17.6.2 立案的任务与意义 (234)
 17.6.3 案件的来源 (235)
 17.6.4 立案的条件 (235)
 17.6.5 立案的程序 (236)
17.7 调查取证 (238)
 17.7.1 调查的概念 (238)
 17.7.2 调查的任务 (239)
 17.7.3 调查的基本程序 (240)
 17.7.4 调查取证的方法 (242)
 17.7.5 调查的保障程序 (250)
17.8 海洋行政违法案件的处罚决定 (254)
 17.8.1 制作《案件调查终结报告》 (255)
 17.8.2 重大案件会审 (255)
 17.8.3 告知当事人 (256)
 17.8.4 听取当事人陈述和申辩 (257)
 17.8.5 听证程序 (257)
 17.8.6 作出处罚决定 (262)
 17.8.7 《行政处罚决定书》的制定 (264)
 17.8.8 《行政处罚决定书》的送达 (264)
17.9 海洋行政处罚的执行 (266)
 17.9.1 各类行政处罚的执行方式 (267)
 17.9.2 海上当场执行 (268)
 17.9.3 罚缴与收支分离制度 (269)

17.9.4 海洋行政处罚的强制执行……………………………………(271)
17.10 结案…………………………………………………………(271)
  17.10.1 结案的概念………………………………………………(271)
  17.10.2 结案的分类………………………………………………(271)
  17.10.3 结案的工作程序…………………………………………(273)

18 证据与证明……………………………………………………(274)

18.1 概述……………………………………………………………(274)
  18.1.1 证据的概念…………………………………………………(274)
  18.1.2 证据的性质…………………………………………………(274)
  18.1.3 证据的作用…………………………………………………(275)
18.2 学理上对证据的分类…………………………………………(276)
  18.2.1 人证与物证…………………………………………………(276)
  18.2.2 原始证据与传来证据………………………………………(277)
  18.2.3 直接证据与间接证据………………………………………(278)
  18.2.4 本证与反证…………………………………………………(279)
18.3 法律上对证据的分类…………………………………………(279)
  18.3.1 书证…………………………………………………………(280)
  18.3.2 物证…………………………………………………………(280)
  18.3.3 视听资料……………………………………………………(281)
  18.3.4 证人证言……………………………………………………(282)
  18.3.5 当事人陈述…………………………………………………(284)
  18.3.6 鉴定结论……………………………………………………(285)
  18.3.7 勘验笔录、现场笔录………………………………………(286)
18.4 证明的对象……………………………………………………(287)
  18.4.1 概念…………………………………………………………(287)
  18.4.2 实体法事实…………………………………………………(288)
  18.4.3 程序法事实…………………………………………………(289)

18.4.4　免证事实……………………………………………(289)
　18.5　证明的程度……………………………………………………(289)
　18.6　证据的审核认定………………………………………………(290)
　　18.6.1　证据审核认定的概念……………………………………(290)
　　18.6.2　证据审核认定的基本规则………………………………(291)
　　18.6.3　各类证据的逐一审核认定………………………………(292)
　　18.6.4　全案证据的综合审查判断………………………………(296)
19　行政强制………………………………………………………………(299)
　19.1　行政强制的概念和特征………………………………………(299)
　　19.1.1　行政强制措施的概念和特征……………………………(299)
　　19.1.2　行政强制执行的概念和特征……………………………(300)
　　19.1.3　行政强制措施和行政强制执行的区别…………………(301)
　19.2　行政强制的种类和方式………………………………………(301)
　　19.2.1　行政强制措施的种类……………………………………(301)
　　19.2.2　行政强制执行的方式……………………………………(302)
　19.3　行政强制的程序要求…………………………………………(303)
　　19.3.1　行政强制措施的程序要求………………………………(303)
　　19.3.2　行政机关强制执行的程序要求…………………………(307)
　　19.3.3　行政机关申请人民法院强制执行的程序………………(311)
20　行政救济………………………………………………………………(313)
　20.1　行政复议…………………………………………………………(313)
　　20.1.1　行政复议的概念……………………………………………(313)
　　20.1.2　行政复议的范围……………………………………………(314)
　　20.1.3　行政复议的申请期限及其主体……………………………(315)
　　20.1.4　行政复议的受理程序………………………………………(318)
　　20.1.5　行政复议的处理和决定程序………………………………(319)
　　20.1.6　行政复议的执行程序………………………………………(322)

20.2 行政诉讼ᆢᆢ (322)
  20.2.1 行政诉讼的基本原则ᆢᆢᆢ (322)
  20.2.2 行政诉讼的受案范围ᆢᆢᆢ (324)
  20.2.3 管辖问题ᆢᆢ (324)
  20.2.4 行政诉讼的当事人ᆢᆢ (325)
  20.2.5 证据规则ᆢᆢ (326)
  20.2.6 起诉和受理ᆢᆢᆢ (327)
  20.2.7 审理和判决ᆢᆢᆢ (327)
20.3 行政执法问责制ᆢᆢᆢ (330)
  20.3.1 行政执法问责制的概念和特点ᆢᆢᆢᆢᆢᆢᆢᆢᆢᆢᆢᆢᆢᆢᆢᆢᆢᆢᆢᆢᆢᆢᆢᆢᆢᆢᆢᆢᆢ (330)
  20.3.2 应予追究责任的不当执法行为ᆢᆢᆢᆢᆢᆢᆢᆢᆢᆢᆢᆢᆢᆢᆢᆢᆢᆢᆢᆢᆢᆢᆢᆢᆢᆢᆢᆢᆢ (331)
  20.3.3 行政执法问责的责任形式ᆢᆢᆢᆢᆢᆢᆢᆢᆢᆢᆢᆢᆢᆢᆢᆢᆢᆢᆢᆢᆢᆢᆢᆢᆢᆢᆢᆢᆢᆢᆢᆢᆢᆢᆢ (332)
  20.3.4 海洋行政管理法律法规中有关行政执法问责制的规定
    ᆢᆢ (333)

第3篇　我国的海洋法律制度

21　我国海洋法律制度概述ᆢᆢᆢ (337)

21.1 我国海洋法律制度的概念ᆢᆢᆢᆢᆢᆢᆢᆢᆢᆢᆢᆢᆢᆢᆢᆢᆢᆢᆢᆢᆢᆢᆢᆢᆢᆢᆢᆢᆢᆢᆢᆢᆢᆢᆢᆢᆢᆢᆢ (337)
  21.1.1 我国海洋法律制度定义ᆢᆢᆢᆢᆢᆢᆢᆢᆢᆢᆢᆢᆢᆢᆢᆢᆢᆢᆢᆢᆢᆢᆢᆢᆢᆢᆢᆢᆢᆢᆢᆢᆢᆢᆢᆢᆢᆢ (337)
  21.1.2 我国海洋法律的分类ᆢᆢ (338)
  21.1.3 我国海洋立法的效力层级ᆢᆢᆢᆢᆢᆢᆢᆢᆢᆢᆢᆢᆢᆢᆢᆢᆢᆢᆢᆢᆢᆢᆢᆢᆢᆢᆢᆢᆢᆢᆢᆢᆢᆢ (338)
21.2 我国海洋法律制度的发展ᆢᆢᆢᆢᆢᆢᆢᆢᆢᆢᆢᆢᆢᆢᆢᆢᆢᆢᆢᆢᆢᆢᆢᆢᆢᆢᆢᆢᆢᆢᆢᆢᆢᆢᆢᆢᆢᆢᆢ (341)
  21.2.1 古代的海洋管理制度ᆢᆢ (341)
  21.2.2 近现代海洋法律制度的萌芽ᆢᆢᆢᆢᆢᆢᆢᆢᆢᆢᆢᆢᆢᆢᆢᆢᆢᆢᆢᆢᆢᆢᆢᆢᆢᆢᆢᆢᆢᆢᆢ (343)
  21.2.3 当代海洋法律制度的发展ᆢᆢᆢᆢᆢᆢᆢᆢᆢᆢᆢᆢᆢᆢᆢᆢᆢᆢᆢᆢᆢᆢᆢᆢᆢᆢᆢᆢᆢᆢᆢᆢᆢᆢ (344)
21.3 我国海洋法律制度的基本内容与特征ᆢᆢᆢᆢᆢᆢᆢᆢᆢᆢᆢᆢᆢᆢᆢᆢᆢᆢᆢᆢᆢᆢᆢᆢ (346)
  21.3.1 我国海洋法律制度的基本内容ᆢᆢᆢᆢᆢᆢᆢᆢᆢᆢᆢᆢᆢᆢᆢᆢᆢᆢᆢᆢᆢᆢᆢᆢᆢᆢᆢᆢᆢ (346)

21.3.2 我国海洋法律制度的特点 …………………………………… (350)
21.4 我国海洋法律制度的发展方向 ……………………………………… (351)
21.4.1 推动"海洋基本法"出台 ………………………………… (352)
21.4.2 加强配套程序立法 ……………………………………… (352)
21.4.3 近期需要完善的海洋法律制度 ………………………… (353)

22 基本海洋法律制度 …………………………………………………… (354)
22.1 内水、领海法律制度 ………………………………………………… (354)
22.1.1 内水、领海的定义及其界限 ……………………………… (354)
22.1.2 我国的领海基线 ………………………………………… (354)
22.1.3 领海的主要制度 ………………………………………… (355)
22.2 毗连区法律制度 ……………………………………………………… (356)
22.2.1 毗连区的定义及法律地位 ……………………………… (356)
22.2.2 紧追权的行使 …………………………………………… (357)
22.3 专属经济区法律制度 ………………………………………………… (357)
22.3.1 专属经济区的定义及界限 ……………………………… (357)
22.3.2 专属经济区的基本法律制度 …………………………… (358)
22.4 大陆架法律制度 ……………………………………………………… (360)
22.4.1 大陆架的定义及界限 …………………………………… (360)
22.4.2 大陆架法律制度 ………………………………………… (361)
22.4.3 专属经济区和大陆架的划界 …………………………… (362)

23 海域使用管理法律制度 ………………………………………………… (363)
23.1 海洋功能区划制度 …………………………………………………… (364)
23.2 海域使用权制度 ……………………………………………………… (365)
23.2.1 海域使用权的取得 ……………………………………… (365)
23.2.2 海域使用权的期限 ……………………………………… (367)
23.2.3 海域使用权人的权利义务 ……………………………… (368)
23.2.4 海域使用权的终止 ……………………………………… (368)

23.2.5　海域使用权登记……………………………………(369)
　23.3　海域有偿使用制度……………………………………………(371)
　　23.3.1　海域使用金的缴纳……………………………………(371)
　　23.3.2　海域使用金的减免……………………………………(371)

24　海洋环境保护法律制度……………………………………(373)
　24.1　海洋环境保护法概述…………………………………………(373)
　24.2　海洋环境监督管理制度………………………………………(374)
　　24.2.1　海洋环境保护管理体制………………………………(374)
　　24.2.2　海洋环境保护主要监管制度…………………………(375)
　24.3　海洋自然保护区制度…………………………………………(376)
　　24.3.1　海洋保护区的种类……………………………………(377)
　　24.3.2　海洋保护区的建立……………………………………(377)
　　24.3.3　海洋保护区的管理……………………………………(378)
　24.4　防治陆源污染物污染海洋制度………………………………(379)
　24.5　防治海岸工程项目污染海洋制度……………………………(380)
　　24.5.1　环境影响评价制度……………………………………(380)
　　24.5.2　"三同时"制度 ………………………………………(381)
　　24.5.3　污染防治措施…………………………………………(382)
　24.6　防治海洋工程项目污染海洋制度……………………………(382)
　　24.6.1　污染防治措施…………………………………………(383)
　　24.6.2　污染物排放管理………………………………………(384)
　　24.6.3　污染事故处理…………………………………………(384)
　　24.6.4　海洋石油勘探开发环境保护制度……………………(385)
　24.7　防治倾倒废弃物污染海洋制度………………………………(387)
　　24.7.1　倾倒的定义……………………………………………(387)
　　24.7.2　废弃物分类管理制度…………………………………(387)
　　24.7.3　倾废许可证制度………………………………………(388)

24.7.4　海洋倾废区选划制度⋯⋯⋯⋯⋯⋯⋯⋯⋯⋯⋯⋯(389)
　　24.7.5　海洋倾废监测制度⋯⋯⋯⋯⋯⋯⋯⋯⋯⋯⋯⋯⋯(389)
25　涉外海洋科学研究管理制度⋯⋯⋯⋯⋯⋯⋯⋯⋯⋯⋯⋯⋯(391)
　25.1　适用的范围与对象⋯⋯⋯⋯⋯⋯⋯⋯⋯⋯⋯⋯⋯⋯⋯⋯(392)
　25.2　涉外海洋科研审批制度⋯⋯⋯⋯⋯⋯⋯⋯⋯⋯⋯⋯⋯⋯(392)
　　25.2.1　涉外海洋科学研究的方式⋯⋯⋯⋯⋯⋯⋯⋯⋯⋯(392)
　　25.2.2　涉外海洋科研计划的审批⋯⋯⋯⋯⋯⋯⋯⋯⋯⋯(393)
　　25.2.3　涉外海洋科研计划的变更⋯⋯⋯⋯⋯⋯⋯⋯⋯⋯(393)
　25.3　其他涉外海洋科研管理规则⋯⋯⋯⋯⋯⋯⋯⋯⋯⋯⋯⋯(394)
　　25.3.1　外方开展海洋科学研究履行的其他义务⋯⋯⋯⋯(394)
　　25.3.2　涉外海洋科学研究的责任制度⋯⋯⋯⋯⋯⋯⋯⋯(395)
26　海岛保护管理制度⋯⋯⋯⋯⋯⋯⋯⋯⋯⋯⋯⋯⋯⋯⋯⋯⋯(396)
　26.1　海岛保护概述⋯⋯⋯⋯⋯⋯⋯⋯⋯⋯⋯⋯⋯⋯⋯⋯⋯⋯(396)
　26.2　海岛保护规划制度⋯⋯⋯⋯⋯⋯⋯⋯⋯⋯⋯⋯⋯⋯⋯⋯(397)
　　26.2.1　海岛保护规划的编制和审批⋯⋯⋯⋯⋯⋯⋯⋯⋯(398)
　　26.2.2　海岛统计调查制度⋯⋯⋯⋯⋯⋯⋯⋯⋯⋯⋯⋯⋯(399)
　26.3　海岛保护管理制度⋯⋯⋯⋯⋯⋯⋯⋯⋯⋯⋯⋯⋯⋯⋯⋯(399)
　　26.3.1　一般规定⋯⋯⋯⋯⋯⋯⋯⋯⋯⋯⋯⋯⋯⋯⋯⋯⋯(399)
　　26.3.2　有居民海岛生态系统保护⋯⋯⋯⋯⋯⋯⋯⋯⋯⋯(399)
　　26.3.3　无居民海岛保护制度⋯⋯⋯⋯⋯⋯⋯⋯⋯⋯⋯⋯(400)
　　26.3.4　特殊用途海岛保护制度⋯⋯⋯⋯⋯⋯⋯⋯⋯⋯⋯(401)
27　海底电缆管道管理和保护制度⋯⋯⋯⋯⋯⋯⋯⋯⋯⋯⋯⋯(402)
　27.1　适用的范围与对象⋯⋯⋯⋯⋯⋯⋯⋯⋯⋯⋯⋯⋯⋯⋯⋯(402)
　27.2　铺设海底电缆管道管理制度⋯⋯⋯⋯⋯⋯⋯⋯⋯⋯⋯⋯(403)
　　27.2.1　铺设海底电缆管道的审批⋯⋯⋯⋯⋯⋯⋯⋯⋯⋯(403)
　　27.2.2　路由调查、勘测活动的管理⋯⋯⋯⋯⋯⋯⋯⋯⋯(404)
　　27.2.3　为海洋开发所铺设海底电缆、管道的特殊要求⋯⋯⋯(404)

27.3 海底电缆管道保护制度……………………………………（405）
28 我国缔结和参加的涉海国际条约……………………………（407）
28.1 《联合国海洋法公约》的主要内容………………………（407）
  28.1.1 领海………………………………………………（408）
  28.1.2 毗连区……………………………………………（409）
  28.1.3 专属经济区………………………………………（410）
  28.1.4 大陆架……………………………………………（412）
  28.1.5 公海………………………………………………（413）
  28.1.6 国际海底区域……………………………………（415）
  28.1.7 用于国际航行的海峡……………………………（417）
  28.1.8 群岛国……………………………………………（418）
  28.1.9 《公约》确立的其他制度………………………（419）
28.2 我国加入的其他多边涉海国际条约………………………（422）
  28.2.1 海事安全有关条约………………………………（422）
  28.2.2 防治海洋污染有关条约…………………………（424）
  28.2.3 《联合国鱼类种群协定》………………………（426）
  28.2.4 《保护水下文化遗产公约》……………………（427）
28.3 我国与周边国家签订的双边涉海条约……………………（429）
  28.3.1 中韩渔业协定……………………………………（429）
  28.3.2 中日渔业协定……………………………………（430）
  28.3.3 中越划界协定和渔业协定………………………（430）
附录……………………………………………………………（432）

第1篇　法学基础理论

1　法的概念

1.1　法的定义

1.1.1　词源意义上的法与法律

在了解法律的概念之前，首先需要从词源学上对法律进行考察。汉字"法"字古体写作"灋"。据东汉许慎所著《说文解字》的解释："灋，刑也，平之如水，从水，廌，所以触不直者去之，从去。"可见，在我国古代，法与刑通用，并具有公平、正直之象征意义。"律"，按《说文解字》："律，均布也。"这说明法律具有规范人的行为的作用。秦汉时期，"法"与"律"已同义。商鞅变法，改法为律，以后直到清代，我国古代法律一般称作"律"。"法"、"律"用作合成词，是在清末由日本输入。因此"法律"一词，在我国实为近现代的用法。

西文中，只有英语 law 同汉语中的"法律"对应。欧陆各国语言一般使用两个词将"法"与"法律"分别表达。像拉丁文 jus 和 lex，德语 Recht 和 Gesetz，法语 droit 和 loi，意大利语 diritto 和 legge 等。同时，表示"法"的 jus、recht、droit 和 diritto 等词，兼含有权利、正义、公平等道德意思。而且"法"往往指称普遍的、永恒的正义原则和道德公理；而"法律"往往指称国家机关制定公布的行为规范。为区别起见，前者被称为"主观法"，后者则为"客观法"。相比之下，法具有比法律更深刻、更丰富的意蕴。这体现了西方法二元论的法律文化。

1.1.2 现代语境中的法与法律

我国现代法律制度中，法律有广义狭义之分。广义上的法律是指法的整体，包括宪法、法律、行政法规、行政规章、地方性法规等在内的一切规范性法律文件。狭义的法律专指全国人大及其常委会制定的基本法律以及基本法律以外的法律。为了避免上述两种意义的混淆，我国多数学者习惯于把广义的法律称为法，把狭义的法律仍称为法律。

1.1.3 法的定义

在人类历史上，对法做出定义大致有三个角度，即法的本体，法的本源以及法的作用。法的本体说着重以简化或抽象化的形式揭示法是什么，如奥斯丁的命令说、哈特的规则说、格雷的判决说。法的本源说着重说明法的基础或法自何出。这方面代表性观点有神意论、西塞罗的理性论、卢梭的公意论，即分别认为法即神意、"法就是最高的理性"[1]、"法是公意的宣告"[2]。法的作用说着重说明法的工具性，如亚里士多德的正义论、庞德的社会控制说、福勒的事业说，分别认为法是正义的工具、法是社会控制的手段、法是使人们的行为服从规则治理的事业。

马克思主义创始人从唯物史观出发，从不同侧面和角度对法的概念作了不少定义式的表述，深刻地揭示了法的本质和基本特征。马克思和恩格斯在《德意志意识形态》中指出，在一定的物质生产关系中"占统治地位的个人除了必须以国家的形式组织自己的力量外，他们还必须给予他们自己的由这些特定关系所决定的意志以国家意志即法律的一般表现形式"[3]。"由他们的共同利益所决定的这种意志的表现，就是法律"[4]。1848

---

[1] 西塞罗：《法律篇》，《西方法律思想史资料选编》，北京大学出版社1983年版，第64页。
[2] 卢梭：《社会契约论》中译本，商务印书馆1982年版，第51页。
[3] 《马克思恩格斯全集》第3卷，人民出版社1960年版，第378页。
[4] 《马克思恩格斯全集》第3卷，人民出版社1960年版，第378页。

年马克思和恩格斯在《共产党宣言》中指出：资产阶级法不过是被奉为法律的资产阶级意志，而这种意志的内容是由资产阶级的物质生活条件决定的。从引文出处的上下文来看，马克思、恩格斯的上述话语不是专门论述法的，更不是给法下学理上的定义。但是，它们揭示了法的概念的核心内涵，指明了给法下科学定义的基本要素，也为研究法的本质和基本特征提供了科学的立场、观点和方法。

综合以上各种研究成果，可以把法定义为：法是指由国家专门机关创制的、以权利义务为调整机制并通过国家强制力保证实施的调整行为关系的规范，它是意志与规律的结合，是阶级统治和社会管理的手段，它应当是通过利益调整从而实现社会正义的工具。

1.2 法的基本特征与法的思维方式

1.2.1 法的基本特征

法的特征是法的本质的外化，是区别于其他事物和现象的征象和标志所在。与现代法治相对应的法律的基本特征在于：

（1）法作为社会关系的行为规范，具有普遍性、确定性、客观性等规范属性。法的普遍性是指其约束力遍及国家主权管辖范围，一切国家机关、政党、武装力量、社会组织企业与事业单位、国家工作人员和全体公民都必须一体遵守执行。其他社会规范则不然。既然法是普遍规范，那么法律必须为公众所知悉。法律以法律规则为主要构成要素，而法律规则本身有较高的确定性，由此决定了法律的确定性。法律的确定性是构成现代法治的重要基础之一。现代法治的另一根基在于法律接受理性指导、符合一定理性原则和社会规律，具有消除和限制人的恣意行为的功能，因而现代法律具有一定的客观属性。

（2）法是出自国家并植根于社会基础之上的具有相对独立性的社会规

范。法律与其他社会规范，如道德规范、宗教规范之间的主要区别在于法律是由国家制定或者认可的，并由国家强制力保障实施的社会规范。

（3）法具有功能上的强制性和本体上的正当性。法律并不主要依靠人们的自觉行为实施。法律所规定的，便被视为正当的，并以法律制裁为最终保障措施。

（4）法是以权利和义务为主要内容的社会规范。作为一种特殊的社会规范，法是以规定人们权利和义务为主要内容的。它以权利和义务为机制，通过权利和义务的配置和运作，影响人们的行为动机，指导人们的行为，实现社会关系的调整。在社会生活中，法律上的权利和义务存在着对应的关系，有什么样的权利，就有什么样的义务；有什么样的义务就有什么样的权利。没有无义务的权利，也没有无权利的义务。权利和义务在结构、功能、数量等方面具有内在的关联性。

1.2.2 法律思维方式

所谓法律思维，是指在长期的法律实践中形成的，通过专门的法律语言（法言法语）进行分析、判断、推理、论证和解释等活动的一种职业过程。而法律思维方式就是运用法律思维观察问题、分析问题和解决问题的思维定式和思维习惯。法律思维方式是伴随着法律职业化而出现的，同时也是法律职业成熟的标志。

总结各种观点，法律思维方式具有如下特征：

（1）法律思维方式是一种运用法律语言进行观察、思考和判断的活动。以法律思维方式思考与处理法律问题首先要以法律为准绳。某种行为是合法行为还是违法行为，是一般违法行为还是犯罪行为，是否应当承担责任，应当承担什么样的法律责任等，都应以法律为判断标准，如果脱离法律来思考和处理问题，就谈不上法律思维方式。

（2）法律思维方式是一种程序化的思维方式。法律活动并不单纯以实现公正为唯一目标，法律还追求程序正义或形式正义。

(3) 法律思维方式遵循一套严格缜密的逻辑。与其他逻辑思维具有明显的情绪化和情感性趋向相比，法律思维逻辑在严格的制度和程序空间里表现出高超的形式理性与技术理性。这也是现代法治理念的精髓所在。

(4) 法律思维方式所追求的结论只能是尽可能的令人接受，而不可能达到绝对必然的"真"。因此注重对做出的决定出具正当化的理由以保证言之有理、持之有据、令人信服。正因为如此，法律思维方式要求具备一套高超的证据学和法律解释学的原理和技术，在司法过程中要求法官给出充分的判决理由。

1.3 法的本质

法的本质是指法的内部联系，是法区别于其他一切事物的根本属性。法的本质隐藏于法的现象的背后，是法内在的、深刻的、稳定的属性。人们只有通过科学的抽象思维，才能认识它、把握它。

以马克思主义经典作家关于法的本质的论断为指导，我们可以把法的本质概括国家意志性、阶级意志性和物质制约性三个方面。

1.3.1 法的国家意志性

法是国家意志的体现是马克思主义经典作家在法的本质问题上的重要论断之一。在阶级社会中，始终存在着特殊的私人利益与公共利益的矛盾。为了反对特殊的私人利益，作为公共利益代表的国家就必须出面对私人利益进行干涉和约束，其实际措施就是把掌握国家政权的阶级利益装扮成共同利益，把掌握国家政权的阶级的意志美化为社会公共意志，并且给予这种意志以"国家意志即法律的一般表现形式"[①]。统治阶级一旦把本阶级的意志宣布为国家意志，就可以名正言顺地以国家名义制定法律从而

---

① 《马克思恩格斯全集》第3卷，人民出版社1960年版，第378页。

推行这种意志，并运用国家强制力迫使人们服从它。

1.3.2　法的阶级意志性

　　法的国家意志性是法的本质的初级体现。至于法的国家意志性究竟来源于何处？从表面上看，国家是凌驾于社会之上的力量，它扮演着"调停人"的角色，力求把各个阶级之间的利益冲突保持在"秩序"的范围之内，但实际上它并不是中立的，是经济上占统治地位的阶级借助于国家成为政治上也占统治地位的阶级的意志的体现。因此，所谓国家意志，只能是统治阶级的意志，是统治阶级凭借自己在经济上和政治上的统治地位，硬把本阶级的意志上升为国家意志并奉为法律。

　　法所体现的统治阶级意志，并不是个别统治者个人的意志，也不是统治阶级内部每个成员的意志简单相加，而是统治阶级作为一个整体在根本利益一致基础上所形成的共同意志，即统治阶级内部各个成员意志相互作用而产生的"合力意志"，它对每个成员的意志都有所吸收又有所舍弃。

　　在正确理解法的阶级意志性时需要明确：首先，法反映统治阶级的意志，并不意味着法对统治阶级内部的违法犯罪行为不加管束。法律惩罚统治阶级内部的违法犯罪行为，恰恰说明法是统治阶级共同意志的体现。其次，法反映统治阶级意志，并不意味着法就完全不顾及被统治阶级的愿望和要求。统治阶级为了缓和阶级矛盾和有助于统治，在法律中也会一定程度上照顾被统治阶级的利益。这样做的目的是为了保全统治阶级更大、更为根本的利益。因此法对被统治阶级某些愿望要求的反映，并不能改变法是统治阶级意志体现的本质。最后，法反映统治阶级的意志，并不意味着法律就不保全社会公共利益。任何一个社会，都有一些法律致力于对社会公共利益的保护，因为统治阶级如果不保护一般的社会公共利益，其统治也无法维持下去。因此，统治阶级用法律保护社会公共利益，其出发点始终在于维护本阶级的统治地位。因此，法的阶级意志性并不排斥某些法律在客观上对社会公共利益的保护。与之相反，随着人类社会的进步，人类共同利益越来越明显和广泛，因此更要求现代立法对人类共同利益加以关注和规范。

1.3.3 法的物质制约性

如前所述，法是统治阶级意志的反映，但反映在法律中的统治阶级意志并不是凭空产生的，也不是统治阶级个人随心所欲的结果，而是由社会物质生活条件决定的，它包括地理环境、人口和社会生产方式等诸方面，其中具有决定意义的是生产方式，尤其是同生产力的一定发展阶段相适应的生产关系，即社会的经济基础。法的这一本质要求统治阶级在制定法律时，必须从客观经济条件出发，而不能臆造它，违反它。

在正确理解法的物质制约性时，需要明确：首先，法的物质制约性并不意味着法总是符合客观经济条件和经济规律的要求。法律应该符合客观经济条件和经济规律的要求是一个应然的命题。法律是否符合客观经济条件和经济规律的要求是一个实然的命题。而应然和实然之间总是有差距的。其次，法有物质制约性并不意味着社会物质生活条件以外的因素对法就没有影响。政治、哲学、宗教等经济以外的因素同样对法律产生影响。换言之，经济基础并非唯一的决定因素，上层建筑领域中的诸因素有时也对法律的发展起着某种决定性作用。最后，法有物质制约性并不意味着法没有自己的相对独立性。法并不是随着经济基础的发展亦步亦趋的，而是有着自身的一定惯性，具体表现为法的历史继承性和自身发展的规律性。

法的本质问题是法学理论中的基石性、原点性问题，也是一个随着时代与社会变迁而不断被重新思考与解答的话题，也是我国法理学界一直以来争论最为激烈、意见分歧最大的一个问题。虽然争论至今仍存在着严重的分歧乃至对峙，但已日渐显示出一股不可逆转的趋势，那就是：从强调法的阶级性转为强调法的社会性，从强调法的意志性转为强调法的规律性，从重视法的本体意义转向重视法的功能意义。对法的本质问题讨论的深入和深化，对于摆脱长期以来在法学领域存在的"以阶级斗争为纲"

思想的影响，全面正确地认识社会主义法的本质、作用和价值，坚持和发展马克思主义法学理论，具有深远的影响。

1.4 法的分类

法的分类，是指从不同的角度，按照不同的标准，将法律规范分为若干不同的种类。法的分类是对人类社会存在过的和现实仍存在的法律从技术的角度进行类别划分。通过对法的分类，可以从中探索发现法律发展中一些带有规律性的问题。

目前的我国法理学上的法的分类范围，大体上是从形式的或技术的角度涉及两方面问题：一是法的一般分类；二是法的特殊分类。

1.4.1 法的一般分类

法的一般分类，指的是适合于世界各国的分类，通常可从以下五个角度划分：

1.4.1.1 国内法与国际法

这主要是以法的创制和适用范围为标准对法所作的分类。

国内法是指由国内有立法权的主体制定的、其效力范围一般不超出本国主权范围的法律、法规和其他规范性文件。国内法律关系的主体一般是个人和组织，国家仅在特定法律关系中成为主体。

国际法是由参与国际关系的两个或两个以上国家或国际组织间制定、认可或缔结的确定其相互关系中权利和义务的，并适用于它们之间的法。其主要表现形式是国际条约。国际法律关系的主体主要是国家。

1.4.1.2 成文法与不成文法

这主要是以法的创制方式和表现形式为标准对法所作的分类。

成文法又称制定法，是指有立法权或立法性职权的国家机关制定或认可的以规范化的成文形式出现的规范性文件。

不成文法是指由国家有权机关认可的、不具有文件形式或虽有文字形式但却不具有规范化成文形式的法，主要指习惯法，还包括判例法、不成文宪法等。

法学上的成文法与不成文法的区别，不完全看法是否有文字表现形式，而是要看是否有规范化的成文形式。

1.4.1.3　根本法与普通法

这是以法的地位、效力、内容和制定程序为标准对法所作的分类。这种分类主要适用于成文宪法制国家。

根本法指的是在整个法的渊源体系中一般说居于最高地位的一种规范性文件。在成文宪法制国家，根本法即宪法，它在一个国家中享有最高的法律地位和最高的法律效力。宪法的内容、制定主体、制定程序和修改程序较普通法有更为严格的要求。

普通法是宪法以外的所有法的统称。普通法中所包括的法的种类是繁多的，它们各自的地位、效力、内容和程序亦有差别。但无论何种普通法，一般来说，其地位和效力低于宪法，其内容涉及的是某类社会关系而不是综合地调整多种社会关系，其程序也不及根本法那样严格和复杂。有人把根本法称为"母法"，把普通法称为"子法"。

1.4.1.4　一般法与特别法

这是以法的适用范围为标准对法所作的分类。

一般法指对一般人、一般事项、一般时间、一般空间范围有效的法。

特别法指对特定的人、特定事项有效，或在特定区域、特定时间有效的法。例如，以人而论，民法是适用于一般人的法，而教师法、律师法、法官法等是适用于特定部分人的法。

1.4.1.5　实体法与程序法

这是以法所规定的内容不同为标准对法所作的分类。

实体法一般是指以规定主体的权利、义务关系或职权、职责关系为主要内容的法，如民法、刑法、行政法等。

程序法通常指以保证主体的权利和义务得以实现或保证主体的职权和职责得以履行所需程序或手续为主要内容的法，如民事诉讼法、刑事诉讼法等。程序法的任务是保证诉讼程序的顺利进行，使实体法中所规定的权利和义务得以实现。

1.4.2 法的特殊分类

法的特殊分类是相对于法的一般分类而言的、仅适用于部分国家和地区而不适合所有国家和地区的分类。国内目前对法的特殊分类主要涉及以下几种：

1.4.2.1 公法与私法

这是大陆法系国家对法律所作的区分。这一区分始于古代罗马，率先提出公法与私法划分学说的是罗马法学家乌尔比安。乌尔比安的这一划分标准在民法法系被作为传统继承下来。但在全球范围内划分公法与私法的标准并不统一，主要有以下几种学说[①]：

（1）利益标准说或目的标准说。该标准说就是由乌尔比安首次提出公私法划分时依据的标准，即凡保护公共利益为目的的法律就是公法；凡以保护私人利益为目的的法律就是私法。利益标准说为很多人所赞同。

（2）主体标准说。一些学者认为，公私法的划分标准应该是法律调整的法律关系的主体。凡是所调整的法律关系的主体双方均为私人或私人团体的，这类法律就是私法；而法律关系的主体一方或双方为国家或公共团体者，这类法律即为公法。

（3）权力与权利标准说。赞同该标准的学者认为，凡规定国家与公民之间服从关系的法即为公法；凡规定公民之间权利对等关系、没有权力成

---

① 参见葛洪义主编：《法理学》，中国政法大学出版社1999年版，第317~318页。

分渗透的法即为私法。

（4）公权关系与私权关系说。该说认为，规定国家机关之间，国家与公民之间政治生活关系，即公权关系的法为公法；规定公民之间、国家与公民之间民事生活关系即私权关系的法为私法。

进入20世纪以来，随着国家对公民权利的保护日益由私法领域转向宪法、行政法等公法领域，以及对违宪及其他公法行为的审查和监督机制日趋完善，公法和私法在现代社会出现了相互渗透，主要表现为：①私法公法化。即公法对私法的侵入。由于国家干预经济生活加强，私法的传统概念、原则与调整方式产生了重大变化。如商品买卖关系本是纯粹的私法关系，但由于20世纪消费者保护运动的影响，《消费者权益保护法》在各国陆续出现。②公法私法化。国家干预亦使传统的公法关系趋向于私法关系。传统私法的调整方式开始涉入公法领域。此外，还出现了不同于公法和私法的第三性的法律，即诸如劳动法、农业法、社会保障法、资源法等新调整领域的所谓混合法或经济法。尽管如此，但公私法之分仍被认为是一种基本的分类。

1.4.2.2 普通法与衡平法

普通法与衡平法的划分存在于普通法法系国家。这里的普通法不是法的一般分类中与根本法相对应的普通法，而是指11世纪诺曼底人入侵英国后所逐步形成的普遍适用于英格兰的一种判例法。这是产生于司法判决、由法官所创造的法。普通法是普通法法系的一个主要渊源。

衡平法是普通法法系又一重要渊源，是英国法传统中与普通法相对称的一种法。它是14世纪后在英国产生和发展起来的，作为对普通法的修正和补充形式而存在并与普通法平行发展的一种判例法。

普通法和衡平法两种法律在管辖范围、术语、原则等方面存在一定差异。18世纪、19世纪以后，经过不断改革，两者走向融合。

1.4.2.3 联邦法和联邦成员法

这是实行联邦制国家的一种法的分类，单一制国家没有这一分类。联邦法是指由联邦中央制定的法律；联邦成员法是指由联邦成员制定的法律。由于各联邦制国家的内部结构、法律关系各不相同，有关联邦法和联邦成员法的法律地位、适用范围、效力等均由各联邦制国家宪法和法律规定，没有统一的模式。

1.4.3　法律分类对执法和司法的意义

对法律的类别的划分最重要的目的就是便于我们掌握和应用法律。下面分别以根本法与普通法、一般法与特别法的分类为例进行阐述。

在适用国家规定的成文法规则时，是严格按照法律位阶进行适用。法律位阶理论（Stufentheorie）认为：法律秩序是由高级规范与次级规范组成的规范等级体系。它不是一个相互对等的、在一平面上平行并立的诸规范体系。在此体系中，一个规范的创造为另一个规范（较高的那个规范）所决定，后者的创造又为一个更高的规范所决定，最后以一至高的规范即基础规范为终点，它构成整个法律秩序的效力来源。其中的高级规范构成上位规范，次级规范为下位规范。根本法与普通法之区别适用于这种理论，根本法与普通法构成不同位阶的法律规范。依照《立法法》等法律规定的法律位阶体系表现为：第一位阶为宪法；第二位阶为法律：包括全国人大制定修改的基本法律和全国人大常务委员会制定修改的非基本法律；第三位阶为国务院制定的行政法规；第四位阶为地方立法机关制定的地方性法规；第五位阶为政府规章。这些不同位阶的法律分别按照"不抵触"原则或"根据"原则进行制定。在适用中，高位阶法律效力高于低位阶法律。因此，上位规范与下位规范冲突时，适用"上位规范优先于下位规范"之原则。

但在同位阶的规范冲突时如何适用？上述一般法与特别法之区分即具有重要意义。《立法法》第八十三条规定了"新法优于旧法"原则，即新法颁布时，旧法即失效；或者旧法虽可能与新法并存而继续生效，但新法享有优先效力。在此前提下，还应遵循"特别法优于一般法"之原则。

上述原则在法条竞合及权利冲突的法律适用情形下必须遵循。以《公司法》和三资企业法为例，虽从制定的时间来看，《公司法》是新法，三资企业法是旧法，但就《公司法》与三资企业法的关系来看，《公司法》是企业法中的一般法，而三资企业法是企业法中的特别法。遵循"特别法优于一般法"之原则，三资企业法对外商投资有限责任公司或股份有限公司的组织和行为有不同于《公司法》的特别规定时，应优先适用作为特别法的三资企业法。

思考题：

法律分类对执法的意义。

2 法的渊源与效力

2.1 法的渊源

法不是从来就有的，而是人类社会发展到一定历史阶段的产物，随着私有制、阶级、国家的出现而产生的。在人类历史上先后出现了奴隶制法、封建制法、资本主义法和社会主义法四种历史类型的法。

2.1.1 法的渊源概述

法的渊源又称为法的形式，是指法的具体的外部表现形式。具体而言，法的渊源涉及两方面的问题：一是法律规则的生成方式（制定、认可）；二是不同法律规则的外部表现形式，包括这些规则之间的效力等级和相互关系。法的渊源概念包含法的外部表现形式以及法的效力来源两重含义。

无论是我国还是外国，法律最早都是由习惯法逐渐发展为成文法的。法的渊源是发展的，不同时代和国情之下的法的渊源多有不同。就是说，各个历史时期、各个国家，不可能有种类完全一样的法的渊源：一国有多少种法的渊源，有什么样的法的渊源体系，主要由该国的具体国情所决定。

2.1.2 法的渊源的分类

从学理上，人们对法的渊源从不同角度做出了不同的分类，如正式渊源和非正式渊源、形式意义上的渊源和实质意义上的渊源、直接渊源和间接渊源等。本章把法的渊源区分为正式法源和非正式法源。

2.1.2.1 正式法源

正式法源指法律上有拘束力的法源。它一般是指由国家机关制定或认可的法律规范。通常包括制定法、判例法、习惯法和国际条约等。

制定法又称成文法，是指国家机关依据法定职权和程序制定的各种规范性文件。是立法者有意识地制定的系统的条文化的书面形式的法律。制定法一般具有明确性、公开性、抽象性和客观性等属性。从微观层面上，构成制定法的基本单元是法律条文。

判例法中的判例，是指拥有司法权的机关和人员对案件所做的判决。在一些国家中，判例不仅对本案有效，而且对以后的案件审理活动有强制性和指导性，以至于以后的类似案件的审理都必须遵循先例。这样一来，司法机关的判例就具有了普遍约束力，变成了法，称之为判例法。

习惯法中的习惯，是指人们在长期共同的生产与交往过程中，自发形成的行为模式。在人们的生活中存在着多种多样的习惯，并不是所有的习惯都能称为法律，只有经过国家和社会认可的、对他人有影响力的习惯才具有法的效力，并由公共权力保证实施。这种习惯就已经不再是单纯的习惯，而是习惯法。

国际条约是两个以上国际法主体在原则上按照国际法产生、改变或废止相互权利义务的意思表示的一致。条约是国际法最主要的法源。条约规定在各国国内能否得到执行，成为国内法源，是以国内法的接受为条件的。当今国际社会接受条约的常见做法有：将条约转变为国内法；无需转变而将条约规定纳入国内法。从各国实践来看，同一国家对缔结的不同条约的态度往往不同，不同条约在国内的法律效力往往相差悬殊。

2.1.2.2 非正式渊源

非正式渊源指虽然不具有明确的法律拘束力，但对法官等职业群体来说有很大说服力与影响力的渊源。这通常包括法理、学说等。

法理是由学者通过分析研究提出的、经过国家认可的、可以对法律实践有实际影响或直接约束力的法。世界各国历史上曾普遍把法理视为法的正式渊源，现代各国则普遍否定法理具有直接的法律效力。

学说是指学者对成文法的解释、对习惯法的认知和法理的探求过程中形成的权威性的理论。学说虽然是学者个人的见解，没有直接的法律效力，但是在西方尤其是大陆法系，学说对法律的发展进化有举足轻重的作用。

以上关于法律渊源进行的是学理上的分类，各国法律渊源的实际情况差别很大，需要针对具体的国家进行具体分析。本章接下来就当代中国法展开具体分析。

2.1.3 当代中国法的渊源

2.1.3.1 当代中国法的基本渊源：制定法

制定法或成文法是我国主要的法的形式，不成文法往往是中国法的形式的补充，目前作为中国法的形式补充存在的主要是政策、习惯、判例。主要的成文法有：

（1）宪法——是国家的根本大法，是国家最高权力机关经过特定程序制定、修改的，综合性地规定国家、社会和公民生活的根本问题的法。它在法的形式体系中居于最高的、核心的地位。从实质上看，只有最高国家权力机关全国人大才能行使制定和修改宪法的权力，宪法须由全国人大以全体代表的三分之二以上多数通过，宪法的修改须由全国人大常委会或五分之一以上全国人大代表提议。宪法是其他法的立法根据和基础，其他法的内容或精神必须符合或不得违背它的规定或精神，否则无效。

（2）法律（狭义）——全国人大及其常委会制定的规范性法律文件，它主要调整国家、社会和公民生活中某一方面带根本性的社会关系或基本问题，是法律体系中的二级大法。法律又分为基本法律和基本法律以外的其他法律两种。基本法律由全国人大制定、修改，在全国人大闭会期间全国人大常委会也有权对其进行部分补充、修改，但不得同其基本原则抵触。基本法律规定国家、社会和公民生活中具有重大意义的基本问题，如刑法、民法；基本法律以外的法律由全国人大常委会制定、修改，规定基本法律以外的国家、社会和公民生活中某一方面的基本问题，如商标法等。全国人大及其常委会还有权就有关问题做出规范性决议或决定，它们与法律具有同等地位和效力。

（3）行政法规——国务院根据宪法和法律制定的规范性文件。根据1987年国务院办公厅发布的《行政法规制定程序暂行条例》规定，行政法规的名称有条例、规定、办法。此外，国务院发布的具有规范性的决议、决定、通知也属于行政法规。行政法规的立法目的是保证宪法、法律的实施。它调整的社会关系和规定的事项，远比法律调整的社会关系和规定的事项广泛、具体。

（4）地方性法规、自治条例、单行条例——地方性法规是特定地方国家机关依法制定、修改的，效力不超过本行政区域范围的规范性文件。它低于宪法、法律、行政法规但又具有不可或缺的作用。现阶段分两个层次，一个是省、自治区、直辖市人大及其常委会制定的规范性文件；另一个是"较大的市"（包括省政府所在地的市、国务院批准的较大的市以及经济特区所在地的市）一级人大及其常委会制定的规范性文件。"较大的市"地方性法规经人大及其常委会审议通过后，须经省人大常委会批准后方正式生效。地方性法规的制定适用"不抵触"原则，即不得与宪法、法律、行政法规相抵触。地方性法规的立法权限包括两个方面：一个是贯彻执行上位法的执行性法规，另一个是体现地方特色的自主性立法。有时，地方性法规作为试验性质的立法，先于全国立法，如改革开放初期深圳特区地方立法。

自治条例和单行条例同属于民族区域自治地方的立法。自治条例是民族自治地方根据自治权制定的综合性法律文件，单行条例则是根据自治权制定的调整某一方面事项的规范性文件。自治区的自治条例和单行条例报全国人大常委会批准后生效。自治州、自治县的自治条例、单行条例报省或者自治区人大常委会批准后生效，并报全国人大常委会备案。

（5）行政规章——行政规章是有关行政机关依法制定的事关行政管理的规范性文件的总称，分为部门规章和地方政府规章。部门规章是国务院所属部委以及直属机构根据法律和行政法规、决定、命令，在本部门的权限内所发布的各种行政性规范性文件，其地位低于宪法、法律、行政法规，不得与它们相抵触。地方政府规章是有权制定地方性法规的地方人民政府根据法律、行政法规，制定的规范性法律文件。地方政府规章除不得与宪法、法律、行政法规相抵触外，还不得与上级和同级地方性法规相抵触。规章的制定适用"根据"原则，即根据法律、行政法规、地方性法规制定。

（6）军事法规、规章——军事法规是中央军委根据宪法和法律制定的规范性文件。军事规章是中央军委各总部、军兵种、军区根据法律、中央军委的法规、决定、命令，在其权限范围内制定的规章。军事法规、规章仅在武装力量内部实施，因此，它是我国一种特殊的法源。

2.1.3.2 制定法以外的法源

（1）习惯——习惯在我国不是正式的法的渊源，但在私法领域，如无制定法，有时习惯便成为裁判者审理案件的一定依据。20世纪90年代以来，学者们对民间法、习惯法的研究增多，指出以往由于没有注重民间法、习惯法的力量，往往导致了官方法实效的偏离、法律资源的巨大浪费和法律虚设的现象，并提出要重视习惯法的作用，重新发现习惯法，主张国家意志应"观俗立法"[①]。当今的中国，为避免制定出的法律成为脱离我国国情的西方移植法的大拼盘，应当注意对中国社会习惯的调查研究。

（2）判例——判例在我国不是正式法源，对各级法院没有法律拘束

---

① 许章润：《"习惯法"的当下中国意义》，民间法与法律方法网，http://www.xhfm.com/Article/minjian/xuelitantao/200910/Article_2553.asp，2010年4月22日访问。

力,但事实上对法院的裁判起着示范导向的作用,具有不可忽视的价值。虽然理论界与实务界对我国是否应当引进判例制度发生激烈的争论,但随着我国法治建设的发展,实行判例制度,加强判例指导作用的学术主张成为主流,在理论界已达成共识①。

(3) 法律解释——我国有权的法律解释(立法解释、行政解释、司法解释)实际上是法源之一,它不是针对个案,而往往是带有创设规范性质的解释。立法解释与立法具有同等效力。行政解释对于行政执法行为具有直接的指导意义。司法解释是法院审判案件时的裁判依据。除上述有权解释外,还有学理解释等不具有法律效力的解释。

(4) 政策——这里指的国家政策。根据我国《民法通则》第六条规定:"民事活动必须遵守法律,法律没有规定的,应当遵守国家政策。"因此国家政策也是当代中国法的渊源之一。我国的司法解释一直十分重视政策。在当代中国社会转型时期,政策作为法的非正式渊源更有其特殊意义。

(5) 国际条约——国际条约是指我国作为国际法主体同外国缔结的双边、多边协议和其他具有条约、协定性质的文件。条约生效后,根据"条约必须遵守"的国际惯例,对缔约国的国家机关、团体和公民就具有法律上的约束力,因而国际条约也是当代中国法的渊源之一。对于我国缔结或者参加的国际条约、国际公约,我国一直采取两种做法:一种是将条约转化为国内法;另一种是不具体规定条约内容,而是在立法中明确规定处理法律与条约关系的基本原则,如"凡中华人民共和国缔结或参加的国际条约与本法有不同规定的,适用国际条约的规定,但中华人民共和国声明保留的除外"。

(6) 法理学说——从总体上看,法理学说在我国法律渊源的地位尚不明显。但随着我国法治建设的整体推进与近年来法学研究水平的不断提

---

① 参见章建生:《透视"同案异判"》,载《审判研究》,法律出版社出版,2005年第3辑,第155页。

高,法理学说越来越受到人们的重视。在司法裁判中,最高法院遇到疑难案件时,往往会征求学者意见并采为判决依据。因此,从对判决依据的影响力而言,法理学说可谓我国法律的"间接渊源"[①]。

2.2 法的效力与实效

2.2.1 法的效力

2.2.1.1 法的效力的概念

广义的法的效力,泛指法的约束力,即法律对人们的行为所产生的法律上的约束和强制作用。这一意义上的法的效力,既包括规范性法律文件的效力,即凡是由国家制定和颁布的法律,都对人的行为具有一种普遍性的法律上的约束力和强制力,也包括非规范性法律文件的效力,例如判决书、调解书、逮捕证等,都对特定的任何事具有法律约束力。

狭义的法的效力,是指法律的生效范围或适用范围,即法律对什么人、什么事、在什么地方以及什么时间具有约束力。这一意义上的法律效力仅指由国家制定和颁布的规范性法律文件的效力。本章所讲的法的效力即是狭义的法的效力。

2.2.1.2 法的效力层次

法的效力层次就是指在一个国家法律体系中的各种法律渊源中,由于其效力的不同而形成的一个法律效力等级体系。也称为法的效力等级或法的效力位阶。一般而言,法律的效力层次应遵循以下原则:

(1)宪法至上原则。即在整个法律效力层次体系中,宪法具有最高的效力。它意味着一国的任何主体都必须服从宪法,它意味着一切制定和实

---

① 参见陈金钊《法理学》,北京大学出版社2002年版,第159页。

施法律、法规的活动都必须以宪法为依据。宪法具有至高无上的法律地位。

（2）上一级法律的效力高于下一级法律的效力。即在宪法具有最高效力并统摄所有法律的前提之下，上一级法律的效力均高于下一级任何法律的效力。

（3）特别法优于一般法原则。这一原则有着不可忽视的前提条件，即在供选择的特别法与一般法出于同一或同等的效力渊源、两者处于同等的效力地位，两者规定不一致，并且特别法的规定不违反宪法和法律基本原则的前提下，特别法优于一般法而适用。

（4）新法优于旧法原则。这是指在认定出自同等或同一效力渊源的不同法律规范相互之间的效力地位关系时，依据规范制定的时间先后来确定其优先顺序，后制定的法律规范在效力地位上高于先制定的法律，所以也称后法优先原则。

（5）国际法优先原则。即国际法优先于国内法原则。这一原则的基本内涵是，凡为主权国家所参加或所认可的国际条约或国际惯例，对国内法律规范也具有拘束力，国内法律规范不得与该国际条约或国际惯例相抵触。这一原则并不是绝对的。例如，当主权国家对国际条约的有关条款声明保留，或拒绝承认国际惯例的适用时，就不得适用这一原则。

2.2.1.3 法的效力分类

2.2.1.3.1 法对人的效力

法对人的效力，是指法对哪些人具有拘束力，即法对什么样的自然人和法人适用。由于国情不同，各国法对人的效力颇有差异，有多种不同的原则，主要有以下四种：

（1）属人主义原则。即以人的国籍和组织的国别为标准，本国人和组织无论在国内还是在国外，都受本国法的约束，一国的法不适用在该国领域的外国人和组织。

（2）属地主义原则。即以地域为标准，一国法律对它管辖地区的一切人和组织，无论是本国的还是外国的，都有同样的法的效力。本国人和组织如果不在本国，则不受本国法的约束。

（3）保护主义原则。该原则以维护本国利益为标准，任何人只要损害了本国利益，不论国籍和所在地域，都要受到该国法律的追究。

（4）综合或折衷原则——以属地主义为主，并与属人主义和保护主义相结合。根据这种原则，首先，一国领域内的人和组织，无论是本国的还是外国的，一般适用该国的法；其次，外国人和组织以适用居住国的法为原则，但有关公民义务、婚姻、家庭、继承、特殊犯罪等，仍适用其本国法；再次，依据国际条约和惯例，享有外交特权的人则适用其本国法。当今世界绝大多数国家都采用这种原则。我国亦然。

2.2.1.3.2 法的对事效力

法律对事的效力，是指法律对什么样的行为有效力，对哪些事项具有约束力。

法律对事的效力的确定，应遵循以下原则：首先，应以法律明文规定的事项为限，即法律只对法律所规定的事项发生效力，而不适用于不属于法律所规定的事项。其次，确定法律对事的效力还要遵循以下两项原则，即一事不再理原则和一事不二罚原则。所谓一事不再理，是指法院就某一法律关系做出判决后，除上级法院发回重审和符合审判监督程序的情况外，不得对同一法律关系重新审理。所谓一事不再罚，是指行为人不得因同一违法行为而受到两次或者两次以上的处罚。

2.2.1.3.3 法的时间效力

法的时间效力，是指法何时生效、何时终止效力及法对其实施前的行为和事件有无溯及力的问题。

2.2.1.3.3.1 法的生效的时间

法的生效的时间根据法的规定、惯例、需要及其他有关情况而定。通常有以下几种生效方式：

（1）法律自公布之日起开始生效。如我国《中华人民共和国国籍法》、《中外合资经营企业法》、《环境保护法》等，但数量有限。

（2）法律自身明文规定该法律开始生效的时间。如《合同法》规定"本法自1999年10月1日起施行"；《物权法》规定"本法自2007年10月1日起施行"；《食品安全法》规定"本法自2009年6月1日起施行"等。我国法律通常采用这种方式确定法律的生效时间。

（3）法律公布后达到一定期限或具备一定条件后开始生效。这是考虑到法律公布后要经过一定时间的宣传普及才能为有关主体和社会公众所了解和掌握，或是由于该法需要同其他法律配套实施。如1986年颁布的《中华人民共和国破产法（试行）》因考虑到要与工业企业法配套实施，所以在条文中规定"本法自全民所有制工业企业法实施满3个月之日起试行"。

2.2.1.3.3.2 法的失效的时间

法的失效是指法律被废止其效力消灭。

废止法律一般采用明示废止和默示废止两种方法。明示废止是指在新法中明文规定对旧法加以废止，是当今世界各国普遍采用的做法。默示废止是指不以明文规定废止原有的法律，而是在司法实践中确认新旧法相互冲突时适用新法的方法，因而实际上废止了旧法的效力。

在我国实践中，法律终止生效有以下几种情况：一是新法律公布实施后，原有的法律自动丧失效力；二是新法律取代原有法律，同时在新法律中明文规定原有的法律废止；三是由有关国家机关颁布专门的决议、决定等，宣布废除某些法律，从宣布废除之日起，这些法律即停止生效；四是法律本身规定了其有效期，有效期届满又无延期规定的，该法律即自行停止生效。五是法律担负的历史任务已经完成，该项法律自然废止。

2.2.1.3.3.3 法的溯及力问题

法律的溯及力，也就是法律溯及既往的效力，是指新法律颁布后对其生效以前所发生的事件和行为是否适用的问题。如果新法律对其生效以前所发生的事件和行为适用，该法律就具有溯及力；如果不适用，该法律就不具有溯及力。

在法律的溯及力问题上，因人们不可能根据尚未颁布实施的法处理社会事务，因此近代以来，各国一般情况下都通常遵循"法不溯及既往"的原则，即法律只适用于其生效以后所发生的事件和行为，而不适用于其生效以前所发生的事件和行为。但是这一原则不是绝对的，为了维护特定的利益或由于特定形势的需要，立法机关在某些法律中也会做出法律有溯及力或有限制地具有溯及力的规定。目前各国的通例是"从旧兼从轻"原则，即新法原则上没有溯及力，但如果新法不认为是犯罪或对行为人的处罚较轻时就适用新法。我国修订后的《刑法》也采用了这一原则。我国1997年修订后的《刑法》第十二条规定："中华人民共和国成立以后本法施行以前的行为，如果当时的法律不认为是犯罪的，适用当时的法律；如果当时的法律认为是犯罪的，依照本法总则第四章第八节的规定应当追诉的，按照当时的法律追究刑事责任，但是如果本法不认为是犯罪或者处刑较轻的，适用本法。"

2.2.1.3.4 法的空间效力

法律的空间效力，是指法律生效的地域范围，即法律在哪些地方、在什么区域内具有拘束力。

在法律空间效力问题上，我国从维护国家主权和领土完整以及国家统一的原则出发，做出了具体规定，大体上可以分为四种情况：

（1）法律在全国范围内有效。即在一国主权所及全部领域有效，包括属于主权范围的全部领陆、领空、领水，也包括延伸意义上的领土，即本国驻外大使馆、领事馆、在本国领域外的本国船舶和飞行器。如1997年《刑法》第六条规定"凡在中华人民共和国船舶或者航空器内犯罪的，也适用本法"。

（2）法律在我国特定的地区内有效。这里又分为两种情况，一种是地方性法规仅在本行政区域有效;另一种是有些法律虽然是中央国家机关制定,但只在特定的地区适用,如《中华人民共和国香港特别行政区基本法》、《中华人民共和国澳门特别行政区基本法》等。

(3) 我国法律的域外效力。法的域外效力,指法不仅在国内而且在本国主权管辖领域外有效。一国法的域外效力范围,由国家之间以条约加以确定,或由法本身明文规定。如修订后的我国《刑法》第七条规定:"中华人民共和国公民在中华人民共和国领域外犯本法规定之罪的,适用本法,但是按本法规定的最高刑为3年以下有期徒刑的,可以不予追究。""中华人民共和国国家工作人员和军人在中华人民共和国领域外犯本法规定之罪的,适用本法。"

(4) 我国缔结或者参加的国际条约以及国际惯例的效力问题。国际条约是国际法的渊源,但由于它对于缔约国具有约束力,所以凡是我国缔结或者参加的国际条约,也属于我国的法的渊源之一。一般来说,国际条约的空间效力范围及于该条约的缔结国和参加国,但缔约国和参加国声明保留的条款除外。

国际惯例在我国适用的前提一般是我国法律和我国缔结或者参加的国际条约中没有明确规定的情况下。但出于保护国家和社会公共利益的考虑,也会做出一定的限制。例如我国《民法通则》第一百五十条规定"依照本章规定适用外国法律或者国际惯例的,不得违背中华人民共和国的社会公共利益"。

2.2.2 法律实效

2.2.2.1 法律实效含义

法律实效 (efficacy of law),即法律的实际有效性,是指人们在实际社会生活中按照法律规定的行为模式去行为,法律从而被实际遵守、执行和适用。

法律实效的含义表明:首先,法律实效指的是法律实际有效性,是法律实施的结果，即法律被遵守、执行适用的实际结果或实际状态。其次，法律实效所反映的只是法律实施的实际效果，是一个中性的概念，它并不必然表明法律实施所产生的社会效果的性质。最后，从法律实效实现过程的微观角度来看，它表现为社会中有关主体自觉活动的结果。

2.2.2.2 法的效力与法律实效的关系

法的效力与法律实效是两个既相互联系又有所不同的概念。

两者的区别除了概念不同外，还体现在以下三个方面：首先，法的效力的概念属于分析法学的范畴，它关注的是法律规范有逻辑上的、应然的普遍约束力问题；而法的实效概念属于社会学法学范畴，它关注的是具有形式效力的法律规范在现实生活中是否或者怎样被人们所遵守并加以实施，是一种实然的效力。其次，法的效力主要依赖法律的形式有效性，而法律实效主要依赖有关主体的自觉活动。法律之所以有效力，是因为它是由有权的国家机关按照法定的程序制定并颁布生效的；而法律实效所表明的是具有法律效力的规范性文件的实施结果，这一结果是依赖于有关主体自觉活动而实现的。最后，对同一法律而言，其法律效力是一定的，而其法律实效是一个变量。法律一旦制定并颁布生效，它的效力范围，即对人效力、对事效力、时间效力以及地域效力就确定下来，它不会因不同的法律适用过程而发生变化；而法律实效的实现却要受到多方面因素的制约，因此即使在法律效力相同的前提下，法律实效也会因具体社会环境的不同而不同。

两者的联系主要体现在两个方面：一方面，法律实效的实现是以法的效力为前提的。法律实效是法律的实际实施结果，而法律的实施只有在法的效力所及的范围内才能合法进行，否则法律实效也就无从实现。另一方面，法的效力的实际存在也是以法律实效为条件的。"法律规范只能在属于一个整体上有实效的规范体系的条件下，才被认为是有效力的"[①]。

[①] 沈宗灵主编：《法理学》，北京大学出版社2001年版，第318页。

2.2.2.3 法律实效实现的条件

研究法律实现的条件，对于法律实施的实践会有重要的指导意义。法律实效的实现条件有多方面因素，可分为法律自身方面的条件、法律实施主体方面的条件和法律运行社会环境方面的条件。

2.2.2.3.1 法律自身方面的条件

法律自身方面的条件主要是指法律的有效性，这是法律实现的前提条件。法律的有效性包括形式的有效性和实质有效性两个方面。前者是指法律的制定主体、立法权限、制定程序、颁布和生效的程序的合法性；后者是指法律内容的实质有效，如法律的内容是否符合社会发展的基本规律，体现社会发展要求，是否符合一定时期人们的基本价值观念。

2.2.2.3.2 法律实施主体方面的条件

"徒法不足以自行"，法律实效是通过有关主体的实施活动来实现的。法律实施主体的因素对于法律实效的实现有重要影响和制约作用。法律实施主体对法律的认知水平是法律实现的前提条件。此外，有关主体良好的法律意识是法律实施的基本条件和关键因素。

2.2.2.3.3 法律运行的社会环境方面的条件

在法律实效的实现所需要的社会条件中，法律制度的整体有效性为法律实效的实现提供了制度保证，是直接而基本的条件。此外政治环境、经济环境、历史文化传统、科技发展水平等都会影响法律实效的发挥。总之，法律实效的实现离不开社会，是社会环境各方面条件综合作用的结果。

思考题：

1. 简述法的渊源的分类。
2. 什么是法律效力？什么是法律实效？两者的关系如何？

3 法的要素

3.1 法的要素的含义

3.1.1 法的要素的概念

法律的构成要素是和系统相对而言的。如果我们把整体形态的法律看成一个系统的话，那么法律要素就是构成系统的元素。法的要素是法律系统的基础，任何时空中以整体形态存在的法律都是由基本的要素构成的。而法的要素也只有在法律系统中才有法的性质和意义。

法的要素不同于法的本质。法的本质是揭示法背后隐藏着的内容，即决定因素，它不仅要回答是什么，还要回答为什么，属于法的本体论、深层次的问题。法的要素只是说明和描述法律系统是由什么组成的，并不追溯"为什么"的问题，属于概念论、浅层次的问题。法律要素也不同于法的渊源。法的渊源是指法的外表形态，而法的要素是任何形态的法律（制定法、习惯法、判例法）都不可或缺的基本质料。

3.1.2 法的要素的特征

作为与法律整体相对应的法的要素，具有如下特征：
（1）个别性和局部性
它表现为一个个元素或个体，是组成法律有机体的细胞。因此，我们在认识法律要素的性质和功能时，应当结合法律整体背景来理解。

(2) 多样性和差别性

组成法律的要素具有多样性，不同的要素具有差别性。这起码可以从两个层次上来理解，一是法律要素可以分成不同的种类，它不是同一的，二是相同种类的法律要素又可以有多种不同个性。

(3) 整体性和不可分割性

虽然每个法律要素都是独立的单位，但是法律要素作为法律的组成部分又具有整体性和不可分割性。某一法律要素的改变可能会引起其他要素或整体发生相应的变化，某一要素被违反可能会引起整体或其他要素的反应。每一个要素都与其他的要素相联结，具有不可分割性。例如，法律适用的"特权原则"向"平等原则"的转变将极大地影响一系列法律规则与概念的理解与解释，"犯罪"这一概念的变化可能会影响到整个刑法体系及许多刑事规则。我们在对某一法律要素做出解释时不能离开它存在的法律背景。

3.1.3 法的要素的内容

法的要素内容是什么，是法理学研究中的一个重要问题。从本质上说，法的要素的内容应该是客观的、不以人的意志为转移的。但由于法律系统相对于自然系统而言属于人造系统，另外由于人们研究法律的立场、观点和方法不同，不同法学流派对法的要素所应包含的具体内容有不同的看法。

近代西方法理学流行的法的要素的模式主要有五种。包括：

(1) "命令"要素论。该理论始于法国人博丹（1530—1596年），经英国法学家霍布斯（1588—1679年），到分析法学派创始人奥斯丁（1790—1859年），20世纪40年代以后走向衰落。命令模式把法所包含的众多要素全部归结为以制裁为后盾的命令，这种做法显然是对法律的一种过于简单和片面的概括，因为法律的某些特点和法律中的许多规则是难以用命令来涵盖的。

（2）新分析法学派的规则模式论。由英国法学家哈特倡导，他把法律归结为单一的规则要素。法律规则分为主要规则和次要规则。主要规则是设定义务的规则，次要规则是授予权利的规则。

（3）规则－原则－政策模式论。该理论是由新自然法学派的德沃金提出的。德沃金反对哈特把法的要素归结为规则的观点，认为规则模式论过于简单，与法律实践的复杂性和错综性不相符合。德沃金坚持法律除了规则成分之外，还包括原则和政策的成分，而且，在疑难案件的处理过程中，后两种成分往往起着更重要的作用。

（4）道德原则和法律规则模式。这一理论认为法律规范分为两种，一种是道德原则，另一种是法律规则，道德原则确定法律规则。

（5）律令－技术－理想模式论。这一理论由美国著名的社会法学家庞德提出。庞德认为，"法"是一个有多重含义的词汇，如果把法律理解为一批据以做出司法或行政决定的权威性资料、根据和指示，那么，法律就是由律令、技术和理想三种要素或成分所组成的。法律的"律令成分"本身又包括规则、原则、概念和标准等更具体的成分，其中规则构成了律令的主要成分。法律的"技术成分"是指解释和适用法的规定、概念的方法和在权威性法的资料中寻找审理特殊案件的根据的方法。法律的"理想成分"是指公认的权威性法律理想，它归根结底反映了一定时空条件下的社会秩序的理想图画，反映了法律秩序和社会控制之目的是什么的法律传统，并成为解释和适用法律的背景。

上述几种法的模式理论按不同的思路对法进行了要素分析，尽管每一种分析都未能在法学界取得一致同意，但是，它们各有所长，对于深化人们对法的认识和理解是有益的。

我国传统的法理学中通行的是"法律规范说"，即将法律归结为法律规范这一要素，认为法律规范构成法的基本细胞。综观各种关于法的要素的学说，法律规则、原则和概念三要素说有较强的说服力，且对认识法律有重要的工具价值。本章即按此种区分对法进行要素分析。

3.2 法律规则

3.2.1 法律规则的含义

法律规则从不同的层面而言有不同的含义。在从宏观上讨论法律问题时，人们常常把法律界说为某种行为规则或规范的总和或体系。如法律是由国家制定或认可的行为规则体系，法律是由国家强制力保障实施的行为规范的总和，等等。在这里，法律和法律规则可以被看成是两个大体同等的概念，它们的内涵和外延没有实质的不同。

但是，当我们在这里从微观层面上对法律进行要素分析时，法律和法律规则就不是等同的关系，而是包含关系了，即法律规则只是法律的基本要素之一，除了规则之外，原则和概念也是法律不可缺少的要素。这里所说的法律规则，是法律中明确赋予一种事实状态以法律意义的一般性规定。所谓赋予一种事实状态以法律意义，指的是某些事件或行为发生之后，可能会导致某种权利或义务的产生、变化或消灭，也可能引起某种法律责任的出现，如婴儿出生这一事件会引起某些人身权和财产权的形成；在公共道路上驾驶机动车这一行为会使驾车人承担右侧通行、不得闯红灯等义务。此时，法律要素中的规则成分所发挥的作用，就是将这些事件或行为的法律意义明确下来。对某种事实状态的法律意义做出明确规定，这是规则区别与另外两种法的要素（原则和概念）的显著特征。原则只是法律行为和法律推理的指南，它并不明确地规定一种事实状态及其法律意义，概念则只是对事实状态进行区分和界定。法律规则不仅是明确的，也是一般性的规定。所谓一般性，指的是法律规则针对某一类事实状态做出规定，它适用于某一类人，而不是对某一件特定的事、特定的人做出规定。

综上，可以将法律规则定义概括为：法律规则是通过法律上做出的权利、义务、责任的明确、一般性规定，赋予某种事实以法律后果和法律意义的标准和准则。

3.2.2 法律规则的属性

通过上述对法律规则的概念分析，并结合与其他法律要素对比可知，法律规则除了规范性外，还具有其他属性。美国法学家庞德认为，法律的概念本身包含着划一性、规整性和可预见性。划一性即法律规则的普遍性。法律所规范的是不特定的人和事，并平等地适用于法律上的任何主体。规整性即法律规则用以指引、调整人的行为。可预见性往往跟法律规则的可操作性相联系。法律规则一般较为具体，既可在司法适用中引为裁判依据，又可规范人们的行为选择。此外，法律规则还具有确定性。当然，对此法学界存在不同看法。分析实证法学派强调法律规则的确定性，而美国现实主义法学派与批判法学派则对此持否定、怀疑态度。但无论如何，法律规则具有相对确立性，否则现代法治无以建立。

3.2.3 法律规则的逻辑结构

关于法律规则的逻辑结构，主要有如下观点：

（1）三要素说。传统法理学教材将法律规则等同于法律规范，并将法律规范（则）的逻辑结构归纳为假定、处理和制裁三部分。其中假定是法律规则中关于使用该规范的条件的规定，即规则的使用范围和条件；处理是法律规则具体要求人们做什么和禁止人们做什么的部分；制裁是法律规范中指出违反该规范时将承担什么样的法律后果的部分。三要素说长期以来在我国法学界居于通说地位。

（2）二要素说。这是后来兴起的一种观点。该说将法律规则分为行为模式和法律后果两部分。行为模式是法律规则规定人们可以行为、应该行为和禁止行为的方式。法律后果是指违反或遵守法律所产生的后果。

（3）新三要素说。即将法律规则区分为条件、行为模式和后果。这种观点类似于三要素说。但是将三要素说中的"制裁"改为"后果"。这就包含了对遵守和违反规则的行为予以肯定和否定的两种后果。

(4) 构成要件与法律效果二要素说。德国法学家拉伦茨等持此观点。他们认为完全性法条兼备构成要件和法律效果两部分，并将该法律效果系于该构成要件。例如《德国民法典》第五百三十六条规定：租赁契约存续中，出租人应维持租赁物合于约定使用之状态。该法条之构成要件为出租人接受租金并承担了提供他人使用租赁物之义务。与此观点类似的是，认为法律规则由两部分构成：一是法律指令即法律后果，二是法律事实，即法律所适用的事实和其他情节。此时，法官要做的即确定事实是否存在以赋予其相应法律后果。

上述观点中，观点（1）存在诸多缺陷，最主要者在于将法律后果仅仅归结为制裁这一否定的不利后果，而忽略了肯定的后果。这只能用来解释和分析刑法规范等部分法律规则，只能用于分析义务性规则，而不具有解说全部法律规则的说服力。这种观点本身是跟法律是强制性的国家意志观一脉相承，跟现代法治精神不相符合。观点（2）和观点（3）作为对观点（1）的批驳和修正，均有一定的合理性。但跟观点（1）一样，他们都是站在立法者立场上的法律规范逻辑结果观。比如这几种观点都认为，处理或行为模式是法律规则逻辑构成的重要一环。仅仅看到法律规则作为人的行为规范之归属，而忽略了法律规则作为裁判规范这种更重要的属性。观点（4）即从司法裁判与适用的角度对法律规则的逻辑结果所作的归纳，具有较强的说服力。

3.2.4 法律规则适用之逻辑

如果说法律规则的逻辑结构是从静态意义上对法律规则的分析，那么规则适用的逻辑则是从动态意义上进行分析。在此从司法适用层面对法律规则的运行逻辑进行探讨。在实际中，法律适用的逻辑包括四个阶段：①调查和确认案件事实，通过证据确认案件事实；②解释和确认法定事实要件的内容；③涵摄：即看案件事实是否符合法定事实要件；④确定法律后果。当然，这仅仅是法律适用在法理上最简单的归纳，司法实践情形要复杂得多。

法律规则适用之逻辑结构中还有一种特殊且复杂的情形叫法条竞合。所谓法条竞合，台湾学者史尚宽认为指同一事实，合于数个法规所定之法律要件，其中一法规应先适用时，谓之法条竞合或法规竞合。学界关于法条竞合的认识相差不大，两个以上的法条的构成要件彼此互相重合，同一事实同时为其所规范，即发生法条竞合问题。

需要指出的是，以规则为中心的法律解释与适用技术在我国尚欠发达，法律方法的研究近年来才刚起步，因此今后要大力加强在这一领域的理论研究，建立一套适合于我国的分析解释法律规则的理论、方法和技术，从而进一步推动我国的法治建设。

3.2.5　法律规则与法律条文

现代国家的规范性法律文件（如法典）大都是以条文为基本构成单位的。从其表述的内容来看，法律条文可以分为规范性条文和非规范性条文。规范性条文是直接表述法律规范（法律规则和法律原则）的条文，非规范性条文是指不直接规定法律规范，而规定某些法律技术内容（如专门法律术语的界定、公布机关和时间、法律生效日期等）的条文。这些非规范性条文不可能是独立存在的，它们总是附属于规范性法律文件中的规范性法律条文的。由此看出，应当把法律规则和法律条文区别开来。法律规则是法律条文的内容，法律条文是法律规则的表现形式，并不是所有的法律条文都直接规定法律规则的，也不是每一个条文都完整地表述一个规则或只表述一个法律规则。

在立法实践中，通常采取两种不同的方式来明示人们的行为界限，分别以不同的条文规定表现出来。具体而言，大致有以下几类情形：①一个完整的法律规则由数个法律条文来表述；②法律规则的内容分别由不同规范性法律文件的法律条文来表述;③一个条文表述不同的法律规则或其要素;④法律条文仅规定法律规则的某个要素或若干要素。

3.2.6 法律规则的分类

从不同的角度可以对法律规则做出不同的分类。

(1) 以法律规则确定的内容为标准可以分为授权性规则、义务性规则和职权性规则。授权性规则是规定人们可以作为或不作为并能要求别人作为或不作为的规则。义务性规则是直接要求人们从事某种行为的规则。职权性规则是公权力机关及其工作人员组织与活动的规则，它兼具授予权利和设定义务的特征。

(2) 依据是否允许依法自由调整可以分为强行性规则和任意性规则。强行性规则指法律规定的权利和义务具有很强的刚性，不允许当事人协议变更或任意改变的规则。任意性规则是指是否依规则指定的行为行事，由当事人自主决定。

(3) 依照确定性程度不同可分为确定性规则和裁量性规则。确定性规则是指这种规则的构成要件与法律后果都十分明确、具体和肯定，因而可以直接适用。裁量性规则是指规则的构成要件不是很具体明确，或具有一定弹性，而不得不根据具体情况进行解释才能得以适用的规则。

(4) 从规则的功能可以将法律规则分为调整性规则和构成性规则。调整性规则旨在调整和规范人的行为，并且所指涉的行为在逻辑上先于或独立于这些规则。构成性规则是以本规则的产生为基础而导致某些行为方式的出现，并对其加以调整的法律规则。与调整性规则不同，在构成性规则产生以前，该规则所涉及的行为不可能出现，只有当规则产生以后，才有可能导致相关行为的出现，其所指涉的行为在逻辑上依赖于这种规则。

3.3 法律原则

3.3.1 法律原则的含义和特征

关于原则一词，虽然东西方语言的表达方式不同，但都有一个相同的含义，即根本规则的意思。因此，法律原则，就是指能够作为规则的来源或基础的综合性、稳定性的原理或准则。

法律原则根源于社会的政治、经济、文化现实之中，是法律基本价值的承担者，具有蕴含和储存价值的属性与功能。一国法律秩序皆受特定的法律思想、原则或一般标准，即"法律的精神"所支配。法律原则既可以从个案中归纳出来，亦可由更抽象的上位价值推导出来。由此法律原则可使整个法律制度与规则体系和谐一致。这样，法律原则即决定并体现着法律制度的基本性质即价值倾向。

与法律规则相比，法律原则的这一性质使其具有下列特征：

（1）抽象性，或不可操作性（指司法个案中的不可操作性）。法律原则不预先设定任何确定而具体的事实状态，也没有规定具体的权利、义务和责任，并且经常使用一些抽象性的概念，缺乏法律规则那样严谨的逻辑结构，因而在法律适用中弹性较强，较为模糊，表现出不可操作性和不确定性。

（2）宽泛性。与规则相比，虽然原则的内容在明确化程度上显然低于规则，但是，原则所覆盖的事实状态远广于规则，并且具有较强的宏观指导性。因而，原则的适用范围也广于规则。

（3）稳定性。法律原则因其本身负载诸多价值，所以可以做到即使社会发生重大变迁而法律原则不轻易改变，如民法上的公平原则。

（4）强行性。与法律规则有强行性和任意性之区分不同，法律原则一般为强行性规定。这同样是因为法律原则负载了社会的基本价值，体现法律制度的基本性质和内容。如果任由当事人选择决定，则其所体现的社会价值将遭到破坏，危及社会赖以存在之基础。

3.3.2 法律原则的功能

在法制实践中，法律原则具有非常重要的和不可替代的功能。

1. 从法律的创制上看，法律原则具有以下三个方面的重要功能：

（1）法律原则直接决定了法律制度的基本性质、基本内容和基本价值倾向。法律原则是法律精神最集中的体现，因而，构成了整个法律制度的理论基础。可以说，法律原则也就是法律制度的原理和机理，因此，确立了一批什么样的法律原则，也就确立了一种什么样的法律制度。

（2）法律原则是法律制度内部协调统一的重要保障。任何一个成熟的法律制度都包含着众多的规则要素，这些众多的规则所涉及的事实状态纷繁复杂，其法律性质、法律效力和具体的立法目的也各有不同。因此如何保障法律自身的协调一致就成为一个突出的问题。近、现代立法经验表明，法律原则在防止和消弭法律制度内部矛盾和增强法制统一方面，具有突出作用。在法律的创制过程中，当处于不同效力位阶的各项原则能够被各级、各类立法者刻意遵从时，法制的统一就有了最基本的保障。

（3）法律原则对法制改革具有导向作用。随着社会的不断发展，新的兴趣、利益、行为方式和权利要求也不断涌现，并且时常与原有的权利、义务分配结构发生冲突，在此种形势下，法制改革成了现代法制中一种惯常的现象和客观需要。这一点在正处于改革时代的我国社会体现得尤为突出。我国实行改革开放以来，原有的权利、义务沿着特定的方向发生了深刻变化，大批的原有规则被废止和修正，大批的新规则被制定出来。某些行为在过去属于权利或权力，现在却被取消或禁止。这种涉及人们行为方式和生存方式的深刻变化，正是由于法律原则的变化而直接引发的。

2. 从法律实施上看，法律原则也具有重要作用。这种作用主要表现在以下三个方面：

（1）指导法律解释和法律推理。法律解释和法律推理是法律实施过程中两个关键性环节。为了将抽象的普遍性规则适用于具体的事实、关系和行为，就必须对法律进行解释并进行法律推理。在这一过程中，原则构成了正确理解法律指南，同时，原则也构成了推理的权威性出发点。如果没有法律原则的指导作用，不合理的法律解释和法律推理就会以较高的频率出现，并使法律的实施受到消极影响。

（2）补充法律漏洞，强化法律的调控能力。由于社会关系的复杂性和变动性，法律存在漏洞在各国法律实践中均难以完全避免。此时，法律原则就成为补充法律漏洞的一种不可替代的手段，它可以使法律对规则空白地带的事项加以调整，也可以防止现有规则的不合理适用。

（3）限定自由裁量权的合理范围。各国法律实践的经验表明，再详尽的法典也不可能使法律适用变成一种类似于数学运算的操作过程，得出非选择性的、唯一的答案。法律适用常面临在数种可能的结论中做出选择的问题。例如量刑幅度、罚款幅度等许多的规定都允许适用法律的机构有一定的自由选择空间。法律原则有助于使自由裁量权保持在合理的范围之内，有助于消除或限制由于自由裁量权绝对化导致的职权的滥用。

3.3.3 法律原则的适用

法律原则在当今世界已经成为一种重要的法律形式。在法律适用中，法律原则一般不直接涵摄案件事实，但需有法律规定或法条承载。法律原则可以明确规定于制定法中，也可以以判例的方式确认，还可以由成文法结合判例的方式进行表达。由此可见，并非所有的法律原则皆由法条明确规定，有些原则是通过法律推理从既有法律中得出的。

需要指出的是，法律原则必经判例学说具体化为详细的法律规定中，才能发挥其规范效力，否则无异于空洞的说教或摆设。而实际一些国家原则具体化工作做的还很不够，缺乏有效的落实。我国也同样存在这一缺陷。

3.3.4 法律原则的分类

法律原则比较重要的分类有如下几种。

（1）按照法律原则的抽象性程度不同，可将其分为基本法律原则和具体法律原则

基本原则中体现了法律的基本精神，是在价值上比其他原则更为重要，在功能上比其他原则的调整范围更广的法律原则。具体原则是以基本原则为基础，并在基本原则指导下适用于某一特定社会关系领域的法律原则。当然，基本原则与具体原则的划分只有相对的意义，例如，相对于"法律面前人人平等"原则而言，"罪刑法定"就是只适用于犯罪与刑罚领域的具体原则；但是，如把讨论问题的范围限定在刑法领域，则罪刑法定就成为刑法的基本原则了。

（2）按照法律原则产生的基础，可将其分为公理性原则和政策性原则

公理性原则是从社会关系本质中产生出来、得到社会广泛公认并被奉为法律之准则的公理。例如，民法中民事活动应当遵循自愿、公平、等价有偿、诚实信用的原则，即为上升为法律的公理。政策性原则是国家在管理社会事务的过程中为实现某种长期、中期或近期目标而做出的政治决策，例如，我国把"计划生育"确立为基本国策，即为政策性原则之一例。

（3）按照法律原则的内容，可将其分为实体性原则与程序性原则

实体性原则是直接涉及实体性权利、义务分配状态的法律原则。例如，宪法中的民族平等原则和民法中的契约自由原则都是实体性原则。程序性原则是通过对法律活动程序进行调整而对实体性权利、义务产生间接影响的法律原则。例如，无罪推定原则和民事诉讼当事人地位平等原则都是程序性原则。

3.4 法律概念

3.4.1 法律概念释义

法律概念是具有法律意义的概念，是人们从法律实践活动中概括、抽象、提炼出的具有共同特征的有关法律及其现象的理论范畴。在各种法律要素中，概念一般包含于法律规则与原则中，但它却是适用法律规则与原则的前提。

3.4.2 法律概念种类

法律概念大量来自日常生活，但又与日常生活中的概念不同，它通常有明确的定义和应用范围。如刑法上的"国家机关工作人员"、"金融机构"、"故意"和"过失"，民法上的"死亡"等概念都有专门的理解。依照不同的标准可以对法律概念作不同的划分。常见的一种是按照概念所涉内容进行分类。由此分为：

（1）涉人概念。这是关于法律上的人的概念，是用以表达各种法律关系主体的概念。如公民、社团法人、原告人、行政机关等。

（2）涉事概念。这是关于法律事件和法律行为的概念。如失踪、不可抗力、违约、犯罪中止，等等。

（3）涉物概念。这是法律上涉及物品及其质量、数量、属性、时空的概念。如标的物、个人财产、遗产、票据、合同、诉讼时效，等等。

思考题：

1. 法律规则的分类有哪些？
2. 法律原则的含义是什么？如何理解法律原则的功能及其适用。

4 法律体系

4.1 法律体系的定义与划分部门法的标准与原则

4.1.1 基本概念

4.1.1.1 法律体系

　　法律体系一般是指一个国家的全部法律规范，按照一定的原则和要求，根据不同法律规范的调整对象和调整方法的不同，划分为若干法律门类，并由这些法律门类及其所包括的不同法律规范形成相互有机联系的统一整体。通常情况下，法律体系仅指成文法，法律体系由各个法律部门（即部门法）组成一个完整的有机体。

　　1. 从以上法律体系的概念来看，法律体系有以下几个特点：

　　（1）法律体系是一个国家的全部现行法律构成的整体。这就是说，它既不是几个国家的法律构成的整体，也不包括一国历史上的法律或已经失效的法律，或将要制定的法律或尚未生效的法律，只包括现行的国内法和被本国承认的国际法。法律体系是一个国家主权的象征和表现。

　　（2）法律体系作为一个"体系"，它的内部构成要素是法律部门，并且法律部门也不是七零八散地堆积在一起，而是按照一定的标准进行分类组合，呈现为一个体系化、系统化的相互联系的有机整体。这既是法律体系的客观构成，也是法律体系的一种理性化要求。

　　（3）法律体系是客观法则和主观属性的有机统一。从终极的意义上讲，法律体系是经济关系的反映，它必须适应于总的经济状况，因此，法律体系的形成是由客观经济规律和经济关系决定的；但从法律关系的形成过程来讲，它又离不开人的意志、主观能动性、意识形态、文化传统等作用，由此使世界各国的法律体系呈现出不同的模式、形态等。因此，法律体系是客观法则和主观属性的有机统一。

（4）法律体系是一个不断变化发展的体系。一国的法律体系将随着国家立法活动及法学研究的发展而不断发展变化。

2. 研究法律体系对法学研究者和法律工作者具有重要意义，具体表现在以下三个方面：

（1）在立法方面，对法律体系的研究有助于我们认识到现行法律的缺陷，为进行科学的立法预测、立法规划和具体的立法工作提供依据，同时也为规范性法律文件系统化奠定基础。

（2）在法律实施方面，法律体系的研究有助于执法和司法人员系统掌握国家法律的全貌，特别是掌握某一部门法的全貌，从而对具体案件的性质做出准确的判断和归类，正确地执行和适用法律。

（3）在法学研究和法学教育方面，研究法律体系对法律学科的分类和教学课程的设置具有重要的参考意义。

4.1.1.2 法律部门

部门法也称为法律部门，是指根据一定的标准和原则，按照法律调整的社会关系的领域和方法等所划分的同类法律规范的总和。部门法是法律体系的基本组成要素，各个不同的部门法的有机组合，便成为一个国家的法律体系。

从法律部门的概念来看，法律部门具有如几个特点：

（1）一个法律体系的所有部门是统一的，各部门法之间应是协调的。每一个部门法都统一于国家的宪法之下，彼此之间互相协调配合，共同构成一个国家和谐有序的法律体系。

（2）各部门法的内容各不相同、自成一体，具有相对的独立性。

（3）各部门法的结构和内容基本上是确定的，但又是相对的和变动的。

(4) 部门法既有客观基础，又有主观因素，是主客观结合的产物。作为人类法律调整活动，法律的制定和实施是一种客观的事实，它离不开客观的社会事实，但法律毕竟是主观活动的产物，因而它又带有主观因素。

4.1.2 部门法的划分标准与原则

4.1.2.1 部门法的划分标准

划分部门法的标准问题，国内外学界历来观点不一。实际上，这个问题的解决也与国情有联系。我国法学界受苏联法理学的影响，对部门法的划分坚持两个标准：

(1) 法律所调整的对象即法律所调整的某类社会关系

法律是调整社会关系的行为准则，任何法律都有其所调整的社会关系，否则，就不成其为法律。法律部门就是以法所调整的社会关系的内容作为依据来划分一部法律属于哪一部门的。因为这种调整社会关系的内容决定着法律规范的性质。社会关系是多种多样的且复杂的，人们可以将社会关系分为政治关系、经济关系、文化关系、宗教关系、家庭关系等，当这些不同领域的社会关系成为法律调整领域之后，它们便成了法律部门形成的基础，而调整不同领域的社会关系的法律又形成不同的法律部门。

(2) 法律调整的方法

法律规范所调整的社会关系虽是很重要的法律部门的划分标准，但仅仅用此作为划分标准还是不够的，因为它们既无法解释一个法律部门（如刑法法律部门）可以调整不同种类的社会关系，也不能解释同一社会关系需由不同的法律部门来调整这一法律现象。因此，划分法律部门，还需将法律规范的调整方法作为划分标准。如可将凡属以刑罚制裁方法为特征的法律规范划分为刑法部门，将以承担民事责任方式的法律规范划分为民法部门，等等。此外，国内有些法学论著还提出以法规的数量为依据、方便归类的标准。

4.1.2.2 部门法的划分原则

在进行部门法划分时,仅依靠调整对象和调整方法这两个客观标准是不够的,还应考虑遵循一定的原则。我国法学界在划分部门法的原则上存在一定分歧。

张文显教授在面向 21 世纪课程教材《法理学》[①]中提出了三个原则:①整体原则,即以整个法律体系为划分对象,划分结果必须囊括一国现行法律的全部内容,使法律体系中的所有法律都归属于某一法律部门。②均衡原则,即划分法律部门时应当考虑各法律部门之间法律规范的规模或数量之间保持大体上的均衡,不能使某些法律部门的内容(即规范)特别多,而有些法律部门的内容则特别少。当然,这种均衡只是相对均衡,主要还要取决于各法律部门的实际需要和调整幅度。③以现行法为主,兼顾即将制定的法律,即虽然法律体系中的法律部门划分只以现行法律为主,但法律是发展的,法律体系的内容也在不断发生变化。划分法律部门虽要以现行法律为基础,但也不能不考虑法律的发展变化,否则,就不可能在法律发展的动态过程中保持法律体系的相对稳定。

沈宗灵教授在其出版的法理学教材中,把部门法划分的原则分为六个[②]:①合目的性原则,即划分部门法的目的是为了方便人们了解和掌握本国的现行法律。②从实际出发原则,即划分部门法虽然应注意调整对象,但也应注意法规数量的多少。对社会关系比较广泛的领域可以划分为一个甚至几个部门法,对一些法律法规很少的社会关系领域,则可以予以合并。③适当平衡原则,即划分部门法时应使每一部门法中法规的数量保持一定的平衡。④相对稳定原则,即划分部门法时要考虑法律的稳定性,对部门法的结构和内容不能经常变化。⑤重点论原则。具体社会关系和法律规范,其情况极为复杂,有时难以弄清其究竟归属于哪一个部门,此时

---

① 张文显主编:《法理学》,高等教育出版社、北京大学出版社 1999 年版,第 81 页。
② 沈宗灵主编:《法理学》,北京大学出版社 1999 年版,第 381~383 页。

应该考虑他们的主导因素进行法律部门的划分。⑥辨证发展原则。法律处在不断发展之中,并且人们的认识水平也在不断提高,因此法律部门也在不断发展变化,部门法的划分只能是相对的。但是,力求部门法划分的科学合理,既合乎逻辑又便于具体操作,使之言之成理,持之有据,应该是我们共同的方向和追求。

总之,虽然不同学者对划分部门法应遵循的原则持有的观点不同,但出发点和目的是一致的,那就是为了使部门法的划分能够更加科学、合理。2010 年,在中国特色社会主义法律体系即将形成之际,十一届全国人大常委会对法律体系组织了专题研究,在保持法律体系结构相对稳定的基础上,对法律体系的层次和部门划分作出调整:首先,为体现宪法在整个中国特色社会主义法律体系中的核心地位和统率作用,将宪法从"宪法和法律"这个层次中分离出来,居于法律、行政法规、地方性法规等层次之上;其次,与此相适应,不宜将作为根本法的宪法作为部门法对待,将"宪法及宪法相关法"部门调整为"宪法相关法"部门,即在宪法之下,将全部现行法律规范划分为七个法律部门,即:宪法相关法、民法商法、行政法、经济法、社会法、刑法、诉讼法与非诉讼程序法。①

4.2 我国法律的部门划分

4.2.1 传统理论上的法的部门划分

早在古罗马,把法分为公法和私法的观点已被认可。近些年来,社会保障法成了资本主义社会近几十年发展最快的法律,这种法律的发展对资本主义社会秩序的稳定起了十分重要的作用。在公法、私法、社会保障法模式的法律体系中,一般认为,公法主要包括宪法、行政法、财政法、刑

---

① 参见法言:《符合实际需要的法律部门——话说中国特色社会主义法律体系的形成(九)》,《中国人大》2011 年 10 月 10 日。

法、诉讼法、环保法、国际公法等。私法主要包括民法、婚姻家庭法、商法、国际私法等。社会保障法主要包括劳动法、劳动保护法、就业保障法、失业保险法、社会救济法等。

4.2.2 我国现行部门法的划分

在 2010 年全国人大常委会提出将全部现行法律规范划分为七个法律部门时，仍有不少学者提出不同意见，如应增加环境资源法、国防军事法等法律部门，还有人建议明确国际条约在法律体系中的地位。这里，我们按照全国人大常委会提出的标准，将我国法律总体上划分为七个法律部门。

4.2.2.1 宪法相关法

宪法相关法是与宪法相配套、直接保障宪法实施的宪法性法律规范的总称，主要包括有关国家机构的产生、组织、职权和基本工作制度的法律，有关民族区域自治制度、特别行政区制度、基层群众自治制度的法律，有关维护国家主权、领土完整、国家安全和国家标志象征的法律，以及有关保障公民基本政治权利的法律。

4.2.2.2 民法商法

民法商法包含了民事活动的一般规范和市场经济的基本准则。1986 年颁布的《民法通则》对民事商事活动的一些共同性问题做了规定，明确了民法的调整对象、基本原则、主体制度、行为制度、权利制度和责任制度，开启了我国民法商法的发展完善之路。经过多年努力，民法商法在财产权、侵权责任、婚姻家庭、知识产权、商事主体、商事行为等各个方面都建立了较为完备的法律制度。

4.2.2.3 行政法

行政法是关于行政权的授予、行使以及对行政权的监督的法律规范总和，也是调整国家行政管理活动的法律规范的总和，包括有关行政管理主体、行政行为、行政程序以及行政监督等方面的法律规范。随着行政复议法、行政许可法、行政处罚法和部门行政法以及配套行政法规、地方性法规的先后出台，为各级行政机关及其工作人员依法行政，提供了全面、坚实的法律依据。

按照全国人大常委会的划分，行政法包括行政行为法律制度、环境保护法律制度、教育法律制度、卫生法律制度、社会管理法律制度、国防法律制度、行政监督法律制度和国家公务员法律制度。

4.2.2.4 经济法

经济法是国家从社会整体利益出发对经济活动实行干预、管理或调控所产生的社会经济关系的法律规范的总称。市场经济发展的基本规律表明，只有充分发挥市场配置资源的基础性作用，才能提高效率，充分竞争，经济才富有活力。与此同时，市场本身也存在着自发性、滞后性、盲目性，并不是万能的。经济法的作用就是由国家通过必要的法律手段进行适度调节，使市场良性运转。经济法包括税收法律制度、宏观调控和经济管理法律制度、维护市场秩序的法律制度、行业管理和产业促进法律制度、农业法律制度、自然资源法律制度、能源法律制度、产品质量法律制度、企业国有资产法律制度、金融监管法律制度、对外贸易和经济合作法律制度等。

4.2.2.5 社会法

社会法是在国家干预社会生活过程中逐渐发展起来的一个法律部门，所调整的是政府与社会之间、社会不同部分之间的法律关系。社会法调整劳动关系、社会保障、社会福利和特殊群体权益保障等方面关系，其目的在于，从社会整体利益出发，对劳动者、失业者、丧失劳动能力者和其他需要扶助的人的权益实行必需的、切实的保障，包括劳动用工、工资福利、职业安全卫生、社会保险、社会救济、特殊保障等方面的法律。

4.2.2.6 刑法

刑法是指规定犯罪和刑罚的法律规范的总称。在当代中国的法律体系中,刑法是一个非常重要的法律部门,也是惩治各种犯罪现象和犯罪行为,打击各种严重破坏社会关系和社会秩序的犯罪分子,维护正常的社会秩序的重要法律部门。

刑法适用于那些实施了较严重的社会危害性、已经触犯了刑事法律规范的行为的犯罪人,刑法所采用的调整方法是最严厉的一种法律制裁方法即刑罚的方法。所以,刑法法律部门并不是主要的以调整对象来划分,而是以其调整方法——刑罚制裁的方法来划分,即凡属用刑罚制裁方法的法律规范,都属于刑法法律部门。我国目前的刑法法律部门主要是以1997年八届人大五次会议修订通过的《中华人民共和国刑法》为轴心的法律规范,还包括一些散见于经济法规、行政法规中关于追究刑事法律责任的规定等。

4.2.2.7 诉讼与非诉讼程序法

诉讼与非诉讼程序法是规范解决社会纠纷的诉讼活动与非诉讼活动的法律规范。诉讼法是相对于实体法而言的一个重要的法律部门。实体法是规定各种实体权利和义务的法律,而诉讼法则是规定在诉讼过程中各个诉讼主体的诉讼权利和诉讼义务的法律,诉讼法中也可能包含一部分少量的实体权利和义务,但就其主要内容而言,它主要是诉讼权利和义务的规范。我国的诉讼法主要由刑事诉讼法、民事诉讼法、行政诉讼法、仲裁法等基本法律构成;非诉讼程序法主要有仲裁法、人民调解法、劳动争议调解仲裁法以及农村土地承包经济纠纷调解仲裁法等。

思考题:

了解我国部门法的划分。

5 法律关系与法律事实

5.1 法律关系的概念和种类

5.1.1 法律关系的概念

法律关系概念源于罗马法中"法锁"概念。按照罗马法的解释,"债"的意义有二:债权人得请求他人为一定的给付;债务人应请求而为一定的给付。债本质上是根据法律要求人们为一定的给付的法锁。法锁观念形象地描述了债作为私法关系存在的约束性和客观强制性,为近代法律关系理论的创立奠定了基础。直到19世纪,法律关系才作为专门概念存在。

法律关系是法律规范在指引人们的行为,调整社会关系的过程中所形成的人与人之间的权利和义务关系。法律关系是一个基本的法律概念,它与法的运行过程(立法、执法、守法的运行机制)密切关联,也与如法律规范、法律行为、法律责任等其他法律概念直接或间接相关联。在一定意义上可以说,法律关系是法律调整社会关系的"操作机床",当法律规范存在的情形下,没有法律事实与法律关系的相互作用,没有对法律关系的操作就不可能对法律问题作任何技术性分析,也不可能科学地理解任何法律决定。因此,认识和研究法律关系问题,具有重要的理论和实践意义。法律关系由三个要素组成,即法律关系主体、法律关系内容——法律权利和法律义务、法律关系客体。

社会关系是人们在相互交往过程中所形成的人与人之间的联系,法律关系属于社会关系，但它有不同于一般社会关系的显著特征。法律关系有以下特征：

（1）法律关系是根据法律规范建立的一种社会关系，具有合法性

首先，法律规范是法律关系产生的前提，如果没有相应的法律规范，就不可能产生法律关系。

其次，法律关系不同于法律规范调整和保护的社会关系本身。法律关系反映着一定领域的社会关系，是法律规范从书本上的抽象规定变成社会中现实秩序的一种状态。这样，法律规范所调整或保护的社会关系转变成法律关系还需要通过一定主体的能动作用，因此不能简单地把法律关系直接等同于法律规范调整或保护的社会关系。

最后，法律关系是法律规范在现实社会中的实现形式，是法律规范在现实社会生活中得到具体的贯彻。因此，法律关系是人与人之间的合法关系。

（2）法律关系是体现意志性的特殊社会关系

法律关系是根据法律规范有目的、有意识地建立的，法律关系像法律规范一样必然体现国家的意志。但法律关系是现实的、特定的法律主体所参与的具体社会关系，因此，特定法律主体的意志对于法律关系的建立与实现也有一定的作用。国家意志对法律关系的产生和实现起着主导作用，而法律关系主体的意志又是法律规范中所体现的国家意志的实现的必要条件。

（3）法律关系是法律关系主体之间的权利义务关系

法律关系的内容是法律规范"指示"（行为模式）的规定在法律关系中的体现。法律关系是实现法律规范中权利与义务的工具。因此，与法律规范相比，法律关系中的主体是特定的，权利与义务是具体的现实化的法律上的权利与义务。而且法律关系中的权利与义务是与特定的法律事实相联系的特定主体之间的权利与义务，而不是它们之间的全部权利与义务。

5.1.2 法律关系的种类

在法学研究中,法律关系是一具有普遍意义的范畴。在不同的部门法领域中都有使法律规范抽象的、一般性的规定现实化、具体化的问题,都存在着法律关系。但由于法学上认识的角度不同和依据的标准不同,对法律关系做出的分类也不相同。

5.1.2.1 基本法律关系和普通法律关系

根据构成法律关系内容的社会关系的性质、等级和相应的法律关系的重要程度,可以分为基本法律关系和普通法律关系。

基本法律关系是指依据宪法性法律形成的法律关系,如国家权力机关与行政、司法机关之间的职权分配关系、选举法上的选民与候选人之间的关系。

普通法律关系是根据宪法和宪法性法律规范为指导的普通法(包括实体法和程序法)而形成的,存在于特定主体之间的具体权利与义务关系。普通法律关系的产生不但要有普通法的规定,而且要有具体事实的发生。如诉讼法律关系的产生,除诉讼法的规定外,还须基于诉讼法上的事实。

5.1.2.2 抽象(一般)法律关系和具体(特殊)法律关系

根据法律关系存在的形态不同,可以分为抽象法律关系和具体法律关系。抽象法律关系是以法律设定、宣告的模式形态存在的法律关系。具体法律关系是法的实践主体根据法定的法律关系模式而建立起来的,以具体的权利义务为内容的法律关系。这种分类最典型的就是行政法上的抽象行政行为形成的法律关系以及具体行政行为形成的法律关系。

5.1.2.3 绝对法律关系和相对法律关系

根据法律关系主体是否完全特定化,可以分为绝对法律关系和相对法律关系。

绝对法律关系是特定的权利主体与不特定的义务主体之间的法律关

系。绝对法律关系的特点是，只有权利主体是特定的、具体的，而义务主体则是除权利主体之外的不特定的任何人，其表达公式是"某个人对其他一切人"，典型形态是所有权关系。

相对法律关系是特定的权利主体与特定的义务主体之间的法律关系。相对性法律关系的特点是，参加法律关系的双方或数方均是特定的具体的人，其表达公式是"某个人对某个人"，典型形态是债权关系。

5.1.2.4　调整性法律关系和保护性法律关系

根据法律关系产生的依据、执行的职能和实现规范的内容不同，以及是否适用法律制裁，可以分为调整性法律关系和保护性法律关系。

调整性法律关系是基于人们的合法行为而产生的、执行法的调整职能的法律关系，它所实现的是法律规范的行为规则的内容，不需要适用法律制裁，法律主体之间就能够依法行使权利、履行义务，如行政合同。

保护性法律关系是由于违法行为而产生的、旨在恢复被破坏的权利和秩序的法律关系，它执行着法的保护职能，所实现的是法律规范的保护规则的内容，是法的实现的非正常形式，如刑事法律关系。

5.1.2.5　隶属型（纵向）的法律关系和平权型（横向）的法律关系

根据法律主体之间在法律关系中的相互地位不同，可以分为隶属型的法律关系和平权型的法律关系。

平权型法律关系，也称横向型法律关系，是指平权法律主体之间的法律上的权利义务关系。其特点是法律关系主体之间地位是平等的，相互间没有隶属关系，权利和义务的内容具有一定程度的选择性，其典型形态是民事法律关系。

隶属性法律关系，也称纵向型法律关系，是指隶属法律主体之间的法律上的权力服从关系。其特点是法律关系主体处于不平等的地位，彼此之间有管理与被管理、命令与服从、监督与被监督诸方面的差别；法律关系主体之间的权利与义务具有强制性，既不能随意转让，也不能任意放弃。

隶属性法律关系的典型形态是行政法律关系。

5.1.2.6 单向（单务）法律关系、双向（双边）法律关系和多向（多边）法律关系

根据法律主体的多少及其权利和义务是否一致，可以将法律关系分为单向法律关系和双向法律关系、多向法律关系。

单向法律关系是指权利人仅享有权利，义务人仅履行义务，两者之间不存在相反的联系，如借贷关系。

双向法律关系是指在特定的双方法律主体之间，存在两个密不可分的单向权利义务关系，其中一方主体的权利对应另一方主体的义务，反之亦然。如买卖合同关系就包含着两个相互联系的单向法律关系。

多向法律关系又称为"复合法律关系"，是三个或三个以上相关法律关系的复合体，其中既包括单向法律关系，又包括双向法律关系。例如行政法上的人事调动关系，包含着调出单位与调入单位之间的关系，调出单位与被调动者之间的关系，调入单位与被调动者之间的关系。三种关系互为条件，相互关联，缺一不可[①]。

5.1.2.7 第一性法律关系（主法律关系）和第二性法律关系（从法律关系）

根据相关的法律关系的作用和地位的不同，可以进一步分为第一性法律关系和第二性法律关系。

第一性法律关系是人们之间依法建立的不依赖其他法律关系而独立存在的或在多向法律关系中居于支配地位的法律关系。第一性法律关系是在人们合法行为的基础上形成的法律关系。由此而产生的、居于从属地位的法律关系就是第二性法律关系。

第二性法律关系是在第一性法律关系受到干扰、破坏的情况下对第一性法律关系起补救、保护作用的法律关系。因而第二性法律关系是因第一

---

① 葛洪义主编：《法理学》，中国政法大学出版社2008年版，第308页。

性法律关系而产生的,居于从属地位的法律关系。

5.2 法律关系的要素

法律关系是由法律关系主体、内容、客体三要素构成。

5.2.1 法律关系的主体

5.2.1.1 法律关系主体概念和种类

法律关系主体是法律关系的参加者,即在法律关系中法律权利(权力)的享有者和法律义务(职责)的承担者。法律关系主体的种类包括:

(1) 自然人(公民)

包括我国公民,也包括居住在我国境内的或在境内活动的外国公民和无国籍人。

(2) 集体主体即机构和组织(法人)

这主要包括两类:一是各种国家机关如立法机关、行政机关和司法机关等;二是各种社会组织,如社会团体、各类企事业组织和在我国领域内设立的中外合资经营企业、中外合作经营企业和外资企业。我国民法上规定的法人包括四种:机关法人、企业法人、事业法人、社会团体法人。

(3) 利益共同体

政党、人民、民族、种族、行政区域等,不是一般的集体主体,而是社会利益共同体在法律上的体现,它们也是我国法律关系特别是基本性法律关系的主体。

(4) 国家

在特殊情况下,国家可以作为一个整体成为法律关系的主体。例如,国家作为主权者是国家公法关系的主体,也可以成为外贸关系中的债权人或债务人。在国内法上,国家作为法律关系主体的地位比较特殊,既不同于公民,也不同于法人。国家可以直接以自己的名义参与国内的法律关系，但多数情况下则由国家机关或授权的组织作为代表参加法律关系。

5.2.1.2 法律关系主体构成的资格——权利能力和行为能力

一般社会主体要能够成为法律关系的主体，享有权利和承担义务，就必须同时具备法律规定的权利能力和行为能力，即具有法律关系主体构成的资格。

（1）权利能力

又称为权义能力（权利义务能力），是指能够参与一定的法律关系，依法享有一定权利和承担一定义务的资格。它是法律关系主体实际取得权利、承担义务的前提条件。权利能力有公民权利能力和法人权利能力之分。公民的权利能力可以分为一般权利能力和特殊权利能力。前者又称为基本的权利能力，是一国所有公民都具有的权利能力，它是任何人取得公民法律资格的基本条件，不能被任意剥夺或解除。后者是公民在特定条件下具有的法律资格，并非人人都可以享有，如从事个体工商户活动的资格。公民的权利能力还可以分为民事权利能力、政治权利能力、行政权利能力、劳动权利能力、诉讼权利能力等。法人的权利能力没有上述的类别，所以与公民的权利能力不同。一般来说，法人的权利能力自法人成立时产生，至法人解体时消灭。这种权利能力的内容与范围与该组织的成立目的直接相关，并由有关法律或组织章程加以规定。

（2）行为能力

行为能力是指法律关系主体能够通过自己的行为实际取得权利和履行义务的能力。行为能力是成为法律关系主体的必要条件。公民是否具有行为能力，是由法律予以规定的。世界各国的法律，一般都把本国公民划分为完全行为能力人、限制行为能力人和无行为能力人。完全行为能力人是指达到一定法定年龄、智力健全、能够对自己的行为完全负责任的自然人（公民）。限制行为能力人指行为能力受到一定限制，只具有部分行为能力的公民。无行为能力人是指完全不能以自己的行为行使权利、履行义务的公民。法人组织也具有行为能力，但与公民的行为能力不同。法人的行为能力总是有限的,是由其宗旨和业务范围所决定的。此外,公民的行为能力和权利能力并不同时存在,而法人的行为能力和权利能力却是同时产生和同时消灭的。法人一经依法撤销,其权利能力和行为能力就同时消灭。

5.2.2 法律关系的客体

法律关系客体的概念,从语义上,"客体"与主体相对,指的是主体的意志和行为所指向、影响、作用的客观对象。法律关系客体是指法律关系主体之间权利和义务所指向的对象。它是构成法律关系的要素之一。法律关系客体的种类包括:

(1) 物

物理上的物要成为法律关系客体,需具备以下条件:第一,应得到法律之认可。第二,应为人类所认识和控制。不为人类所认识和控制之物如地球以外的天体,不能成为法律关系客体。第三,能够给人们带来某种物质利益,具有经济价值。第四,须具备独立性。但有几种物限制或禁止进入国内商品流通领域,成为特殊法律关系的客体:①人类公共之物或国家专有之物,如海洋、山川、水流、空气;②文物或贵金属,如兵马俑、黄金等;③军事设施、武器,如枪支、弹药等;④危害人类之物,如毒品、假药、淫秽书籍等。

(2) 人身、人格

人身是由各个生理器官组成的生理整体,它是人的物质形态,也是人的精神利益的体现。现代社会里,随着现代科技和医学的发展,输血、植皮、器官移植等现象大量涌现,同时也产生了此类交易买卖活动及其契约,带来了一系列法律问题。

(3) 精神产品

精神产品是人通过某种物体如书本、砖石、磁盘或大脑记载下来并加以流传的思维成果。在我国法学界,精神产品又叫做"智力成果"或者

"无形财产"。

（4）行为及其结果

许多法律关系的客体是行为。行为分为两种：一种是过程行为，如服务类合同关系的客体就是提供一定的服务行为；另一种则是结果行为，或称物化行为，此类法律关系的客体不仅要求有一定的行为，而且要求必须有一定的行为结果，如加工承揽、建筑安装法律关系。

（5）法人

在一定条件下，法人作为一个整体可以是法律关系的客体。如法人之间的合并分立或者转让。

上述客体可以进一步抽象表述为"利益"或"利益载体"等一般的概念。由此，我们又可以说，法律关系的客体就是一定的利益。

5.2.3　法律关系的内容——权利和义务

5.2.3.1　法律权利和法律义务的概念

（1）法律上的权利

法律上的权利是指法律所确认和保障的，权利人为满足一定的利益意志和行为自由，并与一定的法律上的义务相联系。法律上的权利具有以下特点：第一，它以国家法律的规定为前提，设定或者隐含在法律规范中，是法律规范调整社会关系或者人们行为的结果，并得到国家的确认和保障。第二，它是以权利人的需要和利益为目的的，权利人实现一定权利的行为就是其满足一定需要和利益为目的的。权利人实现一定权利的行为就是其满足一定需要并实现一定利益的行为。法律确认和保障的权利，其实质就是确认和保障这一权利背后的需要和利益。第三，它表明权利人享有一定的意志和行为自由，表明权利人可以做出或不做出一定的行为或者要求他人做出或不做出相应行为。当然，这一意志和行为自由不能超出必要的范围。第四，它是与义务相关联的概念。权利和义务是同一事物的不同方面。权利要以一定的义务作保证，否则权利人的权利不可能行使。

(2) 法律上的义务

法律上的义务是指法律规定的，义务人为满足权利人一定的利益的意志和行为自由所受约束的无可选择性，并与一定的法律上的权利相联系。法律上的义务具有以特点：第一，它是国家通过法律规定的，设定或隐含在法律规范中的，表现为通过国家强制力要求义务人必须做出一定的行为，或者表现为要求义务人必须抑制一定的行为。如果义务人不履行义务，就要受到强制力的制裁。第二，它是满足权利人的需要和利益的法律手段。第三，义务人的意志自由和行为自由受到法律上的约束。第四，它是与权利相关的概念。义务来源于、服务于并从属于权利。

5.2.3.2 权利和义务的关系

从法理学的角度，可以把权利和义务的关系概述为四个方面：

（1）结构上的相关关系。权利和义务是相互关联，即对立统一的。它们既互相排斥，又互相依存、相互贯通。

（2）数量上的等值关系。权利和义务在数量上是等值的。就一个社会而言，社会的权利总量和义务总量是相等的；就具体法律关系而言，在具体法律关系中，权利和义务互相包含。

（3）功能上的互补关系。权利和义务的功能既各自独特，又在总体上互相补充。权利直接体现法律的价值目标，义务保障价值目标和权利的实现。权利提供不确定的指引，义务则提供确定的指引，能够产生确定的结果。义务以其强制某些积极行为发生、防范某些消极行为出现的这一特有的约束机制，更有助于建立秩序；权利则以其特有的利益导向和激励机制而更有助于实现自由。

（4）价值上的主次关系。权利和义务代表了不同的法律精神，它们在历史上受到重视的程度有所不同，因而两者在不同国家的法律体系中的地位是有主、次之分的。

5.2.3.3 权利本位

权利本位还是义务本位，是看在法律关系中权利义务谁为主导或主要方面。我国法学界关于权利和义务的关系的观点主要有三种，即权利本位、义务重心说、权利义务一致说。

义务重心说，也即义务本位说认为，法作为社会控制、规范手段，主要通过义务性规范来实现自己试图达到的目的。也就是说，当法的价值目标确定以后，或者说，在阶级社会里，统治阶级意志明确后，立法者应将侧重点、注意力放在法的义务规范，以及违反这些义务规范所要招致的不利后果的精心设定上，以便使法具有可操作性。

权利义务一致说认为，在社会主义国家权利和义务是一致的，两者之间无主次之分，无所谓谁先谁后，他们同时产生，同时发挥作用，应实现权利和义务的一致，不能有所侧重。

我们赞成权利本位说，我们认为，权利和义务相互关系总的说来是一致的，同时权利又是主要的，即权利本位。本位是基础、根源、出发点和逻辑起点的意思。权利本位的确立，是法律进化的必然趋势。现代法制应当以对权利的确认和保护为宗旨去设定和分配义务。相对于义务本位而言，权利本位是以市场经济、民主政治和新型文化为基础，以权利为法律的中心观念。权利和义务为内容的法律整体结构中，权利为矛盾的主导方面、逻辑起点、价值取向。

权利本位有如下特征：第一，社会成员都为法律上的平等主体。第二，在权利和义务的关系上，权利是目的，义务是手段，法律设定义务的目的在于保障权利的实现。第三，在法律没有明确禁止或强制的情况下，可以做出权利的推定，即推定为公民有权利或自由去作为或不作为。第四，权利主体在行使其权利的过程中，只受法律所规定的限制，而确定这种限制的目的又在于保障对其他主体的权利给以应有的同样的承认、尊重和保护，以创造一个尽可能使所有主体的权利都得以实现的自由、公平而且安全的法律秩序。第五，当权利与权力发生冲突时，首要的价值目标应当保障公民的正当合理的权利，以维护公民的精神生存条件；较多的关注对权利的控制，以保持权力的次生性和服务性。

5.2.3.4 法律关系主体权利和义务的实现

在法律关系的范围内，权利和义务是以两种形态存在着的，这就是应有的权利和义务与实有的权利和义务。应有的权利和义务是指法律规定的法律关系主体以身份或资格而拥有的权利和义务。法律关系主体在实施法律的活动过程中所实际享有的法律权利和正在履行的法律义务，即实有的法律权利和义务，属于现实性领域。而法律关系主体实有的权利和义务由于针对的是特定的法律主体，故属于个别化的法律权利和法律义务，其仅对特定的法律主体有效，不具有普遍的法律效力。

法律权利和法律义务在由法律的一般规定转化为法律关系主体的实有权利和义务以后，也还存在着一个现实问题。权利不能实现就歪曲了它的本质，而义务不能实现就造成了对权利人利益的损害。当然法律权利和法律义务的实现是一个复杂的问题。

5.3 法律事实

法律关系的产生、变更和消灭不是随意的，必须具备一定的条件，其中最主要的条件有两个：

其一是法律规范的存在，它是法律关系产生、变更或消灭的前提和法律依据。法律规范只是概括地、抽象地规定了人们在社会生活中权利和义务，这种规定是假设性的，假设当一定事件或行为出现后，法律关系应处于何种状态。因此，法律规范的存在只为法律关系的产生、变更和消灭提供了相对性，还不是现实的法律关系本身。

其二，法律关系的形成、变更和消灭还须具备直接的前提条件，这就是法律事实的存在，它是法律规范中假定部分所规定的各种情况，一旦情况出现，就会发挥作用，形成、变更和消灭法律关系，因此，法律事实的出现是法律规范中可能的权利和义务转变成现实的权利和义务。如果说，法律规范为法律关系的产生、变更和消灭提供了可能性条件，那么，法律事实为法律关系的产生、变更和消灭提供了现实性条件。

5.3.1 法律事实的概念

法律事实是由法律规范所规定的，能够引起法律关系产生、变更和消灭的客观情况或现象。

法律事实是具有法律意义的各类事实的总称，具有区别于一般事实的特点：①法律事实是一种规范性事实，它是由法律规范社会的产物，没有法律就没有法律事实。②法律事实是一种能用证据证明的事实。对法律事实来说，无论其多么简单，它都需要一个证明的过程。③法律事实是一种具有法律意义的事实。某一事实被称为法律事实，它肯定是对法律关系产生了某种程度的影响，或是引起了法律关系的产生，或是引起了法律关系的变更或消灭。④法律事实是一种制度性事实。制度性事实不仅取决于某些行为或事件的发生，而且取决于规则适用于这些行为或事件。

5.3.2 法律事实的分类

关于法律事实的分类，学术界争论不是很大，一种最基本的分类是依据它是否以权利主体的意志为转移，将其分为行为和事件。行为是以权利主体的意志为转移引起法律后果的法律事实。事件是指由法律规定的，不依权利主体的意志为转移而引起法律关系形成、变更或消灭的客观事实。

法律事实的上述分类是一种静态划分，这与司法实践中职业法律群体反复论证的法律事实不同。从法律职业群体视角来看，法律事实可以分为司法实践中的法律事实和法律规则中的法律事实两种。法律规则中的法律事实是一种在法律条文中体现出来的、反映同类事物共性特征的法律事实。这种法律事实是以抽象形式存在的，它是各种法律事实的模型。司法实践中的法律事实是指职业法律群体在办案过程中所要论证的具体事实。这类事实复杂多样，人们对它的认识也存有纷争。其中充满了个性，如果运用此种事实作为判决的前提，就必须对它进行充分的论证。

5.3.3 认定法律事实的基础

司法实践中法律事实的认定，是一个主观与客观相互结合的过程，它受三个方面的制约：一是法律规范的规制；二是认定者的价值观、感情和心态的制约；三是法律思维方式的制约。根据上述认识，对法律事实的认定有如下三个基础：首先，系统的法律知识是形成法律思维方式的前提。不具备系统的法律知识，不形成法律思维方式，就不能从事法律职业活动，因而也就不能认定"自然"事实为法律事实。其次，法律事实的认定者应充分尊重法律的基本价值。法律自身已经载有立法者所赋予的各种价值，但由于法律事实的认定离不开认定者主观能动性的发挥，所以，从规范法律职业者行为的角度看，我们应强调法律的价值问题。第三，法律事实的认定需要以丰富的社会经验为基础。对于什么是法律，许多思想家是站在经验的立场上来认识的。我国立法活动的一个重要原则，也是强调立法者应注意借鉴本国历史上和外国的有益经验。可见，经验问题是法律活动中重要问题，对法律事实的认定也不能完全脱离开经验，但也要注意不能搞经验主义。

5.3.4 法律事实的认定与解释

法律事实的认定是指在司法实践中，法官等依照法定的程序对所有尚未认定的事实，在没有适用或确定以前加以确定或查明。从其实质来看，它是一种对当事人所说或所做的事情的一种再确认。法律事实的认定应尊重程序公开的原则；应提高认定者的自身认证能力和职业道德；应遵循已经形成的证据法准则。

法律事实的解释是指法官等把生活事实认定为法律事实后，关于法律事实所释放出来的法律意义。对事实的认定是解释法律事实的前提，而对事实的法律解释又是适用法律的前提。对法律事实的解释是由法官根据法律规范之可能范围释放的意义，是法官对生活事实法律化的过程，也是法官在判决书中说明理由部分的重点内容。

思考题：

1. 什么是法律关系？法律关系的构成要素有哪些？
2. 如何认识权利与义务的关系？

6 法律责任

6.1 法律责任的概念

6.1.1 责任及法律责任的含义

由于"责任"一词在不同语境中具有不同的含义,加之"责任"一词在法律文献中时常被按照不同的语义来使用,这就使法律责任的界定显得十分困难。我国法理学界通常把法律责任分成广义法律责任和狭义法律责任两类。广义上的法律责任就是一般意义上的法律义务的同义词,狭义上的法律责任是指由违法行为所引起的不利法律后果。通常我们用狭义概念。因此,法律责任的定义可表述为:行为人由于违法行为、违约行为或者由于法律规定而应承受的某种不利的法律后果[①]。

与道义责任或其他社会责任相比,法律责任有两个特点:一是承担法律责任的最终依据是法律。法律责任关系派生于法律上规定的义务关系,它是因为违反法律上的义务规定才导致责任关系的产生。因此,承担法律责任的具体原因可能各有不同,但最终依据是法律。二是法律责任的追究是由国家强制力实施或潜在保证的。法律责任由有关国家机关依法定职权和程序采取直接强制手段予以实施,但这不等于说一切法律责任的实现均由国家强制力直接介入,它往往是作为威慑力隐藏于幕后的一种"潜在保证",只有在必要时,如责任人不能主动履行法律责任时,才使用国家强制力。

---

① 沈宗灵主编:《法理学》,北京大学出版社 2000 年版,第 505 页。

6.1.2 法律责任的目的和功能

(1) 法律责任的目的

法律责任的目的是国家设置法律责任所期望达到的目标和结果,它以观念的形态存在着并成为支配国家在进行立法和执法过程中的出发点和原动力,内在地指引着法律的运行方向和目标,确保法律责任不偏离国家的意志。对于法律责任的目的,理论界有权利保护说、秩序维护说、法律保障说以及多元说等不同的观点。权利保护说从法律责任对权利保护的角度来认识法律责任的目的;秩序维护说从法律责任功能角度来理解法律责任的目的;法律保障说把法律责任理解为保障法律权利、法律义务得以实现的手段和机制;多元说把法律责任的目的做多元化的理解。我们赞同法律保障说,因为法律责任的设定依据是法律规范的权利和义务;同时法律权利义务的实现也需要借助法律责任来保障,并且保障法律权利、义务的实现是法律责任的基本目的,也是实现其他目标的基础。正是通过法律责任对具体的权利、义务的保障,才最终达到对社会秩序的维护。

(2) 法律责任的功能

法律责任的功能是指法律责任具有什么功用,对社会关系发挥什么作用。法律责任的功能主要体现在四个方面:①预防功能。法律责任对于违法行为具有惩罚性、强制性,这会促使社会上试图以身试法的人充分考虑选择这一行为的后果,自觉抑制自己违法行为的选择意念。②惩罚功能。绝大多数法律责任形式都具有制裁性,通过限制责任人人身自由、剥夺责任人财产权等惩罚,使责任人充分认识和体验法律的严厉性,从而改正自身的行为。③补偿功能。通过强制责任人履行一定的行为或交付一定的财产或金钱,可以产生两方面的补偿功能:一是对受损的社会关系的补偿,使被扰乱的社会关系、社会秩序恢复常态;二是对受到损害的人的补偿,包括物质补偿和精神补偿。正是法律责任的补偿功能,推动着社会成员积极利用法律武器来维护自己的合法利益。④教育功能。这一功能是对引起法律责任的违法行为人而言,通过追究其法律责任,使其对自己行为性质有所认识,从而在以后社会生活中对自己的行为进行自我约束;对一般社会成员而言,通过看到违法行为人所承受的法律责任,可以对他们产生警戒作用,教育他们行为自律,避免受到法律制裁。

6.2 法律责任的构成要件

法律责任的构成是指认定法律责任时所必须考虑的条件和因素。由于法律责任会给责任主体带来法定的不利后果,表明了社会对责任主体的道德非难和法律处罚,因此,必须科学、合理地确定法律责任的构成,以保障行为人的行为自由,保护责任主体的利益,实现法律的功能,维持社会秩序,促进社会发展。

由于违法行为和违约行为是最主要、最基本的产生法律责任的原因和根据,是认定和归结法律责任的前提,因此,违法行为或违约行为的构成要件与法律责任的构成有着密切的关系。根据构成违法行为或违约行为的要素,我们将法律责任的构成概括为责任主体、违法行为或者违约行为、主观过错、损害事实、因果关系五方面。

6.2.1 责任主体

责任主体是指因违反法律、违约或法律规定的事由而承担法律责任的人,包括自然人、法人和其他社会组织。责任主体是法律责任构成的必备条件。但是,并非任何人都可以成为违法行为或违约行为的实施者,没有行为能力的人就不可能成为实施违法行为或违约行为的人。因此,责任主体对于法律责任的有无、种类、大小有着密切的关系。

6.2.2 违法行为或者违约行为

违法行为或违约行为在法律责任的构成中居于重要地位,是法律责任的核心构成要素。违法行为或违约行为包括作为和不作为两类。作为是指人的积极的身体活动,直接做了法律所禁止或合同所不允许的事自然要导致法律责任。不作为是指人的消极的身体活动,行为人在能够履行自己应尽义务的情况下不履行该义务。区分作为与不作为,对于确定法律责任的范围、大小具有重要意义。

6.2.3　主观过错

主观过错是指行为人实施违法行为或违约行为时的主观心理状态。人类社会早期实行客观归责原则,因此,主观过错对法律责任的构成没有什么意义,仅对法律责任的大小有一定关系。现代社会将主观过错作为法律责任构成的要件之一,不同的主观心理状态对认定某一行为是否有责任以及承担何种责任有着直接的联系。部门法的不同,主观过错在法律责任构成中的地位也有所不同。

主观过错包括故意与过失两类。故意是指明知自己的行为会发生危害社会的结果,希望或者放任这种结果发生的心理状态。过失是指应当预见自己的行为可能发生损害他人、危害社会的结果,因为疏忽大意而没有预见,或者已经预见而轻信能够避免,以致发生这种结果的心理状态。

6.2.4　损害事实

损害事实是违法行为或违约行为侵犯他人或社会的权利和利益所造成的损失和伤害,包括实际损失、所得利益损失及预期可得利益损失。损害包括对人身、财产和精神的损害等。损害结果表明了行为的侵害性。同时,损害结果具有确定性,这表明损害事实在客观上能够认定。认定损害结果时一般根据法律、社会普遍认识、公平观念并结合社会影响、环境等因素进行。

6.2.5 因果关系

因果关系是违法行为或违约行为与损害结果之间的必然联系。因果关系是一种引起与被引起的关系。因果关系是归责的基础和前提，是认定法律责任的基本依据。因果关系对于确定行为主体、认定责任主体、决定责任范围具有重要意义。这里所说的因果关系是法律规定的因果关系，具有法定性。事实上的因果关系极为复杂，一个结果可能由多个原因造成，法律只考虑其中与法律责任认定有关的因素。

6.3 法律责任的配置原则

法律责任如何配置不只是一个具体的法律问题，而且还是一个直接关联法律体系的正义性、合理性的原则性问题。为了使公共权力所设置的法律责任体系达到公正合理的要求，法律责任的配置应当遵循以下四个方面的原则。

6.3.1 法律责任的合法性原则

法律责任配置的合法性原则是指法律责任的设置通过"法"来实现，从而排除任意的个人意志对法律责任的滥设；法律责任及责任形式的配置要依照法定程序和法定规则来安排。要遵循这一原则，就要做到法律责任设置权的法定化、法律责任设置权范围的法定化以及法律责任设置符合正当程序的限定性。设置法律责任的合法性要求归根到底是解决所设置的法律责任的公信力和正当性问题。

6.3.2 法律责任的合理性原则

依法设置的法律责任是否符合法律发展的规律和社会历史进步的要求，是否符合社会公认的正义理念和伦理标准，是否符合国家的立法目的等，都属于法律责任的合理性问题。要合理配置法律责任，首先要求设置法律责任所实现的价值目标具有合理性；其次要求法律责任的设置应符合法律责任的规律和社会规律性，并且应该与所保障和救济的法律关系具有内在的必然联系性和契合性；最后还要求所设置的法律责任应具有可行性。法律责任设置的合理性要求，是法律责任配置所必须遵循的根本原则，也是社会正义原则在法律责任中的体现。

6.3.3　法律责任的节制性原则

法律责任和其他事物一样，具有功能上的有限性，这也决定了法律责任设置上的节制性。过度的法律责任会造成社会生活的紧张，窒息社会生活的活力，延缓社会的进步和发展。人类历史已经证明了这一点。因此，认识到法律责任的有限性并适度运用，有节制地设置法律责任，是非常必要的。要遵循法律责任节制性原则，首先应根据所调整的社会关系性质和需要确定是否科处法律责任；其次要对法律责任形式的选择上有所节制，尤其是对惩罚性和严厉性责任的运用；再次在非刑事责任体系中，应以所调整的社会关系的需要来安排其法律责任形式，避免不必要的国家干预；最后还要求在法律责任设置上要充分考虑责任运用上成本和收益之间的比值关系，降低责任运作成本，争取社会效益的最大化。

6.3.4　法律责任的协调性原则

一个国家的法律责任体系是由不同类型、不同形式的法律责任组成的，因此设定法律责任应充分考虑各种法律责任之间的协调性问题。法律责任的协调性首先表现为责任的轻重与行为的危害性或损害程度相适应；其次表现在各种类型法律责任之间的衔接上；再次表现为法律责任体系的内在统一上；最后，还表现为法律责任的位阶关系要理顺，以保障司法适用上的统一。

6.4 法律责任的分类

为充分认识法律责任制度的复杂性以及法律责任形式的多样性，有必要依据一定的标准对法律责任进行分类，以揭示法律责任的规律性。

6.4.1 刑事责任、民事责任、行政责任、宪法责任、国家赔偿责任

这是以引起责任的行为性质为标准进行的分类，也是对法律责任最基本的分类。

刑事责任是指行为人因其犯罪行为所必须承受的、由司法机关代表国家所确定的否定性法律后果，是所有法律责任中最严厉的一种。

民事责任是指由于违反民事法律、违约或者由于民法规定所应承担的一种法律责任。与刑事责任具有较强的人身属性不同，民事责任主要是财产性责任。

行政责任是指违反行政法律或行政规定而应承担的法律责任。行政责任在性质上和程度上具有处罚与补救并重的特点，并且行政法律责任的追究机关具有多样化的特点。

违宪责任是指违反宪法规定所应承担的法律责任。其产生的原因是违宪行为，通常表现为有关国家机关制定的法律、法规或规章与宪法相抵触，或是有关主体从事的活动违反宪法的规定等。在我国，全国人大常委会负责监督宪法实施，认定违宪责任。

国家赔偿责任，是指由于国家机关及其工作人员在执行职务、行使公共权力过程中，损害公民、法人或其他组织的法定权利与合法利益而应承担的赔偿责任。国家赔偿责任是一种实际损害赔偿的补救性责任，而非惩戒性法律责任。

6.4.2 公法责任和私法责任

这是根据违法行为所违反的法律的性质进行的分类。一般认为,私法责任包括民事责任,而公法责任包括刑事责任、行政责任、国家赔偿责任、违宪责任。私法责任以功利性补偿为主,公法责任以道义性惩罚为主。公法责任与私法责任在归责基础、过错因素对责任方式的影响、自治原则的体现以及法官自由裁量权方面都有较大的差别。

6.4.3 财产责任和非财产责任

这是根据责任承担的内容不同所做的分类。所谓财产责任是指以财产为责任承担内容的法律责任,如民事法律中的赔偿损失、返还原物,行政法律中的罚款,刑事法律中的罚金、没收财产等。所谓非财产责任则是指不以财产为责任承担内容而是以人身、行为、人格等为责任承担内容的法律责任,如拘留、徒刑是以人身为责任承担内容的,修理、重作是以行为为责任承担内容的,训戒是以人格为责任承担内容的。

6.4.4 职务责任和个人责任

这是根据行为主体的名义所做的分类。所谓职务责任是指行为主体以职务的身份或名义从事活动时违法所引起的法律责任,它是由该行为主体所属的组织(机关、企业、事业或其他组织)来承担责任的。比如国家行政机关工作人员在履行公务中违法行政导致损害赔偿责任,应当认定为公务行为,承担职务责任。又如公司成员在履行职务中以公司名义与他人签订合同,当发生违约时,构成职务责任应当由其所属公司来承担违约责任。所谓个人责任是指行为主体以个人的身份或名义从事活动中违法所引起的法律责任,它是由该行为主体个人来承担责任的。比如行政工作人员在工作时间之外从事非职务行为时致人损害,则由其本人承担个人责任。

6.5 法律责任的认定和归结

在法治社会，认定违法者并把他归结为违法者总要依据一定的标准，这种对因违法行为、违约行为或法律规定而引起的法律责任，进行判断、认定、追究、归结以及免除的活动，即称为法律责任的归责与免责。其中法律责任的认定和归结简称归责。归责是法律调整社会关系、维护社会秩序保障公民权利的重要环节，对指导我们的司法实践也具有重要的意义。

归责应遵循一定的归责原则。归责原则是指国家专门机关根据法律规定，依照法定程序判断、认定、追究、归结法律责任过程中所必须遵循的基本准则，它体现立法者的价值取向，是责任立法的指导方针，也是指导法律适用的基本准则。法律责任的归责一般应遵循以下原则：

(1) 责任法定原则

责任法定原则是法治原则在归责问题上的具体运用。作为一种否定性法律后果，法律责任应当由法律规范预先规定，这是法律可预测性的必然要求。任何国家机关都无权向责任主体追究法律明文规定以外的责任，任何责任主体都有权拒绝承担法律明文规定以外的责任。责任法定原则还要求法不溯及既往，即一般情况下，国家不能用今天的法来要求人们昨天的行为，也不能用新法来制裁人们根据旧法并不违法的先前行为，也不能以法有溯及既往的效力为由而扩大制裁面，加大制裁力度。

(2) 因果联系原则

在认定和归结法律责任时，不仅要确认行为引起了损害结果或危害结果，且这种行为是违法或违约行为，而且要确认这一违法或违约行为与其所引起的损害结果或危害结果之间具有内在的、直接的、逻辑上的联系。

(3) 责任相当原则

这是公平精神在归责问题上的具体体现。这一原则要求法律责任的性质与违法行为或违约行为的性质相适应；要求法律责任的种类和轻重与违法或违约行为的具体情节相适应；要求法律责任的轻重与行为人的主观恶性程度相适应，即做到"罪责均衡"、"罚当其罪"。唯有如此，才能起到恢复法律秩序和社会正义的目的。

(4) 责任自负原则

现代社会每个人都是独立的个人，在法律上有独立的地位，因此在责任承担上也就应当责任自负。在保证责任人受到法律追究的同时，也要保证无责任者不被株连，做到不枉不纵。但这一原则也有例外，在某些情况下，为了社会利益保护的需要，会产生责任转移承担问题，如监护人对被监护人、担保人对被担保人承担替代责任。

思考题：

如何理解海洋行政执法中所涉及的法律责任的种类。

7　法的作用

法是人类社会所创造的、用以规制人的行为和社会生活的规范，因而，所谓法的作用，也就是法作为一种行为规范，对人们行为及社会生活产生的影响及其效果。这种作用的过程与实效，表明法律是如何影响社会的，又是如何通过其作用的显现而表明其在社会生活中的地位的。

为了具体、深入地了解法的作用，有必要对法的作用进行分类或解析，从不同的角度对法的作用可以进行不同的分类和解析。例如，按照一般与特殊的逻辑关系，可以将法的作用分为一般作用与具体作用两类；按照法对社会关系和社会生活所发生的作用的途径不同，可以将法的作用分为直接作用与间接作用两类；按照法的系统与法的子系统或要素各自的作用范围不同，可以将法的作用分为整体作用与局部作用两类；按照法的社会意义的不同，可以将法的作用分为积极作用与消极作用两类；按照人们的法律期待与法律的实际效果之间的区别或差别，可以将法的作用分为预期作用与实际作用[①]。

当然，最常见的分类则是将法的作用分为规范作用与社会作用两类，这也是国内法理学教科书通用理论范式。这种划分的意义在于揭示了法的作用的不同层面以及不同层面之间的逻辑关系。规范作用是法作用的形式，社会作用是法作用的内容，这两种作用又是手段和目的的关系，即法通过其规范作用实现其社会作用。

---

① 李步云主编：《法理学》，经济科学出版社2000年版，第91~92页。

7.1 法的规范作用

法的规范作用是指法律对人的行为或社会关系发生影响的手段和方式。法律作为由国家制定或认可的一种特殊的社会规范，总是以自己特有的方式来影响社会，这也是法律区别于其他社会控制手段的特点之一。法的规范作用主要包括指引、评价、预测、教育和强制等几个方面。

7.1.1 法的指引作用

法的指引作用是指法对人的行为决策提供相关信息的作用，其对象是每个人自己的行为。法律是以权利义务为内容的社会规范，根据法律规定的权利义务，人们能够知道什么行为是法律允许的，什么行为是法律禁止的。

对人的行为的指引可以分为个别指引和一般指引两种情况。个别指引是指通过一个具体的指示对具体的人和事的指引。一般指引是指对一般或普遍的社会活动主体的行为进行的指引。实际上，在规范意义上所讲的法律指引，多是一般指引；而在具体适用法律意义上所言的法律指引，则为个别指引。个别指引具有很强的针对性，但却会带来高昂的信息成本；法的更为重要的指引作用是抽象的规范指引，即通过抽象的规则对同类的人和事的指引，法的规范指引具有连续性、稳定性、统一性和可预测性的优势，是建立和维持社会秩序必不可少的条件和手段。

根据相关法律规范的确定性程度，法的指引作用还可以分为确定性指引和不确定性指引。前者是指法对某一行为模式进行了明确的界定，行为人如不遵从则可能要承担不利的后果，例如刑法上有关罪名的确定就是禁止行为人从事此类行为，这种指引功能相对而言，行为人并无选择的自由；后者则是法律上规定的行为模式是可以选择的，行为人可从有利于自己的角度，在法律规定的范围内择取一种最为可行的行为模式。例如行政诉讼法规定，对于不服侵犯人身自由的行政强制措施，受害人既可以在原告所在地法院起诉，也可以在被告所在地法院起诉。由法的这一指引作用出发，法可分为授权性规范与义务性规范两类。前者通过一种选择性的指引模式，引导人们从事对社会和其本人有利的行为；后者则通过一种确定性的指引，要求人们必须从事一定的行为或者不得进行某些行为。

7.1.2　法的评价作用

法的评价作用是指法律作为一种规范，能够衡量、评价人的行为是否合法或有效的功用和效用。在评价标准上，主要有合法与违法之分。当一个行为合乎法律规定时，我们就称之为"合法行为"；反之，当一个行为违反了法律规定时，我们就称之为"违法行为"。现实社会中，法并不是唯一的评价人们行为的标准，道德规范、宗教规范、风俗习惯、乡规民约等也具有对行为的评价作用。法的评价作用的特点是：首先，评价的基点和对象主要是人的行为，着眼于人的行为方式和行为后果；其次，法律提供的评价标准具有比较突出的确定性；再次，法律提供的评价标准更具有权威性和有效性。因此，不能用法律评价来取代道德评价等社会规定的评价，也不能用道德评价等来代替法律评价，否则就会混淆法与其他社会规范的区别。

7.1.3　法的预测作用

法的预测作用是指根据法律规定，人们可以预先知晓或估计到自己或他人的行为及其后果，进而根据这种预知来对如何行为做出合理安排。预测作用对于法的遵守具有极其重要的意义。根据法律规定，人们可以预先知道法律对待自己已经做出和即将做出的行为的态度以及所必然导致的法律后果。如根据《劳动合同法》的规定，企业主和雇工双方都可以相当准确地预见到他们彼此签订的劳动合同的法律后果，或者未签劳动合同的法律后果。这样，人们就可以自觉、自主地调整自己的行为，从而获得满意的法律后果。通过法的预测作用，人们还可以判断他人的行为，对他人合法的行为可以予以道义上的支持、帮助，对他人的违法行为自觉予以抵制、抗争，从而提高全社会的法律意识水平。

7.1.4 法的教育作用

法的教育作用是法律通过其本身的存在和实施对人们今后的行为所产生的积极影响。从这个意义上说，法律实施的过程，也就是法律发挥教育作用的过程；这种教育不仅影响到行为人本身，同时也对其他的社会成员产生相应的示范作用。法的教育作用的实现主要有三种形式：一是通过人们对法律的学习和了解，发挥法的教育作用；二是通过对各种违法犯罪行为的制裁，使违法犯罪者和其他社会成员受到教育，在自己以后的行为中自觉服从法律，依法办事；三是通过对各种先进人物、模范行为的嘉奖与鼓励，为人们树立良好的法律上的行为楷模。当然，法的教育作用必须通过影响人们的思想而得以实现。也就是说，法从调整对象上而言，是以人们的行为作为基础的，而教育作用的发挥，则在于通过立法、执法活动，使法所倡导的主流价值能够深入人心，从而引导人们积极向善。

7.1.5 法的强制作用

法的强制作用是指法律能运用国家强制力保障自己得以充分实现的功用和效能。法的强制作用具体包括三个方面：强制社会主体做出某种行为或者抑制某种行为；强令对他人或社会遭受的损失予以赔偿或补偿；三是对违法者予以制裁。法律强制的目的在于实现法律权利与法律义务，确保法律应有的权威，维护社会正义和良好的社会秩序。因此，法律的强制作用不仅在于制裁违法犯罪行为，还在于预防违法犯罪行为，从而增进社会成员的安全感。

7.2 法的社会作用

与法的规范作用相比,法的社会作用是一个更为复杂的问题。因为规范作用是从法作为一种社会规范的外部影响力出发来分析的,这种外部显现的东西相对来说是比较容易认识的现象。法的社会作用则是从法的比较隐蔽的本质和目的出发来分析的,加之不同类型的法的社会作用显然是不同的,这就增加了认识的难度。但是,相对于法的规范作用,法的社会作用问题更为重要,在很多场合,人们讲到法的作用实际指的就是法的社会作用,所以应当着重进行考察、分析和评论。以下分别从阶级社会中法的社会作用和社会主义社会中法的社会作用加以叙述。

7.2.1 阶级社会中法的社会作用

阶级社会中法的社会作用大体表现为两个方面:维护阶级统治和执行社会公共职能。

法律维护阶级统治的作用体现在:国家通过自己的权力系统和法律规则体系建立的秩序,把一个阶级对另一个阶级的压迫合法化、制度化,把阶级冲突和阶级斗争保持在统治阶级的根本利益和社会存在所允许的范围之内,即建立起有利于统治阶级的社会秩序和社会关系。以法作为工具,将阶级关系纳入法律秩序的范围内,使阶级冲突和阶级斗争得到缓和,这是统治阶级长期统治经验积累的结果。

法律执行社会公共事务的职能,是法律基于其社会性或共同性,而对社会公共事务所具有的管理能力。要维持一个稳定的国家和社会,必须充分发挥法律在调整公共事务方面的作用。法律执行社会公共事务的功能主要表现在以下几个方面:①维护人类社会基本生活条件、保证社会劳动力的生息繁衍,如制定有关人口控制、自然资源、环境保护、交通通信、人权保障法规以及其他基本社会秩序的法律;②维护生产和交换条件以及有关生产力和科学技术,如确定生产管理的基本形式,规定基本劳动条件等;③确定使用设备、执行工艺的技术规程,规定产品、服务质量和标准,对易燃、易爆、高空、高压进行严格管理,保障生产和生活安全,防止事故,保护消费者利益;④促进教育、科学和文化的发展,如制定专利法、商标法、科技进步法、教育法、教师法、义务教育法等;⑤预防社会冲突,解决社会问题,保全社会结构;⑥对不测事件的受难者予以救济和各种形式的社会保险。如对地震、水灾等自然灾害的受难者以及贫困者、失业者予以救济和各种形式的保险。

从根本上说,阶级社会中法的两个方面的社会作用是一致的,都服务于维护统治的根本需要。

7.2.2 当代我国社会主义社会中法的社会作用

就我国当代社会而言,法的作用范围是相当广泛的,作用的力度也是十分强大的。在我国现阶段即改革开放的新时期,法的总体作用就是为建成有中国特色的社会主义服务。有中国特色的社会主义的基本特征可以概括为:经济上实行社会主义市场经济,政治上实行社会主义民主政治,社会生活中实现社会主义精神文明,对外关系上实行开放、和平与合作。与此相适应,我国法的基本作用或主要作用就是:保障、引导和推进社会主义市场经济;保障、引导和推进社会主义民主政治;保障、引导和推进社会主义精神文明建设;保障、引导和推进对外开放、维护国际和平和发展。

7.3 法的作用的局限性

法虽然是调控社会的主要手段,然而,这种手段也存在着诸多不足。综合起来,法的主要局限大致表现在以下四个方面:

7.3.1 法律的主观性

法律的主观性是指由于立法者主观心理因素而导致的法律自身的缺陷。法律至少在形式上是由立法机关制定出来的并在通常情况下适用于全国的一种规则体系，无论立法者采取多么审慎的态度，法律与社会现实（尤其是不同地区的社会现实）之间也肯定会存在一段难以跨越的距离，立法者的心理和智力因素会对法律制度的形式和内容产生不可避免的影响，但立法者却无力保证这种影响总是建设性的。在很多情况下，立法者的偏见、短视、盲从、虚荣和激情会渗透进一个国家的法律制度之中，并造成大量的破坏性后果。

7.3.2 法律的滞后性

法律的滞后性是指法律通常滞后于社会情势的频繁变迁。正如许多学者已经指出的，立法的目的在很大程度上只是把现存的秩序状况固定下来，法院是法律制度的忠实维护者，所以法律从来就是一种倾向于保守的社会力量。尽管这种说法没有足够重视法律生活中稳定与变革之间复杂的互动关系，但它却揭示了法律在推进社会变革方面的先天不足。通过宪法和成文法律针对特定的社会现实提出某种社会政策，或者通过先例对法官进行约束，法律的确会凸显出一种保守的倾向。

7.3.3 法律的僵化性

法律的僵化性来源于规则与事实之间永恒存在的紧张关系。无论法律自身制定的多么周详，它毕竟只是一套形诸于文字并由概念和规则交织复合而成的逻辑系统（某些研究还表明法律体系的内部逻辑是不自足的），繁复庞杂的社会事实不可能与之天然吻合，在立法过程中被立法者浑然不觉的法律自身的漏洞、歧义、模棱两可、含糊不清，无论其潜伏期有多长，迟早会在司法过程——这个规则与事实的摩擦地带——暴露出来，法官于是必须面对那些由此而成的疑难案件。法律规则与社会事实之间的冲突，实际上是逻辑与实在之间的冲突在法律领域内的再现。法律是格式化的，而事实则永远是非格式化的，正因为如此，"以事实为依据，以法律为准绳"常常只是司法过程中的一种理想，将格式化的法律套用于非格式化的事实，要么以灵活的方法去解释法律，要么以武断的方法去裁剪实施。

7.3.4 法律的压制性

尽管作为一种保证社会生活和谐有序的制度性措施，法律开发了人们的创造力，为人们的健康发展提供了前提性条件，从而大大优化了人们的生存状态，但将所有人的意志和行为纳入到法律设定的统一的制度框架之下，则始终存在着一种危险，即把管理变成强制、把控制变成压制的现象。

综上可知，法律作用的局限性由多方面原因造成的。因此。这需要我们正确认识到法本身所存在的局限，既不能夸大法的作用的局限性倒向"法律无用论"，又必须克服忽视法的作用的局限性而产生盲目崇拜法律的心理倒向"法律万能论"。应在客观正确认识法的作用的局限性的基础上，采取相应的措施，充分发挥法的作用，从而正确适用法律机制和法律手段。

思考题：

法的规范作用有哪些？

8 立 法

8.1 立法的概念与立法体制

8.1.1 立法的概念

8.1.1.1 立法的定义

在我国当代法学中,"立法"一词通常有广义和狭义两种理解。狭义的立法,是专指国家的最高权力机关及其常设机关依照法定职权和程序,制定法律这种特定的规范性文件的活动。这相当于我国现行宪法中所称的"国家立法权"意义上的立法,即仅指全国人民代表大会及其常务委员会制定法律的活动。广义的立法,是指有关国家机关照法定职权和程序,制定各种具有不同法律效力的规范性文件的活动。它既包括国家最高权力机关和它的常设机关依法制定法律这种特定的规范性文件的活动,也包括由中央国家行政机关和地方有关国家机关依据法定权限和程序制定行政法规、地方性法规、自治条例及其他决定、决议等活动。

本章所说的立法,是后一种意义上的立法,即广义的立法。即立法是指有关国家机关在法定权限和范围内,依照法定程序,制定、修改、废止和补充规范性文件的活动。

8.1.1.2 立法的特征

(1) 从活动性质上说,立法是一项专属国家的活动

立法是国家权力的运用,更是国家机关进行活动的法律形式之一。其

他任何组织、团体和个人，非经国家机关授权都不得进行这项活动。立法是享有立法权限的国家机关的专有活动，不是任何国家机关都可以进行的。

（2）从活动方式上说，立法是一定国家机关依靠法定职权和法定程序所进行的活动

立法活动必须遵循一定的程序。不同国家立法程序有所不同，但通常都是根据宪法和有关专门的法律所确定的，即立法活动本身也必须法律化、程序化、制度化。另外，立法是运用国家权力的活动，它只能由具有该项权能的国家机关进行，无立法职权（或授权）的国家机关或社会组织、个人皆不得进行立法活动。

（3）从活动内容上说，立法是国家机关制定、修改、废止或认可法律规范的活动

立法活动的直接目的是产生具有普遍约束力的法律规范，要么是制定法律规范，要么是对已有的行为规范（判例、习惯、政策、道德等）从法律上加以认可，要么是修改或者废止现行法律规范，活动的结果一般都形成规范性的法律文件。

（4）从法律形成的全过程来说，立法是法律形成的结尾阶段

法律形成是新规范纳入法律体系的过程，这是一个长期而复杂的过程。法律的形成开始于社会的需要，最后通过国家机关立法的活动，社会（统治阶级）的立法要求以规范性法律文件的形式得到了表现。国家机关制定出法律规范，使社会生活中的客观法律需求在国家主观意志的形式中得到了表现，由此完成了法律形成的过程。所以从法律形成的全过程来说，立法是法律形成的关键性阶段。

8.1.2 立法体制

立法体制是指关于立法权限的划分制度。它包括两个方面的内容：一是关于中央和地方立法权限的范围；二是中央拥有立法权的机关在立法活

动中的权限划分。一个国家的立法体制与该国的国体、政体联系较为密切。其中对立法体制影响最大的是国家政体和国家的结构形式。一个国家的政体在很大程度上决定和影响着中央立法机关的立法权限，而国家的结构形式影响着中央和地方立法权限的划分。

我国法学界一般认为，我国现行的立法体制是一种"一元、两级、多层次"的立法体制。所谓"一元"是指根据我国的宪法规定，立法权只能由全国人大及其常委会行使，全国范围内只存在一个统一的立法体系。所谓"两级"是指根据宪法规定，我国立法体制又分为中央立法及地方立法两个立法等级。所谓"多层次"，是指根据宪法规定，不论是中央立法，还是地方各级立法，都可以各自分成若干个层次和类别。

根据《宪法》、《立法法》和有关法律的规定，我国现行的立法体制是：

（1）全国人大及其常委会行使国家立法权。

（2）国务院根据宪法和法律制定行政法规。此外，全国人大及其常委会曾三次授权国务院行使立法权。

（3）省、自治区、直辖市人大及其常委会在不同宪法、法律、行政法规相抵触的前提下，可以制定地方性法规。省、自治区人民政府所在地的市和经国务院批准的较大的市的人民代表大会在特定条件下也可以创制地方性法规，并报全国人大常委会备案。

（4）民族自治地方，即自治区、自治州、自治县的人大及其常委会有权依照当地民族的政治、经济、文化的特点，制定自制条例和单行条例。

（5）海南省、深圳市、厦门市、汕头市、珠海市等经济特区所在地的市人大及其常委会按照全国人大的授权，根据经济特区的具体情况和实际需要，遵循宪法的规定以及行政法规的基本原则，制定法规，在各自经济特区实施。

（6）国务院各部门以及中国人民银行、审计署和具有行政管理职能的直属机构可以根据法律和国务院的行政法规、决定、命令，在本部门的权限范围内发布规章。省、自治区、直辖市和较大市的人民政府，可以根据法律、行政法规和本省、自治区、直辖市的地方性法规制定规章。

（7）香港和澳门在《香港特别行政区基本法》、《澳门特别行政区基本法》的范围内享有立法权。

8.2 立法的原则

立法原则，亦称立法基本原则，是指在立法活动中所要遵循的主要准则。立法基本原则应该具备较高的概括性、可操作性和较强的稳定性这三个条件。因为只有具备较高的概括性，才能对一定时期所有立法活动具有指导作用；只有具有可操作性，才能成为立法活动的行为准则；只有具有较强的稳定性，才能正确反映立法活动的本质、规律和特征，也只有在稳定的法律原则指导下，才能保持法律体系的稳定和协调。

国外学者对立法原则所持观点不尽相同。英国的功利主义法学家 J. 边沁提出了立法必须符合最大多数人的最大利益原则。美国社会法学家威廉·M. 埃文在研究了美国种族关系法的实施情况后，列举了立法应当遵循的七条原则：①符合新法的机构必须具有权威性；②立法的基本原则必须与已形成的文化法律原则保持一致；③必须确定实际的服从法律的规范；④尽量缩短从法律制定到法律生效的时间，以抵消社会变迁因素的负面影响；⑤立法必须约束执法机关；⑥法律的积极鼓励和消极处罚同样重要；⑦对于因他人规避或违反法律而受害的人必须规定保护他们权利的有效措施。

我国近年出版的一些影响较大的法理学教材和著作对立法所应遵循的原则也有不同的表述。如张文显教授将其归纳为：科学性原则、适时性原则、民主化原则和合宪性原则四项[1]。沈宗灵教授在其 2000 年主编的《法理学》中提出了"七个基本原则"：实事求是，一切从实际出发的原则；合宪性和法制统一原则；总结自己实践经验和借鉴外国经验相结合原则；

---

[1] 张文显主编：《法理学》，法律出版社 1997 年版，第 344~348 页。

原则性和灵活性相结合原则；立足全局、统筹兼顾、适当安排的原则；群众路线和专门机关工作相结合、民主与集中相结合的原则；维护法的稳定性、连续性和严肃性与及时创、改、废相结合的原则①。周永坤教授认为，立法应当遵循"四大价值原则"（即平等原则、民主原则、权利原则和最大多数人的最大利益原则）和"六条形式原则"（即价值原则、明确性原则、稳定性原则、一致性原则、公开性原则和溯及力原则）②。葛洪义教授在其主编的《法理学》教材在吸收上述教材和著作研究成果的基础上中将其概括为"六项基本原则"：遵循实事求是，从实际出发的原则；遵循社会主义民主原则，从最大多数人利益出发，立足全局，统筹兼顾原则；遵循法制统一原则；保持法的稳定性、连续性和及时立、改、废相结合原则；坚持总结实践经验和科学预见、超前立法相结合原则；坚持原则性和灵活性相结合原则③。

事实上，立法是一项艰巨的任务，立法过程中面临着诸多的两难选择。本书关于立法原则的论述是围绕以下五个两难选择展开的。

8.2.1　理想和现实兼顾原则

在立法过程中，立法者经常面临着的情形是理想与现实的错位，正义的理想经常遭到严峻社会现实的强烈冲击。如果立法者企图从理想出发去刻意设计看上去更完美或更合乎正义的法律制度，这一刻意设计的制度有可能因为与现实存在巨大的差距而导致其自身的效力大打折扣。但是，立法者又不能在社会现实面前采取完全顺从的态度，否则法律就不能满足社会进步发展的要求，并将失去其推动社会变革的能力。因此，立法者必须在理想与现实之间寻求一条恰当的中间道路，既要仰望天空，又要脚踏实地；既不应因执著于理想而不顾现实状况冒进，又不能屈服于现实而故步自封。

---

① 沈宗灵主编：《法理学》，北京大学出版社2000年版，第376~384页。
② 周永坤主编：《法理学：全球视野》，法律出版社2000年版，第340~352页。
③ 葛洪义主编：《法理学》，中国政法大学出版社2008年版，第212~219页。

8.2.2 原则与具体兼顾原则

原则虽然有较宽的适应面,但过于原则的法律在司法过程中难以操作。法律只有被制定得足够细致、具体的时候,才可能具有足够的可操作性和可预测性,人们从事各种行为的时候才会真正有法可依。但是,立法者又不能在立法的细致和具体的立法技术方面走向极端,因为给司法者和执法者保留适度的自由裁量权有助于克服法律自身的僵硬呆板,并且过于细致的法律必将在条文和篇幅方面会膨胀到让人难以接受的程度。因此,立法者在遵循宽泛的原则制定法律的同时,对具体化的规定也需要做一个度的考量,使制定出的法律既不会因为过于粗略而漏洞百出并缺乏可操作性,又不会因过于详尽而缺少应有的灵活机动的空间。

8.2.3 普适性与地方性兼顾原则

法律的普适性与地方性的关系是立法者和司法者永恒探讨的问题。制定普适性的法律意在全国范围内建立统一的法律制度,相同的事件和行为在不同的地域会被法律一视同仁。显然,普适性法律有助于降低社会的交易成本和国家的管理成本。但是,要回应社会某一特定区域中复杂的社会生活问题,法律秩序和规则又应该是贴近这一区域特定的社会现实的,否则会因"水土不服"而很难奏效。因此,法律又必须具有地方性。这要求立法者必须妥善处理普适性与地方性的关系,两者兼顾而不能偏废其一。

8.2.4 稳定性与变动性兼顾的原则

法律是珍视稳定性的,法律的稳定性是法律的生命之源,它甚至会为此牺牲实质正义,明明有比现行法律更为妥当的做法,但为了维持其自身的稳定,法律仍保存原样。然而,追求法的稳定性决不意味着法律不能变动。因为只有法的稳定性和确定性不足以为我们提供一个行之有效、富有活力的法律制度。法律还必须回应社会发展和变革对其提出的要求。永恒不变的法律在一个不断变动的社会中很难发挥出令人满意的作用。因此，立法者必须在运动与静止、保守与创新这些彼此矛盾的力量之间谋求某种和谐，使法律既巧妙地将过去与现在相勾连，又不忽视未来的迫切要求。

8.2.5 法治原则

法治原则应贯穿于立法的各个环节中。具体说来，立法的法治原则包括如下几个方面的内容：第一，立法应当遵循宪法，当然这里的宪法应是限权意义上的宪法，参与立法的各政党、各社会团体、政府机构代表团都必须维护宪法的至上权威，任何参与立法的主体都不能把自己的私利渗透进即将制定的法律之中。第二，享有立法权或被授权立法的机构，应当按照《立法法》和授权法所规定的程序、权限来行使立法权。遵循法治原则，对于规范立法行为，保证立法质量，使立法工作更好的适应国家和社会发展的需要，具有重要意义。

8.3 立法的程序

立法程序，通常是指一定的国家机关制定、修改和废除法律和其他规范性法律文件的法定的步骤和方式。根据这一概念我们可以看出，立法程序具有三个明显的特征：第一，立法程序是通过法律形式确定的程序，即只有以法律形式确定的程序才对立法活动具有约束力。第二，立法程序的主要内容是法律规定的立法的方式和步骤，立法的方式和步骤以外的其他活动程序不能成为立法程序的内容。第三，立法程序是立法活动必须采取的方式和步骤，是法定的，立法活动必须按照这个法定的方式和步骤进行，否则，就是违法的行为，其立出的法律和规范性文件在法律上应属于无效。

根据《立法法》的规定，全国人大及其常委会的立法程序主要有：

法律案的准备程序，法律案的提出程序，法律案的审议程序和法律的公布程序。

8.3.1 立法的准备程序

数十年以来的立法实践证明，立法准备程序是确保立法质量的有效措施。立法的准备程序包括制定立法规划和计划、起草法律草案两个方面。制定立法规划和计划有利于防止和避免重复立法，提高立法效率。但制定立法规划和计划时应依法进行，并要符合实际需要。法律草案的起草是立法准备程序的重要内容，是立法进入正式程序前不可缺少的环节。法律起草工作应注意坚守立法的基本原则和技术。

8.3.2 正式立法程序

这一程序包括法律议案的提出和审议、法律草案的审议、法律草案的通过以及法律的公布四个环节。

（1）法律议案的提出和审议

法律议案的提出和审议是指享有国家立法权的机关对于具有立法提案权的国家机关或个人提出的法律议案进行的审查和讨论。根据我国宪法、立法法的规定，有权向全国人大提出属于全国人大职权范围内的法律议案的机关或个人有：全国人大主席团，全国人大常委会，全国人大各专门委员会，一个代表团或30名以上全国人大代表，国务院、中央军委、最高人民法院、最高人民检察院。有权向全国人大常委会提出属于全国人大常委会职权范围内的法律议案的机关或个人有：委员长会议，全国人大各专门委员会，全国人大常委会组成人员10人以上，国务院，中央军委，最高人民法院，最高人民检察院。有权向全国人大提出宪法修正案的机关或个人有：全国人大常委会，五分之一以上的全国人大代表。

（2）法律草案的审议

法律草案的审议是指立法机关对于根据已被通过的法律议案而拟订的

法律草案，按照会议的安排进行审查和讨论等的活动。法律草案不同于法律议案。法律议案是议案的一种。议案是指提交会议而被列入议程的建议和意见。至于法律草案，就是要制定的法律的具体内容和形式、具体的法律条款和体例安排，多数情况下已经拟订完毕，但也可能尚未拟订。就我国立法实践来看，一般法律草案的审议要经过三道程序。一是由主席团或委员长会议决定是否将法律草案列入会议议程，二是听取有关法律草案的创制理由、起草经过、指导意见等主要问题的说明，三是全体会议对法律草案的审议和讨论。我国审议法律草案一般实行三审制，立法工作日趋审慎、民主、科学。

（3）法律草案的通过

法律草案的通过是指立法机关对于法律草案做出同意的决定，这是立法的关键性环节。关于法律草案获得通过的法定票数，我国《宪法》第六十四条规定：宪法的修改，由全国人大常委会或五分之一以上全国人大代表提议并由全国人大以全体代表三分之二以上的多数通过；法律和其他议案由全国人大以全体代表的过半数通过。我国《全国人民代表大会组织法》第三十一条规定：常务委员会审议的法律案和其他议案，由常委会全体组成人员的过半数通过。关于法律草案通过的方式，我国《全国人民代表大会组织法》第十八条规定：全国人大会议进行选举和通过议案，由主席团决定采用无记名投票方式或者举手表决方式或者其他方式。目前我国在全国人大会议和全国人大常委会会议中，经常采用电子计算机的表决方式，不仅提高了效率，也增加了准确性。

（4）公布法律

公布法律即立法机关或者国家元首就已经通过的法律，为使民众知晓和遵守，而予以公布。这是法律确立的最后环节。获得通过的法律未经公布环节，不能发生法律效力。我国由国家主席根据全国人大会议的决定和全国人大常委会的决定签发主席令来公布法律。公布法律的法定书面形式是在全国人大常委会公报上全文公布，同时其他新闻媒体也可以转载。已经发布的法律自法律明确规定的日期产生法律效力,若没有规定何时生效,一般推定该法律自公布之日起生效。

8.4 法律解释

需要说明的是,法律解释并不属于立法体制中的问题,仅仅是为了叙述的方便而放入本章。

8.4.1 法律解释的含义

法律解释是指一定的人或组织对法律规定含义的说明。法律解释既是人们日常法律实践的重要组成部分,又是法律实施的一个重要前提,是一个国家健全和完善法制建设不可缺少的重要环节。

与一般解释相比,法律解释具有以下三个特点:

(1) 法律解释与具体案件密切相关

法律解释往往首先由待处理的案件所引起,并且法律解释需要将条文与案件事实结合起来进行。法律解释的主要任务,就是要确定某一法律规定对某一特定的法律事实是否有意义,也就是对待裁判或处理的事实的法律规定加以解释。

(2) 法律解释具有一定的价值取向性

这是指法律解释的过程是一个价值判断、价值选择的过程。法律解释是一项评判活动,具有强烈的目的性,并反映一定的价值观。因此,从法律自身内在协调的要求来看,法律解释必须在特定的目的和价值观中去审视法律规定与社会现实之间应有的联系,以体现我们对法律的社会效果的权衡,表明我们对法律的理想期望。

(3) 法律解释受解释学循环的制约

解释学循环是解释学中的一个中心问题,它是指整体只有通过理解它的部分才能得到理解,而对部分的理解又只能通过对整体的理解。指出法律解释存在解释循环,可以帮助人们防止孤立地、断章取义地曲解法律。

8.4.2 法律解释制度及其存在的问题

法律解释制度主要有三部分构成:即立法解释、司法解释和行政解释制度。

8.4.2.1 立法解释

立法解释是指由立法机关及其授权的国家机关在其职权范围内所做出的解释。立法解释是立法工作的延伸。立法解释有广义和狭义之分。广义上的立法解释是指依法有权制定规范性文件的国家机关对法律规范所作的解释,狭义上的立法解释是专指国家最高立法机关对法律所做出的解释,即我国的全国人大及其常务委员会对宪法和法律所做出的解释。

我国确立立法解释制度有三个方面的原因:一是由我国政治制度所决定的。人民代表大会制度是我国的根本政治制度。人民代表大会是一个议行合一的机构,不仅制定法律,而且监督一府两院执行法律。而要监督法律实施,就必须由法律解释权加以保障。二是由立法解释的优点决定的。立法解释的效力高于行政解释和司法解释,这有利于实现法制的统一。三是由历史原因决定的。一方面,在我国传统文化中,权力集中统一的思想一直占主导地位,统治者总是喜欢把立法权和解释权集中起来行使,从而保证权利不被分散。另一方面,新中国成立初期建立的制度深受苏联政治体制的影响,而苏联的制度在精神实质上和传统我国关于权利集中统一的思想又是一致的。

我国的立法解释制度受历史和认识上的局限,存在以下问题:首先,对哪些情况应当做出立法解释不够明确,导致立法解释几近形同虚设,没有充分发挥作用,使宪法建立法律解释制度之初衷没有得到真正的实现。其次,立法解释的程序缺乏明确规定,缺乏立法解释的启动机制。第三,立法解释的形式不规范。另外有学者认为,由于立法权和解释权的集中有可能形成专权,因此应该取消立法解释制度。

8.4.2.2 司法解释

司法解释是指由国家最高司法机关在适用法律过程中，对具体应用法律问题所作的解释。这种解释对于指导具体司法工作、保障执法活动的统一起到了关键的作用。司法解释分为审判解释、检察解释、审判检察共同解释三类。此外，我国最高人民法院、最高人民检察院、公安部、司法部对如何适用法律所做出的联合解释，也是具有法律效力的解释。司法解释的目的是为了正确地适用法律，因而，司法解释不能改变法律的规定，不得与宪法和法律相抵触。审判解释和检察解释也应协调一致，彼此之间不能发生矛盾和冲突，如果两院的解释有原则上的分歧，应报请全国人民代表大会常务委员会解释或决定。

我国司法解释制度也存在着一系列问题：首先，司法解释主体的二元性及最高司法机关内部法律解释主体的多元性，使法制统一原则在许多情况下难以落实。其次，只规定了最高司法机关拥有解释法律之权，而忽视了大量的法官解释法律的权力。实际上，在法律应用的过程中，法官无时无刻不在解释法律。法官要在解释过程中消解法律与事实之间的冲突以及法律与法律之间的矛盾。当然，要完成这样的任务，需要高素质的法官。因此解决司法制度存在的问题，不能孤立地从司法制度本身的健全中寻找答案，还应在完善法官培训制度，提升法官的职业素养等方面做出努力。

8.4.2.3 行政解释

行政解释，是指国家行政机关对它本身制定的行政法规或行政规章所做出的解释，它包括：国务院及其主管部门对自己所制定颁布的法规和规章所做出的解释；省、自治区、直辖市人民政府以及其他有权的人民政府对自己所制定颁布的行政规章所做出的解释。行政解释制度的确立对贯彻行政法规、保障行政体制的统一有重要意义。

我国行政解释在实践中形成了谁制定谁解释的原则。但如果把这一原则放到司法过程中进行合法性审查，我们也会发现一些问题。以行政诉讼为例,假设某一制定行政法规的机关作为被告,而法官判决所要适用的法律又是该机关制定的,同时它还拥有解释权,在这种情况下,法官依法处理案件很可能使原告处于非常不利的境地,影响案件的公正判决,从而使司法失去公正性,使法制原则在行政诉讼领域落空。所以,我们认为,谁制定谁解释的行政法制原则只适用于行政机关贯彻行政法规的过程,而当行政机关作为被告进入诉讼领域时,对法律、行政法规等的解释权应收回法院,由审案法官在个案中根据法治的原则解释法律。

思考题:

简述我国的立法体制。

9 法治与法治国家

9.1 法治与法治国家释义

9.1.1 法治的概念

9.1.1.1 古希腊、古罗马的法治思想

正如人类文明的许多其他重要成果一样,法治思想的渊源也可以追溯到古代希腊。古希腊明确把法治作为治国方略提出来的思想家是柏拉图,明确而坚定地主张并系统阐述法治理论的思想家应属亚里士多德。可以说,他既是古希腊法治思想的集大成者,又是后世法治理论的奠基人。亚里士多德还为法治做出了经典的表述:法治就是已经成立的法律获得普遍的服从,而大家所服从的法律又应该是本身制定得良好的法律。古罗马的法学家同样主张"以法为据"。他们除制定了完备的法律、尤其是反映发达的简单商品生产关系的私法之外,在法治理论上也颇有建树。他们借助于"自然法"、"理性"、"正义"等概念来说明法律的本质,强调法律的权威和作用。古希腊、古罗马的法治思想对西方法律文化产生了深远的影响。近代资产阶级法治理论在很大程度上就是以古希腊、古罗马法治思想传统为基础形成和发展起来的,中世纪的欧洲也才有法律支配人类行为的观念。

9.1.1.2 近代资产阶级法治理论

西方社会进入近代以后,源自对商品经济产生出来的中产阶级利益的

关切，也是基于对西方社会历史的反思，资产阶级启蒙思想家打出了"理性"、"民主"、"法治"的旗号，并就何谓法治、何以需要法治、如何实行法治等问题进行了系统的理论阐述和论证。他们的斗争和理论工作促使法治观念成为占支配地位的意识形态，并推动了法治理论的制度化。19世纪的英国法学家戴雪在历史上第一次明确提出"法的统治（rule of law）"观念，并把排除专断、法律至上、法律面前人人平等宣布为法治的基本原则。为了保障和实现法治，法国思想家孟德斯鸠在继承洛克分权说的基础上提出了著名的"三权分立"原理。

在德国，康德、黑格尔等思想家们，把法治的要素确定为：公布一部法律，特别是通过权力分立制度来明文限制国家权力的成文宪法；通过基本权利来保证个人的不可侵犯、不受国家干预的活动范围；法院为防止国家权力侵犯公民的公权和私权而提供法律保护；对因征用、为公献身和滥用职权而造成损失的国家赔偿义务；法院的独立性；保证法定审判官制和禁止刑法的溯及力；最后是行政机关依法办事的原则。

在美国，潘恩和杰斐逊全盘接受了英法两国启蒙思想家关于民主和法治的理论，并在他们的治国实践中加以运用。潘恩坚定地宣布：在专制国家中国王便是法律，在自由和民主的国家中法律便是国王。国王的权力源于宪法，而宪法来自人民的同意和相互达成的契约。他们把政府分为相互独立的三个部分，并伴以复杂的制衡制度，以防止其滥用权力而侵害人民的权利。除此之外，他们还强调正当程序和平等保护，并把这两个原则作为法治的基础。

9.1.1.3 现代法治理论

现代学者们对法治有不同的理解。英国法学家拉兹认为：就字面而言，"法治意味着法律的统治（the rule of law）。从广义上说，法治意味着人民应当服从法律，接受法律的治理。但是在政治理论和法律理论中法治应作狭窄的理解，即它是指政府应受法律的治理，遵从法律。这个意义上的法治理念常常表达为'政府由法律而非由人来统治'。"在约翰·罗尔斯的法治学说中，形式正义是和实质正义相并行的两个概念。实质正义是指制度本身的正义，形式正义是指对法律和制度公正和一贯的执行，而不管它的实质原则是什么。形式正义又可以称之为"作为正规性的正义"，也就是法治。

9.1.1.4　法治理论在我国的发展

新中国成立初期，"法制"和"法治"二词在报刊上都曾经使用过，但以后直到"文革"结束这一长时期内，一般仅使用"法制"而不用"法治"。"法治"被误认为是西方国家专用的概念。事实上，法治价值是具有普遍适用性的，它是现代国家走向民主和文明的重要标志，而不是资本主义国家的专利。改革开放以后，法学界曾围绕法治与人治、法制与法治孰优孰劣问题展开了长期的争论，伴随着法治实践的不断进步，法治观念战胜了人治观念，"法治"也替代了"法制"成为人们政治和社会生活中的重要词语。

通观和解析各种"法治"释义，我们认为，"法治"一般具有以下单独或综合含义：

（1）"法治"是一种宏观的治国方略

是主要运用法律还是主要依靠贤能的个人及善良的道德教化治理国家，对这个问题的不同回答构成了"法治"或"人治"、"德治"的最初分歧。利用法律治理国家，这是法治的最基本的含义，也是在这个基础之上，"法治"成为"人治"和"礼治"的对立之面。

（2）"法治"是现代法制的一种特定德性

法制的基本要素或要求古今差别很大。在古代，法制国家的基本要求是依法办事。然而，这只是对下级官吏和百姓的要求，君主及高官往往不受法律约束。现代法制社会，依法办事的要求已成为社会关系参加者活动的普遍原则，不仅社会成员要依法办事，政府也要执行法律和遵守法律。可以说，现代法制的精髓是官吏依法办事。这就是说，当赋予某种特定的法律制度（法制）以至上性和普遍性的时候，它就具备了"法治"的品格，从而与人治下的法制根本区别开来。

(3)"法治"是一种民主的政治实践模式

从近代以来的西方法治实践来看，它主要两种模式：一是君主立宪制，一是民主共和制，前者以英、德（第一次世界大战以前）为代表，后者以美、法为范例。它们的共同特征是：经选举产生的议会是国家的最高权力机关，实行立法权、司法权和行政权的分立和制衡，核心是限制政府权力，避免个人专制和独裁，保障公民自由。概言之，法治作为一种民主的政治实践模式，其基本要求是将国家权力的运行纳入法律的轨道，从而使国家权力受到相应的控制，包括受法律的控制、受权力的制衡、受权利的约束。其中国家权力受法律的控制可概括为："权源由法、权行由法、权变由法、权灭由法。"

(4)"法治"代表一种理想的道德价值观

法治不单指法律、依法办事和法律制度，而且还内含着人类所普遍追求的一种价值信念。法治是民主、自由、平等、人权、理性、文明、秩序、效益和合法性的完美结合。所谓"法治"不仅意味着"依法治国"，而且还意味着"良法之治"，以"恶法"治国，还算不上是法治。因此，关于法治的命题，既是事实判断，也是价值判断；法治不但有实证标准，也有道德标准。

总之，法治是一个综合的、开放的概念，它承载着多重含义。"依法治国"是其外在形式，"良法之治"是其内在特质，而其主旨就在于依据上述特定的价值观来构建社会的基本结构和运行方式，形成以法律制度为主导的有序化的社会管理模式，进而形成一种理性的社会状态和理想的社会秩序。

9.1.2 法治国家的含义

9.1.2.1 传统法治国家的含义

法治国家，也称为法治国，有人还称之为法律国家或法律国。我国学者普遍认为，法治国概念起源于德国①，具体而言，起源于康德的一句名言："国家是许多人以法律为根据的联合"。从德国缘起的法治国家概念，如同从英国缘起的法治概念一样，在人类历史上产生了重要影响。甚至可以认为，"'法治国'的思想与实践对西方之外的世界产生过广泛而深刻的影响，在许多地方甚至超过了起源于英美的'法治'的影响"②。法治国，就其德文本意及康德的解释而言，指的是有法可依、依法治国的国家，或者说一个有法制的国家。这是基于第二次世界大战结束前的历史时期的认识所得的结论。

9.1.2.2 现代法治国家的含义

基于传统法治国概念存在重要的缺陷，第二次世界大战后的一些欧陆法学家们虽然仍在继续沿用德国"法治国"的外壳，但是换上了英美"法治"的内容，对法治国的含义进行了脱胎换骨的改造。尤其是第二次世界大战后德国的自由民主主义者与传统的"法治国"做了彻底的决裂。因此，尽管"法治国"的概念依然被使用，但是此"法治国"（法律统治）已非彼"法治国"（依法而治）的含义。

9.1.2.3 法治国家理论在我国的发展

我国学者通常在探讨法治国与依法治国、法治的关系中理解法治。有学者认为，法治国与依法治国相等同，而与法治根本对立。认为法治国与法治的区别主要在于③：

首先，法治起源于自然法思想，基于自然法学契约观，要求保护民权，限制政府权力，与宪政有着天然联系；而法治国起源于实证主义法学，强调作为立法者的统治者的意志及权力至高无上，因此它排斥体现着平等精神的契约思想和为宪政提供依据的宪政主义。

---

① 卓泽渊：《法治国家论》，中国方正出版社2001年版，第10页。
② 刘军宁：《共和·民主·宪政》，上海三联书店出版社1998年版，第142页。
③ 刘军宁：《共和·民主·宪政》，上海三联书店出版社1998年版，第147~149页。

其次，法治体现了对公民权利与自由的偏爱，限制统治者的专横权力；而法治国偏爱国家，尤其是偏爱作为无上立法者的统治者。

第三，法治强调法律是被人们能动地发现的自然法则，而不是统治者的权力意志；而法治国则强调法律是统治者的意志。

最后，对法治而言，人们服从法律时，是服从普遍的、客观存在的自然法则，服从自然法则的人是自由的。并且法治是反对人治的；在法治国中，人们服从法律是服从统治者本人的意志，显然不能说享有自由，而且法治与人治也无本质差别。

需要指出的是，上述关于法治国与法治的区分，是将法治国的含义定格于第二次世界大战之前的法治国的概念。而我们前面已经提到，这一概念已被欧陆学者本身所抛弃，他们早已将英美的"法治"纳入了法治国或法治国家的概念中了。因此有学者反对将上述法治国或法治国家的含义赋予现在我们所使用的法治国或法治国家的概念中，并重新界定法治国家的含义以及法治国家与法治的关系：法治国家或法治国，是指国家法治化的状态或者法治化的国家，是法治在国家领域内和国家意义上的现实化。法治包含法治国家和法治社会在内，法治国家与法治社会是法治发展的相互连接的两个阶段，它们都是法治的构成部分[①]。

综上可知，我们今天所讲的"法治国家"，简单地说，就是指主要依靠正义之法来治理国政与管理社会从而使权力和权利得以合理配置的社会状态。这样理解"法治国家"的优点是：第一，它吸收并突出了"善法之治"这一法治的基本前提问题。第二，它从"治国方略"到"社会状态"，说明了建设法治国家的过程性，表述了手段与目的、形式与实质的关系。第三，它能够说明法治国家中的核心问题，也是实质问题——权力与权利的合理配置关系。

---

① 卓泽渊：《法治国家论》，中国方正出版社2001年版，第15页。

9.2 法治的原则和基础

9.2.1 法治的原则

在人类历史不同时期，法学家提出了不同的法律原则。朗·富勒在《法律的道德性》一书中提出了作为一个真正法律制度的前提的"八项法治原则"，分别是：①法律应具有一般性；②法律应公布；③法律适用于将来而非溯及既往；④法律应具有明确性；⑤避免法律中的矛盾；⑥法律不应要求不可能实现的事情；⑦法律具有稳定性；⑧官方行动和法律的一致性。

法律所追求的正义在实现中也体现为法治原则。约翰·罗尔斯认为法治最为密切的与自由相关。个人的平等自由必须受到法治的保护，否则便会成为一句空话。把形式正义的概念以及公正地实施公共规则的思想应用于法律制度便是法治。罗尔斯指出，一个法律制度只有大体上满足"四条正义准则"才可以成为法治：①法律的可行性；②相同案件同样处理；③法律无明文规定不为罪；④自然正义观，以保持司法过程的正确。

可以看出，上述学者关于法治原则的论述侧重于形式或程序方面，体现了现在人们对于"程序正义"的关注。尽管他们的论述有时被认为偏重于法治的形式方面而忽视了实体价值，但事实上这个问题并非绝对。程序正义与实体正义不是泾渭分明的两个方面，而是一个硬币的两面，他们是相互联系的。严格遵循法律的正当程序本身就是对正义的履行，没有正当程序的外衣，实体价值就无法实现。但法治确实如亚里士多德所说的那样，需要以"良法"为前提。因此，对法治原则的描述应当兼顾程序和实体两个方面。以这一方式对法治原则进行论述，最具代表性的是国际法学家会议在1959年通过的关于法治问题的《德里宣言》，宣言确认的法治原则涵盖立法、行政、刑法、司法和律师业等多方面，是当今世界普遍承认的法制模式。

9.2.2 法治的基础

无论作为一种思想意识形态,还是作为一种历史实践,法治都不是凭空产生的,而有其深刻的思想基础、经济基础和政治基础。

9.2.2.1 法治的思想基础

法治思想起源于古典自由主义的法律学说。这种观点不仅把法律看作是对自由的约束,更把法律看作是对自由的保障。自由主义思想对国家主义的胜利,以法治观念逐渐获得普遍信仰为重要成果。法治观念主张国家必须受到宪法规则的制约,防止它将权力延伸于其能力之外,那么这一思想的根本依据是什么呢?作为控制公共权力的依据,公共选择理论更多的是从"人性恶"假定出发,即假设人性恶,尽管不是人人都作恶多端,违法犯罪,但法律的预设必须以此才能达致完备,故制约机制必须有力,矫治体系必须严密,认为"不受制约的权力必然走向腐败",然后得出应对权力加以控制的结论。西方近代法治学说就是建立在其"人性恶"这一人性论的基础之上的,人性论的依据在推进控权制度的建立和完善方面是卓有成效的,但在知识上似乎总能给批评者提供种种攻讦的口实,毕竟人性的善恶只是一个假定。

9.2.2.2 法治的经济基础

法治的经济基础与市场经济密切联系。凡经济资源通过市场来配置或经济活动通过市场来实现的称市场经济,所以市场经济是配置经济资源的一种手段。资源配置的目标是使社会经济结构得到优化和增进经济活动的效率。市场经济能够比计划经济更有效地配置和利用资源。从微观上讲,市场经济要求每个商品生产者都以最少的劳动消耗取得最大的劳动成果,实现利润的最大化。从宏观上讲,资源配置依靠市场这部极为灵巧的机器,通过成千上万的商品经营者按照市场规则进行的交易活动实现,可以充分合理地发挥资源的作用。商品经济可以被视为是市场经济的早期阶段,它与法治观念有着天然的联系。

法治对市场经济的促进作用也是显而易见的。市场经济是法治经济已经成为普遍的共识。市场经济是法治经济这一判断,主要表现在:首先,市场经济是主体独立的经济。其次,市场经济是契约经济关系。第三,市场经济是自由竞争、平等竞争经济。第四,市场经济是讲求秩序的经济。最后,市场经济也是开放性经济。

相比而言,计划经济是意志经济、权力经济,市场经济是规则经济、权利经济。前者的特征是行政命令、长官意志,后者的特征则是自由交易、公平竞争。计划经济是人治的最佳土壤,它内在地、本能地要求人治。这种经济更强调法律的意志性一面,因为计划是根据计划制定者的意志形成的。市场经济则天然地要求法治。只有人的基本权利得到保障、公平的游戏规则和经济规律得到遵守,人们才有可能进行自由、自愿的商业的活动。而人的自由和基本权利正是法治的道德内涵。

综上可知,与其他经济体制相比,只有市场经济最适合法治,也只有市场经济最需要法治。

9.2.2.3 法治的政治基础

法治的政治基础与权力分工紧密相连。法治作为一种法律学说和法律实践,是经过漫长的历史积累逐渐形成的,它来自于特定的法律思想与社会实践的频繁的、积极的互动。从历史上看,法治的形成得益于现实中存在的某种权力平衡,得益于统治者无力集中起绝对的权力及因此出现的多元权力机构。权力分工和制衡既是法治观念得以形成的政治历史前提,也是现代法治作为一项目标的逻辑要求。可以说,不包含分权思想的法治学说是残缺不全的。分权思想源远流长,其现代形式是由《联邦党人文集》的作者们创立的。作为一种政治体制,权力分立的主要内容是:第一,行政、立法和司法权由宪法授予不同的人们和团体;第二,政法各部门被视为是同等的和自主的,没有任何一个部门支配或服从于其他部门;第三,原则上讲,没有一个部门能够使用宪法授予其他部门的权力;第四,司法部门独立于政治影响之外,并有职位保障,它有权宣布某项立法因违宪而无效。

9.3 法治的要件

法治是在法律规束住了国家权力和政府后而使权利在人和人之间得到合理配置的社会状态。这种社会状态即我们所追求之"法治社会"。法治社会的达成,实体的和形式的两方面要件,两个要件的统一,才有完整意义上的法治。

9.3.1 法治的实体要件

法治的实体要件,指的是依据法治的精神而被奉行的法制原则以及由这些原则所决定的形成为制度的法律内容,具体言之,就是法律对待公共权力、国家责任、个人权利、社会自由、公民义务的原则和制度。

(1) 法治意味着控权制度的存在和权力制衡原则被遵守

法治,在制度上起始于法律对最高国家权力的限制。在权力的王国里是没有法治的立足之地的。控权的有效办法是权力分立和以权制权,法律上确立这样的制度和原则,便可避免恶政和暴政发生。控权以防止国家权力压法、毁法为目的,权力制衡以防止行政权走向专制为目的。法治国家中,对公权力的三大制约方式:道德制约、一种权力对另一种权力的制约、权利对权力的制约,都最终表现为法律对权力的制约,这是法治政府的古典特征。

(2) 法治还意味着国家责任的无可逃避和权力与责任相统一制度的建立

现代法治社会中的国家不同于古典式法治社会中国家的一个特点是,公共权力不再完全处于消极被动状态,在国家具有了经济职能之后,权力责任的内容也相应增加了。现代的权力责任,除了过去由滥权所产生的责任及急权所产生的责任外,还负有满足公民权利请求的责任和由管理而带来的保证责任。这后两种责任主要是现代政府的责任。只要是公权力,就是有支配私权利的能力,因之也就无法消除其不法的可能性,所以国家责任的主体应是全方位的。不论哪种权力主体,也不管它是自己执行或是受托代行,只要启动了权力,就应预设责任于其运动之后,以使权责成为不可分的整体。

(3) 法治意味着权利制度受到保障和社会自由原则的确立

权利的保障制度开始形成于法律对权利的宣告。权利告示的法治原理在于:法律每宣告公民的一项权利,就等于同时宣告了国家权力的禁区。权利宣告是权利制度的第一性机制。此外,它还有权利侵害的预防机制、侵害发生时的救济机制以及公民个人获得权利遇到障碍时的国家帮助机制。上述四种机制的统一,才构成真正具有实效的权利保障制度。权利制度不可缺少的条件是社会自由原则。自由要求国家把限制减到最低限度,这便是社会自由原则。这个原则表明:①自由除了受法律的限制之外,不再受任何限制;②自由不仅存在于法律之中,还存于法律之外,法不禁止即自由;③法律意义上的自由,指的是受法律保障的自由,而不是法律范围的自由。

(4) 法治意味着公民义务的法律化和相对化

公民的义务是根据法律来定还是根据权力的随意性来定,是法治社会与专制社会的区别点之一。法治条件下的个人义务可分为三类:其一是为实现国家利益和公共利益而需承担的基本义务;其二是与自己权利相伴而来的对应性义务;其三是自愿承担的义务。如果可以把契约理解为个人间的法律的话,那么包括自愿承担在内的这三类义务均具有法律特征。所谓义务的相对化,就是指在义务的种类确定后,公民承担任何一类义务都有法律的定量。义务是否相对,也是法治与专制的分野。

9.3.2 法治的形式要件

法治的形式要件是指法治实体要件的表现方式以及实现实体要件的技

术条件。仅有理想的法治实体内容,而缺乏适合于它的形式,法治仍是不完整的。实体要件与形式要件的统一,才有良好的法治。

法治的形式要件应当包括:

(1) 法制的统一性

无论是善法之治或恶法之治,凡欲使法律发挥制度效应,法制的统一性就是必须的。统一性就是要避免法律中的矛盾,并使法律普遍得到遵守。

(2) 法律的一般性

首先,法律是对社会生活的一般性调整。法律规范通过设定权利、义务两种行为模式,使人除了情感和思想外的所有存在都被收入这两种最简单的调整范围之内。其次,法律在内容上也是一般性表述。它通过高度抽象概括人的行为,而使权利和义务成为一般性法律条文。最后,法律实施中也具有一般性适用。它一方面是指法律规范的全域约束力;另一方面是指法律规范的逻辑适用,即"类似情况类似处理"和"类似情况反复适用"。一般适用排除了司法过程中的随意性,法治的诉求中包含着这一内容。

(3) 规范的有效性

首先,在全部法律规范中,只有一个规范具有最高效力,合乎最高规范便是有效的,违反最高规范,便是无效的。其次,法律规范可否操作,也直接决定着其能否产生效力。最后,有效的规范实际产生了约束力,即法律有实效。按法治要求,所有生效规范都应具约束力,无效规范越多,说明法治水平越低。

(4) 司法的中立性

司法中立,既是程序正义所应恪守的原则,也是实体正义所含之当然要求。中立的目的,乃是为了追求审判的公正。司法权是被动性裁判权、判断性权力、程序性权力、中立性权力和终极性权力。由司法权的特性可以看出,司法权若不保持中立,法治便无法推行。保持司法中立,需满足两个基本条件：一是实行独立审判，法官除向法律负责外不向任何机关负责；二是在体制上是司法权只接受监督不接受命令。

(5) 法律工作的职业性

法律职业者包括法官、检察官和律师。他们的职业特点是：有基础相同的法学修养和运用法律的艺术；有共同的为社会大众服务的精神和追求、坚持实现社会正义的道德情操；有利益相关的社会同一阶层的意识以及与阶层意识相符的语言特点、思维方式、仪表风范和行为气度。这些特点决定了法律职业在主体上的专家化和在工作上的专业化以及在工作结果上的艺术化。法治社会缺乏了主体条件的保障，即使有良法，也未必出现良法之治。

思考题：

如何理解法治？海洋执法需要什么样的法治环境？

第 2 篇　海洋行政法理论

10 行政法概述

10.1 行政法的概念和特点

10.1.1 行政法的起源、含义及基础理论

10.1.1.1 行政法的起源及其含义

"行政"一词有多种含义，容易混淆。我国古代战国时期的《纲鉴易知录》中记载"召公、周公行政"等，其意是指执行政令、推行政令。所谓"行政"，英文为 administration，语源出自拉丁文 administrare，原义为"执行事务"。"行政"与"管理"从广义上看似同一概念，行政有公行政和私行政之分，现代行政法上的"行政"一词通常特指公行政，即"公共行政"（public administration）。公行政又有国家行政与非国家行政之分，公行政不仅包括国家行政机关所从事的行政管理活动，而且还包括非国家公共团体、组织的行政活动。作为行政法学研究对象的公行政，主要以国家行政为调整对象。

关于行政法上的行政的含义，国内外学者观点大致可分为两类：

一类是消极说。消极说以三权分立理论为基础，认为行政权是从国家权力中排除立法权和司法权的部分，行政是指国家作用中除了立法、司法之外的事项，又被称为"除外说"。

另一类是积极说。积极说又分为实质说与形式说。实质说意在克服消极说回避行政权的实质内容的弊端，力图正面阐释行政的一般特征和内容。日本行政法学者田中二郎认为"行政是指在法之下受法的规制，以积

极具体地实现国家目的而进行的具有整体统一性的连续形成的国家活动",是"为适应国家社会的需要而具体实施公共政策的过程及行动"①。形式说从国家统治结构出发,认为国家机关分为立法机关、行政机关、司法机关,各机关各司其职,其中行政机关所进行的活动就是行政,因此可以将行政定义为"行政机关所进行的活动"。

综上,我们可以将行政法上的行政界定为国家行政机关等行政主体为积极实现公益目的,依法对国家事务和社会事务进行的组织、管理、决策、调控等活动。就海洋行政法领域而言,海洋行政是指国家海洋行政主体(即海洋行政管理机关及法律法规授权的组织)为了实现海洋行政管理目的,依照法定职权和法定程序,对国家海洋事务进行组织、管理、决策、调控等活动。

现代意义的行政法,最早产生于18世纪欧洲大陆法系国家。大陆法系国家严格区分公法和私法,将行政法列入公法范畴,且大都设立行政法院。最早系统整理行政法并使之成为一门独立的法律学科的是德国著名法学家奥托·迈耶(Otto Mayer,1846—1924)。他在《德国行政法》一书中指出:"行政法是指调整作为管理者的国家与作为被管理者的臣民之间关系的法律规范。"

英美法系国家通常不对公法和私法作严格区分,也不另设行政法院,行政案件同民事案件一样由普通法院审理,其行政法概念要比大陆法系国家的行政法概念窄一些。英国著名法学家詹宁斯(Jennings)指出,行政法是关于公共行政的全部法律,内容不以行政诉讼为限,也包括行政机关的组织、权力、权利、义务和责任。英国当代行政法学家威廉·韦德爵士(Sir William Wade)认为,行政法"是控制政府权力的法","是规范行政机关行使权力、履行职责的一系列普遍原则"。

在我国,行政法经历了漫长而又曲折的发展过程,行政法学长期处于

---

① 参见[日]田中二郎:《新版行政法》(上卷),日本弘文堂1994年版,第5页;[日]南博方著,杨建顺、周作彩译:《日本行政法》,中国人民大学出版社1988年版,第8页。

近乎空白的状态。1978年党的十一届三中全会召开后，在改革开放和建立健全社会主义法制的新时期，行政法和行政法学才得以重新起步，进而得以迅速发展。

10.1.1.2 支撑行政法发展的基本理论

经历了30多年的发展，我国行政法学界的专家学者对行政法的相关问题形成了各种各样的观点，支撑这些观点的有各种不同的行政法基础理论，例如：平衡论、控权论、管理论、服务论、公共权力论、保权控权双重说等。在所有行政法基础理论中，大多学者认为影响我国行政法发展的主要是三大基础理论：管理论、控权论、平衡论。

管理论"是指前苏联、东欧和中国行政法发展早期，以行政权力为本位，认为行政法是政府管理公民的法的一种行政法观念"。我国20世纪80年代早期行政法学在很大程度上受这种理论影响。

控权论"是一种源于英美国家传统的政府法治理论，主张行政法应是以权利为本位，对行政权力进行控制的法"。我国行政法从20世纪80年代后期到90年代初受此影响。

平衡论是有关现代行政法理论基础的理论体系，其最基本的理论主张是：行政机关和相对方的权利义务应保持平衡。行政法的本质在于平衡行政机关和相对方权利义务关系，平衡是行政法的最优化状态和基本价值导向。

以上"三论"的观点反映出它们各自在行政法的目的、行政法的基本内容、行政法的基本原则以及行政法的手段的不同认识。

10.1.2 行政法的特点

在法律体系中，行政法作为一个独立的法律部门，与其他法律部门相比，无论是形式还是内容，都具有一些显著的特点。

10.1.2.1 行政法形式上的特点

首先是欠缺统一、完整的实体行政法典。由于行政法调整对象的广泛性，内容的纷繁复杂性，技术性和专业性强，且调整的行政关系变动较快，不宜制定统一法典。世界各国普遍采取非法典化的形式。

其次，有统一的行政程序法。与民事和刑事法律部门不同，行政法不仅有行政诉讼程序法，而且倾向于统一制定行政程序法，规范行政行为。

再次，行政法规的表现形式多样性。行政管理内容的广泛性和立法主体的多元性决定了行政法律规范数量多、层次复杂、种类不一，效力级别亦有区别。

10.1.2.2 行政法内容上的特点

首先是内容广泛，数量庞大。行政法所调整的社会关系涉及政治、经济、军事、外交、科技、文化、卫生、教育、公安、民政、建设、环境保护等多个领域，这就决定了行政法内容极其广泛，覆盖社会各个领域。

其次，内容易于变动、稳定性弱。由于社会关系处于不断变动之中，所以行政法也需要经常进行立、改、废，以适应变化的需要。

再次，实体规范和程序规范交织。与其他法律部门相比，行政法往往将实体规范和程序规范融合在一个法律文件中。

10.2 行政法的渊源

行政法的渊源是指行政法律规范的根本来源和外部表现。不同国家行政法的表现形式不尽相同。例如，法国行政法大多来源于最高行政法院的判例，这在大陆法系国家中是极为特殊的。我国行政法则采取成文法形式，行政法律规范主要来源于国家机关所创制的抽象性规范。

10.2.1 行政法的成文法渊源

成文法形式是我国行政法的正式法律渊源，主要包括宪法、法律、行政法规、地方性法规、行政规章。

10.2.1.1 宪法

宪法是国家的根本大法，其中涉及行政的规定是行政法的基本原则与根本规范，如行政权力的取得、行使及对其进行监督的根本性问题的规定。这些是行政法的最高效力的渊源。

10.2.1.2 法律

狭义的法律是由全国人大及其常委会制定的规范性法律文件，在效力上仅次于宪法性规范。其中全国人大制定的是基本法律，如《国务院组织法》、《行政处罚法》等；全国人大常委会制定的是基本法律以外的其他法律，如《行政许可法》、《公务员法》等。法律中涉及行政权力的设定及其权限、行使及运用、对行政权力加以监督和在受到行政权力侵害时予以补救的规范，均属于行政法律规范。它们是行政法的最重要渊源之一。

10.2.1.3 行政法规

行政法规是指作为国家最高行政机关的国务院为领导和管理国家各项行政工作根据宪法和法律制定的有关政治、经济、教科文卫、外事等各类法规的总称。它们是对原则性的法律规定加以具体化的主要形式之一。数量大，效力仅次于法律。行政法规不得与宪法、法律相抵触，必须按照法定程序制定。

10.2.1.4 地方性法规

地方性法规是由省、自治区、直辖市以及"较大的市"的人大及其常委会制定的，其中相当一部分内容涉及行政机关权力的取得、行使以及对行政权力的监督等问题，与行政权力行使过程中行政相对人的权利义务有关，成为地方行政机关行使权力的重要依据。

10.2.1.5 自治条例、单行条例

自治条例和单行条例是民族区域自治的自治区、自治州、自治县的权力机关按照《宪法》、《民族区域自治法》以及其他法律规定的权限，结

合当地民族的政治、经济和文化特点所制定的规范性法律文件，其中涉及地方自治机关的组织以及地方行政管理事务的部分属于行政法律规范。

10.2.1.6 行政规章

行政规章包括部门规章和地方政府规章。部门规章是指国务院各部、委以及具有行政管理职能的直属机构依法制定的规定、办法、实施细则等规范性文件；地方政府规章是指由省、自治区、直辖市人民政府以及"较大的市"人民政府依法制定的规范性文件。实践中，行政规章面广、量大、使用频率高。但需要指出的是，行政规章的效力不及上述行政法渊源。《行政诉讼法》规定，人民法院审理行政案件应当以法律和行政法规、地方性法规为"依据"（第五十二条），同时"参照"行政规章（第五十三条）。但是，《行政处罚法》与《行政许可法》规定规章可以设定一定的处罚和临时性的行政许可。

除上述成文法渊源之外，还有一些决议、决定、命令、通知等文件也可以作为成文法渊源。如各级人大及其常委会可以作出有关"本行政区域内的政治、经济、教育、科学、文化、卫生、环境和资源保护、民政、民族等工作的重大事项"的决议或决定，对该区域内的行政管理具有普遍约束力，属于行政法的存在形式。国务院除了制定行政法规外，有时也发布决定、命令、指令等，其中具有执行性的部分属于行政法的存在形式。例如《国务院关于取消第一批行政审批项目的决定》（国发［2002］24号）直接撤销了789项行政审批项目。

此外，中共中央和国务院联合发布的文件以及国务院有关部门和有关社会组织联合发布的文件也是我国行政法的特有的表现形式，例如中共中央、国务院联合发布的《关于加快林业发展的决定》。

10.2.2 行政法的其他渊源

10.2.2.1 国际条约或者协定

我国参加和批准的国际条约（但我国声明保留的条款除外）对我国

具有法律约束力，凡涉及行政法的内容，也属于行政法的重要渊源。

10.2.2.2 法律解释

有权机关对法律、法规、规章所作的解释，包括立法解释、行政解释、司法解释和地方解释，凡涉及行政法的，也属于行政法的渊源。根据1981年6月10日第五届全国人大常委会第十九次会议通过的《关于加强法律解释工作的决议》的规定，有权解释大致可分为上述四种解释。第一，凡关于法律、法令条文本身需要进一步明确界限或做补充规定的，由全国人大常委会进行解释或用法令加以规定；第二，凡属于法院审判工作中具体应用法律、法令的问题，由最高人民法院进行解释，凡属于检察院检察工作中具体应用法律、法令的问题，由最高人民检察院进行解释；第三，不属于审判和检察工作中的其他法律、法令如何具体应用的问题，由国务院及主管部门进行解释；第四，凡属于地方性法规条文本身需要进一步明确界限或做补充规定地，由制定法规的省、自治区、直辖市人大常委会进行解释或做补充规定，凡属于地方性法规如何具体应用的问题，由省、自治区、直辖市人民政府主管部门进行解释。这些有权解释中涉及行政法的部分属于行政法的存在形式。

10.2.2.3 行政法的其他不成文法渊源

在我国成文行政法之外，还存在着许多在行政法领域实际发生作用的不成文法渊源，如行政惯例、行政判例、行政法律原则。这些行政法的存在形式也值得重视。

行政法渊源具有明显的层次性和严格的从属性。不同层次的渊源具有不同的法律效力。现实中，各层次法律文件中的大量行政法律规范难免发生冲突，解决冲突的基本原则或者说行政法律规范的冲突解决机制是：首先，宪法中的行政法律规范具有最高效力；其次，下位法服从上位法；第三，如系同一立法机关制定的法律规范，则特别法优于一般法，新法优于旧法；第四，如系效力等级相同的法律规范，则规章之间的冲突由国务院裁决，部门规章与地方性法规之间冲突且难以确定如何适用的，由国务院裁决适用地方性法规，或者国务院认为应当适用部门规章时由国务院提请全国人大常委会裁决。

10.3 行政法律关系

10.3.1 行政法律关系的概念和特点

10.3.1.1 行政法律关系的概念

行政关系一经行政法律规范调整，便在当事人之间形成法律上的权利义务关系，即行政法律关系。从严格依法行政的角度上讲，无法律即无行政，所以一切行政关系都应变为行政法律关系。所谓行政法律关系就是指基于行政法律规范的确认和调整而在行政关系以及监督行政关系的当事人之间形成的权利义务关系。

传统行政法律关系理论采用"行政主体与相对人二元论"，强调行政权的特殊性与优越性。但在现代行政法律关系中，提倡建构相对人与行政主体相对等的法律地位，在鼓励相对人积极参与行政过程的基础上，构建"公私协动"的行政模式以及对话型的行政法理论[①]。

10.3.1.2 行政法律关系的特点

与刑事法律关系、民事法律关系不同，行政法律关系具有以下特点：

（1）行政法律关系的一方当事人必须是行政主体，包括具有行政管理职权的行政机关或者法律法规授权的组织。

（2）行政法律关系当事人双方的地位不对等，亦即行政法律关系的单方性。行政主体的单方面的意思表示常常可以引起行政法律关系的产生、

---

① 胡建淼、江利红著：《行政法学》，中国人民大学出版社2010年版，第83页。

变更或解除,而无须征得相对人的同意。

(3) 当事人的权利义务基本上由法律规范事先规定,即法定性。通常不能由当事人相互约定和自由选择。除行政合同外,当事人只能依法享有权利和承担义务。

(4) 当事人的权利义务具有相对性和统一性。尤其是行政主体一方,法律授予其的职权,同时也是法定职责,职权与职责相统一,行政职权不得放弃,否则就是行政失职,须承担相应的法律责任。

(5) 行政法律关系引起的争议有两种救济渠道,行政救济(行政复议、行政申诉、行政赔偿等)和司法救济(行政诉讼和国家赔偿诉讼)。有些情况下前一种救济渠道具有优先性。

10.3.2 行政法律关系的构成要素

行政法律关系的构成要素有三个:行政法律关系的主体、客体和内容。

10.3.2.1 行政法律关系的主体

行政法律关系的主体是指在行政法律关系中享受权利或者行使职权、承担义务的当事人,又被称为行政法主体,主要包括行政主体、行政相对人、行政法制监督主体。其中,行政主体是指在行政法律关系中依法以自己的名义实施国家行政管理权并独立承担法律责任的国家行政机关以及法律法规授权的组织;与行政主体相对应的相对人是被管理者,行政相对人包括自然人、法人和其他组织。

并非所有的行政机关在任何场合都是行政主体,只有在行使法定行政管理权的时候才成为行政主体。

10.3.2.2 行政法律关系的客体

行政法律关系的客体是指行政法律关系中当事人权利义务所指向的对象,包括人身、行为和财物。人身是指人的身体以及与人的身体密不可分的人格和身份，行政处罚中有限制人身自由的行政拘留。行为是指行政法律关系主体根据其权利义务而进行的作为和不作为。财物是指具有使用价值和价值的物质资料，包括有形的物质财物和无形的精神财物（如知识产权、海域使用权等）。

10.3.2.3　行政法律关系的内容

行政法律关系的内容是指行政法律关系当事人在该关系中所享有的权利和承担的义务。与民事法律关系有所不同的是，行政法律关系中行政主体的权利可以表述为行政职权，或者行政权，具体包括规范制定权、行政决策权、命令权、检查权、决定权、制裁权、强制权和行政司法权等，而且行政权在一定意义上具有优先的性质。行政主体的义务又是职责，行政主体的权利与义务具有高度统一性，即行政主体对其法定职权不可放弃，滥用或者渎职都应承担相应的法律责任。行政相对人的权利主要包括参与权、知情权、隐私保护权、行政监督权、行政救济权等，相对人的义务主要是守法、服从行政命令、协助行政管理等。

10.4　海洋行政法的内涵及其特征

10.4.1　海洋行政法的内涵

海洋行政法是我国行政法体系中一个重要组成部分，它是国家对其管辖海域实施行政管理的法律法规的总称。为了开发、利用海洋，管理海洋科学研究活动，保护和保全海洋环境，国家必须加强海洋行政法制建设。因此，海洋行政法是指国家海洋行政机关为了保证国家对其管辖海域的海域空间、海域资源和海洋环境的控制、保护和利用，建立和维护正常的海洋秩序，规范在这些海域内从事活动的个人和组织的行为，而建立的行政法律体系。

广义的海洋行政执法是指海洋行政机关为了实现国家海洋行政管理目

的，依照法定职权和法定程序，执行海洋法律、法规和规章，所实施的直接影响海洋行政相对人权利义务的行为。包括：行政许可，如海域使用活动的审批许可，海洋倾废活动的审批许可以及涉外海洋科研活动的审批许可等；行政检查，如对相对人的用海活动、倾废活动等进行监督检查；行政处罚，如对违反各项海洋法律、法规和规章的行为进行查处，追究违法相对人的法律责任；其他还有行政征收、行政确认、行政裁决、行政强制、行政奖励等。

狭义的海洋行政执法仅指海洋行政主管部门及其所属的中国海监机构对组织和个人遵守海洋法律、法规和规章的情况进行监督检查，发现和查处违法行为的活动，主要包括海洋行政检查和海洋行政处罚两项内容。本教材主要限定在狭义范围。

10.4.2 海洋行政法的特征

与其他行政管理领域不同，海洋行政法具有以下独特之处：

（1）海洋行政法律体系的复杂性。迄今为止我国尚无海洋基本法，我国的海洋法律法规散见于全国人大常委会、国务院、涉海各部委以及地方各种立法主体制定的法律文件，我国政府加入的《联合国海洋法公约》等国际公约、条约、协定也是海洋行政法的重要组成部分。由此可见，海洋行政法律体系具有极强的涉外性和多层次复杂性。

（2）海洋行政管理主体多元，海洋行政执法体制政出多门。在我国，负有管理海洋职责的政府机关有中央政府和地方各级政府机关。中央政府作为国家最高行政机关负责整个国家的海洋行政管理，并对地方各级政府实行领导。中央政府机关中国家海洋局是我国海洋行政主管部门，其他涉海行政机关还有交通运输部、农业部、国家环保部、公安部等。中国海监总队是国家海洋局所属的执法机构，通过其海上执法活动，参与国家的海洋行政管理。

（3）海洋行政法旨在调整海洋管理关系和各种用海活动，主要目的是维护国家海洋权益,合理开发、利用海洋资源、保护和保全海洋环境。

(4) 海洋本身的特点决定了海洋行政法具有较强的专业性和技术性。《海洋环境保护法》规定了海洋环境调查、监测、监视、评价等制度,一些单行法在规范海洋倾废污染损害调查、海域使用权许可、海洋自然保护区和特别保护区制度时都大量运用技术性规范。因此,行政许可的授予与否、行政处罚权的自由裁量均应受到技术因素的制约。

思考题:

1. 海洋行政法的特点是什么?
2. 简述行政法的渊源。
3. 简述行政法律关系的构成要素。

11 行政法的基本原则

11.1 行政法的基本原则概述

11.1.1 行政法基本原则的含义

根据布莱克法律辞典的解释:法律原则是法律的基础性真理或原理,为其他规则提供基础性或本源的综合性规则或原理,是法律行为、法律程序、法律决定的决定性规则[①]。张文显认为,法律原则是法律的基础性真理或原理,或是为其他法律要素提供基础或本源的综合性原理或出发点[②]。行政法的基本原则,是指贯穿整个行政法之中,作为行政法律规则的指导思想和基础,调整和决定行政法主体的行为,指导行政法实践的基本精神、价值观念和行为准则。

行政法的基本原则对于行政法理论建设、行政立法以及行政法律适用行为,都具有重要的意义。从行政立法方面看,行政法的基本原则决定了行政法律制度的基本性质、内容和价值取向,构成行政法制度的基本价值观;它们指导行政立法行为,保证行政法制建设的和谐统一,在法律规范缺失或者冲突时发挥引领解决规范冲突、填补规范空白的作用;它们对于行政法的立、改、废都具有重要的指导意义。从行政法律适用方面看,行政法的基本原则指导行政法律规范在适用过程中的法律解释和法律推理,指导行政裁量按照合理的方式和程度进行。

[①] 参阅 Black's Law Dictionary, West Publishing Co. 1983, p1074。
[②] 张文显:《法理学》,高等教育出版社、北京大学出版社1999年版,第74页。

根据在行政法中所处地位的不同,可以将行政法的原则分为基本原则与一般原则。其中,基本原则是贯穿于整个行政法中的根本原则,而一般原则是指体现在部分行政法之中的法律原则,或者虽然也与基本原则一样贯穿于整个行政法之中,但在层次上属于基本原则下位的法律原则,一般原则必须以基本原则为根据,同时也是基本原则的进一步细化。在我国海洋法律法规体系中,无论是全国人大常委会颁布的法律法规,还是国务院颁布的行政法规,或者部门规章以及地方性法规,其中大量内容涉及规范政府海洋管理部门的行政行为,如海域使用许可、海洋倾废许可、海洋环境保护行政检查、海洋自然保护区行政检查等行政执法行为。这些法律法规除了规定海洋类法律法规的一般原则之外,从其行政管理内容看,无一例外地要贯彻行政法的合法性原则、合理性原则、信赖保护原则、比例原则等行政法的实体性基本原则和程序性基本原则。因此,研究和理解行政法的基本原则,有助于准确把握海洋类法律法规的内涵并加以贯彻实施。

11.1.2 行政法基本原则的特点

(1) 行政法的基本原则具有普遍性

它是行政法制中普遍适用的基本准则,贯穿于行政法律规范和行政执法、行政司法等各种行政法制活动,具有指导、统率行政立法和行政法制实践活动的作用。譬如,行政合法性原则既是《行政许可法》等行政立法中的基础性指导原则,同时又统辖各类行政行为。所有的行政行为,包括海洋行政执法行为都应遵循行政合法性原则,否则将承担法律责任。

(2) 行政法的基本原则具有基础性

行政法的基本原则一方面是宪法原则的具体化,又是行政法中的其他原则、规则产生的基础和前提。基本原则具有上传下达的联系作用,使宪法精神得以在行政法的具体原则和规则中体现和贯彻。

（3）从其地位和作用角度看，行政法的基本原则是行政法规范的制定依据

各种行政法规范（尤其是下位法规范）都应当遵循基本原则进行立、改、废；当行政法具体规范不明确或缺乏具体规范时，行政机关可以运用行政法的基本原则来指导行政行为，根据基本原则作出法律解释。在我国目前，海洋行政管理领域的法律规范尚不够完善，存在着基本法律缺位，法律法规存在立法权限层级不规范、法律规定存在冲突、重叠或者空白等诸多问题。因此，正确理解和把握行政法的基本原则，对于完善海洋行政法律体系，健全海洋执法体制，加强海洋行政执法，意义重大。

11.1.3 行政法基本原则的缘起

11.1.3.1 行政法成立的理论基础——法治主义

近代各国行政制度的确立与法治国思想的提出是近代意义的行政法得以成立的前提条件。行政法成立于法治国家，因此，法治国的思想或者观念是行政法学成立的基础。法治国，顾名思义即依法治国，其中蕴涵的理念是法治主义。法治主义是一个比较宽泛的概念，包括立法、行政、司法等国家活动都必须依法进行，其中"依法行政"是法治主义在行政法平面上的投影[1]。近现代意义上的行政法的特征是对行政权恣意的控制，法治国家或者法治主义是行政法成立或存在的理论基础。在我国，依法行政原理是指行政主体必须依法行使行政职权，违反法律规定时必须承担相应的法律责任。国务院在2004年3月22日发布的《全面推进依法行政实施纲要》中提出了依法行政的"六项基本要求"，即合法行政、合理行政、程序正当、高效便民、诚实守信、权责统一。这"六项基本要求"集中体现了依法行政追求公正与效率的价值目标，有力地支撑了法治政府的基本骨架，对指导和规范行政机关和公务员依法行政具有重要作用。

---

[1] 胡建淼、江利红著：《行政法学》，中国人民大学出版社2010年版，第50页。

行政法中的法治主义的形成在不同国家有不同的发展模式。在西方国家行政法形成时期，大致可分为德国型"依法行政"与英美型"法的支配"两种模式。

11.1.3.2 大陆法系的"依法行政"模式

大陆法系的"依法行政"是指由立法机关事前对于行政活动加以明确的法律规制，当行政活动与国民之间产生纷争时，由法院基于事前制定的法律判断行政活动是否适当。德国行政法学鼻祖奥托·迈耶将依法行政原理的具体内容加以阐释，提出了"法律支配三原则"。①法律的法规创造力原则——作为实质性立法的"法规"必须采取法律的形式，只有法律才能创制"法规"。该原则适用于法律与行政立法的关系，意思是行政权不能独立于法律制定法规，行政立法制定的法规命令必须以法律为根据而制定。但在现代社会，随着行政立法的扩张，行政立法已经取得了部分"法规创造力"，该原则已经与现实有一定的差距。②法律优位原则，它是指以法律的形式表示的国家意思处其他的国家作用的上位①，因此，除宪法以外，法律优越于其他国内的法律规范以及行政机关与司法机关的行为。行政行为不得违反法律的规定。③法律保留原则，是指剥夺国民权利或者限制国民自由的行政行为必须具有法律的根据。

值得注意的是，奥托·迈耶在19世纪初提出的"法律支配三原则"已经时过境迁，并不完全适用于现代行政法。

11.1.3.3 英美法系的"法的支配"模式

英美法系的"法的支配"来源于英国著名法学家戴西提出的"法治三原则"，是指对于行政活动并不设置事前的特别法律规制，而是当行政活动与相对人之间产生纷争时，由法院根据与私人之间基本相同的法律原则判断行政活动是否适当。"法的支配"原理是英国19世纪后半叶提倡的

---

① 参见[日]高田敏等:《行政法学の現状と課題——戦後30年の日本の行政法学》，载《法学セミナー》，第11页，1978年第4号。

理论，认为行政也应当服从私人之间的法律规范即普通法，并不存在仅仅适用于行政活动的法律规范，普通法之下所有法律都是平等的。

"法的支配"原则包括三层含义：①"恶法非法"，形式上由议会制定的法律如果侵害了公民的基本人权，行政不得依据该法律进行活动；②"司法权对于行政权的统治"，因为裁判权由普通法院统一掌握，司法权对于行政权具有裁判权限；③"正当法律程序"，对于行政权统治的重点在于对行政程序的统治。在行政活动之前，作为事前程序，必须听取利害关系人的意见等。美国联邦宪法第五条和第十四条修正案规定："任何人未经正当法律程序不得剥夺其生命、自由或财产。"

11.2 行政合法性原则

11.2.1 行政合法性原则的含义

行政合法性原则是行政法治的核心，它是指行政权力的设立、行使必须依据法律，符合法律要求，而不能与宪法、法律相抵触。这里的法律应当作广义理解。行政合法性原则包含两个方面的基本要求：一个是实体合法；一个是程序合法。违反实体法和违反程序法的行政行为都是对行政合法性原则的破坏。

行政合法性原则的具体要求至少包括以下五点：

（1）任何行政职权都必须基于法律的授予才能存在。行政权是从国家权力中分离出来的，行政职权是有限的，其限度就是权限，权限的三个主要因素是事项管辖、地域（范围）管辖和时间管辖。行使行政权力时不应超越法律赋予的权限，否则即构成违法。

（2）任何行政职权的行使都应依据法律，遵守法律。这不仅要求行政行为符合实体法规范，而且还应遵循程序法规范，两者不得偏废。

（3）任何行政职权的授予、委托及其运用都必须具有法律依据，符合法律的要旨。否则即被视为滥用行政权力。

（4）任何违反上述要求的行政行为，非经法律事后认可，均可被宣布为无效。

（5）合法性原则要求行政处理决定所依据的证据必须具有客观性，证据的形式必须符合法定要求，证据的取得必须合法，主要证据要充足。

11.2.2　行政合法性原则的适用

行政合法性原则是依法行政原理的直接体现，它要求行政主体必须严格按照法律规定从事行政行为，做到行为主体合法、内容合法、形式合法、程序合法。凡是违法的行政行为，应当由行政责任主体承担相应的法律责任。

行政合法性原则中所谓的"合法"不仅包括狭义的法律，也包括一切行政法律渊源，如行政法规、部门规章、地方性法规或者规章等。我国的特有的立法体制、政治经济和社会文化体制决定了作出行政行为时所依据的规范性文件种类繁多，效力层次不一。在海洋行政执法实践中有时会发生行政执法人员面对不同立法主体（如国家国土资源管理部门、海洋行政管理部门、渔业管理部门、交通管理部门等）、不同效力层级的规范性文件难以适从的情形，对于这些情形应当如何处理呢？从根本上讲，坚持合法性原则首先要求坚持宪法至上的精神，按照《立法法》规定的特别法优于一般法、后法优于前法等原则确定合法的依据。

其次是对于不符合合法性原则的规范性文件如何处理的问题。《立法法》对部分法律冲突的判断权作出了规定，诸如法律之间对同一事项新的一般规定与旧的特别规定不一致，又不能确定如何适用的，由全国人大常委会裁决；地方性法规与部门规章之间对同一事项的规定不一致，又不能确定如何适用的，由国务院提出意见，国务院认为应当适用地方性法规的，应当决定在该地方适用地方性法规的规定；认为应当适用部门规章的，应当提请全国人大常委会裁决。但是，目前《立法法》的规定尚不能完全解决所有的规范性文件冲突，这就需要执法机关及其工作人员根据有关法律解释的权威性文件（目前有《全国人民代表大会常务委员会关于加强法律解释工作的决议》、《国务院办公厅关于行政法规解释权限和程序问题的通知》等），秉承行政法治原则的精髓，按照法定程序由权威机关进行解释，然后再加以正确适用。

11.3 行政合理性原则

11.3.1 行政合理性原则的含义与具体要求

行政合理性原则是依法行政原理的另一个重要组成部分，它是指行政机关不仅应当按照法律法规规定的条件、种类和幅度范围实施行政行为，而且要求行政行为应当遵循公平、公正的原则，平等对待相对人，行使自由裁量权应当符合法律目的，符合公平正义的法律理性，符合社会公理，排除不相关因素的干扰，采取的措施和手段应当必要、适当，避免采用损害当事人权益的方式。

我国行政法学界一般认为，合理性原则是基于实际行政活动的需要而存在的，其产生的主要原因是行政机关的自由裁量权的存在和扩大[1]。行政职权包括羁束性的职权和自由裁量性的职权两种。羁束性的行政职权只能严格按照法律条文办事，又称为处理权；而既有处理权又有裁量权的自由裁量权是指在法律规定的条件下，行政主体可以根据其合理的判断，决定作为或者不作为，以及如何作为的权力。行政主体拥有自由裁量权，并不意味着可以为所欲为。自由裁量行为要根据客观情况，在适度的范围内符合社会大多数人的公平正义观念而实施。

---

[1] 也有学者认为，行政合理性原则不仅存在于自由裁量行政行为中，即使在法律明确规定的羁束性行政领域，行政活动除了遵守相关的法律规范外，还应当合理、适当。参见胡建淼、江利红著：《行政法学》，中国人民大学出版社 2010 年版，第 72 页。

行政合理性原则的具体要求是：

（1）行政行为的动因应当符合立法目的

任何法律规范的制定都是基于一定的社会需要，为达到实现某种社会公益的目的。而行政权力正是基于法律的授权来实现这种法定的社会公益目的。凡是有悖于法律目的的裁量行为都是不合理的行为。如《宪法》第十条第三款规定："国家为了公共利益的需要，可以依照法律规定对土地实行征收或者征用并给予补偿。"我国《海洋环境保护法》规定了海洋环境影响评价制度，对应作环境影响评价而未作的，法律规定了相应的行政处罚。执法主体在作出行政处罚决定时必须根据法律所设定的目的。

（2）行政行为应当建立在正当的考虑基础上，要有正当的动机

行政机关作出某一行政行为的最初的出发点和动机诱因不得违背社会公平观念或法律精神，必须客观、实事求是，而不是主观臆造，或存在法律动机之外的目的追求。如以增加本单位收入而不是制裁违法行为为目的的行政罚款，以挟私报复为目的的行政处理等都是违背合理性原则的行为。

（3）行政行为的内容应当合乎情理

许多行政法律法规都规定了一定的行政处罚幅度，以适应不同的行政违法情形。这就要求执法人员酌情考虑违法行为的情节、危害后果等多方面因素，合乎情理地处理。

（4）行政合理性原则还包括实施行政紧急行为，以实现社会稳定协调发展目标的要求

在紧急情况下，为了重大公共利益的需要，行政机关可以采取没有具体法律依据、中断法律实施、甚至与法律相抵触的行为。

11.3.2　行政合理性原则与行政合法性原则的关系

行政合理性原则与行政合法性原则同属于行政法的基本原则。合法与合理是法治主义对行政行为的两个不可或缺的基本要求。国务院2004年

发布的《全面推进依法行政实施纲要》中将"合理行政"作为依法行政的基本要求之一。如果说行政合法性原则侧重于强调行政行为应符合法律法规等制定法规定的话，则行政合理性原则侧重于强调行政行为应符合公平正义等自然法价值观。两者从形式和实质两个方面共同构成依法行政原理的基本要求。

行政合理性原则与行政合法性原则的区别在于：

（1）判断标准不同。合法性原则的判断标准是制定法，而合理性原则的判断标准是公平正义等客观理性。

（2）对行政行为要求的程度不同。合法性原则要求行政行为合法，而合理性原则是在行政行为合法的基础上进一步要求合理，因此，后者更为严格。

（3）违反原则的后果不同。违反合法性原则构成行政违法，而违反合理性原则构成行政不当。

（4）在行政诉讼中的适用范围不同。合法性原则是行政诉讼中法院审查和判决的主要依据，而合理性原则仅在法院审查行政处罚案件时加以适用。根据《行政诉讼法》第五十四条规定，仅仅将"显失公正"作为判决行政处罚的依据。

11.4 行政信赖保护原则

11.4.1 行政信赖保护原则的含义

行政信赖保护原则又叫做行政法上的信赖利益保护原则。所谓信赖利益，是指行政相对人因基于对行政机关先行行为而受有利益，得基于对行政机关之信赖而保有该利益，或者当该利益受到损害时，获得相应的补偿。对信赖利益的保护通常发生在对授益行政行为的撤销和废止两种情形中。授益行政行为是指对相对人产生、设定或确认权利，或给予法律上的利益的行政行为。譬如，颁发营业执照，准予商标注册，发放社会保障金，以及各种行政许可。如果授益行政行为作出后被认为违法，或者虽不违法但因社会条件的变化需要而被废止，则相对人先前为获得这种利益而投入的成本，或者在已获得这种利益后投入的成本将无法得到回报，遭受经济利益的损害。如何保障其利益不受损害或者尽可能少受损害，这是信赖利益保护原则需要研究的问题。

一般认为，信赖利益保护原则萌芽于第一次大战前后的德国，当时德国各邦行政法院在裁判有关撤销、废止行政处分的案件时开始引用此项原则的内容。第二次世界大战结束后有关信赖保护的学说与争论不断出现、演进。1976年德国《行政程序法》的颁布，标志着行政信赖保护作为行政法的一项基本原则在法典中得到正式确认，并为多数大陆法系国家所仿效。此时，英美法国家也在行政法上确立了与此近似的"合法预期原则"或"不得翻供原则"。

我国最高人民法院在1999年通过的《关于执行〈中华人民共和国行政诉讼法〉若干问题的解释》第五十九条规定，"根据《行政诉讼法》第五十四条第（二）项规定判决撤销违法的被诉具体行政行为，将会给国家利益、公共利益或者他人合法权益造成损失的，人民法院在判决撤销的同时，可以……责令被诉行政机关采取相应的补救措施"。虽然在立法中未对行政信赖保护加以明文规定，但上述第五十九条规定已经从特殊角度促使行政信赖保护的理念和原则得以在行政审判实践中发挥一定作用。全国人大常委会第十届四次会议于2003年8月27日通过、2004年7月1日起施行的《行政许可法》第八条规定："行政机关不得擅自改变已经生效的行政许可"；"为了公共利益的需要，行政机关可以依法变更或者撤回已经生效的行政许可。由此给公民、法人或者其他组织造成财产损失的，行政机关应当依法给予补偿"。此条规定已经将禁止反言、情变补偿等政府诚信和信赖保护的内容加以表述。2004年国务院《全面推进依法行政实施纲要》虽然仍未正式使用信赖保护的概念，但将"诚实守信"作为依法行政的基本要求之一明确加以规定:"行政机关公布的信息应当全面、准确、真实。非因法定事由并经法定程序,行政机关不得撤销、变更已经生效的行政决定;因国家利益、公共利益或者其他法定事由需要撤回或者变更行政决定的,应当依照法定权限和程序进行,并对行政管理相对人因此而受到的财产损失依法予以补偿。"

信赖利益保护原则其实是民法上的"帝王条款"——诚实信用原则在行政法领域的延伸,它要求所有的行政活动都必须遵守诚实信用的道德准则,该原则蕴涵着现代法治国家的权利保障精神。

11.4.2 行政信赖保护原则的要件

信赖利益保护原则应当包含三个要件:

(1) 信赖基础是行政主体基于公权力而作出的特定行政行为。

(2) 信赖表现是相对人基于对行政行为的信赖而作出了某种特定的行为或者不行为。相对人的这种信赖与特定行政行为之间存在着因果关系。

(3) 信赖值得保护。并非所有的信赖表现都值得保护,只有信赖表现达到一定的实质性标准,即达到值得保护的程度时,才可适用此原则予以补偿。是否"值得"的判断具有主观性,应当根据具体情节综合判断。

信赖保护的方式可分为两种类型:其一是要求行政主体不得随意变更或撤销已经生效的行政行为,此乃"存续性保障"或"事实保障";其二是在因公共利益确实需要变更或撤销原行政行为的,对由此给相对人造成的损失应当给予相应的补偿,此乃"价值保障"。

11.5 比例原则

11.5.1 比例原则的含义

比例原则又叫做"平衡原则"。比例原则是指行政主体实施行政行为时应当全面衡量有关公共利益和个人利益，采取对公民权益造成限制或者损害最小的行政行为，并且使行政行为造成的损害与所追求的行政目的相适应。

比例原则源于 19 世纪德国的警察法学，认为警察权力的行使只有在"必要时"才能限制人民的权利，后来被广泛适用于整个行政法领域。比例原则源于对正义价值的理解，其意义在于保护个人利益和公共利益，平衡两者之间的冲突。

国务院《全面推进依法行政实施纲要》中首次强调行政机关"所采取的措施和手段应当必要、适当；行政机关实施行政管理可以采用多种方式实现行政目的，应当避免采用损害当事人权益的方式"，对行政机关的管理方式明确提出了适用比例原则的要求。《行政处罚法》第四条第二款规定："设定和实施行政处罚必须以事实为依据，与违法行为的事实、性质、情节以及社会危害程度相当。"这一规定体现了比例原则的要求。近年来，随着我国行政法制建设的不断发展完善，比例原则越来越受到重视。

11.5.2 比例原则的内容

一般认为，比例原则包含妥当性、必然性和均衡性原则，被称为"三阶理论"。

（1）妥当性原则

要求行政主体所采取的手段能够达到所追求的目的，即行政行为对于实现行政目的是适当的。妥当性原则从"目的取向"上规范行政权力，要求其考虑手段与目的之间不相冲突。

（2）必要性原则

又称为不可替代性，即要求行政主体实施行政行为，为了达到法定的行政目的，在有多种措施可供选择的情况下，应采取给相对人造成最小损害的措施。必要性原则从"法律后果"上规范行政权力与其所采取的措施之间的比例关系。

(3) 均衡性原则

行政行为的实施不可避免地会引起双方甚至多方利益的冲突，这就要求必须在价值层面进行考量，权衡各方利益。该原则又叫做法益相称性原则或狭义比例原则，其含义是，一项行政措施虽然为达到行政目的所必要，但如果其实施的结果给相对人带来的损害超过实现行政目的所带来的价值，那么该行政权力的行使就违反了法益相称性原则。

比例原则的"三阶理论"有顺序性，在具体运用比例原则时，应先考察行政行为手段与目的之间的妥当性，再选择对公民利益损害最小的手段来实现行政目标，最后还必须对各方利益进行总体上的考虑，考察行政行为所能实现的目标价值是否高于其行政行为对公民的合法权益损害的价值。但是，"三个原则"的界限并不明确，并无严格界分，是相互包容的关系。

思考题：

1. 简述行政法基本原则的特点。
2. 简述行政合理性原则与行政合法性原则的关系。
3. 简述比例原则的含义和内容。

12 行政法律关系主体

12.1 行政主体

12.1.1 行政主体的概念、特征

行政法律关系是指实施行政活动过程中的各种行政关系经行政法调整而形成的权利义务关系。在具体的行政法律关系中享受权利、承担义务的当事人，被称为行政法律关系的主体，或者叫行政法主体，主要包括行政主体、行政相对人以及其他主体（如行政法制监督主体）。行政主体是指在行政法律关系中依法以自己的名义实施国家行政管理权并独立承担法律责任的组织，包括国家行政机关以及法律法规授权的组织。值得注意的是，国家行政机关并非在任何场合都是行政主体，必须根据行政法律关系的具体情况具体分析。理解行政主体的概念须把握以下四个要件：

（1）行政主体从形式要件上说它是一种组织，不是个人

所谓组织，是两个人以上的组合体。尽管具体行政行为大多是由国家机关公务员实施的，但他们是以组织的名义而不是以个人的名义实施行政行为。在海洋行政执法过程中执法权力的归属者和享有者均为各个海洋行政执法主体，而非执法人员个人。

（2）行政主体从职权要件上说它是依法拥有国家行政职权的组织

行政主体的行政职权或者由法律法规直接设定，或者由有权机关通过法定程序授予。比如，根据《中华人民共和国海域使用管理法》第七条规定："国务院海洋行政主管部门负责全国海域使用的监督管理。沿海县

级以上地方人民政府海洋行政主管部门根据授权,负责本行政区毗邻海域使用的监督管理。"行政机关以外的组织,如事业单位等,经法律法规授权也能成为行政主体。比如,《中华人民共和国环境影响评价法》第十九条规定:"接受委托为建设项目环境影响评价提供技术服务的机构,应当经国务院环境保护行政主管部门考核审查合格后,颁发资质证书,按照资质证书规定的等级和评价范围,从事环境影响评价服务,并对评价结论负责。为建设项目环境影响评价提供技术服务的机构的资质条件和管理办法,由国务院环境保护行政主管部门制定。"该条授予提供环境影响评价技术服务的事业单位行使一定的行政职权,因而也成为行政主体。

(3) 行政主体从行为要件上说它有权代表国家独立行使行政权力

我国的国家结构形式是单一制,无论是中央行政机关还是地方行政机关都是国家行政机关,在行使行政权力时都是代表国家。无论是国家海洋局及其各分局,还是地方各级海洋行政主管部门,在海洋执法活动中都是代表国家进行的。当然,由于地方行政机关同时还是地方国家权力机关的执行机关,在执行地方权力机关的决议中代表地方利益。因此,在行政执法中或许会出现中央和地方利益的冲突。

(4) 行政主体从责任要件上说它能够以自己的名义独立行使行政职权,并独立承担相应的法律后果

是否能够以自己的名义从事行政行为是判断是否为行政主体的重要标准。行政主体在形式上以自己的名义行文,能够独立参加行政诉讼。反之则不是行政主体。中国海监各级机构根据海洋行政主管部门的内部分工从事专门的海洋行政执法活动,内设于海洋行政主管部门的司、处、科室等行政机关进行行政执法活动,都不能以自己的名义,而只能以同级行政机关的名义进行,因此,他们都不是独立的行政主体。比如,《中华人民共和国海域使用管理法》第七条规定了各级海洋行政主管部门、渔业行政主管部门、海事管理机构对海域使用的管理权限。上述行政主管部门都是行政主体。国家海洋局颁发的《关于海域使用执法

监察工作分工等有关问题的通知》（国海办字〔2002〕121号）对海域使用执法监察工作做出具体分工，规定中国海监总队负责对全国海域使用执法监察工作实施业务领导和监督、各海区总队负责对本海区内国务院审批权限内的用海活动实施监督检查并依法查处违法用海行为。该文件并未给予海监机构独立的行政主体资格。

12.1.2 行政主体的范围

从理论上说行政主体主要包括行政机关和法律法规授权的组织。但实践中，行政主体的范围极其广泛，包含以下10类：①国务院；②国务院组成部门；③国务院直属机构；④经国务院授权的办事机构；⑤国务院部委管理的国家局；⑥地方各级人民政府；⑦地方各级人民政府的职能部门；⑧经法律法规授权的派出机关和派出机构；⑨经法律法规授权的行政机关内部机构、议事协调机构和临时机构；⑩法律法规授权的其他组织[①]。

上述行政主体范围有的是职权行政主体，有的是授权行政主体，应严格加以区分。第⑩类中的其他组织是指行政机关以外的组织，它们作为行政主体是基于法律法规的明确授权。通常包括以下四种情形：

（1）行政性公司。行政性公司是指由行政机关设立的集经营与行政于一体的组织，它们是由原政府主管部门转变、改制而成，依照法律法规的规定仍行使一定的行政职权。

（2）经授权的事业单位。这一类事业单位除拥有法律法规授予的行政职权外，还可能拥有其他职能，如研究职能。这类组织只有在行使行政职权时才是行政主体。

（3）经授权的企业组织。比如邮政企业，既是经济实体，又具有一定的行政职能。

（4）经授权的社会团体、群众组织以及其他社会组织。

---

① 莫于川主编：《行政法学原理与案例教程》，中国人民大学出版社2007年版，第67页。

12.1.3 行政主体的种类与资格认定

12.1.3.1 行政主体的种类

根据不同的标准，可以对行政主体作不同的种类划分：

(1) 根据行政职权来源的不同，可以将行政主体划分为职权主体和授权主体

职权性行政主体是依据宪法和组织法的规定，在其成立时就具有行政职权并取得行政主体资格的组织。授权性行政主体是依据宪法、组织法以外的法律法规的规定而获得行政职权，取得行政主体资格的组织，如行政机关内部机构、经授权的事业单位等。

(2) 根据管辖范围的不同，可以将行政主体分为中央行政主体和地方行政主体

前者其行使职权的范围遍及全国，如国务院及其各部委；后者其行使职权的范围仅及于本行政区域。

(3) 根据行政主体的构成和行使行政职权的对象的不同，可以将行政主体分为地域性行政主体和公务性行政主体

前者以行政地域为基础，行使行政职权的范围和行政地域相联系；后者是指承担某项公务，不以地域为基础。我国的地域性行政主体居多，而公务性行政主体较少。

12.1.3.2 行政主体的资格认定

行政主体资格的认定需要考虑两个方面的要件：

(1) 组织要件

行政机关的组织要件应包括：行政机关的设立有法律依据，属于国务院行政组织序列；行政机关的成立经有权机关批准并已正式对外公告其成立；已有法定编制和人员；有独立的行政经费预算并具备必要的办公条件。法律法规授权的组织作为行政主体应具备的组织要件有：该组织具有

法人资格,是不以营利为目的的事业单位、社会团体和群众组织。

(2) 法律要件

即必须有法律法规的明确授权。没有法律法规的明确授权,任何组织和个人都无权对外行使行政职权。社会组织只有具备下列法律要件方可能成为行政主体:

①该组织应与所授权行使的行政职能无利害关系;

②该组织应具备了解和掌握与所行使的行政职能有关的法律、法规的有关技术知识的工作人员;

③该组织应具备所授予的行政职能行使所需要的基本设备和条件;

④对于某些特别的行政职能,被授权的组织还应具备某些特别的条件。

凡是正式的行政主体,无论是行政机关还是法律法规授权的组织,它们都是独立的行政主体,独立地行使行政职能,并独立承担法律后果。而受行政机关委托的组织,其行使的行政职权并非来自法律法规的授权,所以它们无法作为独立的行政主体,独立地行使职权和承担法律后果,即它们没有独立的行政法地位。

中国海监 (CMS) 是由国家海洋行政主管部门领导的海洋行政执法队伍。中国海监总队是其领导机关。在北海、东海和南海三大海区,分别设有中国海监海区总队;在各沿海省、市、县,分别设有中国海监省(自治区、直辖市)总队、中国海监市(地)支队和中国海监县(市、区)大队。中国海监各级机构是同级海洋行政主管部门的重要组成部分,具有行政机关内设机构的性质。根据海洋行政主管部门的内部分工,中国海监依法对我国管辖海域实施巡航监视,履行监督检查职责,查处海洋违法行为,并以同级海洋行政主管部门的名义实施行政处罚。因此,中国海监各级组织并不属于能够以自己的名义实施行政行为的职权主体。国家海洋局《关于中国海监集中实施海洋行政处罚权的通知》(国海发〔2002〕3号)中明确规定,"中国海监各级组织(总队、支队、大队)是实施海洋行政处罚权的执法机构,各级人民政府海洋行政主管部门的行政处罚权应由所属的海监机构集中组织实施"；"国家海洋局决定由中国海监总队集中实施国家海洋局法定海洋行政处罚权，中国海监北海、东海、南海总队在本辖区内集中实施国家海洋局及其分局的法定海洋行政处罚权"。《海洋行政处罚实施办法》第三条规定："县级以上各级人民政府海洋行政主管部门是海洋行政处罚的实施机关。实施机关设中国海监机构的，海洋行政处罚工作由所属的中国海监机构具体承担；未设中国海监机构的，由本级海洋行政主管部门实施。中国海监机构以同级海洋行政主管部门的名义实施海洋行政处罚。"由此可见，中国海监机构是各级海洋行政机关所属的一个专业行政执法机构，是各级海洋行政主管部门的重要组成部分，在同级海洋行政主管部门的职权范围内，以同级海洋行政主管部门的名义进行海洋行政执法活动。

12.2 行政相对人

12.2.1 行政相对人的含义

行政相对人是指行政法律关系中与行政主体相对应的另一方当事人，即处于被行政管理地位的组织和个人，包括我国公民、法人、其他组织以及我国境内的外国人、无国籍人、外国组织。作为行政法律关系的主体，行政相对人在行政法律关系中享有一定的权利，并承担一定的义务。

由于行政法所涉及的内容极其广泛，因此，行政相对人的含义大致包括两种：其中最狭窄的含义是指行政行为直接指向的对象，如行政处罚的被处罚人、行政强制中的被强制人、行政许可中的被许可人等；其次，狭义的行政相对人不仅包括上述当事人，而且还包括行政主体做出的行政行为在主观上并没有直接指向，但该行为的客观结果间接影响到的利害关系人，如行政处罚中的受害人，他们可能因行政主体拒绝处罚加害人而使其权益受到影响；因行政许可授予了他人而使其权益受到影响的利害关系人。这些人可能因行政行为间接影响到其权益,而通过行政复议或者行政诉讼寻求法律救济。由于这类人与行政行为的利害关系是间接的,行政法上被称为"行政第三人"或者"利害关系人"。

(1) 确立并研究行政相对人的法律意义

①在行政法上,行政相对人不是单纯的被管理者,而是一定的权利与义务主体。正是行政相对人作为与行政主体相对一方当事人的法律地位,才导致了行政救济、国家赔偿等一系列法律制度;②对行政相对人的研究与分析,有助于划分行政机关的内外行政活动,区分内部与外部的行政法律关系,建立和完善各项具体行政法律制度,规范行政管理职权活动的合法与有效,如行政处罚与行政处分的适用对象和范围,外部法定程序与内部组织程序等,在实施行政活动中不得相互代替、交错,否则导致行政行为无效;③确立并研究行政相对人概念,有利于确认行政复议申请人、行政诉讼原告及国家赔偿请求人;④通过对行政主体与行政相对人两个对应概念的研究,有助于分析、判定行政机关的行政主体身份和机关法人身份,为正确适用行政法律规则奠定基础。

(2) 行政相对人的特点:①行政相对人是行政法律关系中不具有行政职权、职责和行政职务身份的一方当事人;②行政相对人是与行政主体之间具有特定行政法律关系的人,即行政相对人是行政主体行使行政职权行为所针对的人;③行政相对人是行政管理中被管理一方的当事人,包括公民、法人和其他组织。

12.2.2 行政相对人的确认和范围

对行政相对人在行政法律关系中身份与地位的确认与判定,核心因素取决于其在行政法律关系中的权利与义务内容及其法律属性。如果属于公民、法人和其他组织在法律上享有的人身权、财产权等权利和义务,则是行政相对人的身份和地位。如果属于行政职权与职责内容或其他国家职能上的权利与义务,则要取决于另一因素,即行政主体在行政法律关系中所实施的职能内容属性。若行政主体实施的职能内容属于行政组织建设或职权、职责划分方面，则属于内部行政关系，另一方当事人不具有行政相对人的地位和身份；若行政主体实施的职能内容属于政府的社会管理职能方面，则属于外部行政法律关系，另一方当事人具有行政相对人的地位和身份。如审计机关与其他国家行政机关之间所形成的审计监督关系，就属于外部行政法律关系，被审计的行政机关就是行政相对人。

对行政法律关系中行政管理相对一方的确认与判定，应当以公民、法人或其他组织的权利和义务与行政主体的职权与职责行为之间是否形成了行政法上权利义务关系为标准。因为，行政相对人是行政主体和行政公务人员实施行政管理行为的对象，其以被管理者地位与作为管理者的行政主体之间形成行政法律关系，并成为相对方当事人。因此，行政相对人的权利和义务与行政管理行为之间应当具有行政法上的关系，即相对人的权利与义务直接成为行政法调整与管理的内容。基于此点，行政管理相对一方的具体确认与判定有下列几种情况：①行政主体的行政决定所针对的人，如行政处罚中的受罚人，行政强制措施的承受人等；②行政裁决行为所针对的法律争议双方当事人，如自然资源确权行为所涉及的双方争议人，行政机关履行保护职责行为中的权益人；③行政处罚中被受罚人侵犯的受害人；④不作为行政行为中的请求人；⑤行政行为内容的直接利害权益人。

行政相对人的范围包括民法意义上的公民（自然人）、法人、其他组织：

（1）公民

公民是指取得一国国籍，并根据该国宪法和法律规定享有权利、承担义务的人。我国《宪法》第三十三条规定，凡具有我国国籍的人都是我国公民。自然人是相对于法人而言的，既包括本国自然人，也包括外国人和无国籍人。自然人和公民这两个概念既有联系又有区别，凡是公民均为自然人，但自然人不一定是一国公民。我国20世纪80年代颁布的《民法通则》第二章用"公民"（自然人）概念，未直接使用"自然人"概念，其所使用的公民概念与自然人概念意义相同，但自然人的概念比公民的概念更周延。

自然人的民事权利始于出生,终止于死亡,包括宣告死亡。其行为能力以意思能力为前提。我国民法将自然人的民事行为能力分为三类:完全民事行为能力、限制民事行为能力和无民事行为能力。18周岁以上的自然人具有完全民事行为能力;16周岁以上不满18周岁的自然人,以自己的劳动收入为主要生活来源的,视为完全民事行为能力人。10周岁以上未成年人是限制行为能力人;不能完全辨认自己行为的精神病人是限制民事行为能力人。不满10周岁的未成年人是无民事行为能力人;不能辨认自己行为的精神病人是无民事行为能力人。

(2) 法人

法人是指依法成立,并独立享有权利和承担义务的组织。我国法律将法人分为企业法人、事业单位法人、社团法人和机关法人。现代民法理论抛弃了早期的法人拟制说和法人否定说理论,采纳法人实在说理论,承认法人是一种客观存在的民事主体,具有民事权利能力和民事行为能力以及侵权行为能力。

法人应当具备的基本条件有:依法成立;有必要的财产或经费;有自己的名称、组织机构和场所。具备了这些条件后,无论是哪种法人,都能够独立地承担法律责任。

(3) 其他组织

又被称为非法人组织,是指不具有法人资格但可以自己的名义进行法律活动的社会组织,如合伙组织、企业法人的分支机构等。我国民法承认非法人组织有一定的民事权利能力,它们应当具备一定的条件,包括:有自己的组织目的、名称、自己能支配的财产或经费以及设有代表人或管理人。

12.2.3　行政相对人的法律地位及其权利义务

12.2.3.1　行政相对人的法律地位

行政相对人作为行政法律关系的一方当事人,必须服从作为另一方当事人的行政主体的管理。这是行政法律关系的独特性所决定的，但相对人也并非完全出于被支配的地位。在现代行政法的"平衡说"和服务型政府理念的指导下，公众参与制度和协商制度在行政法中越来越受到重视，因此，行政相对人不仅仅处于被动的服从、被领导、被管理的地位，即它们与行政主体的二元对立关系是相对化的。相对人也是行政决策的公众参与者、行政过程的参与者和监督者、事后救济的权利主张者。

12.2.3.2 行政相对人的权利义务

根据权利义务对等原则，行政相对人享有的权利与负担的义务应当对等。相对人享有的权利与行政主体负担的义务、相对人负担的义务与行政主体享有的权利之间存在对应的关系。

在行政法律关系中，行政相对人的权利是根据行政法律法规所规定或确认的，主要包括申请权、参与权、知情权、批评建议权、申诉控告权、检举权、陈述权、申辩权、申请复议权、提起行政诉讼权、请求行政赔偿权等。行政相对人的权利还可以从内容上划分为实体性权利和程序性权利。

行政相对人的义务是指行政法规范所规定的对相对人必须作出一定行为或不得作出一定行为的约束。行政相对人违反法律义务时应当承担法律责任。相对人的义务主要包括服从行政管理、协助公务、维护公益、接受行政监督、提供真实信息、遵守法定程序等义务。

一般认为，行政相对人要提起行政诉讼时必须具有诉权。原告所主张的权利可以基于法律规定所产生，也可以从基本权利中派生出来。有时候，行政相对人所主张的受侵害的利益很难准确地归入某一种法定权利，从而被阻却于行政诉讼法律救济之外。现代行政法理论发展出"保护规范理论"，只要相对人能够主张自己享有一种从法律上看值得保护的利益，就可以成为合格的原告。"值得保护的利益"与权利的区别在于，权利是类型化的，有明确法律规定的；而值得保护的利益是多样化的，法律并未明确规定但可以从法律中引申出应受保护的。我国行政法有从保护行政相对人的法定权利向保护相对人的法定利益发展的趋势。

海洋行政执法者应当根据行为人所形成的法律关系，履行行政法上的权利义务，确定承担行政法律责任者。例如，何某是某船船主，受某公司雇请，装载倾倒港口疏浚淤泥。作业返航时被海监执法人员查获。经查，当事人倾倒作业的位置与其所出示的《废弃物海洋倾倒许可证》所许可的倾倒区域不符。这一案件中存在四个单位和个人：海洋倾废申请单位、倾倒作业单位、倾倒工程承包单位、倾倒作业船船主。执法人员现场检查时发现，除作业船作业位置不在规定的区域内之外，本案并无其他问题，其他三方对本案的发生并不知晓。据此，违法倾废行政处罚法律关系的相对人应当是实施该违法行为的作业船船主，船主应当承担该行政法律责任。

12.2.4　行政相对人的法律责任

行政相对人的行政法律责任是指行政相对人违反行政法律规范设定的义务所应承担的不利法律后果，法律责任的承担与其所处的被管理对象的地位和活动密切相关。

行政相对人的法律责任由行政法律法规规定，在内容上以人身权和财产权为主，在方式上以惩罚性责任为主。

行政相对人承担行政法律责任必须符合以下条件：

（1）具有违反行政法律规范的行为或情形；

（2）符合承担法定责任的能力；

（3）违反行政法律规范的行为属于依法应当承担法律责任的情形。法律没有规定的，不应承担行政法律责任。

思考题：

　　1. 简述行政主体的种类。

　　2. 简述行政相对人的法律地位及其权利义务。

13 行政行为

13.1 行政行为的概念与特征

13.1.1 行政行为的概念

行政行为是行政法中的一个基本概念，但对这一概念的解释有多种。广义的行政行为是指"国家行政机关实施行政管理活动的总称"[①]。广义的行政行为范围过宽，涵盖所有行政活动形式，无法具体表达和确定各种行政行为的特征与内涵。狭义的行政行为是指享有行政职权的行政主体对行政相对人实施的，由行政主体单方面意思表示所形成的具有行政法律效力的行为。根据狭义上的行政行为，我们可以归纳出海洋行政行为的概念，即海洋行政主体依照海洋法律规范所实施的，由海洋行政主体单方面意思表示所形成的具有行政法律效力的海洋管理行为。

行政行为的概念包含以下三个要素：

（1）主体要素

行政行为是行政主体实施的行为，行政行为必须由满足行政法对行政主体基本要求的行政机关（职权主体）、法律法规授权的组织（授权主体）实施，行政机关的公务员或者被授权组织、受委托的组织的工作人员必须以行政主体的名义实施行政行为方为有效。其他主体如政党、司法机关、群众团体、公民、企业事业法人等的行为不是行政行为。

[①] 王岷灿主编：《行政法概要》，法律出版社1983年版，第97页。

（2）权力要素

行政行为必须是行使行政职权，进行行政管理活动的行为。行政机关也从事民事活动，就不属于行政行为。

（3）法律要素

行政行为必须是行政主体实施的能够产生行政法律效果的行为。

13.1.2 行政行为的特征

（1）从属法律性

任何行政行为均须有法律根据，没有法律的明确规定或者授权，行政主体不得作出任何行政行为。

（2）单方意志性

行政行为只能是代表公共利益的行政主体的单方面意思表示，不必与行政相对人协商或征得其同意，即可依法自主作出。即使是在行政合同行为中，在合同的缔结、变更、解除与履行等诸多方面，行政主体均具有与民事合同不同的单方意志性。

（3）效力先定性

行政行为一经成立，就具有法律效力。在没有被有权机关宣布撤销或者变更之前，对行政主体和相对人以及其他机关、组织或个人都具有约束力。

（4）强制性

行政行为是以国家强制力保障实施的，带有强制性，行政相对方必须服从并配合行政行为。否则，行政主体将予以制裁或强制执行。这种强制性与单方意志性是紧密联系在一起的，没有行政行为的强制性，就无法实现行政行为的单方意志性。

（5）裁量性

行政行为具有一定的裁量性，这是由立法技术本身的局限性和行政管理的广泛性、变动性、应变性所决定的。

13.2 行政行为的分类

行政行为表现形式多样,不同的行政行为出现在不同的行政活动领域。立法和理论上对行政行为有不同的分类,主要分类如下:

(1) 根据行政行为针对的对象是否特定,可以将行政行为分为抽象行政行为和具体行政行为

1991年最高人民法院出台的《关于贯彻执行〈中华人民共和国行政诉讼法〉若干问题的意见(试行)》规定,"具体行政行为是指国家行政机关和行政机关工作人员、法律法规授权的组织、行政机关委托的组织或者个人在行政管理活动中行使行政职权,针对特定的公民、法人或者其他组织,就特定的具体事项,作出的有关该公民、法人或者其他组织权利义务的单方行为"。相对而言,抽象行政行为就是指行政主体针对不特定的行政相对人所做的,一般具有反复适用性的行政行为。两者的区别表现为:第一,行政相对人的特定性,一般在作出行政行为时就已确定特定的相对人,而抽象行政行为相对人不特定,范围较大;第二,从行政行为的适用次数说,具体行政行为针对特定人的特定事项具有一次性的效力,而抽象行政行为针对的是不特定对象的某一类别事项,可以反复适用;第三,从表现方式看,抽象行政行为通常表现为具有普遍约束力的行政规范性文件。区分具体与抽象行政行为,在相对人寻求法律救济时具有重要意义。引起行政复议和行政诉讼的行政行为通常是具体行政行为,只有在特殊情况下抽象行政行为才会引起行政救济。《行政复议法》第七条规定:"公民、法人或者其他组织认为行政机关的具体行政行为所依据的下列规定不合法,在对具体行政行为申请行政复议时,可以一并向行政复议机关提出对该规定的审查申请……"

(2) 根据行政行为启动者的不同,可以将行政行为分为依职权行政行为与依申请行政行为

依职权行政行为无须行政相对人申请,而由行政主体根据职权主动实

施,又叫做积极行政行为,如海洋行政执法检查、海洋行政处罚或者行政强制。依申请行政行为应先由相对人提出申请,行政主体根据其申请依据法律规定作出行为,如海域行政许可、行政裁决等。区分这两类行政行为的意义在于区别行政行为的实施条件和程序,进而分析行政作为或者不作为的责任。

（3）根据行政行为针对的事务是社会公共事务还是行政主体内部事务划分内部行政行为和外部行政行为

外部行政行为是指行政主体依法针对社会公共事务所实施的行政行为,内部行政行为是针对组织内部事务及其工作人员所实施的行政行为。区分两者的一个重要意义在于两类行为的救济制度不同。内部行政行为不适用《行政诉讼法》、《行政复议法》和《国家赔偿法》的规定。本书所研究的重点是外部行政行为。

（4）根据行政行为的形式要件划分要式行政行为与非要式行政行为

要式行政行为是指必须具备特定形式才能发生法律效果的行政行为,如各类行政立法须按照《立法法》等规范立法行为的法律规定,由特定的立法主体以特定的立法形式颁布,行政处罚须使用行政处罚决定书,海域使用许可须按照规定办理海域使用许可证。非要式行政行为是指不要求有特定形式,只要意思表示清楚就能产生法律效果的行政行为,如口头或者电话通知等。

（5）根据行政行为受法律约束的程度划分羁束性行政行为和自由裁量性行政行为

羁束性行政行为是指法律明确规定了行政行为的范围、条件、形式、程度、方法等,行政主体没有自由选择余地,只能严格依照法律规定作出的行政行为。如税务机关征税须严格依照税法规定的税率税目计征,不能擅自变更。自由裁量性行政行为是指法律没有明确规定行政行为的范围、条件、形式、程度、方法等,行政主体可以根据实际情况自行裁量作出的行政行为。区分两者的意义在于分析和认定行政行为的合法性和合理性。

羁束性行政行为只存在合法性问题，行政主体违反羁束性规定就构成行政违法；自由裁量性行政行为不仅存在合法性问题，而且还存在合理性问题，行政主体违反自由裁量性规定就构成行政不当，除滥用职权或者显失公正外，司法权不得介入。

（6）根据行政行为是否有行政主体单方意志形成并生效，分为单方行政行为与双方行政行为

单方行政行为是指由行政主体单方面决定，而无须相对人同意即可做出的行政行为。行政行为主要表现为单方行政行为。双方行政行为是指必须经双方当事人协商一致才能成立的行政行为，如行政合同。

（7）根据具体行政行为与当事人之间的权益关系，分为授益的具体行政行为和损益的具体行政行为

一旦行政许可申请人的许可申请获得批准，该许可对于申请人而言则为授益行为；而对相对人做出的诸如"责令恢复海域"等负担性的行政裁决则为损益性的行政行为。

13.3 行政行为的类型

13.3.1 行政行为类型的含义

现实行政中，各行政机关的行政活动形式呈多样化态势，而所谓行政行为的类型或者"定型化"就是将现实行政中的活动形式进行归纳总结，形成为特定行政行为类型的过程[①]。类型化的意义在于，通过对现实中多样化的行政行为进行归纳总结，进而在发现各种行政行为的基础理论、原则、法律要件、效力、设定权、实施主体、实施程序、救济方式等不同之处的基础上分别加以法律规制。行政行为的类型与行政行为的分类不同，

---

① 参见胡建淼、江利红著：《行政法学》，中国人民大学出版社2010年版，第156~157页。

分类是将所有已经定型化的行政行为按照不同的标准划分种类的行为。

一般认为，行政行为的类型大致可分为行政立法、行政计划、行政征收、行政征用、行政许可、行政处罚、行政给付、行政奖励、行政救助、行政裁决、行政强制、行政合同、行政指导等。

13.3.2 主要的行政行为类型

13.3.2.1 行政征收

（1）行政征收的概念

行政征收是指行政主体根据国家或社会公共利益的需要，依法以强制方式取得行政相对人财产所有权的一种具体行政行为。

（2）行政征收的特点

①公益目的性。行政征收是出于公共利益的需要，但是"公共利益的需要"并无确定的范围。立法上多采用列举与概括相结合的方法对公共利益的范围作出相对明确的规定，以限制行政征收权的行使，保护公民的合法权益。②法定性。行政征收直接指向的是行政相对人的经济利益，具有侵害性。为确保行政相对人的合法权益不受违法行政征收行为的侵害，必须确立行政征收法定原则，通过法律进行明确规范，确定行政征收的主体、客体、内容和征收程序等。行政主体必须依法进行征收，否则，就要承担相应的法律责任。③强制性。行政主体实施行政征收行为，实质上是履行国家赋予的征收权，该权力具有强制他人服从的效力。因此，实施行政征收行为，无须征得行政相对人的同意，当行政相对人拒不履行行政征收所确定的义务时，行政主体可以依法采用强制手段迫使相对人履行义务。④无偿性和相应的补偿性。多数行政征收具有无偿性，如行政征税和行政收费。国家为了完成其职能，维护其统治，必须耗用一定的物质资财，而作为管理机构的国家行政机关，本身并不直接从事生产，只能凭借国家行政权力，通过行政征收来取得所需物质资财，而无须向行政相对人支付对价。行政相对人的财产一经国家征收，其所有权就转归国家所有，

由国家进行分配和使用,以保证国家财政开支的需要。部分行政征收具有相应的补偿性。为了公共利益的需要,可以依法对公民的私有财产实行征收并给予补偿。即除了行政征税和行政收费外,行政征收是有偿的。建立有偿征收制度,既体现了对公民权利的保障,也体现了对公共利益与个体利益的平衡。

(3) 行政征收的种类

主要包括行政征税和行政收费。目前,我国的各种社会费用主要由资源使用费、建设资金费、排污费、管理费、车辆购置附加费、车辆通行费、教育费附加等。海洋行政收费主要包括海域使用金①、海洋倾倒费、海洋工程排污费等。行政主体进行行政收费活动,必须严格依法进行,不得自立名目、擅自订立征收标准。

13.3.2.2 行政给付

(1) 行政给付的概念

行政给付又称行政物质帮助、行政资助,它是指行政机关对公民在年老、疾病或丧失劳动能力等情况或其他特殊情况下,依照有关法律、法规、规章或政策等规定,赋予其一定的物质权益(如金钱或实物)或与物质有关的权益的具体行政行为。

(2) 行政给付的特征

行政给付是行政机关所作的一种具体行政行为;给付对象是特定的公民或组织;是应当事人的申请并依据法律和行政法规实施的行政行为;给付的内容是赋予被帮助人以一定的物质权益或与物质相关的权益;行政给付通常情况下属于羁束行政行为。

(3) 行政给付的内容

行政给付的内容是指行政机关通过行政给付行为赋予被帮助人的权

---

① 《海域使用管理法》第三十三条规定,国家实行海域有偿使用制度。单位和个人使用海域,应当按照国务院的规定缴纳海域使用金。

益。它不同于行政奖励的内容，不具有精神上和职务上的权益，一般只具有物质上的权益和与物质有关的权益两部分内容。

（4）行政给付的形式

行政给付的形式较为复杂，这主要是因为我国有关行政给付的法律、法规的规定较为零散，各种具体的行政给付散见于法律、法规之中，名称各异，含义不一，致使行政给付的形式很难准确界定。综合这些法律、法规、规章和政策的规定，可将行政给付的形式概括为以下几种：抚恤金、特定人员离退休金、社会救济、福利金、自然灾害救济金及救济物资。

13.3.2.3 行政裁决

（1）行政裁决的概念

行政裁决也称为行政专门裁决，是指行政主体依照法律授权，对平等主体之间发生的、与行政管理活动密切相关的、特定的民事纠纷（争议）进行审查并作出裁决的具体行政行为。

（2）行政裁决的特征

主体是法律授权的特定的行政机关；对象是特定的民事纠纷；程序的启动往往以当事人的申请而开始；行政主体行使行政裁判权的活动，具有法律权威性；行政裁决是一种特殊的具体行政行为。

（3）行政裁决的种类

根据目前有关法律的规定，我国行政裁决归纳起来有以下几种：①损害赔偿裁决。这是指行政机关对在平等主体之间发生的因涉及与行政管理相关的合法权益受到侵害而引起的赔偿争议所作的裁决。②权属纠纷裁决。这是指行政主体对平等主体之间，因涉及与行政管理相关的某一财物的所有权、使用权的归属而发生的争议所作出的确定性裁决。③侵权纠纷裁决。这是指由于作为平等主体一方当事人的涉及行政管理的合法权益受到另一方侵犯时，当事人依法申请行政机关进行制止，行政机关就此争议作出的制止侵权行为的裁决。

13.4 行政行为的成立与合法要件

行政行为的"成立"和"生效"在法律上是两个独立的有所区别的概念。正如《行政处罚法》第三条第二款规定:"没有法定依据或者不遵守法定程序的,行政处罚无效。"第四十一条规定:"行政机关及其执法人员在作出行政处罚决定之前,不依照本法第三十一条、第三十二条的规定向当事人告知给予行政处罚的事实、理由和依据,或者拒绝听取当事人的陈述、申辩,行政处罚决定不能成立;当事人放弃陈述或者申辩权利的除外。"

13.4.1 行政行为的成立

行政行为的成立是指行政主体行使行政职权的意思表示已经确定并对相对人表示的形态,即作出行政行为的状态。这种状态包含以下要件:

(1) 主体要件

作出行政行为的主体必须是享有一定行政职权的行政机关、法律法规授权的组织或者由行政主体授权或委托的组织或者个人。

(2) 意思要件

行政主体行使行政职权的意思已经确定,即行政行为的内容已经形成。

(3) 行为要件

客观上形成了行政主体该意思表示的外部行为。

(4) 表示要件

行政主体的意思表示行为通过一定形式向相对人做出宣示,此时,行政主体的行为已能够直接或者间接导致行政法律关系产生、变更或者消灭。

13.4.2 行政行为的生效与合法要件

行政行为的生效是指行政行为发生形式效力的过程，经过这一过程，行政行为就被推定为合法有效的，对行政主体和相对人都产生一定的法律效力。行政行为的成立表明行政行为的存在，而生效表明其产生了行政主体预期的法律效果。行政行为的成立是生效的前提。

行政行为生效的合法要件主要包括：

（1）主体要件

只有具备法定行政主体资格的行政机关或者组织，才能做出行政行为。

（2）职权要件

行政主体只有在自己职权范围内做出的行政行为才具有法律效力。确定职权要件时须审查是否属于其管辖事务，管辖级别、管辖地域是否正确得当。

（3）内容要件

确定行政行为的内容是否合法需审查其是否完全符合法律规定的原则、目的，是否出于行政主体的真实意思表示，意思表示的内容是否清楚、具体、公正。即内容上应符合合法性、合理性和明确性三个标准。凡假公济私、徇私舞弊等行为均属于行政行为内容有瑕疵的行为。

（4）程序与形式要件

行政主体作出行政行为必须符合法定程序和形式要求。如果行政法有程序要求，如需听证方能做出行政处罚的一定要举行听证，海洋工程、海岸工程须作环境影响评价方能取得海域使用资格。至于形式要件，法律规定须书面作出的，不得以口头形式代替。

13.4.3 行政行为生效的情形

行政行为生效有以下三种情形：

(1) 即时生效

具体行政行为一经做出，即产生法律效力。行政行为的成立与生效是同时的。该行政行为未保留相对人陈述、申辩等机会，一般仅适用于紧急情况下。此外，抽象行政行为常常存在即时生效情形，一些行政法规、规章或者其他规范性文件从通过之日起发生效力。

(2) 送达生效

行政行为一般采用书面形式作出，然后告知行政相对人。告知的主要方式是送达。行政行为一经送达即发生法律效力。送达的方式包括：直接送达、留置送达、转交送达、邮寄送达、公告送达、委托送达等。

(3) 附条件生效

又叫做附款生效，是指为了限制行政行为的生效而在意思表示的主要内容上附加一定的期限、条件或者负担等，只有当所附条件满足时行政行为才能发生法律效力。附条件生效一般出现在抽象行政行为，如规范性文件在附则中附有生效日期，有时行政许可证颁发时也会在许可证上附上生效日期。

13.4.4　行政行为失效的情形

行政行为失去法律效力的情形主要有：

(1) 确认无效

行政行为的公定力决定了其行为一经作出即具有法律效力，但如果行政行为有重大而明显的瑕疵时不具有法律效力，属于无效行政行为。无效的行政行为需经有关国家机关依据法律程序进行确认，方失去法律效力。经确认无效的行政行为原则上自始不具有法律效力。对于确认前已经产生的法律后果应当依以下原则处理：行政相对人已经取得的利益应予以收回，所负有的负担应予以解除；如果无效的原因是相对人的欺骗行为所致，即使确认行政行为无效给相对人带来损失，相对人的损失也不应得到赔偿；如果无效是非因相对人的原因所致，相对人因行政行为被确认无效而受到的损失，行政主体应根据信赖利益保护原则给予赔偿。

（2）撤销

行政行为的被撤销分为两种类型：一是因行政行为违法而被撤销，二是作为行政处罚被撤销。行政行为作出时违反法律规定，有权机关可依法定程序予以撤销。这种行政行为的被撤销，其法律后果与上述被确认无效的行政行为的后果基本相同。行政处罚被撤销是因相对人违法而实施的撤销行为，这种撤销并不导致行政行为自始无效，行政处罚自被撤销之日起丧失法律效力。

（3）废止

废止是指行政行为因不适应社会变化需要而被有权机关终止其效力，废止主要是针对其颁布的过时的规范性文件。

（4）期限届满

对于附有有效期限的行政行为，自期限届满时，行政行为丧失法律效力。这种失效主要是指行政许可行为。

（5）其他失效情形

行政行为还可能因义务无效履行、标的物灭失、相对人死亡、权利主体放弃权利主张等原因而失效。

13.5 行政行为的效力

行政行为的效力是指行政行为所发生的法律效果，这种法律效果自行政行为成立并生效后对行政法律关系的各方当事人产生法律权利义务的影响。行政行为的效力包括公定力、确定力、拘束力和执行力四种。

13.5.1 公定力

行政行为的公定力是指行政行为一经作出，无论是否合法，即被推定为合法而要求一切机关、组织或者个人予以尊重，除非被确认无效。行政复议和行政诉讼法律中都有一项规定,在行政复议或者行政诉讼期间,具体行政行为不停止执行。该规定的理论依据就是行政行为的公定力。

13.5.2 确定力

行政行为的确定力是指行政行为对行政主体和相对人具有不受任意撤销和变更的法律效力,又叫做不可变更力。确定力包括形式确定力和实质确定力。形式确定力是对行政相对人的一种法律效力,除无效行政行为外,在复议或诉讼期限届满后,相对人不能再要求改变行政行为。实质确定力是对行政主体的一种法律效力,是指行政主体不得任意改变自己做出的行政行为,否则应承担相应的法律责任。

13.5.3 拘束力

行政行为的拘束力是指已生效的行政行为具有约束和限制行政法律关系各方当事人的法律效力,在未经法定程序被变更或撤销之前,行政主体和相对人必须遵守、服从行政行为所确定的权利义务。

13.5.4 执行力

行政行为的执行力是指已生效的行政行为要求行政主体和相对人对其内容予以切实履行的法律效力。如果行政相对人在一定期限内不履行行政行为所确定的义务,行政主体可以申请人民法院强制执行或自行强制执行。

思考题:

1. 行政行为的特征是什么?
2. 简述行政行为的分类。
3. 简述行政行为的效力。

14 行政程序

14.1 行政程序的概念、类型

14.1.1 行政程序的概念

行政程序是指行政主体依照一定的步骤、方式、时限和顺序行使行政职权进行行政活动的过程。现代行政法越来越重视行政程序研究。我国没有像德国等国家那样制定一部《行政程序法》。我国的行政程序法律规范散见于《行政处罚法》、《行政许可法》和《立法法》等法律之中。由于多种原因,全国人大常委会已于2003年将《行政程序法》列入五年立法规划,但迄今为止尚未出台。国务院在2004年发布的《全面推进依法行政实施纲要》中明确指出,要"理顺行政执法体制,加快行政程序建设,规范行政执法行为"。行政程序作为规范行政权、体现行政法治行使合理性的行为过程,是实现行政法治的重要前提。

14.1.2 行政程序的类型

行政程序因行政活动的形式多样而具有所有多样性。行政法学中对行政程序一般作如下分类:

(1) 事前行政程序与事后行政程序

以做出行政行为决定实施为分界线,可以将行政程序分为事前行政程序与事后行政程序。前者是指做出行政行为决定并加以实施的过程,如罚款决定的作出与收缴的程序;后者是指在行政行为作出并实施后,对行政行为的监督或救济程序,如相对人不服处罚决定提起行政诉讼的程序。

（2）内部行政程序与外部行政程序

以行政程序所涉及的对象和范围为标准,可以将行政程序分为内部行政程序和外部行政程序。前者是行政主体对内部事务进行管理或运作时进行活动的程序,后者是行政主体行使行政职权对相对人做出行政行为的程序。外部行政程序对相对人的权利义务有直接的影响,其程序的法定化要求更高。

（3）法定行政程序与裁量行政程序

以行政程序是否存在法律的明确规定为标准,可以将行政程序分为法定行政程序和裁量行政程序。前者是法律对行政主体行政行为的步骤、方式、时限、顺序等做出的明确规定,行政主体必须遵守,否则违法。后者则允许行政主体根据行为时的具体情况裁量进行。

（4）行政许可程序、行政处罚程序、行政强制程序、行政裁量程序等

以行政行为形式的不同为标准,可以将行政程序定型化,分为行政立法程序、行政计划程序、行政命令程序、行政许可程序、行政检查程序、行政处罚程序、行政强制程序、行政裁量程序、行政指导程序、行政合同程序等。海洋行政执法程序重点是行政命令、行政许可、行政检查和行政处罚程序。

14.1.3 行政程序的意义

程序合法是行政行为的合法性要件之一。行政程序具有对民主和效率双重保护的功能,以及在行政权和公民权之间保持协调平衡的作用。具体来讲,行政程序的意义在于:

（1）行政程序有助于确保行政权的有效行使

现代行政法认为,行政程序不仅起到保障行政过程及其结果公正运行的作用,即行政程序具有工具性价值;而且行政程序本身的公正也具有独

立的价值①。

(2) 行政程序有助于保障行政相对人的合法权益

行政程序法为了保持行政主体与相对人在法律关系上的对等地位，设置了行政主体的权利界限和相对人的权益保障措施，如听证权、陈述权、申诉权等，并提供了事后救济的法定渠道。

(3) 行政程序有助于提高行政效率

程序上的合理设置可以使行政主体以适当的步骤、顺序、时限、方式进行行政活动，进而保障行政效能。如简易程序、当场执行程序的设定。

(4) 行政程序有助于相对人的民主参与，监督行政行为的合法性

通过听证、陈述等相对人的程序性权利的行使，有利于行政主体做出正确的行政决定；而行政复议和诉讼等事后程序又为监督行政活动提供了途径。

14.2 行政程序的基本原则

行政程序的基本原则是指行政主体进行行政行为时在程序上应遵循的基本准则，这些准则具有统率行政程序法律规范的功能，在特殊需要时具有补充行政程序法律规范的功能，对于整个行政程序法具有普遍适用性和指导性。根据有关行政法的规定，结合行政程序法的目的、宗旨，行政程序的基本原则应当包括正当程序原则、公平与公正原则、公开原则、效率原则、参与原则，此外，比例原则、信赖利益保护原则、公序良俗原则也具有行政程序法的作用（本书第二编"行政法的基本原则"中对比例原则、信赖利益保护原则等已作介绍，此处不再赘述）。

---

① 关于行政程序的价值，学术界存在程序工具主义与程序本位主义的不同见解。程序工具主义认为，程序是实体的附属或辅助，程序为实体服务，以实体内容的实现为目的，评价程序好坏的标准是程序实现良好结果的有效性。程序本位主义认为，程序不仅是实现实体内容的工具或手段，程序本身也体现着对相对人权益的尊重，即具有独立的价值。

14.2.1 正当程序原则

正当程序原则起源于中世纪的欧洲。英国法的"自然公正原则"(nature justice)构成了程序正义的基本内容：任何人不能在自己的案件中做法官；人们的抗辩必须公正地听取[①]。《美国联邦宪法修正案》第五条及第十四条规定，"未经正当法律程序，不得剥夺任何人的生命、自由和财产"。这标志着"正当法律程序"(due process of law)在美国以宪法原则的形式得到确认和保障。该原则现在已被许多国家的法律所接受，成为现代行政程序法的最基本的原则。正当程序原则要求行政主体行使行政职权必须符合最基本的程序正义标准，具体体现为公开、告知、听证、说明理由、回避、救济等制度。

14.2.2 公平、公正原则

公平、公正原则是指行政主体在实施行政行为过程中，要排除各种可能不平等或不公正的因素，公正、平等地对待各方当事人。要做到同等情况同样对待，不同情况区别对待，不偏私、不歧视。实现公平、公正原则的行政程序制度有回避制度、听证制度、职能分离制度等。

14.2.3 公开原则

公开原则是指行政主体在实施行政行为过程中，除法律规定情形外（主要指涉及国家秘密、商业秘密以及个人隐私），必须将行政行为向各方当事人以及社会公开。公开是相对人知情权的要求，该原则有利于保护相对人的合法权益，监督行政职权的行使。

公开原则的具体要求是：第一，行政行为所依据的法律法规以及其他规范性文件必须事前公开，未经公开的不得成为行政行为的依据；第二，

---

① 参见[英]韦德著，徐炳等译：《行政法》，中国法制出版社1995年版，第95页。

行政行为过程中的信息必须公开；第三，行政决定必须公开。

实现公开原则的行政程序制度包括信息公开制度、告知制度、说明理由制度、表明身份制度、听证制度。

14.2.4 效率原则

效率原则要求行政程序的步骤、方式、时限、顺序的设置必须合理、紧凑，在保障相对人合法权益的前提下，尽量提高行政效率。体现效率原则的行政程序制度有时效制度、简易程序制度、紧急处置程序、行政协助制度等。

14.2.5 参与原则

参与原则是指行政主体在履行行政职权过程中，除法律规定的程序外，应当尽可能地为相对人提供参与行政活动的机会，从而使行政行为更加符合社会公共利益。参与原则的内容集中体现在行政相对人的程序性权利上，如获得通知权、陈述权、抗辩权和申请权等。

14.3 行政程序法的基本制度

行政程序制度的设置应当考虑行政目标模式，并根据行政程序法的基本原则而定。现代各国行政程序法中的基本制度主要包括：听证制度、告知与说明理由制度、表明身份制度、回避制度、信息公开制度、职能分离制度、时效制度、权利救济制度等。

14.3.1 听证制度

14.3.1.1 听证的概念及适用范围

行政程序法上的听证是指行政主体做出一项影响行政相对人及利害关

系人权利义务的行政决定之前，应当给予行政相对人及利害关系人参与并发表意见的机会，行政主体就有关事实问题和法律问题广泛听取意见，以保证行政决定合法、合理的程序性法律制度。听证制度是现代行政程序法中的最为重要的制度之一，是实现公正原则和参与原则的核心制度。听证制度的基本原则包括：听证法定原则；合法原则；公开、公正原则；效率原则。

我国最早规定听证制度的是1996年颁布的《行政处罚法》，其第四十二条规定："行政机关作出责令停产停业、吊销许可证或者执照、较大数额罚款等行政处罚决定之前，应当告知当事人有要求举行听证的权利；当事人要求听证的，行政机关应当组织听证。"《行政许可法》第四十六条规定："法律、法规、规章规定实施行政许可应当听证的事项，或者行政机关认为需要听证的其他涉及公共利益的重大行政许可事项，行政机关应当向社会公告，并举行听证。"《海洋行政处罚听证程序实施规则》（国海办字〔2003〕344号）专门规定了海洋行政处罚特有的听证制度，第二条规定："本规则所称海洋行政处罚听证程序，是指海洋行政主管部门对《海洋行政处罚实施办法》第四十一条规定的重大海洋违法案件作出行政处罚之前，根据当事人举行听证的要求，组织当事人对案件承办人员提出的违法事实、证据和拟处罚意见，进行申辩和质证的法定程序。"

14.3.1.2 听证的主要内容

（1）听证主持人

听证程序的主持人应当按照职能分离的原则确定。主持人应当由行政许可或者行政处罚行为工作人员之外的人员担任。海洋行政处罚听证主持人要求由从事法制工作两年以上或者从事海洋行政执法工作三年以上的人员担任。申请人、利害关系人认为主持人与该行政行为所涉及的事项有直接利害关系的，有权申请回避。《海洋行政处罚听证程序实施规则》第四条规定，县级以上海洋行政主管部门的法制工作机构或者承担法制工作的其他内部机构负责海洋行政处罚听证的具体组织工作。

听证主持人的职责和义务包括：听证决定的通知，有关材料的送达，做好听证笔录，根据听证的证据、依据事实、法律法规对案件独立地、客观地、公正地作出判断。

(2) 听证当事人和其他参加人

听证当事人包括代表行政主体的直接参与案件调查取证的人员或部门以及行政行为的相对人或利害关系人，与听证处理结果有直接利害关系的第三人也有权要求参加听证。听证中，相对人可以委托代理人参加听证，以维护自己的合法权益。

(3) 听证的程序

①组织听证。②听证通知。③举行听证。④制作听证笔录。⑤作出行政决定。有关海洋行政执法听证的具体程序规定详见本书第二编第八部分相关内容。

14.3.1.3 案卷排他制度

案卷排他制度是指行政机关的任何行为都只能以行政案卷作为根据，不能在案卷之外以相对人所未知或未质证的事实作为根据。是否实行案卷排他制度直接决定了听证笔录的效力，因此，该制度被视为听证的核心制度。

14.3.2 告知与说明理由制度

14.3.2.1 告知与说明理由的含义

告知并说明理由是指行政主体在行政行为过程中，将行政行为的信息通过一定方式使相对人知晓的程序制度。告知的内容包括与行政行为相关的信息、相对人享有的权利、行政决定的内容以及做出行政决定的事实、理由、依据等。告知的形式一般采取书面方式，特殊情况下可以口头方式告知。《行政处罚法》第三十一条规定，行政机关在作出行政处罚决定之前，应当告知当事人作出处罚决定的事实、理由及依据，并告知当事人依法享有的权利。告知是为了满足相对人的知情权，是实现公开原则的主要制度。

14.3.2.2 说明理由的主要内容

（1）程序性问题的理由

如不采纳当事人和利害关系人提供证据的理由，决定不回避的理由等。

（2）事实认定的理由

行政主体说明采信证据及事实认定的理由是说明理由制度的核心内容。行政主体在行政决定中应说明：证据采信的理由，排除不具有关联性和合法性的证据的理由；推定和行政认知的理由；通过证据材料认定案件事实的理由等。

（3）法律适用的理由

行政决定中应当说明适用某一法律及某一条款的理由。

14.3.3 表明身份制度

表明身份是指行政主体及工作人员在作出行政决定之前，向相对人出示证件或公务标志等，以证明其享有某种职权的程序制度。表明身份是为了防止有人冒充国家机关工作人员或者以其他虚假身份招摇撞骗。如《行政处罚法》规定："执法人员当场作出行政处罚决定的，应当向当事人出示执法身份证件。"《海洋行政处罚实施办法》"简易程序"第十二条（一）、"一般程序"第十五条第一款都规定了表明身份制度。

14.3.4 回避制度

14.3.4.1 回避制度的类型

根据我国《公务员法》、《行政处罚法》等法律的规定，回避制度包括职务回避、地域回避和公务回避三种类型。

(1) 职务回避

职务回避是指对有法定亲情关系的公务员,在担任某些关系比较密切的职务方面应作出限制,以使工作关系与亲属关系相区别。如《公务员法》第六十八条规定:"公务员之间有夫妻关系、直系血亲关系、三代以内旁系血亲关系以及近姻亲关系的,不得在同一机关担任双方直接隶属于同一领导人员的职务或者有直接上下级领导关系的职务,也不得在其中一方担任领导职务的机关从事组织、人事、纪检、监察、审计和财务工作。"

(2) 地域回避

地域回避是对公务员原籍任职方面所作的限制。《公务员法》第六十九条规定:"公务员担任乡级机关、县级机关及其有关部门主要领导职务的,应当实行地域回避,法律另有规定的除外。"

(3) 公务回避

公务回避是指行政公务人员在行使职权过程中,因其与所处理的事务有利害关系,为了保证实体处理结果和程序的公正性,依法终止职务行为而由其他公务人员行使公务职权的程序制度。海洋行政执法中的回避主要是指公务回避。

14.3.4.2　回避制度的理论基础

回避制度的理论基础源于英国普通法的自然公正原则。该原则派生出一条程序规则:"任何人都不得在与自己有关的案件中担任法官。"因为法律程序的主持人与程序结果有利害关系,人们难以公正的心态认同该法律程序的结果。回避制度是行政程序公正原则的体现。

14.3.5　信息公开制度

14.3.5.1　信息公开的含义

信息公开是指行政主体在行政行为过程中应当主动或者依相对人的申

请，公开有关信息资料的程序制度。除行政主体主动公开的信息外，只要不属于法定保密的范围，相对人都有权请求行政主体公开其所掌握的信息资料，相对人有权要求查阅和复制。信息公开制度是实现相对人知情权以及行政公开原则的体现。

14.3.5.2　信息公开的内容

（1）信息公开的范围

除保密及涉及个人隐私等法定事由外，原则上都应当公开。根据《政府信息公开条例》第九条规定，"行政机关对符合下列基本要求之一的政府信息应当主动公开：①涉及公民、法人或者其他组织切身利益的；②需要社会公众广泛知晓或者参与的；③反映本行政机关机构设置、职能、办事程序等情况的；④其他依照法律、法规和国家有关规定应当主动公开的"。

（2）信息公开的方式

行政机关主动公开与行政机关依据相对人申请的公开两种。

14.3.6　职能分离制度

职能分离是指行政主体审查案件的职能与对案件进行裁决的职能应当分别授予不同的机构或人员来行使的程序制度。该制度以分权理论为基础，体现行政主体内部的权力制约机制，保障相对人合法权益。

职能分离表现为一个案件不同职权在行政主体内部机构或人员之间的分离，包括案件调查权与听证权分离、案件审理权与裁决权分离、行政处罚权与处罚执行权分离等。如《行政处罚法》第四十二条规定听证由"非本案调查人员主持"。《行政许可法》第四十八条规定"行政机关应当指定审查该行政许可申请的工作人员以外的人员为听证主持人"。

14.3.7　时效制度

时效是指行政主体与相对人在行政活动中必须遵守的期间限制，超越期限将引起某种法律后果的程序制度。时效制度要求行政主体和相对人都应及时行使自己的权利。对于行政主体而言,时效制度有助于提高行政效率,逾期不处理的将承担相应的法律责任;对于相对人而言,时效制度督促相对人在法定期限内主张自己的合法权利,逾期则不对其主张的权利进行保护。如《行政处罚法》第二十九条规定:"违法行为在二年内未被发现的,不再给予行政处罚。法律另有规定的除外。"

14.3.8 权利救济制度

所谓权利救济,是指行政行为对相对人产生不利法律后果时相对人维护自己合法权益的一种制度。行政程序法中的权利救济是指行政行为过程中保障行政相对人合法权益的程序制度。该制度是行政程序公正原则的体现。任何权力必须公正行使,对相对人不利的决定必须听取她的意见,这是英美普通法的一个重要原则,即自然公正原则[①]。

从行政法理论上说,行政程序法上的权利救济可以分为行政行为过程中的权利救济和行政行为之后的权利救济。前者主要是指当事人的陈述意见和申辩权,后者主要指行政复议、行政赔偿以及行政诉讼制度。

(1)当事人的陈述和申辩

我国《行政处罚法》第三十二条规定:"当事人有权进行陈述和申辩。行政机关必须充分听取当事人的意见,对当事人提出的事实、理由和证据,应当进行复核;当事人提出的事实、理由和证据成立的,行政机关应当采纳。"当事人对案件事实的陈述一方面可以作为证据材料,另一方面也可以帮助行政主体查明案情。行政主体工作人员应当认真听取当事人的陈述。申辩是当事人对行政主体提供有利于自己的证据材料和事实理由,为不应当作出不利行政行为、应当作出较轻行政行为等进行辩解的行为。对当事人的辩解,行政主体工作人员应当认真听取。

[①] 参见王名扬:《英国行政法》,北京:中国政法大学出版社1987年版,第151~152页。

(2) 行政复议、行政赔偿和行政诉讼

这三项制度都属于行政决定作出后为行政相对人设置的保障其合法权益的救济制度。在我国，这三项制度分别规定于《行政复议法》、《国家赔偿法》和《行政诉讼法》中。

思考题：

1. 简述行政法学中对行政程序的一般分类。
2. 简述行政程序的基本原则。
3. 简述海洋行政处罚听证程序的主要内容。

15 行政许可

15.1 行政许可概述

15.1.1 行政许可的概念

《行政许可法》第二条规定,"行政许可,是指行政机关根据公民、法人或者其他组织的申请,经依法审查,准予其从事特定活动的行为"。一般认为,行政许可是指在法律一般禁止的情况下,行政主体根据行政相对人的申请,通过颁发许可证或执照等形式,依法赋予特定的行政相对人从事某种活动或实施某种行为的权利或资格的行政行为。如海域使用权的设定,即是典型的行政许可。

15.1.2 行政许可的性质

关于行政许可的性质,存在多种观点,主要包括"赋权说"、"解禁说"和"折中说"[①]。

"赋权说"认为,相对人原本没有这项权利,只有通过行政许可,才由行政机关赋予这项一般人所不享有的权利。

"解禁说"认为,行政许可是建立在普遍禁止基础上的解禁行为,是行政机关根据相对人的申请,在一定条件下解除禁止,准许其从事某种活动的一种行政行为。

---

① 参见应松年主编《行政法》,北京大学出版社2010年版,第119~120页。

"折中说"认为,行政许可的性质具有赋权与解禁的双重性质,赋权说和解禁说两种观点并非截然对立,它们的差异只是认识角度不同造成的。从表面上看,许可的确表现为政府赋予相对人某种权利,称之为赋权行为未尝不可;但从根本上说,许可不仅是行政机关行使行政职权的形式,而且是对原属于公民的某种权利自由的恢复,是对特定人解除普遍禁止的行为。

"赋权说"侧重于强调行政相对人获得从事被许可行为权利的产生途径,可能忽略权利被许可的法理依据,在实践中造成行政主体恣意扩张许可范围的不良后果。"折中说"将赋权与解禁两者结合,全面阐释了被许可行为的权利的产生途径与赋权的外部界限,更有说服力。

15.1.3 行政许可的作用

行政许可作为行政机关对特定活动进行事前控制的一种行政管理手段,具有控制危险、配置资源、提供公信力证明等积极作用。但是,若运用不当也可能会产生某些消极作用,如抑制竞争、滋生腐败等。我国行政许可领域实践中存在的主要问题有:行政许可设定权不明确,滥设许可权;许可事项不规范,利用许可之名行地方封锁、行业垄断之实;许可环节过多、手续繁琐、时限过长、"暗箱操作";重许可轻监管或者只许可不监管等。

15.1.4 行政许可的类型

(1)依许可的范围,行政许可分为一般许可和特别许可

一般许可,指只要符合法定的条件,就可向主管行政机关提出申请,对申请人并无特殊限制的许可。特殊许可是指除符合一般条件外,对申请人或申请事项予以特别限制的许可。

(2)依享用的程度,行政许可分为排他性许可和非排他性许可

排他性许可,是指某人或组织获得该项许可以后,其他任何人或组织都不能申请获得该项行政许可。非排他性许可,是指可以为具备法定条件的任何人或组织申请、获得的行政许可。

(3) 依是否附加义务，行政许可分为权利性行政许可和附义务的行政许可

权利性行政许可，相对人获得行政许可后，可以自由决定是否行使权利。附义务的行政许可，指相对人在获得该项行政许可的同时必须承担一定时期内从事该项活动的义务，否则需承担相应的法律责任。

(4) 依能否单独使用，行政许可分为独立行政许可和附文件行政许可

独立行政许可指单独的许可证已规定许可的所有内容，无须其他文件进行补充说明的行政许可。附文件行政许可，指需附加文件说明被许可活动的内容、范围、方式和时间的行政许可。

(5) 依性质、功能和适用条件，行政许可可以分为普通许可、特许、认可、核准和登记

普通许可是指行政机关准予符合条件的相对人从事特定活动的行为，是运用最广泛的一种行政许可。特许是由行政机关代表国家依法向相对人授予某种权利的行为。认可是由行政机关对申请人是否具备特定技能的认定。核准是由行政机关对某些事项是否达到特定技术标准、规范的判断确定。登记是由行政机关确立个人、企业或者其他组织的特定主体资格的行为。

海洋行政许可的种类按性质大致归纳为行为许可和资格许可。行为许可指行政机关根据相对人的申请，依法允许其从事某种海洋活动，采取某种有关海洋行为的许可形式，如海域使用权许可、海洋倾废许可、海底电缆、管道路由调查、勘探许可、海底电缆管道施工许可等。资格许可指行政机关根据相对人的申请，对其法定资格、行为能力、技术装备等条件，通过考试、考核或评审等程序合法一定文书，允许持证从事某种海洋职业或进行某项海洋活动，如船舶和船上有关航行安全设备必须经船舶检验部门检验合格并颁发有效技术证书；船长、轮机长、驾驶员、轮机员等必须持有合格的职务证书[①]。其中，海洋行为许可是海洋行政检查的重点。

---

① 参见管华诗、王曙光主编：《海洋管理概论》，中国海洋大学出版社2003年版，第229~230页。

15.1.5 行政许可的基本原则

1. 许可法定原则

设定和实施行政许可,应当依照法定的权限、范围、条件和程序。行政许可的设定权、实施权必须依法定权限进行,许可范围、许可条件和许可的实施程序均由法律规定。2003年8月27日,十届全国人大常委会第四次会议通过的《中华人民共和国行政许可法》(以下简称《行政许可法》)第三条、第四条明确规定了许可法定原则,是行政许可的主要法律依据。

2. 公开公平公正原则

设定和实施行政许可,应当遵循公开、公平、公正的原则。

(1) 许可公开原则要求行政许可的法律依据、程序、范围、实施和结果等必须向社会公开,但涉及国家秘密、商业秘密或者个人隐私的除外。如《海域使用管理法》第十四条规定:"海洋功能区划经批准后,应当向社会公布;但是,涉及国家秘密的部分除外。"第二十一条规定:"颁发海域使用权证书,应当向社会公告。"

(2) 许可公平原则包括行政许可设定的公平与实施的公平。设定公平是指在设定行政许可时,不得因为相对人的地位、规模、地域等差异而设定不同的条件。实施公平要求行政机关实施行政许可时,必须平等对待相对人,不得歧视。

(3) 许可公正原则指在行政许可过程中行政机关也必须适当地行使许可权,注重保证申请人以及利害关系人的权益。

3. 便民、效率原则

实施行政许可,应当遵循便民的原则,提高办事效率,提供优质服务。

4. 权利救济原则

相对人对行政机关实施行政许可,享有陈述权、申辩权;有权依法申请行政复议或者提起行政诉讼;其合法权益因行政机关违法实施行政许可受到损害的,有权依法要求赔偿。

5. 信赖保护原则

行政机关不得随意改变或撤销已经作出的行政行为，因客观情况发生重大变化，为了公共利益而不得不改变或撤销行政行为时，必须对相对人给予补偿。如《海域使用管理法》第三十条规定，因公共利益或者国家安全的需要，原批准用海的人民政府可以依法在海域使用权期满前提前收回海域使用权的，对海域使用权人应当给予相应的补偿。

6. 限制转让原则

依法取得的行政许可，除法律、法规规定依照法定条件和程序可以转让的外，不得转让。如《海域使用管理法》第二十七条规定，海域使用权可以依法转让。行政许可对于相对人的能力、资金、技术性条件等有一定的要求，因此不得随意转让，否则就丧失了行政许可的监管意义。

7. 监督原则

监督原则包括两方面内容，一是上级行政机关对下级行政机关的层级监督，县级以上人民政府应当建立健全对行政机关实施行政许可的监督制度，加强对行政机关实施行政许可的监督检查；二是行政机关对相对人的管理监督，行政机关应当对公民、法人或者其他组织从事行政许可事项的活动实施有效监督。

15.2 行政许可的设定

15.2.1 行政许可的设定原则

1. 行政辅助原则

行政辅助性原则是指在行政与市场的关系中，应当以市场为本位，行政只有在市场失灵时才可介入。

2. 利益平衡原则

行政许可的设定应当在维护公共利益和社会秩序的同时，有利于发挥公民、法人或者其他组织的积极性、主动性。

3. 事前控制的必要性原则

从现代行政法保障相对人权益的观点来看,在可以通过事后监督方式管理的情况下,不得设定行政许可。

15.2.2 行政许可的设定范围

1. 可以设定行政许可的事项

(1) 直接涉及国家安全、公共安全、经济宏观调控、生态环境保护以及直接关系人身健康、生命财产安全等特定活动,需要按照法定条件予以批准的事项;

(2) 有限自然资源开发利用、公共资源配置以及直接关系公共利益的特定行业的市场准入等,需要赋予特定权利的事项;

(3) 提供公众服务并且直接关系公共利益的职业、行业,需要确定具备特殊信誉、特殊条件或者特殊技能等资格、资质的事项;

(4) 直接关系公共安全、人身健康、生命财产安全的重要设备、设施、产品、物品,需要按照技术标准、技术规范,通过检验、检测、检疫等方式进行审定的事项;

(5) 企业或者其他组织的设立等,需要确定主体资格的事项;

(6) 法律、行政法规规定可以设定行政许可的其他事项。

2. 可以不设行政许可的事项

(1) 公民、法人或者其他组织能够自主决定的;

(2) 市场竞争机制能够有效调节的;

(3) 行业组织或者中介机构能够自律管理的;

(4) 行政机关采用事后监督等其他行政管理方式能够解决的。

15.2.3　行政许可的设定权

1. 法律的行政许可设定权

对可以设定行政许可的事项，法律可以设定各类行政许可。

2. 行政法规的行政许可设定权

行政法规可以在法律设定的行政许可事项范围内，对实施该行政许可作出具体规定。对可以设定行政许可的事项，尚未制定法律的，行政法规可以设定行政许可。

3. 国务院决定的行政许可设定权

必要时，国务院可以采用发布决定的方式设定行政许可。实施后，除临时性行政许可事项外，国务院应当及时提请全国人民代表大会及其常务委员会制定法律，或者自行制定行政法规。

4. 地方性法规的行政许可设定权

对可以设定行政许可的事项，已制定法律、行政法规的，地方性法规可以在法律、行政法规设定的行政许可事项范围内，对实施该行政许可作出具体规定。对可以设定行政许可的事项，尚未制定法律、行政法规的，地方性法规可以设定行政许可。

5. 省级地方性规章的行政许可设定权

规章可以在上位法设定的行政许可事项范围内，对实施该行政许可作出具体规定。对可以设定行政许可的事项，尚未制定法律、行政法规和地方性法规的，因行政管理的需要，确需立即实施行政许可的，省、自治区、直辖市人民政府规章可以设定临时性的行政许可。临时性的行政许可实施满一年需要继续实施的，应当提请本级人民代表大会及其常务委员会制定地方性法规。

6. 地方性法规和省级地方性规章设定权的限制

地方性法规和省、自治区、直辖市人民政府规章，不得设定应当由国家统一确定的公民、法人或者其他组织的资格、资质的行政许可；不得设定企业或者其他组织的设立登记及其前置性行政许可。其设定的行政许可，不得限制其他地区的个人或者企业到本地区从事生产经营和提供服务，不得限制其他地区的商品进入本地区市场。

7. 下位法对上位法设定的补充

法规、规章对实施上位法设定的行政许可作出的具体规定，不得增设行政许可；对行政许可条件作出的具体规定，不得增设违反上位法的其他条件。

15.3 行政许可的实施

15.3.1 行政许可的实施主体

行政许可的实施主体包括：法定行政机关、法律法规授权的组织、受委托的行政机关。

1. 法定行政机关

行政许可由具有行政许可权的行政机关在其法定职权范围内实施。行政机关是行政许可实施主体中最主要的一种类型，但并非所有的行政机关都可以成为行政许可的实施主体，仅限于具有行政许可权的行政机关。

2. 法律、法规授权的组织

法律、法规授权的具有管理公共事务职能的组织，在法定授权范围内，以自己的名义实施行政许可。

3. 受委托的行政机关

行政机关在其法定职权范围内，依照法律、法规、规章的规定，可以委托其他行政机关实施行政许可。受委托行政机关在委托范围内，以委托行政机关名义实施行政许可；但不得再委托其他组织或者个人实施行政许可。

15.3.2 行政许可的实施程序

行政许可程序一般规定有四个步骤：申请、受理、审查和决定，变更与延续是适用于获得许可之后的两个后续程序。此外，关于行政许可的听证程序也是行政许可程序中的一个重要内容。

1. 申请

（1）提出申请

公民、法人或者其他组织从事特定活动，依法需要取得行政许可的，应当向行政机关提出申请。

（2）申请的委托

申请人可以委托代理人提出行政许可申请。但是，依法应当由申请人到行政机关办公场所提出行政许可申请的除外。

（3）申请的方式

行政许可申请应以书面形式提出，包括信函、电报、电传、传真、电子数据交换和电子邮件等方式。

（4）申请人的义务

申请人申请行政许可，应当如实向行政机关提交有关材料和反映真实情况，并对其申请材料实质内容的真实性负责。

（5）行政许可实施主体的义务

申请书需要采用格式文本的，行政机关应当向申请人提供行政许可申请书格式文本。申请书格式文本中不得包含与申请行政许可事项没有直接关系的内容。行政机关应当将法律、法规、规章规定的有关行政许可的事项、依据、条件、数量、程序、期限以及需要提交的全部材料的目录和申请书示范文本等在办公场所公示。申请人要求行政机关对公示内容予以说明、解释的，行政机关应当说明、解释，提供准确、可靠的信息。行政机关不得要求申请人提交与其申请的行政许可事项无关的技术资料和其他材料。行政机关应当建立和完善有关制度，推行电子政务，在行政机关的网站上公布行政许可事项，方便申请人采取数据电文等方式提出行政许可申请；应当与其他行政机关共享有关行政许可信息，提高办事效率。

2. 受理

行政机关收到申请人提出的行政许可申请后，应对其进行形式审查，并根据下列情况分别作出处理：

（1）申请事项依法不需要取得行政许可的，应当即时告知申请人不受理；

（2）申请事项依法不属于本行政机关职权范围的，应当即时作出不予受理的决定，并告知申请人向有关行政机关申请；

（3）申请材料存在可以当场更正的错误的，应当允许申请人当场更正；

（4）申请材料不齐全或者不符合法定形式的，应当当场或者在5日内一次告知申请人需要补正的全部内容，逾期不告知的，自收到申请材料之日起即为受理；

（5）申请事项属于本行政机关职权范围，申请材料齐全、符合法定形式，或者申请人按照本行政机关的要求提交全部补正申请材料的，应当受理行政许可申请。

行政机关受理或者不予受理行政许可申请，应当出具加盖本行政机关专用印章和注明日期的书面凭证。

3. 审查

行政机关受理行政许可申请后，应对申请材料进行审查，包括形式审查和实质审查。形式审查指行政机关对申请人提交的申请材料是否齐全、是否符合法定形式进行审查。实质审查指行政机关要对申请材料的实质内容进行核实。对此，行政机关应当指派两名以上工作人员进行核查。依法应当先经下级行政机关审查后报上级行政机关决定的行政许可，下级行政机关应当在法定期限内将初步审查意见和全部申请材料直接报送上级行政机关。上级行政机关不得要求申请人重复提供申请材料。行政机关对行政许可申请进行审查时，发现行政许可事项直接关系他人重大利益的，应当告知该利害关系人。申请人、利害关系人有权进行陈述和申辩。行政机关应当听取申请人、利害关系人的意见。

4. 听证

行政许可听证包括行政机关依职权举行听证和依申请举行听证。行政机关依职权举行听证有两种情况，一是法律、法规、规章规定实施行政许可应当听证的事项，对此，行政机关必须举行听证；二是行政机关认为其他涉及公共利益的重大行政许可事项，但法律、法规、规章未规定应当听证，此时，行政机关可自行决定举行听证。行政机关依申请举行听证，指行政许可直接涉及申请人与他人之间重大利益关系的，行政机关在作出行政许可决定前，应当告知申请人、利害关系人享有要求听证的权利；申请人、利害关系人在被告知听证权利之日起 5 日内提出听证申请的，行政机关应当在 20 日内组织听证。申请人、利害关系人不承担行政机关组织听证的费用。

听证按照下列程序进行：①行政机关应当于举行听证的 7 日前将举行听证的时间、地点通知申请人、利害关系人，必要时予以公告；②听证应当公开举行；③行政机关应当指定审查该行政许可申请的工作人员以外的人员为听证主持人，申请人、利害关系人认为主持人与该行政许可事项有直接利害关系的，有权申请回避；④举行听证时，审查该行政许可申请的工作人员应当提供审查意见的证据、理由，申请人、利害关系人可以提出证据，并进行申辩和质证；⑤听证应当制作笔录，听证笔录应当交听证参加人确认无误后签字或者盖章。行政机关应当根据听证笔录，作出行政许可决定。

5. 决定

行政机关对申请材料进行审查后，应当场或限期作出书面决定。经审查认为申请材料齐全、符合法定形式，行政机关能够当场作出决定的，应当当场作出书面的行政许可决定。不能当场作出行政许可决定的，行政机关应当自受理行政许可申请之日起20日内作出行政许可决定。20日内不能作出决定的，经本行政机关负责人批准，可以延长10日，并应当将延长期限的理由告知申请人。但是，法律、法规另有规定的，依照其规定。行政许可采取统一办理或者联合办理、集中办理的，办理的时间不得超过45日；45日内不能办结的，经本级人民政府负责人批准，可以延长15日，并应当将延长期限的理由告知申请人。行政机关作出准予行政许可的决定，应当自作出决定之日起10日内向申请人颁发、送达行政许可的文件。

申请人的申请符合法定条件、标准的，行政机关应当依法作出准予行政许可的书面决定。行政机关依法作出不予行政许可的书面决定的，应当说明理由，并告知申请人享有依法申请行政复议或者提起行政诉讼的权利。

6. 变更和延续

行政许可的变更是指被许可人在获得行政许可后，由于情形变化，要求变更行政许可事项。对此，被许可人应当向作出行政许可决定的行政机关提出申请；符合法定条件、标准的，行政机关应当依法办理变更手续。

行政许可的延续指延长行政许可的有效期限，被许可人需要延续行政许可有效期的，应当在该行政许可有效期届满30日前向作出行政许可决定的行政机关提出申请。但是，法律、法规、规章另有规定的，依照其规定。行政机关应当根据被许可人的申请，在该行政许可有效期届满前作出是否准予延续的决定；逾期未作决定的，视为准予延续。

如《海域使用管理法》第二十六条规定，海域使用权期限届满，海域使用权人需要继续使用海域的，应当至迟于期限届满前2个月向原批准用海的人民政府申请续期。除根据公共利益或者国家安全需要收回海域使用权的外，原批准用海的人民政府应当批准续期。

7. 行政许可的特别程序

一般来说，实施行政许可行为需要遵守行政许可的一般程序，但是由于行政许可种类较多,除普通许可之外,还涉及到特许、认可、核准、登记等不同类型的许可。

(1) 特许程序

对有限自然资源开发利用、公共资源配置以及直接关系公共利益的特定行业的市场准入等,需要赋予特定权利的事项;行政机关应当通过招标、拍卖等公平竞争的方式作出决定。但是,法律、行政法规另有规定的,依照其规定。

《海域使用管理法》第十九条、第二十条规定了海域使用权可以通过招标或者拍卖的方式取得。招标或者拍卖方案由海洋行政主管部门制订,报有审批权的人民政府批准后组织实施。海洋行政主管部门制订招标或者拍卖方案,应当征求同级有关部门的意见。

(2) 认可程序

对赋予公民特定资格事项,即提供公众服务并且直接关系公共利益的职业、行业,需要确定具备特殊信誉、特殊条件或者特殊技能等资格、资质的事项,依法应当举行国家考试的,行政机关根据考试成绩和其他法定条件作出行政许可决定。赋予法人或者其他组织特定的资格、资质的,行政机关根据申请人的专业人员构成、技术条件、经营业绩和管理水平等的考核结果作出行政许可决定。但是,法律、行政法规另有规定的,依照其规定。

(3) 核准程序

对直接关系公共安全、人身健康、生命财产安全的重要设备、设施、产品、物品,需要按照技术标准、技术规范,通过检验、检测、检疫等方式进行审定的事项,行政机关应当按照技术标准、技术规范依法进行检验、检测、检疫,根据检验、检测、检疫的结果作出行政许可决定。

行政机关实施检验、检测、检疫,应当自受理申请之日起5日内指派两名以上工作人员按照技术标准、技术规范进行检验、检测、检疫。不需要对检验、检测、检疫结果作进一步技术分析即可认定设备、设施、产品、物品是否符合技术标准、技术规范的,行政机关应当当场作出行政许可决定。

行政机关根据检验、检测、检疫结果,作出不予行政许可决定的,应当书面说明不予行政许可所依据的技术标准、技术规范。

(4) 登记程序

对企业或者其他组织的设立等,需要确定主体资格的事项,申请人提交的申请材料齐全、符合法定形式的,行政机关应当当场予以登记。需要对申请材料的实质内容进行核实的,行政机关按前述规定办理。

(5) 限量申请的行政许可程序

有数量限制的行政许可,两个或者两个以上申请人的申请均符合法定条件、标准的,行政机关应当根据受理行政许可申请的先后顺序作出准予行政许可的决定。但是,法律、行政法规另有规定的,依照其规定。

15.4 行政许可的撤销、注销与中止

15.4.1 行政许可的撤销

1. 行政机关可以撤销行政许可的情形

(1) 行政机关工作人员滥用职权、玩忽职守作出准予行政许可决定的;

(2) 超越法定职权作出准予行政许可决定的;

(3) 违反法定程序作出准予行政许可决定的;

(4) 对不具备申请资格或者不符合法定条件的申请人准予行政许可的;

(5) 依法可以撤销行政许可的其他情形。

2. 行政机关应当撤销行政许可的情形

被许可人以欺骗、贿赂等不正当手段取得行政许可的,应当予以撤销。

3. 行政机关不得撤销行政许可的情形

依照前述规定撤销行政许可，可能对公共利益造成重大损害的，不予撤销。

4. 行政许可被撤销后的利益保护

行政许可因存在可以撤销的情形而被撤销，被许可人的合法权益受到损害的，行政机关应当依法给予赔偿。行政许可因存在应当撤销情形而被撤销的，被许可人基于行政许可取得的利益不受保护。

15.4.2 行政许可的注销

有下列情形之一的，行政机关应当依法办理有关行政许可的注销手续：

（1）行政许可有效期届满未延续的；

（2）赋予公民特定资格的行政许可，该公民死亡或者丧失行为能力的；

（3）法人或者其他组织依法终止的；

（4）行政许可依法被撤销、撤回，或者行政许可证件依法被吊销的；

（5）因不可抗力导致行政许可事项无法实施的；

（6）法律、法规规定的应当注销行政许可的其他情形。

15.4.3 行政许可的中止

行政许可的中止指行政许可暂时失去法律效力。引起行政许可中止的最重要原因之一，是被许可人有违法行为，行政主体为制止或惩罚被许可人的违法行为而采取的一种行政措施，只有在违法行为停止、消除或行政主体实现了对被许可人的惩罚后，行政许可才恢复其法律效力。

15.5 行政许可中的法律责任

为了确保行政机关依法实施许可以及被许可人依法从事许可所准予的

活动，必须对行政机关及被许可人的活动进行监督检查。对于违法行为，必须承担相应的法定责任。

15.5.1 行政机关及其工作人员的法律责任

1. 行政失职的法律责任

行政机关及其工作人员对符合法定条件的行政许可申请不予受理的；不在办公场所公示依法应当公示材料的；在受理、审查、决定行政许可过程中，未向申请人、利害关系人履行法定告知义务的；申请人提交的申请材料不齐全、不符合法定形式，不一次告知申请人必须补正的全部内容的；未依法说明不受理行政许可申请或者不予行政许可理由的；依法应当举行听证而不举行听证的。由其上级行政机关或者监察机关责令改正；情节严重的，对直接负责的主管人员和其他直接责任人员依法给予行政处分。

2. 违反职务廉洁性的法律责任

行政机关工作人员办理行政许可、实施监督检查，索取或者收受他人财物或者谋取其他利益，构成犯罪的，依法追究刑事责任；尚不构成犯罪的，依法给予行政处分。

3. 滥用职权的法律责任

行政机关实施行政许可，有下列情形之一的，由其上级行政机关或者监察机关责令改正，对直接负责的主管人员和其他直接责任人员依法给予行政处分；构成犯罪的，依法追究刑事责任：①对不符合法定条件的申请人准予行政许可或者超越法定职权作出准予行政许可决定的；②对符合法定条件的申请人不予行政许可或者不在法定期限内作出准予行政许可决定的；③依法应当根据招标、拍卖结果或者考试成绩择优作出准予行政许可决定，未经招标、拍卖或者考试，或者不根据招标、拍卖结果或者考试成绩择优作出准予行政许可决定的。

4. 违规收费及私分费用的法律责任

行政机关实施行政许可，擅自收费或者不按照法定项目和标准收费的，由其上级行政机关或者监察机关责令退还非法收取的费用；对直接负责的主管人员和其他直接责任人员依法给予行政处分。

截留、挪用、私分或者变相私分实施行政许可依法收取的费用的，予以追缴；对直接负责的主管人员和其他直接责任人员依法给予行政处分；构成犯罪的，依法追究刑事责任。

5. 监督失职的法律责任

行政机关不依法履行监督职责或者监督不力，造成严重后果的，由其上级行政机关或者监察机关责令改正，对直接负责的主管人员和其他直接责任人员依法给予行政处分；构成犯罪的，依法追究刑事责任。

6. 行政赔偿责任

行政机关违法实施行政许可，给当事人的合法权益造成损害的，应当依照国家赔偿法的规定给予赔偿。

《海域使用管理法》第五十一条规定，国务院海洋行政主管部门和县级以上地方人民政府违反规定颁发海域使用权证书，或者颁发海域使用权证书后不进行监督管理，或者发现违法行为不予查处的，对直接负责的主管人员和其他直接责任人员，依法给予行政处分；徇私舞弊、滥用职权或者玩忽职守构成犯罪的，依法追究刑事责任。

15.5.2 行政相对人的法律责任

1. 虚假申请的法律责任

行政许可申请人隐瞒有关情况或者提供虚假材料申请行政许可的，行政机关不予受理或者不予行政许可，并给予警告；行政许可申请属于直接关系公共安全、人身健康、生命财产安全事项的，申请人在 1 年内不得再次申请该行政许可。

2. 非法取得许可者的法律责任

被许可人以欺骗、贿赂等不正当手段取得行政许可的，行政机关应当依法给予行政处罚；取得的行政许可属于直接关系公共安全、人身健康、生命财产安全事项的，申请人在3年内不得再次申请该行政许可；构成犯罪的，依法追究刑事责任。

3. 被许可人的违法责任

许可人有下列行为之一的，行政机关应当依法给予行政处罚；构成犯罪的，依法追究刑事责任：①涂改、倒卖、出租、出借行政许可证件，或者以其他形式非法转让行政许可的；②超越行政许可范围进行活动的；③向负责监督检查的行政机关隐瞒有关情况、提供虚假材料或者拒绝提供反映其活动情况的真实材料的；④法律、法规、规章规定的其他违法行为。《海域使用管理法》第四十六条规定，擅自改变海域用途的，责令限期改正，没收违法所得，并处非法改变海域用途的期间内该海域面积应缴纳的海域使用金5倍以上15倍以下的罚款；对拒不改正的，由颁发海域使用权证书的人民政府注销海域使用权证书，收回海域使用权。

4. 无证经营的法律责任

公民、法人或者其他组织未经行政许可，擅自从事依法应当取得行政许可的活动的，行政机关应当依法采取措施予以制止，并依法给予行政处罚；构成犯罪的，依法追究刑事责任。《海域使用管理法》第四十二条规定，未经批准或者骗取批准，非法占用海域的，责令退还非法占用的海域，恢复海域原状，没收违法所得，并处非法占用海域期间内该海域面积应缴纳的海域使用金五倍以上15倍以下的罚款；对未经批准或者骗取批准，进行围海、填海活动的，并处非法占用海域期间内该海域面积应缴纳的海域使用金10倍以上20倍以下的罚款。

思考题：

1. 简述行政许可法的基本原则。
2. 简述行政许可的实施程序。

16 行政检查

16.1 行政检查概述

16.1.1 行政检查的概念和特征

行政检查,实践中亦称之为行政监督检查[①],是指行政主体基于行政职权依法对公民、法人或其他组织是否遵守法律、法规和规章以及执行行政主体命令、决定等情况进行的单方面强制了解的行为。

行政检查具有以下特征:①从检查主体来看,执行行政检查的具体行为者只能是行政主体;②从检查对象来看,被检查的是行政相对人;③从检查内容来看,包括是否遵守法律、法规和规章,是否执行行政决定、命令以及行政规划、行政计划的执行情况等;④从检查程序来看,检查者实施行政检查必须依法进行;⑤行政检查是一种事实行为,它不对行政相对人的权利义务产生直接影响,且缺乏法律效果意义上的意思表示,属于事实行为,而非法律行为。但是行政检查可能作为行政主体做出行政决定的基础和依据。因此,行政检查所引起的损害,行政相对人可以请求国家赔偿。

海洋行政检查是海洋行政机关实施行政管理的重要法律手段,指海洋行政主体依法行使职权,对行政相对人是否遵守行政法律规范和执行行政决定等情况进行了解的行为。

---

① 《中华人民共和国海域使用管理法》第三十七条规定,县级以上人民政府海洋行政主管部门应当加强对海域使用的监督检查。县级以上人民政府财政部门应当加强对海域使用金缴纳情况的监督检查。

16.1.2　行政检查的目的和作用

行政检查的目的在于保障法律、法规和规章的贯彻实施，维护国家、企事业单位和公民的合法权益，实现国家行政管理目标。

行政检查作为一种间接的管理手段，在行政法治建设中发挥十分重要的作用与影响。具体地说，行政检查具有以下作用：

(1) 行政检查可及时反馈法律、法规、规章实施的社会效果，为法律、法规的制定、修改、废止提供实践依据。

(2) 行政检查是教育行政相对人遵纪守法、提高法律意识的有效手段，可以预防和及时纠正相对人的违法行为。

(3) 行政检查是保证执行行政法律、法规和规章，实现行政目标的重要环节。

16.1.3　行政检查应遵循的程序和原则

16.1.3.1　行政检查的程序

行政主体进行行政检查大致包括以下程序：

(1) 表明身份。行政主体在行政检查时应当通过合法方式向行政相对人表明其具有行使相关职权职责的身份，主要通过出示有关执法证件和佩戴有关公务标志来实现。

(2) 说明理由。行政主体在行政检查时应当向行政相对人说明行政检查的原因和依据，并应说明检查的方式。

(3) 提取证据。行政主体在行政检查时应当依法进行检查，在必要时应当依法定程序提取证据。

(4) 告知结果。行政主体应当向行政相对人当场或者及时告知行政检查结果。行政检查结果一般应当以书面形式提供。

(5) 告知权利。行政检查结果可能对行政相对人产生不利影响时，行政主体应当告知行政相对人可能引起的行政处理及其享有的权利。

16.1.3.2　行政检查应遵循的原则

（1）依法原则。开展行政检查必须做到依法办事，执法人员应当按照有关法律、法规规定的职权、程序、期限和形式执行公务，检查行政相对人是否遵守法律、法规和规章，是否执行行政决定、命令以及行政规划、行政计划的执行情况，查处行政违法行为，保障法律、法规、规章的贯彻和实施。具体做到行政检查的主体合法、程序合法、内容合法、采取的措施合法。

（2）及时原则。要求及时进行行政检查，及时对违法行为予以查处。

（3）准确原则。要求认定的事实清楚，证据确实充分，定性准确，适用法律法规条文准确，程序合法，量罚适当。

16.1.4　行政检查的对象与内容

行政检查的对象是作为行政相对人的公民、法人和其他组织及其从事的相关活动。例如，海洋行政检查的对象是海洋行政管理相对人及其从事的相关活动。

行政检查的内容是公民、法人和其他组织遵守法律、法规、规章，执行行政命令、决定的情况。具体到海洋行政检查，重点是对从事上述法律、法规和规章调整的各类海上活动的单位和个人及其从事的相关活动依法实施检查，如检查用海单位或个人是否持有有效的海域使用证，是否按照海域使用证规定的期限、范围、用途从事有关活动，是否按照规定缴纳海域使用金；检查海洋倾倒作业单位是否取得有效的海洋倾倒许可证，是否按照许可证的规定实施倾倒作业；检查外籍船舶在我国管辖海域内从事的海洋科研调查活动是否经过我国政府批准，调查作业内容、范围、方法及使用的仪器设备等是否符合经批准的活动计划要求等。

16.1.5 行政检查的分类与方式

16.1.5.1 行政检查的分类

从目前理论界比较认同的分类方法看,行政检查可包括以下几种:

(1) 根据行政检查对象是否确定和具体,可分为一般行政检查和特定行政检查。所谓一般行政检查,是指行政主体对不确定的一般公民、法人或其他组织是否遵守法律、法规所作的检查。而特定行政检查,是指行政主体对特定公民、法人或其他组织进行检查。

(2) 根据行政检查权的来源,可以分为依职权的行政检查、依授权的行政检查和依委托的行政检查。依职权的行政检查是指行政主体依据其成立时组织法规定的行政检查权而进行的检查;依授权的行政检查是指某一行政主体依据法律、法规、规章的授权规定而进行的行政检查;依委托的行政检查是指行使行政检查权的行政主体将其行政检查权依法委托给其他行政机关或其他组织、个人行使,受托者依此进行的检查。

(3) 根据行政检查实施的时间区段不同,可以分为事前行政检查、事中行政检查和事后行政检查。事前行政检查是指行政检查的实施在行政相对人某一行为开始之前;事中行政检查是指行政检查的实施存在于行政相对人行为开始之后尚未完成之前;事后行政检查是指相对人的行为已经完成,行政主体对这一行为或这一行为后果进行的检查。

根据海洋管理法律法规所调整的不同对象,海洋行政检查可以分为:海域使用行政检查、海洋环境保护行政检查、涉外海洋科研、海底电缆管道铺设行政检查。

16.1.5.2 行政检查的方式

行政检查的方式是指行政主体为了达到行政检查的目的而采取的具体形式、手段和方法。由于行政管理的内容多、范围广,因而行政检查的方法也多种多样。根据我国的法律、法规的规定和行政管理的实践,常见的行政检查方法有以下几种。

（1）书面检查

书面检查是指行政主体工作人员不到现场，通过查阅书面材料对行政相对人的守法状况进行的检查。书面检查是行政检查中经常使用的一种检查方式，可以贯穿与相对人活动的各个阶段。

一是事前检查中的书面检查，行政主体在做出行政许可行为之前，要求相对人提供相关书面材料用于对其资格的审查。如《海域使用管理法》第十六条规定："申请使用海域的，申请人应当提交下列书面材料：①海域使用申请书；②海域使用论证材料；③相关的资信证明材料；④法律、法规规定的其他书面材料。"

二是事中检查中的书面检查，行政主体在对相对人的日常检查中也可以采用书面检查的方式。如《海域使用管理法》第三十九条规定县级以上人民政府海洋行政主管部门履行监督检查职责时，有权要求被检查单位或者个人提供海域使用的有关文件和资料。

三是事后检查中的书面检查，如在海洋行政主体对海岸建设工程项目验收时对相对人提供的书面材料进行的审查。

（2）现场检查

现场检查是行政主体的工作人员或者其他公务人员代表其行政主体直接到检查对象所在地对其守法情况进行检查。

例如，在海洋行政检查中，执法人员亲临海上活动或作业现场，采用核查、检验、验收和巡视等方式，对陆、海、空进行检查。核查是海洋行政主体对相对人提供的情况进行核实的检查方式。检验是由海洋行政主体或海洋行政主体委托的合法机构对相对人的物品进行检查、化验，以确定其是否符合标准或存在问题。验收是指海洋行政主体依照一定标准对工程或设施进行检验后予以认可的行为。巡视是指海洋行政主体通过巡逻或巡查的方法对相对人守法情况进行了解的行为。

(3) 登记

登记是指行政主体要求相对人将特定的事项及有关情况予以申报，由行政主体记录在册，以备检查的活动。如《防治陆源污染物污染损害海洋环境管理条例》第六条规定："任何单位和个人向海域排放陆源污染物，必须向其所在地环境保护行政主管部门申报登记拥有的污染物排放设施、处理设施和在正常作业条件下排放污染物的种类、数量和浓度，提供防治陆源污染物污染损害海洋环境的资料，并将上述事项和资料抄送海洋行政主管部门。"如《海域使用管理法》第六条规定，国家建立海域使用权登记制度，依法登记的海域使用权受法律保护。

(4) 统计

统计是指行政主体通过对一些数据的汇总和整理来了解相对人有关情况的检查方式。统计是行政主体开张行政检查的重要方式之一，在数据的收集方面行政主义需要坚持准确、及时、科学、完整的原则，以确保数据的有效性，保证统计结果客观、公正。如《海域使用管理法》第六条规定，国家建立海域使用统计制度，定期发布海域使用统计资料。

综上所述，行政主体在行使检查权的过程中，可以根据客观情形使用一种方式或综合使用多种方式。

16.2 海洋行政检查

16.2.1 海域使用行政检查

16.2.1.1 海域使用行政检查的适用范围

海域使用行政检查是指海洋行政主管部门及其所属的各级中国海监机构依照《中华人民共和国海域使用管理法》及其配套法规、规章及其他规范性文件，对在我国内水、领海之内的海域使用情况进行监督检查的一种具体行政行为。其目的在于加强海域使用管理，维护国家海域所有权和海域使用权人的合法权益，促进海域使用的合理开发和可持续使用。

海监机构对在我国内水、领海持续使用特定海域 3 个月以上的排他性用海活动，按照《海域使用管理法》进行检查；对在我国内水、领海使用特定海域不足 3 个月的排他性用海活动，依照国家海洋局《临时海域使用管理暂行办法》实施检查。

16.2.1.2　海域使用的类型与方式

海域使用分为以下 9 个类型：

（1）渔业用海

渔业用海是指为开发利用渔业资源、开展海洋渔业生产所使用的海域。根据渔业上的不同用途，渔业用海分为渔业基础设施用海、养殖用海和增殖用海等。

（2）工业用海

工业用海是指开展工业生产所使用的海域。根据工业的不同用途，工业用海分为盐业用海、固体矿产开采用海、油气开采用海、船舶工业用海、电力工业用海、海水综合利用用海和其他工业用海。

（3）交通运输用海

交通运输用海是指为满足港口、航运、路桥等交通需要所使用的海域。根据交通运输上的不同用途，交通运输用海分为港口用海、航道用海、锚地用海和路桥用海等。

（4）旅游娱乐用海

旅游娱乐用海是指开发利用滨海和海上旅游资源，开展海上娱乐活动所使用的海域，分为旅游基础设施用海、浴场用海、游乐场用海。

（5）海底工程用海

海底工程用海是指建设海底工程设施所使用的海域，具体包括电缆管道用海、海底隧道用海、海底场馆用海等。

（6）排污倾倒用海

排污倾倒用海是指用来排放污水和倾倒废弃物的海域，包括污水达标排放用海、倾倒区用海。

（7）造地工程用海

造地工程用海是指为满足城镇建设、农业生产和废弃物处置需要，通过筑堤围割海域并最终填成土地，形成有效岸线的海域。包括城镇建设填海造地用海、农业填海造地用海、废弃物处置填海造地用海。

（8）特殊用海

特殊用海是指用于科研教学、军事、自然保护区及海岸防护工程等用途的海域。包括科研教学用海、军事用海、海洋保护区用海、海岸防护工程用海。

（9）其他用海

是指上述用海类型以外的用海。

16.2.1.3　海域使用行政检查的主要内容和方式

海域使用行政检查主要包括以下内容：海域使用权取得的情况、海域使用许可的执行情况、海域使用人缴纳海域使用金的情况、海域使用权终止后义务履行的情况、临时海域使用的情况。

海域行政检查主要通过现场检查和巡航监视的方式进行。目前，海域使用行政检查以现场检查为主要方式。

16.2.2　海洋环境保护行政检查

16.2.2.1　海洋倾废行政检查

为控制向海洋倾倒废弃物和其他物质，防止对海洋环境的污染损害，海洋行政主管部门依据法律、法规和规章，对利用船舶、航空器、平台及其他载运工具，向海洋处置废弃物和其他物质，以及向海洋弃置船舶、航空器、平台和其他海上人工构造物等海洋倾倒行为，实施监督检查，督促废弃物所有者和实施倾倒作业单位，按照主管部门规定的条件在制定区域内实施倾倒，以有效保护海洋环境和海洋资源。

海洋倾废行政检查的对象是向我国内海、领海、大陆架和其他一切管辖海域倾倒废弃物和其他物质活动的任何法人、自然人和其他经济实体。

海洋倾废行政检查的主要内容包括：对使用船舶装载和倾倒废弃物的行政检查；对向海洋弃置船舶、平台、航空器及其他人工构造物的行政检查；对在我国管辖海域焚烧处置废弃物和其他物质的行政检查；对为紧急避险、救助人命而进行的倾倒活动及航空器紧急放油的行政检查；向海洋处置由于海底矿物资源的勘探开发及与勘探开发相关的海上加工所产生的废弃物和其他物质的海洋倾倒活动。

目前，海洋倾废检查的主要方式包括巡航监视检查、随航监视检查、陆岸检查和信息核查四种。

16.2.2.2　海洋工程建设项目环境保护行政检查

为有效防治海洋工程建设项目对海洋环境的污染损害，海洋行政主管部门依据有关法律、法规和规章，对我国管辖海域内的海洋石油勘探、开发、生产、储存和管线输送等作业活动，以及兴建其他海洋工程建设项目及相关作业活动，实施环境保护行政检查，督促项目单位和海上作业者遵守国家有关规定，以保护海洋环境，合理开发利用海洋资源，维护海洋生态平衡。

海洋工程建设项目环境保护行政检查的对象包括：在我国管辖海域内从事海洋石油勘探开发的企业、事业单位、作业者和个人，以及他们所使用的固定式和移动式平台及其他有关设施；兴建其他海洋工程建设项目的单位和个人。

实践中，海洋工程建设项目环境保护行政检查主要集中在海洋石油勘探开发环境保护行政检查，具体包括对海上钻井平台和辅助平台的行政检查、对海上单点系泊储油轮和采油平台的行政检查、对海洋石油勘探和油田建设工程船舶的行政检查和对海上溢油事故的调查等。海洋工程建设项目环境保护行政检查一般采用定期登检、巡航巡视、全面调查和蹲点监视等方式。

16.2.2.3 海洋自然保护区环境保护行政检查

海洋自然保护区环境保护行政检查是指以海洋自然环境和资源保护为目的,依法对海洋自然保护区实施监督、检查的行政执法行为。

海洋自然保护区环境保护行政检查的内容主要包括:海洋自然保护区内的单位、居民和进入该保护区的外来人员及船只情况;关于海洋自然保护区内禁止性活动和行为方面规定的遵守情况;海洋自然保护区内修筑设施的情况;在海洋自然保护区内从事科学研究、教学实习、考察等活动的许可情况;在海洋自然保护区内旅游活动的情况;涉外协议情况;自然保护区内管理机构的设立情况等。

海洋自然保护区环境保护行政检查主要通过听取汇报、船舶监视和现场检查等方式进行。

16.2.2.4 海洋油气勘探开发环境保护行政检查

海洋油气勘探开发环境保护行政检查是指为有效防治海洋油气勘探开发工程建设项目对海洋环境的污染损害,依据有关法律、法规、部门规章和相关技术标准,对在我国管辖海域内进行海洋石油勘探、开发、生产、储存和管线输送等作业活动实施监督、检查的行政执法行为。海洋油气开发行政检查旨在督促项目建设单位、开发单位和海上作业人员自觉遵守国家有关法律、法规,切实保护海洋环境,合理开发利用海洋资源,维护海洋生态平衡。

海洋油气勘探开发环境保护执法领域多、内容多、难度大、应急检查工作频繁、违法事件情况复杂,且具有其突出的专业性、时效性和特殊性。行政执法检查对象包括:在我国管辖海域内从事海洋石油勘探开发的企业(含涉外公司)、事业单位、作业者和个人,以及他们所使用的固定式和移动式海上平台及其他有关设施。一般情况下,海洋石油勘探开发活动执法检查的对象(相对人)首先是海上油气设施目标作业活动的作业者(甲方)。

海洋油气开发行政执法检查主要采用现场登临检查、公司管理检查、巡航监视检查三种方式。其检查内容主要包括：基础数据检查、文件证书检查、资料检查、环境保护设施检查、生产作业区域检查、溢油应急能力检查、污染物处置检查、化学消油剂使用检查、试油检查、平台（海上设施及构筑物）弃置作业检查以及对包括酸化、压裂、爆破、修井的其他海上作业进行巡查等。

16.2.3 涉外海洋科研行政检查

涉外海洋科学研究行政检查，是指国家海洋行政主管部门（其派出机构或者其委托的机构），依照《中华人民共和国涉外海洋科学研究管理规定》，对国际组织、外国的组织和个人为和平目的，单独或者与中华人民共和国的组织合作，使用船舶或者其他运载工具、设施，在中华人民共和国内海、领海以及管辖的其他海域内进行的对海洋环境和海洋资源等的调查研究活动进行检查的行为。

涉外海洋科学研究行政检查的内容主要包括科研活动的许可情况、科研活动计划的执行情况、外国籍船舶遵守制度的情况、原始资料和样品的处理情况及其他情况。涉外科学研究行政检查主要通过登船检查、随航监督、海上监视监管和陆地检查等。

16.2.4 海底电缆管道铺设和保护行政检查

海底电缆管道铺设和保护行政检查是指为维护中华人民共和国国家主权和权益，合理开发利用海洋，有秩序地铺设和保护海底电缆、管道，保障海底电缆管道的安全运行，维护海底电缆管道所有者的合法权益，国家海洋行政主管部门及其派出机构依照《铺设海底电缆管道管理规定》、《海底电缆管道保护规定》等对在我国内海、领海及大陆架上铺设海底电缆、管道以及为铺设所进行的路由调查、勘测及其他有关活动进行检查的行为。

海底电缆管道铺设和保护行政检查的内容主要包括：海底电缆管道铺设及其相关活动的许可情况，路由调查、勘测和铺设施工许可的执行情况，遵守报告及备案制度的情况以及其他需检查情况。海底电缆管道铺设和保护行政检查主要通过登船检查、随航监督、海上监视监管等方式进行。

16.2.5　海岛保护行政检查

海岛保护行政检查是指为了保护海岛及其周边海域生态系统，合理开发利用海岛自然资源，维护国家海洋权益，促进经济社会可持续发展，海洋主管部门及其所属的海监机构，依照《海岛保护法》及相关配套法规、规章、制度，依照法定职权和程序，对海岛周边海域生态系统保护情况进行的监督检查。

海岛保护行政检查的内容主要包括：

1. 对有居民海岛及其周边海域生态保护的行政检查

重点检查：

（1）是否存在未经批准，填海、围海等改变有居民海岛岸线和填海连岛的活动。

（2）是否存在违法开发利用的活动。

（3）是否存在采挖、破坏珊瑚和珊瑚礁，砍伐有居民海岛周边海域红树林的行为。

（4）是否存在向有居民海岛及其周边海域违法排放污染物的行为。

2. 对无居民海岛保护和开发利用活动的行政检查

重点检查：

（1）是否存在未经批准在无居民海岛填海、围海，生产、建设或者组织开展旅游活动，采石、挖海砂、采伐林木或者采集生物、非生物样本，以及其他严重改变无居民海岛自然地形、地貌的行为。

（2）经批准在无居民海岛进行开发利用活动的，是否按照海岛保护规划实施，是否按照批准的开发利用具体方案的内容实施；开展旅游活动的，是否存在建造居民定居场所的行为；临时性利用无居民海岛的，是否存在建造永久性建筑物或者设施的行为。

（3）无居民海岛开发利用过程中产生的废水，是否按照规定进行处理和排放；产生的固体废物，是否按照规定进行无害化处理、处置；是否存在向无居民海岛及其周边海域违法排放污染物的行为。无居民海岛生态脆弱，环境容量小，纳污能力有限，废水、废物的排放对无居民海岛及其周边海域生态系统影响很大，应当加以必要的监督检查。

（4）开发利用无居民海岛的单位是否依法缴纳海岛使用金。无居民海岛归国家所有，国家作为无居民海岛的所有人，所以无居民海岛的开发利用应该有法律制度来保障其作为所有人的经济权益得以实现。开发利用无居民海岛经批准后，开发利用者应依法缴纳无居民海岛使用金后才取得无居民海岛的合法使用权利。

3. 对领海基点所在海岛、国防用途海岛、自然保护区内的海岛等特殊用途海岛保护进行的行政检查

重点检查：

（1）是否存在未经批准改变海洋自然保护区内海岛的海岸线，填海、围海等改变海岛岸线和填海连岛的行为。

（2）在领海基点保护范围内是否存在未经批准的工程建设以及其他可能改变该区域地形、地貌的活动。

（3）国防用途无居民海岛的自然地形、地貌是否遭到破坏；有居民海岛国防用途区域及其周边的地形、地貌是否遭到破坏；国防用途无居民海岛是否存在用于与国防无关的行为。

（4）特殊用途或者具有特殊保护价值的海岛，是否存在其他违反相关保护规定的行为。

海监机构开展海岛保护与开发利用的执法工作，采取卫星遥感、航空巡视、船舶巡航和登岛巡查相结合的手段进行，发挥海监飞机的航空巡视

优势，利用航空拍摄、摄像及遥感技术及时掌握海岛保护和开发利用情况，引导海监船舶和执法人员开展海岛巡航和登岛巡查工作。

思考题：

1. 简述行政法学中对行政检查的一般分类。
2. 简述行政检查应遵循的基本原则。
3. 简述海洋行政检查的主要内容。

17 海洋行政处罚

17.1 行政处罚与海洋行政处罚概述

17.1.1 海洋行政处罚的概念

海洋行政处罚是指海洋行政处罚实施主体,对违反海洋行政法律规范、依法应当给予处罚的行政相对人所实施的法律制裁行为。它是国家行政处罚法律制度的一个部门分支,是海洋行政执法的重要组成部分和保障措施。故海洋行政处罚兼备行政处罚和部门行政处罚的双重特性。其主要特征有四:

17.1.1.1 实施海洋行政处罚的主体是海洋行政主管部门

行政处罚是国家行政权力的施用,其结果是给相对人产生不利的影响。如责令停止使用海域,会导致相对人海域使用权的中断或中止;责令恢复海域原状,会增加相对人的作业义务;而罚款,是科以相对人财产上的新的给付义务,则直接导致相对人既有财产的减少或丧失。因为行政处罚权具有"强制"与"侵害"的天性,所以,必须为其设定作功的范围与边界,对之严加规范与节制。这一客观的理性要求,衍生出了法律上的"处罚法定"原则。而处罚法定首先就要求处罚权人的资格法定,任何人未经法律、法规明确授予行政处罚权,不可成为行政处罚的实施主体。海洋行政处罚的实施主体,就是依照海洋法律、法规或规章取得海洋行政处罚权的各级海洋行政主管部门,并具体由其所属中国海监机构集中施行处罚,其他国家机关或组织不得享有和行使海洋行政处罚权。

17.1.1.2 处罚对象是实施了海洋行政违法行为，依法应当处罚的行政相对人

这一特征有以下三层含义：其一，海洋行政处罚的对象，只能是海洋行政管理的相对人，非属海洋行政相对人不得施以海洋行政处罚。可作为海洋行政相对人的包括公民、法人或其他组织，其中也可能包括某些地方政府及其部门等行政机关，还包括外国组织或个人等；其二，海洋行政处罚的对象，只能是实施了海洋行政违法行为的相对人。海洋行政违法行为，是指行为人不遵守海洋行政法律规范，或不履行海洋行政法律规范规定的义务，或侵犯海洋行政法律规范所确立的管理秩序的行为。对没有实施或不是实施海洋行政违法行为的，不能实施海洋行政处罚；其三，海洋行政处罚的对象，必须是依照海洋行政法律、法规或规章应当处罚的相对人，依法不当罚者不能给予处罚。

17.1.1.3 海洋行政处罚直接目的是惩罚违法行为，维护国家海洋权益和管理秩序

行政处罚是国家矫正违法行为的法律制度之一，国家通过惩罚给违法者的人身、经济利益、行为能力等施以限制或损害的后果，从而促使行政法规范的实施，保证行政法上义务的实现。海洋行政处罚，也就是处罚实施主体对违反海洋行政法律规范的相对人，依法给予各种惩戒措施，从而达到制止、矫正和预防海洋行政违法行为的目的，以维护国家的海洋行政公产权益和海域管理秩序。

17.1.1.4 海洋行政处罚的程序更具应急性和即时性

海洋是另一个有别于陆地的"流动世界"，其制约海上执法的主要因素有三：一是远离陆地、交通不便。辽阔的海疆，使人类从最初的"舟楫之便"、"渔盐之利"，到现在的多方位开发利用，无不受到"距离"的限制。因为海水的阻隔，人类只能借助船舶、飞机、电台、卫星等交通与通讯工具来缩短海陆间的距离，来弥补人与人之间的沟通；二是一体难分、

流通交融。海洋为天然的一体水域，人无法随意分割，物难于随意定着。如不借助于相应设施，人在海上，无法分辨方位与界限，难于确认数量与性状。而物在海中，或为水"淹没"、或被水"融解"、或让水"漂散"；三是边界复杂、范围不定。海域的外缘多为国界，海域的内侧接壤于各地方辖区，对外涉及国家主权，对内跨越行政管辖。同时，海陆、海河界限因自然或人为而变化不定。还有海洋气候多变，常生台风、海啸等人力无法抗拒的灾害性环境，这些都是陆地执法所不具之特征。

由于海洋自然特性的约束，决定了海上执法具有成本高、技术含量高、专业性强的特点，海洋行政违法案件"发现难、取证难、结案难、执行难"，海洋行政处罚程序更要求应急性、即时性和例外性。

17.1.2　海洋行政处罚与相关概念的区别

17.1.2.1　海洋行政处罚和刑罚的区别

海洋行政处罚和刑罚都是国家对违法行为实施的惩戒，两者的差异体现在以下几个方面：

（1）行为的性质不同。海洋行政处罚是由海洋行政主管机关作出的行政行为；刑罚则是由司法机关运用司法职权作出的司法行为。

（2）适用的对象不同。海洋行政处罚针对的是海洋行政违法行为；刑罚针对的是刑事违法行为。两者的"分界线"即在于是否构成犯罪，未构成犯罪的海洋行政违法行为予以行政处罚，已构成犯罪的则依刑事诉讼程序实施刑罚，不得"以罚代刑"，也不可"一事多罚"。

（3）制裁的方式不同。刑罚比行政处罚更为严厉。海洋行政处罚大多是限制或剥夺违法行为人的海域使用权或财产权，刑罚则主要限制或剥夺违法行为人的人身自由。

17.1.2.2　海洋行政处罚和行政处分的区别

海洋行政处分是海洋行政主管机关对其内部违法失职的工作人员实施

的一种惩戒措施，海洋行政处罚与行政处分虽然都是海洋行政机关实施的惩戒行为，但两者存在较大差别：

（1）制裁行为的性质不同。海洋行政处罚属于外部行政行为，行政处分属于内部行政行为。

（2）实施制裁的机关不同。海洋行政处罚由对外部实施管理职能并具有行政处罚权的海洋行政机关予以实施；海洋行政处分则由违法失职人员从属的机关、组织或其上级主管机关、监察机关作出。

（3）适用的对象不同。海洋行政处分只适用于海洋行政机关内部工作人员；行政处罚则适用于公民、法人和其他组织。

（4）制裁方式不同。海洋行政处罚包括：警告、罚款、没收违法所得、责令退还非法占用的海域、责令停止违法行为、责令恢复海域原状、收回海域使用权等。行政处分包括：警告、记过、记大过、降级、降职、撤职、留用察看和开除八种方式。

（5）救济方式不同。相对人对海洋行政处罚不服，可以申请行政复议，也可以向人民法院提起行政诉讼；对行政处分不服的，只能向原处分机关或上级机关提出复议或者复查申请，不能提起行政诉讼。

17.1.2.3 海洋行政处罚与执行罚的区别

执行罚，也称怠金或强制金，是海洋行政管理机关对拒不履行生效处罚决定所确定义务的相对人，科以新的金钱给付义务，促使其尽快履行的强制执行措施。其与行政处罚的区别是：

（1）行为性质不同。海洋行政处罚是对已发生的违法行为实施的制裁，遵循一事不再罚原则；执行罚则着眼于既定义务的实现，在该义务没有实现之前可以反复适用。

（2）实施目的不同。行政处罚的目的在于惩罚行政违法人，使其不再实施违法行为；执行罚的目的在于促使相对人尽快履行先前确定的义务。

（3）构成要件不同。实施行政处罚通常要求行为人存在主观过错，即违法的故意或过失；而执行罚则不问主观过错，只要义务人客观上没有履行义务，海洋行政机关就可科以执行罚。

17.1.3　海洋行政处罚的基本原则

海洋行政处罚的基本原则，是指对海洋行政处罚的设定和实施具有普遍指导意义的行为准则。根据《中华人民共和国行政处罚法》等规范性文件的规定，海洋行政处罚应当遵守以下基本原则：

17.1.3.1　处罚法定原则

处罚法定原则是行政处罚的核心原则，自然也是海洋行政处罚所要遵循的首要原则。所谓处罚法定原则，就是指行政处罚必须由法律明确规定，必须严格依照法律规定进行。处罚法定原则是行政活动合法性原则在行政处罚中的具体体现。《行政处罚法》第三条规定，公民、法人或者其他组织违反行政管理秩序的行为，应当给予行政处罚的依照本法由法律、法规或者规章规定，并由行政机关依照本法规定的程序实施。没有法律规定或不遵守法定程序的，行政处罚无效。根据以上规定和法理，处罚法定原则应包括以下三个方面的基本要求：

（1）处罚设立法定。即海洋行政处罚的创设权或规定权法定。行政处罚行为合法与否，首先要看其所依据的法律规范是否合法，如果处罚所依据的法律规范本身就不合法则处罚必定不合法。根据《行政处罚法》的规定，只有规章以上的规范性文件才能设立行政处罚，其他文件无权设立行政处罚。遵守处罚法定原则，首先就意味着要严格依照法定的权限和程序设定或者规定海洋行政处罚，"法无明文规定不为过"，超越处罚创设权或规定权的法律规范，不能作为海洋行政处罚的依据。

（2）实施主体法定。行政处罚必须由依法取得行政处罚权的行政机关、法定授权组织以及行政机关依法委托的组织实施。海洋行政处罚实施主体法定，主要包括两层含义：一是主管法定。海洋行政处罚必须由依照海洋法律、法规或规章取得海洋行政处罚权的，各级海洋行政主管部门及所属中国海监机构实施，其他国家机关不得享有和行使海洋行政处罚权；二是管辖法定。具有法定处罚权的海洋行政主管部门及其所属中国海监机构，只能在法律、法规或者规章规定的权限范围内实施处罚，越权处罚无效。

（3）处罚程序法定。"不遵守法定程序的，行政处罚无效"。程序权利是实体权利的根本保障，是防止行政权力滥用和保障相对人合法权益的屏障。实施海洋行政处罚必须遵守法定程序，任何部门的行政处罚权都必须严格按照法定的程序运行，否则就有悖处罚法定原则。

17.1.3.2 公正公开原则

公正，即公平正直，没有偏私。公正是法律永恒的主题。行政处罚的公正，体现为实体公正和程序公正两个方面：实体公正要求，处罚的设立和实施均做到"过罚相当"，有多大过受多大罚，且一视同仁、一如既往；程序公正则要求，实施处罚的过程公正合法，处罚权与防卫权的程序地位平等。处罚方应尊重相对方的人格尊严和防卫权利，避免武断专横。

公开，即公之于众，没有隐暗。公开是公正的保障，只有公开才能公正。公开亦有两项基本要求：一是处罚依据公开。《行政处罚法》第四条规定，未经公布的行政处罚规定，不得作为行政处罚的依据；二是处罚程序公开。海洋行政处罚主体在实施行政处罚时，必须恪守法定程序：应出示的要出示，当说明的要说明，该告知的要告知，需听取的听取，符合听证条件的要组织听证，不得拒绝当事人的陈述与申辩。总之，应把自己的行政处罚行为置于"阳光"之下。

17.1.3.3 一事不再罚原则

一事不再罚原则，即一个违法行为，不得给予多次处罚。行政处罚的目的，不在于为当事人设立某种义务，而是让违法行为人引以为戒，以防再犯。针对一个违法行为只要实施一次处罚，就达到了惩戒的目的，如果再对其进行处罚，则有违过罚相当原则，即有失公正。《行政处罚法》规定：对当事人的同一个违法行为，不得给予两次以上罚款的行政处罚。这是本原则的具体体现。一事不再罚原则包括以下主要内容：

(1) 对一个违法行为，不予两次以上的同类处罚。第一，一个或多个处罚主体不能根据同一法律规范，对同一违法行为再次处罚；第二，一个或多个处罚主体也不能根据不同法律规范，对同一违法行为作出同类处罚。但值得注意的是，如果一个违法行为同时触犯了不同的法律规范，则应当根据不同的法律规范分别给予处罚。因为不同的法律规范调整不同的社会关系，具有不同的立法意图，要实现不同的管理目的。只有当不同的法律规范，针对同一违法行为作出相同的处罚规定时，其目的一致，只罚一次即可实现惩戒的目的。

(2) 当处罚与刑罚竞合，则应"同罚折抵"。行政处罚与刑罚都是国家对违法行为的制裁方式，但不同处罚不得替代，然而同类处罚应当折抵。如某人被处行政拘留，而法院又判处自由刑，则行政拘留应当折抵刑期。如行政机关已处罚款，法院又判罚金，则罚款应折抵罚金。

17.1.3.4 保障相对人权利原则

保障相对人权利原则，是指在行政处罚过程中要充分保障相对人的合法权益。该原则有三个基本要求。即：保障无辜之人免受违法处罚；保障当罚之人得以公正处罚；保障错罚之人得到应有救济。为使这一原则一以贯之，法律赋予相对人在处罚程序中有知情权、陈述权、申辩权、申请回避权、要求听证与质证权、拒绝纳权、申请复议权、提起诉讼权和控告举报权等。保障相对人的上述权利，是每一个海洋行政执法机构及其执法人员的法定义务，应当依法为相对人行使这些权利提供便利，而不得随意加以剥夺或者限制。

17.1.3.5 惩罚和教育相结合的原则

这一原则是指，在实施行政处罚、纠正违法的过程中，要注意说服教育，实现教育和制裁的双重目的。海洋行政处罚实施机关及执法人员在践行这一原则的过程中，必须做到以下两点：一是不能为处罚而处罚。执法人员应当加强对当事人的教育，使其认识到自己行为的违法性和危害性，从而自觉守法，防止违法行为再次发生；二是也不能"以教代罚"。毕竟教育和处罚具有不同的社会功能，对违法行为只教育不处罚就会放纵违法行为，使行政处罚失去应有的惩戒作用。

17.2 行政处罚的种类

行政处罚的种类是行政处罚外在的具体表现形式。在不同的地域或场合，根据不同的标准，可以对行政处罚进行不同的分类。

17.2.1 学理上对行政处罚的分类

在行政法上，通常以处罚所针对的权利为标准，将行政处罚区分为以下四类：

（1）自由罚。即人身自由罚，指在一定期限内对违法行为人的人身自由进行限制或者剥夺的行政处罚措施。人身自由罚只能适用于自然人，其主要形式是行政拘留。

（2）行为罚。也称为能力罚。是限制或剥夺违法行为人某种行为能力，使其不能从事某种活动的处罚措施。其主要形式有责令停产停业、暂扣或吊销许可证或者执照等。

（3）财产罚。是强迫违法行为人交纳一定数额的金钱和物品，以使其财产上的权益受到损害的处罚措施。这种处罚不影响违法行为人的人身自由权和从事其他行为的权利，又能达到惩戒目的，因而得到广泛应用，其主要形式有罚款、没收财产等。

（4）声誉罚。是指对违法行为人予以谴责或告诫，使其名誉、荣誉、信誉和其他精神上的利益受到一定损害的处罚措施。它属于较轻的行政处罚措施，一般适用于情节轻微或者实际危害程度不大的违法行为，主要形式有警告、通报批评等。

17.2.2　法律法规对行政处罚的分类

《行政处罚法》第八条规定了警告、罚款、没收违法所得和非法财物、责令停产停业、暂扣或者吊销许可证、执照、行政拘留7类行政处罚：

17.2.2.1　警告

警告，属于声誉罚之一，是对违法行为人进行谴责以示警戒的处罚措施。警告这种处罚形式既具有制裁性质又具有教育性质。它对违法行为人的声誉加以影响，并使行为人明晓自己的行为已经违法，以达到制止其继续进行违法行为的目的。为了保证警告这种处罚形式的合法性和有效性，警告必须按照法定程序进行。警告一般适用于情节比较轻微的违法行为，是最为轻微的行政处罚种类。警告既可以适用于个人，又可以适用于法人或者其他组织。警告属于要式行政行为，作出警告必须要有书面的处罚决定书，指明相对人的行为违法，并交送违法行为者本人。口头的警告属于一般的批评教育，不属于行政处罚的范畴。

17.2.2.2　罚款

罚款，即令违法行为人在一定期限内缴纳一定数额金钱的处罚。罚款是为违法行为人设定金钱给付义务，其数额由法律明确规定，实施罚款不能超过法定的数额范围，处罚实施机关仅在法定数额范围内享有一定的自由裁量权。在海洋行政执法活动中，罚款是最为常见的处罚形式，得到广泛的应用。

罚款与没收非法所得不同，罚款针对的是违法行为人的合法收入，没收针对的则不属合法的财产。

罚款与刑罚罚金和司法罚款也不相同。罚金，适用于犯罪，是刑罚的附加刑之一；司法罚款，是排除妨碍诉讼行为的强制措施，其对象是在诉讼活动中实施了妨碍诉讼行为的人。后两者非由行政机关适用，只能由人民法院适用。

行政处罚的罚款与排除妨碍行政调查强制措施的罚款也有区别。详见此后分解。

17.2.2.3 没收违法所得和非法财物

没收违法所得和非法财物是指将违法行为人的违法所得或非法财物收归国有的处罚措施。所谓违法所得，是指违法行为人实施违法行为所获取的金钱或者财物，就其性质来讲，这些金钱或者财物并不属于当事人所有，而是被其非法占有。如违法养殖获取的海产品、违法采砂获取的海砂等；非法财物，是指违法行为人所占有的违禁品，或者实施违法行为所使用的工具和物品。如用于违法采砂的挖砂船、假航行日志、假许可证等。具体哪些属于违法所得或非法财物，最终要以法律、法规规定为准，凡是法律、法规明确界定为非法财产的，应全部予以没收上缴国库或依法予以销毁。

17.2.2.4 责令停产停业

责令停产停业是指限制违法行为人从事生产经营活动的处罚措施。责令停产停业具有三个特征：其一，它是对违法者行为能力的限制。即对违法者既有从事生产、经营业务活动能力的限制，只要是具有经营性质的业务活动，都适用该种处罚形式；其二，对违法行为人的行为能力加以限制时，对相对人的财产权不产生直接的影响，而是间接带来损害；其三，其对违法者行为能力的限制附有期限，不是对违法者行为能力的最终剥夺，当期限届满其被限制的行为能力自然恢复。责令停产停业的处罚并未剥夺生产经营者的生产经营权利和资格，而只是要求被处罚人不得行使此种权利，其权利和资格依然存在，其许可证和执照并不收回，而只是对权利作出一定限制。违法者在相应期限内及时纠正了违法行为，履行了法定义务之后，仍可继续从事生产经营活动，无须再重新申请领取许可证和执照。

责令停产停业与责令纠正违法行为不同。《行政处罚法》规定，行政机关实施行政处罚时，应当责令当事人纠正或者限期改正违法行为。责令纠正违法行为不属于行政处罚，其与责令停产停业具有不同的目的，前者的目的是为了给违法行为人予以惩戒，后者的目的则在于纠正错误、恢复被侵害的某种状态。行政机关在处理行政违法案件时，应首先要求违法行为人及时纠正违法行为，再论是否处罚或如何处罚。

17.2.2.5 暂扣或者吊销许可证、执照

暂扣或者吊销许可证、执照，是指暂时扣留或者撤销违法行为人从事某种活动的凭证或资格证明的处罚措施。许可证或执照是相对人从事某种活动、享有某种资格的证明文件，一旦被暂扣或者吊销，则意味着相对人从事某种活动的权利被限制或者被剥夺。许可证或执照直接关系到当事人的人身权和财产权，是一种更为严厉的处罚措施。比如吊销倾倒许可证，注销海域使用权证，等等。

暂扣和吊销的不同之处在于：暂扣是暂时中止当事人从事某种活动或享有某种资格的能力，待一定期限届满后再发还许可证或执照，使相对人可以继续从事该项活动或享有该项资格；而吊销则是永久终止相对人从事某种活动或享有某种资格。

17.2.2.6 行政拘留

行政拘留，又称治安拘留，是指公安机关短期内限制违法行为人人身自由的行政处罚。行政拘留主要适用于较为严重的治安违法行为，其设定权仅限于法律，实施权仅限于公安机关，并且不能转授或委托其他机关、组织行使。

行政拘留与刑事拘留、司法拘留不同：刑事拘留，是侦察机关针对于现行犯或重大犯罪嫌疑人实施的刑事强制措施；司法拘留，是人民法院在诉讼程序中针对妨害诉讼活动的人所实施的排除妨害的强制措施；行政拘留，则是对确有行政违法事实的行为人给予的法律制裁方式。三种拘留适用的情形、目的、后果及实施机关均有所区别。

17.2.2.7 法律、法规规定的其他行政处罚

现实生活是复杂多样的，为适应行政管理多变、动态、复杂的需要，除以上六种行政处罚外，《行政处罚法》还使用兜底性条款规定了"其他类"行政处罚。此类行政处罚的依据是法律和行政法规的具体规定。

17.2.3 海洋行政处罚的分类

海洋属行政公产，由此海洋管理涉及公产管理和用海秩序管理双重使命，故海洋行政处罚有着与众不同的特殊性。总体上可以将海洋行政处罚分为管理处罚和修复责任两大类：

（1）管理处罚。即海洋行政主体针对破坏用海秩序或违反用海制度的行为而实施的处罚。该类处罚是基于国家政治权力而派生的，目的是维护用海制度、维持良好的用海秩序。其与工商管理部门维护市场秩序、公安机关维护社会治安秩序等行政处罚的法律性质相同。如针对未经审批而填海、围海的行为，处以罚款、没收违法所得等。

（2）修复责任。即海洋行政主体针对破坏、毁损、侵占海洋行政公产的行为而实施的处罚。该类处罚是基于国家公产所有权而派生的，目的是维护公产的正常使用和保值增值。工商管理部门、公安部门等其他非公产管理机关一般不具备此类处罚权。如针对非法围海、填海行为，责令其退出海域、恢复海域原状，针对海洋石油污染责令其赔偿国家损失、恢复海洋生态等。

行政处罚的措施也是多种多样的，现行法律、法规不可能穷尽行政处罚的种类。其中的法定仅限法律、法规所规定，法律法规以外的其他文件无权创设新的处罚种类。

但海洋行政处罚的种类，比《行政处罚法》规定的种类更多，也更为复杂的多。

值得注意的是，《海域使用管理法》第四十二条实际上规定了两种责任：一是损害行政公产的修复责任；二是破坏海域行政管理制度的违法

责任。

此条规定的"责令退还非法占用的海域，恢复海域原状"的措施，并不是严格意义上的行政处罚。因为，行政处罚是对违法行为人的一种惩戒，收回与恢复不具有惩罚性，只是对海洋行政公产被侵占或损害修复型的"填平补齐"措施，其实质是基于行政公产权而产生的请求权或强制权。行为人本无海域使用权而占用海域，收回之即为恢复秩序；而无论行为人是否拥有海域使用权，一旦对海洋公产造成损害就应赔偿，此为修复公产；而对于破坏海域管理秩序或损害海洋行政公产的行为进行罚款则才具有惩戒性，可谓之处罚。

17.3 行政处罚与海洋行政处罚的设定

行政处罚的设定，是指有关国家机关在法律规范中规定行政处罚的活动，其实质是一种立法活动。即享有立法权的机关通过立法的形式规定哪些违法行为应受行政处罚，应受何种行政处罚。行政处罚的设定权，包括创设权和规定权两个组成部分：创设权，指在上位法没有规定的情况下自行创设行政处罚的权力；规定权，指在上位法已对处罚作出规定的情况下，而进一步细化规定的权力。规定权受到上位法规定的限制，不能超出已有规范所确定的处罚行为、种类和幅度等范围。根据《行政处罚法》的规定，行政处罚的设定权可以分为以下四个层次：

17.3.1 法律的设定权

《行政处罚法》第九条规定，法律可以设定各种行政处罚。限制人身自由的行政处罚，只能由法律设定。在海洋行政执法依据中，《海洋环境保护法》和《海域使用管理法》有权创设行政处罚的种类。

17.3.2　行政法规的设定权

行政法规,是由国务院依法在其职权范围内所制定的管理各项行政事务的规范性法律文件。在我国行政法规大量存在,行政法规所规定的行政处罚也大量存在。行政法规的行政处罚设定权包括两个方面:一是创设权。行政法规可以创设除限制人身自由以外的各种行政处罚;二是规定权。在法律已对违法行为作出行政处罚规定的情况下,行政法规只能在法律规定的行政处罚的行为、种类和幅度的范围内作具体规定。

17.3.3　地方性法规的设定权

地方性法规,是由地方权力机关(省级人大及其常委会、较大市的人大及其常委会)制定的规范性文件。地方性法规的设定权也包括两个方面;一是创设权,可以创设除限制人身自由、吊销企业营业执照以外的行政处罚;二是规定权,法律、行政法规对违法行为已经作出行政处罚规定的,地方性法规需要作出具体规定的,必须在法律、行政法规规定的给予行政处罚的行为、种类和幅度的范围内进行规定。

17.3.4　行政规章的设定权

行政规章是由国务院各部门及经国务院授权的直属机构或者一定级别的地方人民政府(省级人民政府及较大市人民政府)制定的规范性文件。包括部门规章和地方规章。行政规章属于效力等级较低的法律规范,其创设权是有限的:只能创设一定数额的罚款和警告的处罚,罚款的限额由国务院或者省、自治区、直辖市人民代表大会常务委员会规定;行政规章主要是拥有行政处罚的规定权:国务院各部门制定的部门规章和地方政府制定的地方规章可以在法律、法规规定的给予行政处罚的行为、种类和幅度的范围内作出具体规定。

除上述法律、法规、规章以外的其他规范性文件,无权设定行政处罚。

17.4 行政处罚的实施主体、管辖与适用

17.4.1 行政处罚的实施主体

17.4.1.1 行政处罚的实施主体概述

所谓行政处罚的实施主体，就是依法享有行政处罚权，能够实施行政处罚行为的机关或组织。目前我国法定的行政处罚实施主体包括"行政机关以及法律法规授权组织和受行政机关委托的组织"。

17.4.1.1.1 行政机关

行政机关，就是依法行使国家行政权力，管理国家行政事务的执行机关。行政机关是最主要的行政处罚实施主体。行政处罚权作为行政管理的重要手段，行政机关必须具备。但并不是所有的行政机关都可以行使处罚权，只有获得法律、法规明确授权，依法取得特定的行政处罚权的行政机关才可以行使。行政机关作为行政处罚主体必须同时具备三个条件：①必须是履行外部行政管理职能的行政机关；②依法取得法定明确授权，代表国家在某一领域实施行政处罚；③法定授权应与外部管理职能及范围相一致。

17.4.1.1.2 法律、法规授权组织

法律、法规授权组织，又称被授权组织，是指依具体法律、法规授权而行使行政职权的非行政机关。《行政处罚法》规定："法律、法规授权的具有管理公共事务职能的组织可以在法定授权范围内实施行政处罚。"被授权组织在授权范围内可以以自己的名义实施行政处罚。这里所说的"自己的名义"，是指法律明确规定其可以依照自己的意志直接对外实施行政处罚，并以自己的名义承担行政法律责任。法律、法规授权组织包括事业组织、社会团体、基层群众自治性组织、企业组织。被授权组织在行

使法律、法规所授职权范围内，有与行政机关相同的行政主体地位，但在执行其本身的职能时，不享有行政职权，不具备行政主体地位。

17.4.1.1.3 受行政机关委托的组织

受行政机关委托的组织，也称为被委托组织。根据公共管理的需要，行政机关可以依法将某些行政处罚权委托给其他机关或组织。但接受委托者应具备法定的条件：该组织应属依法成立的管理公共事务的事业组织；具有熟悉有关法律、法规、规章和业务的工作人员；对违法行为需要进行技术检查或技术鉴定的，应当有条件组织进行。被委托组织根据委托原理以委托行政机关的名义对外实施行政处罚，其行为后果也由委托行政机关承担。

17.4.1.2 海洋行政处罚的实施主体

17.4.1.2.1 概念

海洋行政处罚的实施主体，是指依法有权对海洋行政违法案件进行调查与处罚的行政机关或组织。通常也可理解为海洋行政主管部门与其他涉海管理部门之间行政处罚权的职责划分。根据《海域使用管理法》、《海洋环境保护法》等海洋行政法律、法规和规章的规定，海洋行政处罚实施主体是，国务院海洋行政主管部门以及沿海县级以上地方人民政府海洋行政主管部门。具体包括：国家海洋局及其派出机构（东海分局、南海分局、北海分局），沿海省、直辖市、自治区人民政府海洋行政主管部门，沿海设区的市、县（市）人民政府海洋行政主管部门。海洋行政处罚权，具体由各级海洋行政主管部门所属中国海监机构统一集中实施。

17.4.1.2.2 中国海监机构的法律地位

中国海监机构，系各级海洋行政主管部门的重要组成部分，是海洋行政主管部门集中实施海洋行政处罚权的专门机构。它代表海洋行政主管部门行使职权，以同级海洋行政主管部门的名义实施行政处罚，其实施海洋行政处罚行为的后果由海洋行政主管部门承担。中国海监机构的现行机构设置共有四个层级：国家设中国海监总队，含中国海监北海总队、东海总队、南海总队；省级设中国海监各省总队；地（市）级设中国海监各地、(市)支队；县（区）级设中国海监各县（区）大队。

根据《海洋行政处罚实施办法》的规定，县级以上各级人民政府海洋行政主管部门是海洋行政处罚实施机关（简称实施机关）。实施机关设中国海监机构的，海洋行政处罚工作由所属的中国海监机构具体承担；未设中国海监机构的，由本级海洋行政主管部门实施。由于政府机构改革等原因，部分地方的中国海监机构尚在筹备之中，故在这些地方的海洋行政处罚暂由海洋行政主管部门的其他内设机构负责实施。

中国海监机构中有部分尚属事业编制，但这并不成其为影响中国海监机构行使行政处罚权的理由，中国海监机构与一般的事业单位有以下区别：

（1）设置和存在的目的不同。根据国务院《事业单位登记管理暂行条例》界定，所谓事业单位，是指国家为了社会公益目的，由国家机关举办或者其他组织利用国有资产举办的，从事教育、科技、文化、卫生等活动的社会服务组织。可见，一般事业单位属于社会服务组织，设立的目的是为社会创造或改善生产和生活条件，为工农业生产提供服务；中国海监机构是专门的行政管理组织，其设立和存在的目的就在于实现国家管理海洋的行政职能。

（2）设立方式与依据不同。一般事业单位依据《事业单位登记管理暂行条例》规定的条件和程序登记设立；中国海监机构设立，是由主管行政机关依据其"三定方案"，根据管理需要和精简的原则决定，其设立过程主要是通过行政组织的内部程序。

（3）职能范围不同。一般事业单位是独立的事业法人，除履行法律、法规授权的行政职能之外，还有其本身的业务或非行政职能；中国海监机构属于海洋行政主管机关的组成部分，除履行海洋行政执法职能之外，没有其他自身的职能或业务。

17.4.2 行政处罚与海洋行政处罚的管辖

海洋行政处罚的管辖，是指具有海洋行政处罚权的实施主体之间的权限划分。它解决的是某个具体的海洋违法行为由哪个具体的行政主体实施处罚的问题。由于海洋执法活动与陆地执法存在着较大差异，因而管辖也具有一定的特殊性。

17.4.2.1 地域管辖

地域管辖又称区域管辖，指同级别的海洋行政执法主体之间在查处海洋行政违法案件中的区域分工和权限，即管辖权内部的横向划分。《行政处罚法》确定的地域管辖标准和基本原则是"违法行为发生地"。即行为发生在何处，即由当地有处罚权的行政机关管辖。"违法行为发生地"包括违法行为的实施地、发现地和危害结果发生地。

《海域使用管理法》、《海洋环境保护法》和《海洋行政处罚实施办法》等海洋行政法律文件，也都依照上述规定确定了海洋行政处罚的地域管辖，以违法行为发生地的县级以上人民政府海洋行政主管部门管辖为一般原则。

17.4.2.2 级别管辖

海洋行政处罚的级别管辖，是指海洋行政处罚实施主体上下级之间，在查处海洋行政违法案件上的分工和权限，即管辖权内部的纵向划分。我国海洋行政处罚的级别管辖实行的是"处罚就审批"原则。即哪一级政府审批用海，即由哪一级海洋行政主管部门的海监机构进行监督并实施处罚。在确定用海审批权限时，主要考虑的因素有三：

一是用海项目的性质。对完全改变海域自然属性的，如造地、码头、堤坝等填海型项目用海由省级以人民政府审批；对严重改变海域自然属性的，如港池、盐池、鱼池等围海型项目用海由省、市、县级人民政府分级审批；对不改变海域自然属性的，如浴场、养殖、锚地等开放型项目用海主要由市、县级人民政府审批。

二是用海的面积。填海 50 公顷以上、围海 100 公顷以上、不改变海域自然属性的用海 700 公顷以上的项目用海等由国务院审批，该面积以下的项目用海由国务院授权省级人民政府规定，并由省级以下人民政府实行分级审批。

三是行政区域。跨地方行政区域的项目用海，由该项目所跨行政区域的共同上一级人民政府审批。

据此，国家海洋局对海洋行政处罚的级别管辖作了原则划分：

（1）中国海监总队，集中实施国家海洋局的法定海洋行政处罚权。负责对全国海域使用执法监察工作实施业务领导和监督。

（2）中国海监各海区总队，即中国海监北海总队、东海总队、南海总队在本辖区内集中实施国家海洋局及其分局的法定海洋行政处罚权。负责对本海区内国务院审批权限内的用海活动实施监督检查，并依法查处违法用海活动。

（3）沿海县级以上地方人民政府海洋行政主管部门所属的海监机构，负责对毗邻海域内同级地方人民政府审批权限内的用海活动实施监督检查，并依法查处违法行为。

具体而言，中国海监总队及各海区总队管辖的具体权限是，由国务院审批的以下用海项目：

（1）填海 50 公顷以上的项目用海；

（2）围海 100 公顷以上的项目用海；

（3）不改变海域自然属性的用海 700 公顷以上的项目用海；

（4）国家重大建设项目用海；

（5）国务院规定的其他用海。

同时，国家海洋局《海域使用权管理规定》还规定了以下直接受理的项目，也应当在中国海监总队的管辖范围之列：

（1）国务院或国务院投资主管部门审批、核准的建设项目；

(2) 省、自治区、直辖市管理海域以外或跨省、自治区、直辖市管理海域的项目；

(3) 国防建设项目；

(4) 油气及其他海洋矿产资源勘查开采项目；

(5) 国家直接管理的海底电缆管道项目；

(6) 国家级保护区内的开发项目及核心区用海。

沿海各省、直辖市、自治区海洋行政主管部门的中国海监总队的管辖范围是，省级人民政府审批的以下用海项目：

(1) 填海（围海造地）50公顷以下（不含本数）的项目用海；

(2) 围海100公顷以下（不含本数）的项目用海，由省、市、县分级审批。分级审批权限由各省人民政府根据项目种类、用海面积规定。因此，沿海地、市和县（区）级海洋行政主管部门的中国海监支队、大队的管辖范围具体要根据各省分级审批的权限划分来确定。

17.4.2.3 指定管辖

《海洋行政处罚实施办法》规定，对于管辖权发生争议的，报请共同的上一级实施机关指定管辖。指定管辖基于共同管辖而产生。所谓共同管辖，即当两个以上行政机关对同一违法行为均享有行政处罚权时，称为共同管辖。共同管辖的处理规则一般是由行政机关相互协商或按惯例等方式解决，但当异议无法消除时、行政机关就管辖权发生争议时，则应当报请其共同的上一级行政机关，由上一级行政机关来确定由谁管辖。

17.4.2.4 其他管辖

17.4.2.4.1 首问管辖

或称最先查处原则，即最先查处的行政主体管辖。指管辖不明确或者违法行为发生地与查获地不属于同一辖区范围的案件，或其行为地无从查明，由最先查获的行政主体管辖，以立案时间先后为准。可提高效率，及时制裁。

《海洋行政处罚实施办法》规定，违法行为发生地不明确或者无法查明的，法律、法规有明确规定的，按照规定确定管辖；法律、法规没有明确规定的，按照规章规定和职责权限确定管辖。国家海洋局［2002］121号文件规定，对违法用海行为，实行谁查获、谁处理原则，即由先查获的海监机构负责处理。上述规定，是为了适应海上执法的特点与需要所确立特殊管辖制度。

对于管辖权不明确的海洋行政处罚案件，违法行为发生地和查获地不属于同一辖区范围的海洋行政处罚案件，由先查获的海洋行政处罚实施机关管辖，这一规定有利于及时制止违法行为、当场固定证据、截获违法当事人并及时作出处罚决定，适应了海洋行政执法快速、高效、经济的要求。

17.4.2.4.2 管辖权转移

管辖权的转移，是指管辖权在海洋行政处罚实施机关之间的相互移转。下级海洋行政处罚实施机关对其所实施的海洋行政处罚，认为需要由上级机关管辖的，可以报请上一级实施机关决定。上级海洋行政处罚实施机关有权监督、纠正下级机关的海洋行政处罚，有权管辖下级机关管辖的海洋行政处罚案件。

17.4.2.4.3 移送管辖

即将不属于自己管辖的案件移送给有权管辖的机关处理。对于不属于海洋行政主管机关管辖的行政违法案件，应当制作移交案件通知书（函），移送有权管辖的海洋行政处罚实施机关或者其他有权机关。构成犯罪的，依法移送司法机关处理。

17.4.3 海洋行政处罚的适用

海洋行政处罚的适用，即处罚实施主体对违法行为具体运用行政处罚法律规范实施处罚的活动。它是将行政法律规范规定的行政处罚的原则、形式、具体方法等运用到各种具体行政违法案件中的活动。具体来讲，海洋行政处罚的适用主要包括以下内容：决定是否给予行政处罚；给予什么样的处罚，即行政处罚的具体形式；给予一种行政处罚还是几种行政处罚；决定从轻、减轻、从重、单处、并处等具体裁量方法等。

17.4.3.1 当罚违法行为的构成要件

应受处罚的违法行为的构成要件，是指某种行为受到行政处罚所必须具备的条件。一个应罚的行政违法行为具体包括四个构成要件：其一，违法行为客观存在。行为人的计划或设想不能当作违法行为；其二，违法行为在性质上属于行政违法行为，而非民事或刑事违法行为；其三，实施违法行为的人必须是具有责任能力的相对人。不具有责任能力的违法行为人不得给予处罚；其四，依法应当受到处罚。一个行为虽然违法，但并不一定就必须处罚，只有法律明确规定应当处罚的违法行为，才能适用行政处罚。

17.4.3.2 不予处罚的情形

不予处罚，是指行为人虽然实施了违法行为，但由于具有法定的特定的情形而不给予处罚的情形。根据《行政处罚法》的规定，不得予以行政处罚的情形有以六种：一是不满14周岁的人有违法行为的；二是精神病人在不能辨认或者不能控制自己行为时有违法行为的；三是违法行为轻微并及时纠正，没有造成危害后果的；四是因意外事故而致违法行为发生的；五是违法行为已过追诉时效期限的；六是属于正当防卫、紧急避险且没有超过必要限度的。

17.4.3.3 从轻或者减轻处罚的情形

从轻处罚，是指在行政处罚的法定种类和幅度内，使用较轻的种类或者处罚的下限给予处罚的情形。从轻处罚不能低于法定处罚幅度的最低限度。减轻处罚，是指在法定处罚幅度的最低限度以下给予处罚。根据《行政处罚法》第二十五条和第二十七条的规定，对于下列五种情形应当从轻或者减轻处罚：已满14周岁不满18周岁的人有违法行为的；主动消除或者减轻违法行为危害后果的；受他人胁迫有违法行为的；配合行政机关查处违法行为有立功表现的；其他依法应当从轻或者减轻处罚的情形。

17.4.3.4 单处和并处的情形

单处，是指行政处罚机关对违法者仅适用一种处罚方式。它是行政处罚适用的最简单形式。单处可以是对法定的任何一种行政处罚形式的单独适用。单处可以分为简单单处和选择单处两种情况。前者是指法律只规定了一种处罚形式，行政主体只可适用该处罚形式；后者是指法律规定了两种或者两种以上的处罚形式，但行政处罚机关可从中选择一个适用。

并处，是指行政处罚机关对行政相对人的某一违法行为，依法同时适用两种或者两种以上的行政处罚形式。它是相对于单处而言的，往往针对的是违法情节较为严重的情形，是在处以单项处罚不足以达到制裁目的的情况下进行的。

17.4.3.5 行政处罚的追诉时效

行政处罚的追诉时效，是指对违法行为人追究行政责任，给予行政处罚的有效期限。如果超出这个期限，则不再实施行政处罚。根据《行政处罚法》第二十九条规定，行政处罚的追诉时效一般为两年，在违法行为发生后两年内未被行政机关发现，在两年后无论何时发现这一违法行为，都不能给予行政处罚。时效的计算，是从违法行为发生之日起计算，违法行为有连续或者继续状态的，则从行为终了之日起计算。连续状态指，行为人连续实施了数个同一种类的违法行为；继续状态指，一个违法行为在时间上的延续。另外需要说明的是，追诉时效是两年属于一般规定。在法律对追诉时效的期限另有规定的情形下则根据该特别规定。规定行政处罚的追诉时效的意义在于，有利于提高行政效率，使行政机关在法定期限内追究违法责任，避免案件久拖不决；同时还有利于及时查清案件事实，避免时过境迁。

17.5 海洋行政处罚程序

17.5.1 海洋行政处罚程序概述

海洋行政处罚程序，是指海洋行政处罚机关在实施行政处罚过程中所要遵循的具体方式、方法和步骤。它是由海洋行政处罚决定程序和海洋行政处罚执行程序两部分组成的。程序规范对实体规范的实现起着关键的作用。根据行政法制的基本精神和原则，程序是保证行政行为合法性和合理性的重要手段，程序规范在整个行政法制运行中有着极其重要的地位。

履行海洋行政处罚程序应当符合以下几项基本要求。

（1）以查清案件事实为核心目标

"以事实为根据，以法律为准绳"，是我国重要的法律原则之一。行政主体对相对人违反行政管理秩序的行为，作出行政处罚时，其事实必须清楚、准确、充分。这是行政处罚决定最主要和最基本的要求。《行政处罚法》第三十条规定，公民、法人或者其他组织违反行政管理秩序的行为，依法应当给予行政处罚的，行政机关必须查明事实；违法事实不清的，不得给予行政处罚。对"以事实为根据"原则的理解应注意把握两点：一是行政处罚决定事实清楚、证据确实充分，是依法行政原则最基本的要求；二是如果行政处罚决定事实不清、主要证据不足的，人民法院将通过司法审查予以撤销。

（2）以履行告知程序为处罚成立要件

根据《行政处罚法》第三十一条规定，"行政机关在作出行政处罚决定之前，应当告知当事人做出行政处罚决定的事实、理由及依据，并告知当事人依法享有的权利"。行政机关在作出行政处罚决定前，应当告知当事人做出行政处罚决定的事实根据和法律依据，以便听取当事人的意见。告知对于行政机关而言是一项法定义务。根据《行政处罚法》第四十一条规定，行政机关及其执法人员在作出行政处罚之前没有依照有关规定向当事人告知给予行政处罚的事实、理由和依据及当事人所享有的权利的，其作出的处罚决定不能成立，不能发生拘束当事人的效力。还需引起注意的是，为举证需要，这种告知应当是书面告知，而且需要送达回证的佐证。

(3) 以听取当事人陈述和申辩为处罚成立要件

根据《行政处罚法》第三十二条规定，"当事人有权进行陈述和申辩。行政机关必须充分听取当事人的意见，对当事人提出的事实、理由或者证据，应当复核；当事人提出的事实、理由或者证据成立的，行政机关应当采纳。行政机关不得因当事人申辩而加重处罚"。这里所说的陈述和申辩，是指当事人对行政机关所告知的违法事实、处罚理由、法律依据等提出自己的意见和看法，提出自己的主张和证据，并解释、辩解，反驳对自己不利的意见和证据。陈述权和申辩权是当事人在行政处罚程序中所享有的基本权利，它是程序公正原则的基本要求，并且贯穿行政处罚程序始终。《行政处罚法》第四十一条规定，行政机关及其执法人员在作出行政处罚决定之前，拒绝听取当事人的陈述和申辩的，行政处罚决定不能成立。

(4) 依据行政处罚内容选择不同决定程序

根据违法案件的案情复杂状况、处罚严重程度等选择相应的行政处罚决定程序。对于违法事实确凿并有法定依据、情节轻微的海洋行政处罚案件，一般适用简易程序，当场作出处罚决定；不适用简易程序的行政处罚案件，应当适用一般程序；在适用一般程序过程中，对于重大的海洋行政处罚案件，则应当根据当事人的要求适用听证程序。从某种程度上来说，简易程序和一般程序是一对并列概念；而听证程序和会审程序则是一般程序内部的特别附加程序。

17.5.2 简易程序

17.5.2.1 简易程序的概念与适用条件

简易程序即当场处罚程序，是指行政主体对符合法定条件的应罚行为，当场作出行政处罚决定的程序。当场处罚程序是简化的行政处罚程序，是行政机关在特定范围和条件下，对行政违法行为者在案发地即时作出行政处罚决定的方式、时限、形式和步骤。主要适用于事实清楚，情节简单，后果轻微的违法行为。其最大的特点是简易，有严格的适用范围和条件；效率高，节省人力和物力，节约行政执法成本；争议较少，程序简便。当场处罚程序的法律意义在于，及时处理和纠正较轻微的行政违法行为，提高行政管理效率。

在海洋行政处罚程序中，违法行为必须同时具备下列情形，才能适用简易程序当场作出决定：第一，违法事实清楚，证据确凿，无须进一步调查取证，且情节轻微；第二，依据《行政处罚法》和海洋法律、法规，处罚种类为警告或者对公民处以 50 元以下，对法人或者其他组织处以 1 000 元以下罚款；第三，有法定依据。对于该违法行为，法律、法规、规章明确规定了有关处罚的内容，实施处罚的人员当场可以指出具体的法律依据。如果没有法定依据，即使违法事实确凿，情节轻微，也不得当场处罚。

17.5.2.2　当场处罚的具体程序

当场处罚的程序，即简易程序的内容。根据《行政处罚法》和海洋行政执法依据的有关规定，适用简易程序当场予以行政处罚时，海洋行政执法人员应当遵守下列程序：

（1）表明身份。向当事人出示执法身份证件，是行政执法人员的法定义务。只有执法人员履行了这一义务，当事人才有义务接受处罚，否则当事人有权拒绝处罚。

（2）当场查清违法事实，收集和保存必要的证据，作出笔录并交由当事人核对后签名或者盖章。

（3）告知当事人违法事实、处罚理由和依据，说明理由和告知权利。执法人员应当指出行为人的违法事实，说明应给予行政处罚的理由和具体依据，同时告知当事人有进行陈述和申辩的权利。

(4) 听取当事人的陈述和申辩，对当事人提出的事实、理由和证据进行复核，当事人放弃陈述或者申辩权利的除外。

(5) 制作《当场处罚决定书》。行政处罚是要式行为，海洋执法人员必须当场填写，制作《当场处罚决定书》。《当场处罚决定书》应符合以下法定的形式与实质要件：

形式要件：①应有预定格式并统一印制。不得用"白条"等形式作出处罚决定；②有统一编号。以示严肃、慎重，防止徇私或假冒。同时也为相对人进行事后救济提供证据。

实质要件：《当场处罚决定书》应当载明：①当事人的违法行为。包括当事人的情况和违法事实；②行政处罚的依据。包括事实和法律依据；③处罚种类。罚款数额或警告；④处罚的时间、地点；⑤处罚机关盖章。

此外，《当场处罚决定书》中还应告知当事人有申请复议或提起诉讼的权利。

(6) 送达《当场处罚决定书》。简易程序的最大特点就是当场完成所有处罚程序。《当场处罚决定书》制作完毕，应当当场送达当事人。当场《送达当场处罚决定书》是简易程序完成的主要标志，凡不能当场制作处罚决定书的，都不能适用简易程序作出处罚决定，只能按一般程序作出处罚决定。

(7) 备案。《行政处罚法》第三十四条第三款规定，执法人员当场作出的行政处罚决定，必须报所属行政机关备案。其目的有三：一是有利于对行政执法人员进行监督；二是有利于处罚机关掌握处罚信息，收集和保管处罚证据，便于在复议或诉讼程序中举证。三是有利于处罚机关建立执法档案，通过分析、运用档案信息，发现和掌握行政违法规律，改善行政执法手段，提高行政执法水平。

17.5.3 一般程序

海洋行政处罚的一般程序，又称普通程序，是海洋行政机关进行行政处罚时所适用的正常程序，也是遵循的基本程序。依据《行政处罚法》的规定，绝大多数海洋违法行为适用一般程序作出行政处罚决定。

一般程序的适用范围，是除《行政处罚法》第三十三条、《海洋行政处罚实施办法》第十一条的规定以外的其他行政案件。按照《海洋行政处罚实施办法》第十三条的规定，适用海洋行政处罚一般程序的案件包括两类：

第一类："依据海洋法律、法规或者规章，对个人处以50元以下、对单位处以1 000元以下罚款或者警告"以外的案件。是对个人处以50元以上、对单位处以1 000元以上罚款或者处以没收违法所得、没收非法财务、吊销许可证、停止经批准的海上作业等处罚的案件，这些案件应当适用一般程序。

第二类：符合适用简易程序条件，但海洋行政机关认为有必要适用一般程序予以处罚的案件。

海洋行政处罚一般程序主要包括以下步骤：立案；调查取证；审查行政处罚建议（重大案件会审）；拟定处罚意见告知（听证告知）；举行听证会（由当事人申请启动）；作出行政处罚决定；送达行政处罚决定。

对于上述各个步骤以及海洋行政处罚决定的执行和结案程序的具体内容，以下将分节进行介绍。

17.6 立案

根据《行政处罚法》的规定，除可以适用简易程序作出行政处罚的案件之外，其他案件适用行政处罚的一般程序。一般程序较简易程序要复杂、严格，是行政处罚中的基本程序。其程序完整，适用广泛，集中体现了《行政处罚法》的立法宗旨和原则。一般程序通常需履行多个具体步骤，立案是其中的第一道程序。

17.6.1 立案的概念与特点

（1）立案的概念。立案是指海洋行政执法主体通过巡航、监视等例行检查或接受举报、移送案件，或媒体报道和曝光等途径，发现有依法应当给予海洋行政处罚的行为，决定对其进行查处的行政行为。

（2）立案的特点。立案是行政处罚实施主体的特有权力和职责，没有行政处罚权的组织或个人，无权对行政违法行为立案调查；立案是海洋行政处罚的起始程序，标志着一般处罚程序的启动。

17.6.2 立案的任务与意义

（1）立案的任务

立案的任务在于决定是否启动查处程序。立案前，行政主体的职责是，对有关事实或材料进行审查，不能采取调查手段和强制措施，只有立案之后才可以采取相应的手段和措施（紧急情况除外）。明确立案的目的和任务，有利于行政处罚主体及时履行立案职责查处违法行为，有利于防止权力滥用，保护相对人合法权益。

（2）立案的法律意义

第一，为相对人合法权益不受非法侵害设立程序屏障。现代行政法以保障行政相对人合法权益为首选价值目标，控制行政违法和保障相对人的合法权益是行政处罚程序的两大根本使命。先立案后查处是行政处罚的基本原则，只有在紧急情况下，如防止证据灭失、违法行为人逃跑等才能例外。如果随意启动行政处罚程序，相对人就会处于随时受到行政侵害的可能；

第二，立案有利于督促行政处罚实施主体及时、准确查明行政违法事实，依法实施行政处罚，如果该立不立，或者滥施行政调查手段和强制措施，行政主体也就随时有可能被推上被告席。

17.6.3 案件的来源

海洋行政执法案件来源的途径是多方面的,总的可归纳为两类:

(1) 自行取得。即海监执法人员在执行巡航、监视、检查等公务过程中,主动发现的海洋行政违法事实或海洋行政违法行为人。查处海洋行政违法案件既是海监机构的职权,同时也是其应尽的职责。海监执法人员应当积极主动地发现、获取海洋行政违法案件线索,主动取得或发现案源,对于海洋行政执法尤为重要。海洋行政执法活动的自身特点决定了海洋行政执法机关及其执法人员,必须以主动发现作为取得案源的主要手段与途径。

(2) 受动取得。即海洋行政执法机构接受公民、法人或者其他组织的报案或举报、受害人控告或申请、上级交办或其他机关移送案件、新闻媒体报道或曝光等途径而获取案源的方式。对受动取得的案件材料,海洋执法人员应立即受理并认真审查,及时将处理意见反馈当事人或有关机关。

17.6.4 立案的条件

立案,是条件满足方可成就的法律行为,任何一个行政执法主体,对所获取的行政违法案件的线索,都不是一概立案。而是要依法进行审查,只有符合立案条件的,才作出立案决定。海洋行政执法案件立案应满足以下四个基本条件:

(1) 认为有海洋行政违法事实发生。这是立案的首要条件。具体包括以下两层含义:

第一,有海洋行政违法事实,是指有依照海洋法律、法规和规章规定构成行政违法行为发生,且该事实的发生有一定的证据证明。但作为立案条件的事实,并不是行政处罚的事实依据,能证明有行政违法行为发生即可,而不要求弄清整个违法过程、具体情节、行为人的情况等。它只是启动行政处罚程序的一个客观要件,具体的违法事实要由立案后的调查活动来查明。

第二,行政违法事实应当有相关的证据材料证明。虽然在立案阶段不能要求掌握全部证据,但绝不是没有证据就可以立案,此时对证据的要求是能够足以证明违法事实已经发生,而不是主观臆想。

(2) 依法应当追究法律责任。并不是所有行政违法事实都必须进行行政处罚,必须是海洋行政法律、法规、规章有明确规定应当处罚的行为才需立案查处。法律、法规规定不得实施行政处罚的,可不予立案。

(3) 属于本机关的管辖范围。首先,要明确该案的职能管辖或主管。即该违法行为是否属于海洋行政处罚实施主体的职权管辖范围。属于即可立案,越权立案无效;其次,明确级别管辖。即该海洋行政违法案件是否属于本级海洋行政执法主体管辖范围。属于本级即可立案,不属于本级立案无效;第三,要明确地域管辖。该海洋行政违法案件是否发生在自己管辖的区域。在自己管辖的区域之内可以立案,不在自己的区域之内不立案;第四,明确是否符合其他管辖规定。如指定管辖、首问管辖,法律、法规和规章规定的其他可以由自己管辖的案件等。

(4) 看是否属于适用简易程序的案件。根据《行政处罚法》的规定,适用简易程序的案件无须立案。

17.6.5 立案的程序

立案程序一般要经过受理、审查、决定三个步骤。海洋行政处罚案件的立案程序具体如下:

17.6.5.1 自行发现案件的审批与处理

海洋行政执法主体通过巡航、监视、检查等,发现有行政违法行为,应当按以下方式处理:

(1) 对满足立案条件的海洋行政违法案件,应当制作《立案审批表》报机关负责人批准,作出立案决定,并指定承办人对其进行查处。

(2) 通信请求立案的审批与处理。通信请求立案,是指海洋行政执法人员在海上执法过程中,发现海洋行政违法行为,认为需要当即立案查处的,可通过各种通信工具等海上联络方式请求有关负责人批准立案的情形。根据《海洋行政处罚实施办法》第二十四条规定的精神,海洋行政执法人员在海上执法的过程中,可以使用电话、传真、电报或电子邮件等现代通信工具进行立案审批。有关负责人可在电话等通信工具中作出批准或不予批准立案的决定。

采用通信审批立案应把握以下几个要件:第一,必须是在海上执法,陆地原则上不适用;第二,必须留下审批证据。如传真件、电话录音等;第三,抵岸后应及时补办应办手续,以备监督或审查。

(3)认为不属于自己管辖的,应按先受理后移送的原则,先受案件,如情况紧急需要采取证据保全或强制措施的,应先予进行。之后制作《案件移送书》经机关负责人批准后,按规定移送有管辖权的机关。

17.6.5.2 受理取得案件的审批与处理

海洋行政执法主体对受理取得的案件材料,在接受中应当注意遵守以下"四项原则":

(1)便民原则。行政执法主体应当本着方便公民、法人或其他组织报案、举报、控告和申请的原则,认真接待。公民、法人或其他组织的报案、举报和控告既可以书面形式,也可以口头形式提出,行政机关都应当接受。口头形式提出的,接待人员应当问明情况,制作笔录,由来者签名或盖章,必要时可以录音、录像,以固定证据,对单位的揭发、控告或举报应有公章或法定代表人、代理人签名。

(2)当即处理原则。不得以任何借口推诿或拒绝,应当采取紧急措施或证据登记保全的,应先进行后移送主管机关。行政机关应当无条件接受所有关违法行为的举报控告等材料,此为其必须遵守的法定职责。这一原则体现了方便公民、法人或其他组织同违法行为作斗争,注重行政执法机关效率的目的。对于行政不作为或失职、渎职等行为,不履行公务协助义务者,应当承担相应的法律后果,追究相应的法律责任,造成损失的应当依法赔偿。

(3) 保密和保护原则。一要为当事人保密；二要采取必要措施为当事人及其近亲属的人身、财产安全提供保障；三要对威胁、侮辱、殴打当事人的不法分子，依法追究责任。

(4) 登记与签收原则。接受案件应当制作《接受案件登记表》，并逐一造册登记。建立材料流转签收制度。此关系到证据与线索的安全与保密，关系到行政执法主体及其执法人员的责任与职责的落实。有利于责任划分，有利于接受有权机关的监督和司法的审查。

接受案件并经审查后，海洋行政执法主体应当作出以下处理：①认为有违法事实，但不属于自己管辖的，签发《案件移送书》经负责人批准后，移送给有管辖权的机关处理；②认为有违法事实，需要查处的，制作《立案审批表》，经机关负责人批准，即完成了法律上的立案程序。同时，指定办案人员。③对于认为没有违法事实，或有违法事实但不需实施行政处罚的，承办人员可将材料直接立卷归档。

17.7 调查取证

17.7.1 调查的概念

海洋行政违法案件的调查，是指海洋行政处罚实施主体，依照法定权限和法定程序，为进一步查明和证明已立案处理的案件违法事实的行为。它直接对应随后的海洋行政处罚决定，即调查是处罚的前提和手段，处罚是调查的结果与归宿。海洋行政违法案件调查的核心是获取证据，整个查究的过程实质上就是获取和运用证据的过程，故也可称为证据调查，即与证据收集、审查和运用有关的各种调查活动的总称。海洋行政违法案件调查具有"四个特征"：

(1) 调查的主体是海洋行政主管部门及其执法人员，即中国海监机构的执法人员。当事人及其代理人为收集证据而进行的调查,不属于此说范畴。

(2) 调查的目的是查明和证明海洋行政违法案件的事实。对于海洋行政执法人员来说,无论是过去发生的案件,还是执法人员在巡航、监视、监测或检查等过程中直接触击事发过程的案件,都必须通过调查来发现、固定和获取证据以资证明案件事实。调查人员不仅要查明案件,更重要的是要用合法的证据来证明案件事实。如果一个案件的事实虽已查明,但却不能以充分的证据加以证明,则依然不可认定违法事实之存在并进而对其施以行政处罚。

(3) 海洋行政违法案件调查是一种专门的行政执法活动。表现在:由专门的执法人员实施;针对专门的处罚案件进行;遵守专门的法定程序;采用专门的调查方法;专门围绕证据进行,并且其行为结果专门服务于行政处罚之依据。

(4) 海洋行政违法案件调查的内容,包括法定的调查取证方法和排除妨碍调查的强制措施两个方面。行政调查取证的方法,是法定的调查手段,海洋行政执法人员只有采用法律、法规规定的调查方法和手段,其调查行为才是合法的。排除妨碍调查的强制措施乃是行政强制措施的一种,是行政执法机关为了预防、控制或制止妨碍调查的行为,或者保全证据,确保案件调查工作顺利进行,而依法采取的对相对人的财产或人身加以暂时性限制的行政行为。

17.7.2 调查的任务

调查的任务,就是案件调查活动的具体工作和阶段要求。它与调查的目的不同,就具体案件而言,每次调查的目的不一定能实现,但调查任务是应该完成的。目的注重的是调查的结果,任务强调的是调查的过程。明确并落实调查的任务,有利于提高调查行为的自觉性、完整性和科学性。海洋行政违法案件的调查任务主要有三:

(1) 核实已知的事实和证据。调查的首要任务，就是要对已经掌握的事实和证据进行认真的核实，以对现有案情有一个比较客观的认知，避免先入为主，同时为调查之深入找到适当的切入点。

(2) 查获未知的事实和证据。调查的中心任务，是围绕案件的关键事实，展开对未知案情和证据的查获工作。它关切案情之全面与证据之完整，关系到后续对案件事实认定的基础笃实与否。这是工作量和取证难度相对较大的一个过程，需要有完善的调查计划、正确的调查目标、刻苦求真的调查工作、科学的调查手段，以及固定、收集和保全证据的方法与措施。

(3) 全面收集与综合评判证据。为了证实已经查明的事实，必须全面收集各种证据，以满足证明对证据质与量的要求，最终能以充分且合法的证据来证明案件的真相。科学地完成对已获取证据的逐个甄别、综合评判任务，是对全案事实作出准确判断的关键步骤。它要求调查人员必须要掌握扎实的证据理论功底，同时也不可或缺科学严谨的办案作风。

17.7.3　调查的基本程序

海洋行政执法人员在调查时，应当严格遵守《行政处罚法》、《海域使用管理法》、《海洋环境保护法》等海洋行政执法依据规定的基本程序：

(1) 不少于2人。《行政处罚法》第三十七条规定，行政机关在调查或进行检查时，执法人员不得少于两人。少于两人即为程序违法，其调查或检查行为无效。法律之所以如此规定，一为慎重，二为公正，三为防止徇私与腐败。

(2) 出示证件。海洋行政执法人员在行使调查权时，应当持有并出示合法有效的证件，此即谓调查的"证件主义"规则。出示证件、表明公务身份是行政调查的起始程序。此规则除《行政处罚法》之外，在海洋行政执法依据中亦有多处规定：《海域使用管理法》第四十条规定，海域使用管理监督检查人员履行监督检查职责时，应当出示有效执法证件；

《海洋石油勘探开发环境保护管理条例》第二十一条规定，主管部门的公务船舶应有明显标志。公务人员或指派的人员执行公务时，必须穿着公务制服，携带证件。这一程序的意义主要有三：一是昭示调查权具有法律依据；二是表明调查的权威与庄重；三是表明对当事人人权及其他合法权益的尊重与保护。

（3）制作笔录。笔录是行政执法过程的真实写照，是收集和固定证据的重要手段和方法，同时也是实施行政处罚的重要依据。行政程序中形成的各类笔录，一旦提交到人民法院即转化为诉讼证据，成为证明行政行为合法与否的证据之一。因此，海洋行政执法人员应当依照法律规定的程序和要求制作好笔录。

（4）遵守回避原则。海洋行政机关在作出立案决定之后，即要指定案件承办人员。所以在立案之时就必须考虑承办人员的回避问题。《行政处罚法》第7条规定，执法人员与当事人有直接利害关系的，应当回避。回避，是指行政执法人员因某种法定事由，可能影响案件的公正处罚，而退出查处该案件的制度。所谓直接利害关系包括：①执法人员同时就是案件当事人；②执法人员是当事人的近亲属；③执法人员与当事人有特殊的利害关系，如同学、同事、同乡等。回避可由执法人员自己提出，也可由当事人申请。办案人员如认为自己与本案有利害关系，应当申请回避。但在申请未批准之前不能停止办案。案件承办人的回避，由海洋行政机关主管领导决定。主管领导的回避，由处理案件的海洋行政机关领导集体决定或上一级主管机关决定。

以上基本程序，体现着行政法治的精神和价值，它是海洋行政违法案件调查活动的总的要求和根本守则，也是确保海洋行政违法案件查处行为合法有效的基础与前提，其对指导海洋行政违法案件的调查工作依法推进具有重要意义和作用。海洋行政执法人员，只有在遵循以上基本原则和基本程序的基础上，所完成的调查和获取的证据，才能得到法律的认同。否则，不仅调查行为造成的损害要承担赔偿责任，获取的证据也会因取证程序违法，无论其真实性如何，都将被排除在证据体系之外。

17.7.4 调查取证的方法

根据《行政处罚法》等现行行政执法依据的有关规定，海洋行政执法人员可采用的调查方法主要有：现场检查、询问、调取、抽样取证、鉴定等。

17.7.4.1 询问当事人或证人

17.7.4.1.1 概念与特点

询问，是指执法人员依照法定程序以言词方式，就案件事实和其他有关的问题，向当事人或证人进行纠问的一种调查活动。其特点有二：一是最直接。当事人或证人是最了解案件事实真相的人，能最为直截了当地说明案情；二是易失真。违法行为实施人由于担心后果，往往避重就轻或心存侥幸，而不如实陈述。证人也易受主观或客观因素的影响，出现不实证词。

17.7.4.1.2 询问的程序

凡询问，可以通用一个规则模式：由特定的执法人员进行并向被询问人出示证件、表明公务身份；开始先问清被询问人的有关身份等基本情况；告之其如实陈述的义务和拒绝询问的法定理由；告之其无正当理由拒绝询问或作虚伪陈述的法律后果；不得以刑讯逼供、诱供、威胁、引诱等非法手段询问取证；当事人有权申辩且调查人员必须听取；制作《询问笔录》，由被询问人核对或向其宣读，无误后签名；附被询问人身份证复印件或其他身份证明；执法人员署名、注明询问时间和地点。具体应按以下程序进行：

（1）询问当事人的程序：询问的人员及人数。由法定的行政执法人员进行询问。询问时执法人员不得少于两人；询问的地点和时间。询问地点可以在行政执法机关，也可在行为人单位或住所。询问原则上应在工作时间进行，每次询问的时间不宜太长；询问前的准备。询问前执法人员应当尽量了解案情，理清现有证据。拟定询问大纲，内容包括：本次询问的目的和要查清的问题；提问的先后及提问方式；预测可能遇到的问题和困难，准备好相应对策与措施等。通知被询问人询问的时间、地点以其不接受询问的法律后果；询问的步骤与方法。首先，执法人员向其出示有关证件和文件。其次，告知其法定的权利和义务及违反义务的法律后果。第三，初次询问，应当问明姓名、性别、出生年月、住所地、籍贯、民族、职业、文化程度、家庭情况、社会关系等。第四，询问其是否实施了违法行为。如承认，即可让其陈述事实经过和具体情节，如否认，则应听其进行辩解。而后就不清、不全或矛盾的地方向其提问。第五，制作《询问笔录》。询问人员应当将询问的详细过程、询问人员的提问、被询问人的陈述或辩解如实地记录清楚。笔录应用能够长期保存的墨水、工具书写。笔录应交被询问人核对或向其宣读。如有差错或遗漏，应告知被询问人有权补充或修改。被询问人核对确认后在笔录上签名或盖章。询问人员同时署名或盖章，再注明日期。

（2）询问证人的程序：询问前的准备：了解已知案情，以提高询问效率、减少询问的盲目性。了解证人的基本情况。如年龄、性别、性格特点、个人爱好、生活习惯等。除紧急情况和即时询问外，调查人员应选用恰当的时间和地点进行询问。时间上，既要考虑询问对象是否空闲或方便、情绪是否稳定等，又要做到及时询问以免遗忘和外界影响。地点上，既要有利于保密和安全，也要考虑证人对象不会紧张或拘束。制定询问计划或大纲。询问证人的步骤和方法。首先，出示有关证件，说明来意并告知其作证的权利和义务。其次，问明被询问人的基本情况，与案件当事人的关系。再次，请被询问人将自己知道的案情连续地陈述出来。再就不清、不全或矛盾的地方及其他需要查明的问题进行提问。应问明事实根据和来源，和知悉案情的主观条件和客观条件。最后，按制作笔录的程序和要求完成询问笔录。并附证人的身份证复印件或其他身份证明。

17.7.4.1.3 询问中应注意的问题

与本案无关的问题不得提问,被询问人有权拒绝回答与本案无关的提问;询问不满18周岁的未成年人,应通知其监护人到场;询问聋、哑人应有通晓哑语的人参加;询问外国人应指定翻译人员;禁止刑讯逼供,或以威胁、引诱、欺骗等其他非法手段获取证据;询问应个别进行;询问证人应注意尊重对方,不以执法者自居,注意询问用语和谈话气氛,不随意打断其陈述;注意保障被询问人人身、财产安全,防止发生意外事件,注意为证人保密。

17.7.4.2 调取物证、书证

调取物证、书证是指执法人员要求持有与案件有关的书证、物证的公民、法人或其他组织,向执法机关提交的一种调查行为。除《行政处罚法》的原则规定外,有关海洋行政执法依据也都对调取做了规定。如《海域使用管理法》规定,海洋行政执法人员可要求被检查单位或个人提供海域使用的有关文件和资料;《海洋石油勘探开发环境保护管理条例》规定,海洋行政执法人员可在现场采集各类样品,检查防污记录簿及有关操作记录,必要时可进行复制和摘录,并要求平台负责人签名确认复制和摘录件为正确无误的副本。书证、物证具有客观性,是证明力较强的证据。海洋执法人员要尽可能提取原物或原件。提取原物或原件有困难的,可以复制、复印或录像等提取。同时,提供人应对其复制、复印、录像等的真实性作出证明。提取物证、书证必须严格依法进行,否则公民、法人有权拒绝提交。当然,合法的调取应当依法提交,否则执法人员可以采取相应措施强制调取。

17.7.4.3 抽样取证

抽样是一种数理统计方法,指从总体中抽取部分个体,进行分析判断,从而对总体作出统计和推断结论的一种方法。抽样取证,就是海洋执法人员运用抽样的原理,在检查对象之中随机或按照一定规律抽取一部分

样品，进行检查或检测，以对检查对象的整体情况作出判断，并以抽取样品和检测结论作为证据的调查方法。这一方法的优点是简便易行，经济快速；缺点是如掌握不好容易以偏概全。抽样取证可用于海洋环境污染、溢油取样等证据收集。具体操作程序可依物证提取规则与方法。

17.7.4.4　现场检查

17.7.4.4.1　现场检查概念与分类

现场检查是海洋执法人员为了发现和提取证据，依法对与案件有关的场所进行的检查。现场检查应遵循快速及时，全面细致，依法进行的原则。现场检查可做以下分类：

以案发地为标准，可分为违法行为实施现场、危害结果发生现场、违法事实或行为的发现现场。这一分类的意义是，有助于帮助调查人员确定案发现场的性质，采取不同的检查和取证方法；

以现场变化与否为标准，可分为原始现场与变动现场。原始现场是指案件发生后至进入检查前未遭破坏，没有发生变化的现场。变动现场则是案发后，由于自然或人为原因而改变了原始状态的现场。此种分类的意义是，为人们提供了一个判断证据证明力的标准，原始现场的证据证明力强，变动现场的证据证明力弱；

根据违法行为的发展过程，可分为预备现场、发生现场、掩盖现场。预备现场为准备实施行政违法行为的场所。发生现场为违法行为发生时的地点或场所。掩盖现场指行为人为了逃避处罚，掩盖自己的违法事实、工具、证据等的场所。此分类揭示了违法行为演进的过程，有助于执法人员进行证据排序、组合和综合判断；

以现场主次为标准，可分为主体现场与关联现场。主体现场是案件结果发生的地点或场所，如行为地，结果发生地等即是；关联现场是主体现场以外，与案件的发生有关的场所。如窥视地、隐藏地、装载地、经过地等即是。这一分类的意义在于有利于调查人员确定检查重点，提高取证效率。

17.7.4.4.2 现场检查的基本步骤

（1）保护现场。海洋行政违法案件发生后，首先应注意保护现场，尤其是重大海洋行政违法案件的现场，有必要的应防止其他船舶驶入现场海区并及时组织现场检查。对正在污染的海洋现场应采取有效措施控制污染扩散。

（2）见证与协助。正式检查前，邀请两名与案件无关的见证人到场见证。如果遇到某些专门问题，就需要专门人员协助。如为了探明水下情况，打捞水下证物，就要有专门的设备或潜水员进行。

（3）按计划检查。执法人员到达现场后，首先应先进行现场巡察，了解现场原始状况。然后圈定勘验范围，先外后内，先重点后一般，有步骤按计划进行。其次，应当仔细认真地察看现场物品的特征、位置、状态、数量和相互关系，并采用相关技术手段发现、提取和保全证据。

17.7.4.4.3 现场检查方法的选择

不同性质的案件，执法人员从现场发现、固定和提取各种物证的方法不同，现场检查的重点部位也有所不同。因此要根据不同的现场，不同的案件选择不同的检查方法。一般的可以直接用眼睛观察，有些则要借助一定的工具、仪器、设备才能完成。尤其要注意使用各种现代化的检查手段。如航拍、航测、照相、录像、测量仪、记录仪、探测器、计算机等。使用之，不仅能提高检查的工作效率，还有利于发现用一般方法不易发现或固定的物证。以提高现场证据的发现率、提取率、准确率和利用率。

17.7.4.4.4 现场检查的记录

现场检查记录一般有：《现场笔录》、现场绘图、现场照相、现场录像等方法：

（1）《现场笔录》。《现场笔录》是对现场存在的与案件有关的一切客观事实，包括检查过程的文字记录。具有绘图、照相、录像等不易反映的特点。《现场笔录》一般按检查顺序进行描述，包括前言、检查所见、附记三大部分。各部分记载内容如下：

①前言的记载内容：受案的时间，报案人或发现人的基本情况，报案人报告的案件发生经过、报案人发现现场的经过，与案件人的关系，与案件的利害关系；参加勘验的人员的情况。包括具有专门知识的勘验人员的情况；现场的保护情况，包括现场保护人的基本情况，到达时间，在现场保护过程中发现的其他情况等；现场见证人的基本情况；现场检查的起止时间和温度、气候、光照、海浪、风力等环境状况。

②检查所见的记载内容：现场所在的确切位置；现场与周围环境的关系；检查前现场的原始全貌概括；重点是现场检查的具体过程。包括使用仪器、设备、手段、船舶、运用技术手段，发现、提取、固定物证的方法，物证的大小、形状、数量、特征、所处现场部位及其与其他物体的关系等。

③附记记载的内容：现场检查中提取的证据名称、种类、数量，密封、包装、存放方法、编号、保管人等；拍摄现场照片的情况；现场检查人员、邀请的解决专门问题的现场勘验人员、见证人签名；《现场笔录》制作人签名、制作日期等。

（2）现场绘图。现场绘图是通过几何图形来记录、固定和反映现场上证据的分布状态，及相互关系的一种勘验记录形式。与其他记录形式相比，它可以排除人眼视力和各种障碍限制，可以从不同侧面反映现场上各种物品和有关物体的位置、形状、大小、距离。缺点是制作时间较长，对快变现场不太适合。常用的现场图有现场平面、展开、局部、立体图。现场绘图的简要方法和步骤是：其一，熟悉环境。细致观察现场，测出物体距离；其二，选择图形种类和形式。做到适合案情需要；其三，构思图面结构；其四，用图例符号绘制；其五，注明图的名称、测量方法、图例符号及说明、日期，绘图人签名。

（3）现场照相。照相能形象直观地反映用《现场笔录》和绘图难以反映的物证，能即刻固定和记录现场的情况，具有不改变现场证据原貌的优点。现场照相一般分为现场方位相、现场全貌相、现场中心相、现场细目相四种：现场方位相的目的在于，记录现场所在的位置及其与周围物体的关系；现场全貌相的目的，在于反映整个现场范围的全貌，以及现场内部各物体、各痕迹间的关系；现场中心相，即重点部位照，目的是为了记录现场中心部位与案件有关的主要物体和痕迹物证间的关系；现场细目相，是为了拍摄现场上所发现的每一个与案件有关的痕迹物证，反映每一个物证的形状、大小、方向、角度等情况。对于现场照片，应按现场方位、现场全貌、现场中心、现场细目照的顺序编排。对每一张照片要附有准确、精练的文字说明。最好粘贴在现场照片卡片上，以便归档和使用。并设置日期，注明拍摄人。

（4）现场录像。录像为现场勘验记录的重要方法。现场录像是运用现代录像技术固定、保全和再现现场情况的一种有效方法，它不仅能反映现场物证的具体情况，还能反映勘验人员活动情况。信息量大、记录活动连续、声景并茂，能及时记录和重播。现场录像类似现场照相也包括现场方位、现场全貌、现场中心、现场细目四种录像。画面表现方法相应有全景、远景、近景、特写。远景，即从较远较高的位置对现场及其周围环境录像，主要用于现场方位录像。全景，是对现场全貌进行录像，相当于现场全貌照相。近景，是从较近的距离对现场重点部位进行的录像，相当于现场中心照相所反映的内容。特写，是从近距离用大比例对现场上个别物证等所进行的录像，相当细目照相的内容。录像后需要进行编辑，通常包括素材选取，画面组接，解说配音等。录像的内容应突出现场勘验的主题，与案件无关的内容均可不编入，配音是对图像内容的说明和补充。但对一些需要保持原汁原味的现场录像，则不能进行编辑。编辑的母盘应原样保存。录像应设置日期、编号等。

现场照相和录像，具有即时固定，快速便捷，大面积大范围，水上水下、空中全方位适应等优点。实务中应注意三点：保存原始载体；注明制作方法、时间、制作人和制作目的；注意和其他证据相互衔接和相互印证。

17.7.4.5 鉴定

17.7.4.5.1 概念和意义

鉴定是行政执法主体指派或委托专门机构具有专门知识的人，就案件中的某些专门性问题进行鉴别判断并作出结论的调查行为。在海洋行政违法案件中，有许多专业知识较强的问题，如污染程度、油指纹、数据的真伪、路由的偏正、笔迹、记录、违法行为人行为能力等均需要进行各式各样的鉴定。

海洋行政执法主体依法指派或委托专门机构的专门人员，就专业性问题进行鉴定，从而可为有效地查明案情，正确处罚违法行为，保护无辜提供科学有力的根据。

17.7.4.5.2 鉴定人的条件和鉴定的对象

鉴定人应具备以下三个条件：一是必须具有专门知识的或技能，并有法定的鉴定资质；二是必须是受调查主体指派或委托；三是必须与案件无利害关系，能客观公正地作出鉴定结论。

鉴定的对象是案件中的某些专门性问题。如法医问题、精神问题、毒物、毒品问题、会计问题、污染问题、油指纹问题等。其他一般问题和法律问题无须鉴定，由调查人员判断并作出结论。

17.7.4.5.3 鉴定的程序

鉴定按以下程序进行：

（1）指定鉴定人员。行政执法主体对需要鉴定的问题，经负责人批准后，应制作委托书或聘请书，请具备专门知识或技能的人进行；

（2）提供必要条件。及时向鉴定人送交有关对比的样本等原始材料，介绍与鉴定有关的情况，明确提出要解决的问题。但不得暗示或指使鉴定人作出某种鉴定结论；

（3）出具结论。鉴定人应当按照鉴定规则，运用科学方法进行鉴定，最后出具鉴定结论。应载明：委托人和委托鉴定事项，送检的材料和依据，说明动用的复写方法、技术手段，鉴定部门和鉴定人的资格，并由鉴定单位和鉴定人盖章或签名；

（4）重新或补充鉴定。执法人员认为鉴定结论有错，可经负责人批准后，可作补充鉴定或重新鉴定。执法人员应当将鉴定结论告知相对人，相对人有异议的可提出申请，经批准后，也可补充鉴定或重新鉴定。重新鉴定应另行指派或委托鉴定人。

17.7.5　调查的保障程序

海洋行政调查的保障措施，是指海洋行政机关为保障其调查活动顺利进行，保证调查任务顺利完成，而依法采取的证据保全和强制措施制度的总称。它包括证据先行登记保存和排除妨碍调查的强制措施等内容。

17.7.5.1　证据先行登记保存

17.7.5.1.1　概念

证据先行登记保存，是指行政执法主体在调查过程中，对可能灭失或今后难以取得的证据，予以收集和固定保存的行为。海洋行政违法案件证据的灭失或今后难以取得的可能性尤为突出，如不及时对证据进行固定和保全，将使调查和处罚无法进行。

17.7.5.1.2　条件

根据《行政处罚法》第三十七条规定，证据先行登记保存应具备两个条件：①证据可能灭失。如变质、腐败、死亡、毁灭、漂散、现场消失或变化等；②以后难以取得。如船舶驶离、带出国外、海水湮灭、转移、隐藏、改造成新物，以后再取成本过高、不经济、无效率等。

17.7.5.1.3　程序

实施证据先行登记保存应遵守以下程序：执法人员向所在机关申请。

如遇海上紧急情况可以通讯方式申请；负责人审查必要性和紧迫性并批准。如通信申请则可以通信方式审批；实施保全，登记造册。可封存于一定地点，责令当事人或有关人员妥善保管；制发《先行登记保存证据通知书》并送达当事人签收，同时向当事人交代权利和义务；7日内（在海上应当自船舶抵岸之日起算）作出处理，当事人在7日内失去财物的使用权，执法人员必须在7日内对保全的证据解除措施。

17.7.5.1.4　方法

海洋行政执法人员采取证据保全措施，需要根据不同的情况、不同的证据特点，可采用不同的方法。根据《证据规定》第二十八条规定，人民法院保全证据，可以根据具体情况，采取查封、扣押、拍照、录音、录像、复制、鉴定、勘验、制作询问笔录等保全措施。海洋行政执法人员进行证据保全，可采用《行政处罚法》和相关海洋行政执法依据规定的具体方法。按《行政处罚法》先行登记保存的规定，海洋行政执法机关可以指定当事人或有关人员，对已保全证据保管7天。

17.7.5.1.5　保全证据应注意的事项

对证据先行登记保存，应当有当事人在场。当事人不在场或者拒绝到场的，办案人员可以邀请有关人员到场见证并记入笔录；对责令他人保管的物证的品种、数量一定要有交接记录或手续，由相关人员署名签证；对已登记保存的证据可以封条等明显标志为之公示，以免不知者误损证据；有关保全期限要注意法律适用问题。如单行法律另有期限的规定，应按特别法优于一般法的原则适用特别法规定的期限。但法规及其位级以下的规章等规范性文件另行规定不同保全期限的，则因与《行政处罚法》抵触而无效。

17.7.5.2　对已获取证据的保管

对已获取证据的保管，实际上是保护证据在行政和诉讼活动中的特有价值：一是保护证据的特定价值。证据都是特定物一般不可替换，只有特定的物才有证据价值。因此要防止证据的灭失和替换；二是保护证据的证明价值。证据的证明价值由其特征、内容、状态等属性决定。如果某证据已经变质、损坏，或其属性已发生变化，就不再具有证据的证明价值；三是保护证据的法律价值。即证据在法律上认可的证明效力。其保管过程必须符合有关规定和要求。法律对证据材料保管过程的要求，实际上就是要用法律认可的方式来证明定案使用的证据，确属本案中原来提取的那个证据。因此，海洋行政执法主体对证据的保管应注意：①健全证据的移交和保管手续。每一个环节都不能出庇漏，不同证据要有不同的保存方式；②制作证据标签或档案。注明案件名称及编号，提取日期和场所，提取人的姓名，主要特征等相关内容；③物证在收集后任何人不得使用、改换、损坏或自行处理；④及时立卷归档和入库保管，实行证随案走、统一管理。

17.7.5.3 排除妨碍调查的强制措施

17.7.5.3.1 排除妨碍调查的强制措施的概念

排除妨碍调查的强制措施，是指在行政调查程序中，执法人员为了制止和排除当事人或有关人员对调查或证据保全的妨碍，维护调查秩序，而依法对妨碍行为人所采取的各种强制手段的总称。其施用有两个提前，一是执法人员有实施某项强制措施的法定权限；二是当事人或有关人员负有不得实施某项妨碍调查行为的法定义务。根据《行政处罚法》和海洋行政执法依据的有关规定，海洋行政执法人员，在调查或检查时享有进入权、询问权、查阅与查验权、监测权、海上监视、派员随航、登船检查、调取、抽样等权利。当事人或有关人员在调查中则要承担以下义务：如实回答询问，不作虚伪陈述；协助调查或检查，在执法人员进行检查、抽样取证、登记保全证据等调查工作时，当事人不得阻挠；当事人对先行登记保存的证据在7天内不得销毁、转移等。当事人或有关人员如有妨碍海洋行政执法人员行使有关调查权利，或者不履行自己所担的不妨碍调查义务时，海洋行政执法主体得采取排除妨碍调查的行政强制措施。

17.7.5.3.2 排除妨碍调查的强制措施的性质

排除妨碍调查的强制措施,是一种临时性、预防性的调查保障措施。它与行政处罚有以下区别:

(1) 性质不同。排除妨碍调查的强制措施是程序保障手段,行政处罚是对行政违法行为的实体制裁;

(2) 目的不同。设立排除妨碍调查的强制措施的目的,是为排除对海洋行政调查的妨碍,系预防性措施。而行政处罚的目的是制裁海洋行政违法行为,系惩戒性措施;

(3) 对象不同。排除妨碍调查的措施的适用对象包括当事人和有关人员。行政处罚的对象只能是海洋行政违法人;

(4) 适用时间不同。排除妨碍调查的强制措施在调查过程中适用,行政处罚则只能在调查终结之后适用;

(5) 依据不同。排除妨碍调查的强制措施依据程序法律规范而采用,行政处罚则根据实体法律规范而适用。

17.7.5.3.3 妨碍行政调查行为的构成

妨碍行政调查的行为,是指当事人或有关人员故意实施的妨碍调查秩序的行为。其构成要件有三:一是行为已经发生,客观上妨碍了行政调查活动的正常进行。仅有妨害意图没有付诸行动,或开始实施后又自动中止,或尚未造成妨碍后果的,均不能认为构成妨碍行为。妨害行为包括作为和不作为两种形态:前者为公然实施妨碍行为。如拒绝检查、作伪证等即。后者为消极不作为、不配合。如不提供登船方便、不接受询问等即;二是必须是在行政调查期间实施的行为。这是妨碍行为所处时间段要求,只有在调查过程中实施的才构成妨碍行为,在此之前或之后实施的,都不能构成妨碍调查的行为;三是行为人主观上必须是故意。如果行为不是故意所为,而是过失则不能构成妨碍调查行为。

17.7.5.3.4 种类

（1）警告、罚款。《海洋环境保护法》第七十五条规定，拒绝现场检查，或者在被检查时弄虚作假的，由依照本法行使海洋环境监督管理权的部门予以警告、并处 2 万元以下的罚款。拒绝现场检查可有多种表现形式：或是积极拒绝。如不允许调查人员进入现场、拒绝调查人员登船、不提供相关文件和资料、阻挠调查人员收集证据、作伪证等；或是消极拒绝。如不配合、不协助、不回答询问、不予说明问题、不提供登检方便等。

（2）责令限期改正。《海域使用管理法》第四十九条规定，违反本法规定，拒不接受海洋行政主管部门监督检查、不如实反映情况或者不提供有关资料的，责令限期改正，给予警告，可以并处 2 万元以下的罚款。责令限期改正可口头作出，有必要时也可以书面形式通知，并记入笔录予以佐证。

（3）治安处罚、刑事处罚。《中华人民共和国自然保护区条例》第三十九条规定，妨碍自然保护区管理人员执行公务的，由公安机关依照《中华人民共和国治安处罚条例》的规定给予处罚；情节严重，构成犯罪的，依法追究刑事责任。这是治安权和刑罚权对行政调查权的保障措施。它意味着妨碍行政调查的行为严重到一定程度时，国家将动用治安和刑罚措施予以排除。海洋行政执法主体一旦遇有法定情形，即可请求并配合公安机关采取相应措施予排除妨碍。

17.8 海洋行政违法案件的处罚决定

海洋行政违法案件的处罚决定是查处海洋行政违法案件的最后一道工序。其主要任务是：执法人员根据调查掌握的证据和认定的违法事实，提出处理意见，交行政机关负责人审查后，作出初步处罚决定并将其告知当事人，听取当事人的陈述、申辩或应要求组织听证。之后，由行政机关负责人再根据听证的情况作出正式处罚决定,并送达当事人,以完成整个查处程序。

17.8.1 制作《案件调查终结报告》

调查终结,是指行政执法人员经过一系列的调查活动,认为案件事实已经查清,证据确实、充分,足以认定行政违法行为存在和应否进行处罚而决定结束调查。

海洋行政执法人员根据调查掌握的证据和事实,制作《案件调查终结报告》和《行政处罚意见审批表》,向所属机关负责人报告调查取证的经过、查明的违法事实及证据,说明是否符合处罚的构成要件,触犯的具体法律规范的条款,并提出行政处罚的种类和幅度,或不予处罚、减轻处罚、免除处罚的理由和依据等,及其供机关负责人参考的结论性意见。

17.8.2 重大案件会审

会审程序指海洋行政机关在作出行政处罚决定前,由机关负责人集体审查案件、讨论并作出处罚决定的特别程序。根据《行政处罚法》第三十八条第二款的规定,对情节复杂或者重大违法行为给予较重的行政处罚,行政机关的负责人应当集体讨论决定。这一规定主要考虑了情节复杂案件或者重大违法行为在认定违法事实和适用法律方面需要特别慎重。

按照《海洋行政处罚实施办法》第二十一条的规定,决定给予海洋行政处罚的案件,属于情节复杂或者本办法第四十一条规定的重大海洋违法案件的,处罚机关应当进行会审。重大海洋违法案件包括:

(1) 责令停止经批准的海底电缆管道海上作业、责令停止经批准的涉外海洋科学研究活动、责令停止经批准的海洋工程建设项目施工或者生产、使用的,以及其他责令停止经批准的作业活动的;

(2) 吊销废弃物海洋倾倒许可证的;

(3) 注销海域使用权证书,收回海域使用权的;

(4) 对个人处以超过 5 000 元罚款、对单位处以超过 5 万元罚款等海洋行政处罚的。

国家海洋局《重大海洋违法案件会审工作规则》（〔2003〕202 号）和中国海监总队《重大海洋违法案件审核程序》（海监法一字〔2007〕107 号），均对重大海洋违法案件的会审工作程序作了明确规定。会审会就违法事实是否清楚、认定违法行为的证据是否确凿、拟给予的行政处罚适用法律是否正确、办案程序是否合法、处罚裁量是否得当进行研究和审议。

17.8.3 告知当事人

《行政处罚法》第三十一条规定，行政机关在作出行政处罚决定之前，应当告知当事人作出行政处罚决定的事实、理由及依据，并告知当事人依法享有的权利。海洋行政处罚实施主体的负责人，经审查调查终结报告，即可作出不予处罚或者给予处罚的初步意见。并由案件承办人员制作《行政处罚意见告知书》送达当事人。其中，说明理由的内容包括：①当事人的违法事实；②违法事实的证据；③当事人依法应受的行政处罚；④行政处罚的事实和法律依据。应当告知的权利包括：①申请回避权、申辩权、陈述事实权、提出证据权、申请行政复议权、提起行政诉讼权；②属于需要听证的案件，应告知当事人有请求听证权；③同时还告知当事人陈述、申辩的时间、地点和方式、方法等；④行使上述各项权利的法定或指定期限，以及放弃陈述、申辩或其他权利的法律后果等。向当事人说明理由和告知权利，是《行政处罚法》为行政处罚机关设定的必须履行的程序性义务，不履行这一义务，行政处罚决定就不能成立。所以，《行政处罚意见书》应当依照法定程序送达当事人，并由当事人在《送达回执》上签字。如果属于需要听证的案件，则依照听证程序的相关规定，制作《行政处罚听证告知书》，并送达当事人。关于听证，后续有专节详细介绍。

17.8.4 听取当事人陈述和申辩

根据《行政处罚法》第三十二条和第四十一条规定，当事人有权进行陈述和申辩。行政机关如果拒绝听取当事人的陈述和申辩，行政行为不能成立。当事人放弃陈述或申辩权利的除外。陈述和申辩是法律赋予当事人进行自我辩护和防卫的权利，是公正原则的具体体现，行政机关必须听取。但由于法律对听取方式未作统一规定，行政机关可允许当事人提供书面材料，也可由执法人员去当事人所在地，或当事人到执法机关等方式进行听取。但无论以什么方式听取，都必须要有书面证据。如当事人所提供材料或《陈述申辩笔录》等。

对于当事人主动放弃陈述或申辩权的应当注意两点：一是当事人放弃，原则上应当明示，如以书面形式作出等；二是如果当事人在行政机关已明确告知的期限内，不按告知行使权利的，行政机关可视为放弃陈述和申辩。对此，行政机关应有充分的证据在案佐证。

17.8.5 听证程序

听证程序，是指行政机关在作出处罚决定之前，公开举行有利害关系人参加的听证会，对事实进行质证、辩论的程序。听证的实质就是听取利害关系人的意见，从而保证行政机关公正地行使行政权。听证程序是事先告知程序中的特殊形式，只适用于需要听证的案件。也就是说，并不是所有的行政处罚案件都需要经过听证程序。听证具有如下四个特征：

（1）受动性。听证程序不是行政处罚主体依职权而启动，只能应当事人的申请而开始。一旦当事人提出申请，行政处罚主体则必须组织听证；

（2）局部性。听证并不是一个独立的必经程序，并不适用于全部行政处罚案件，按照法律规定，听证只适用于对当事人的权利和利益造成较大损害的行政处罚案件；

（3）选择性。听证并不是一个必经程序，主动权掌握在当事人的手里，即便属于听证程序适用的范围，如果当事人不主动提出听证的要求，听证程序就不能启动；

（4）准司法性。听证程序既具有司法的特点，同时也具有非司法的内容。从司法的角度来看，听证主持人的地位比较超脱，其相当于争议双方当事人之外的第三方，他以第三方的地位来听取行政争议的双方当事人的陈述和辩驳，并由听证主持人对行政处罚案件的事实和处理提出自己的独立见解；而且，听证的程序比较正规，听证的适用范围、管辖权属、听证的主体资格以及听证的操作方法和步骤等一系列程序都有严格的规定。另一方面，听证程序的非司法性也很明显。这主要体现在其行政性上。听证程序属于行政程序的一部分，其主持人是行政机关的部门或人员，因而，听证属于行政系统的内部监督。而且，从总体上看，听证程序要比司法程序简单得多。

在行政处罚程序中设置听证制度的意义在于：其一，有利于行政机关客观、全面地查清案件事实，听取各方当事人的意见，从而使行政处罚决定建立在正确、公正、合法的基础上；其二，有利于减少行政争议，提高行政效率；其三，它增加了行政活动的透明度，可以形成公民对行政机关的监督和强化行政机关内部的自我约束和监督。

17.8.5.1　听证程序的适用条件

听证程序的适用条件有两个：一是必须符合法定的处罚种类。《行政处罚法》规定，行政机关作出责令停产停业、吊销许可证或者执照、较大数额罚款等行政处罚决定之前适用听证程序；二是必须是当事人请求。请求听证是相对人的权利，只有相对人要求听证，行政主体才有义务组织听证。如果同时具备以上两个条件，行政主体应当听证而没有听证，即构成处罚程序违法。一旦该处罚行为被诉，复议机关或人民法院就有权撤销该处罚决定。根据《海洋行政处罚实施办法》第二十五条、第四十一条规定，对于下列重大海洋违法案件，在作出海洋行政处罚之前，当事人要求听证的，应当组织听证：

(1) 责令停止经批准的海底电缆管道海上作业、责令停止经批准的涉外海洋科学研究活动、责令停止经批准的海洋工程建设项目施工或者生产、使用的，以及其他责令停止经批准的作业活动的处罚的案件；

(2) 吊销倾废许可证书的处罚的案件；

(3) 注销海域使用权证书，收回海域使用权的案件；

(4) 对个人处以超过 5 000 元罚款、对法人或者其他组织处以超过 5 万元罚款的案件。

17.8.5.2 听证程序的具体步骤

17.8.5.2.1 告知听证权

如果属于听证适用范围的行政处罚，应以正式方式告知当事人有权要求举行听证。告知一般采用《行政处罚听证告知书》，其中包括以下内容：当事人的姓名或名称；违法行为、事实依据、处罚的理由、法律依据和拟作出的行政处罚决定；告知当事人有权无偿请求听证；要求听证的期限和受理机关；处罚主体盖章并注明告知日期。《行政处罚听证告知书》应按《民事诉讼法》规定送达，并由当事人在送达回证上签名或盖章，以作为行政主体履行法定程序的证明。

17.8.5.2.2 提出听证

当事人要求听证的，应当在行政主体告知后 3 日内提出。这是启动听证的必经程序。当事人提出听证一般以书面形式，可面交或邮寄。当事人放弃听证必须明示，口头表示放弃应有充分证据。

17.8.5.2.3 通知听证

行政主体在举行听证会的 7 日前，将调查的事实和证据要点、举行听证会的具体时间、地点书面通知当事人，以便当事人作好充分准备。

17.8.5.2.4 举行听证会

听证会由非本案执法人员主持。一般来说，听证会的主持人由行政机关指定。主持人一般应当为3人以上的单数,行政机关指定其中一个人为主持人,主持听证会。

听证会的主持人应当符合下列条件:应当是行政机关中具有相对独立地位的专门人员;未直接参与本案的调查取证;与本案无直接利害关系。主持人一经确定,如无正当理由不得随意撤换。当事人认为听证主持人和案件有直接利害关系时,有权申请听证主持人回避。回避申请应当在收到海洋行政处罚听证通知书之日起3日内提出,是否回避由海洋行政处罚实施机关负责人决定。

听证由当事人(被处罚人)、案件承办人员以及与案件处理结果可能有利害关系的第三人参加。当事人可以委托1~2人代理参加听证。除上述人员以外,听证参加人还包括证人、鉴定人和翻译人员。

除涉及国家秘密、商业秘密或者个人隐私外,听证应当公开举行。任何人都可以参加听证会,新闻媒体也可以对听证会进行公开报道。这样有利于加强人民群众对行政执法活动的监督,同时也有利于对公民进行法制教育。听证按照以下步骤进行:

(1)先由案件承办人员提出当事人违法的事实、证据、处罚依据及拟罚意见;

(2)当事人或者其委托代理人就案件事实进行陈述和申辩,提出有关证据并质证;

(3)听证主持人就案件事实、证据和法律依据等问题向案件承办人员、当事人、证人询问。案件承办人员、当事人或者其委托代理人作最后陈述。

(4)听证会结束,有关人员核对《听证笔录》上签名或盖章。听证主持人根据听证的情况,对案件的事实、证据、处罚依据和处罚决定,提出书面意见上报。

17.8.5.2.5 听证笔录

《听证笔录》就是对整个听证过程的记录。行政处罚法规定听证必须制作笔录，其法律意义有二：一是作为行政处罚主体听证与否的证据；二是作为作出处罚决定的依据。听证会的全部过程都要记入笔录，并经当事人审核无误签名或者盖章。这是行政机关在复议或诉讼程序中，证明自己行政处罚程序合法的有力证据。《听证笔录》是行政处罚的主要证据，处罚决定应在笔录范围内作出。凡经过正式听证所作出的行政行为均适用案卷排他性规则。案卷排他性规则，是指行政行为只能以案卷作为依据，即以《听证记录》在卷的证据为事实依据，不能在案卷之外，以当事人未知悉和未质证的证据为依据，行政认知除外。案卷排他性规则是听证程序的核心，它有以下几项基本要求：其一，没有记入《听证笔录》，即未经听证质证和反驳的证据，不得作为处罚的根据；其二，当事人有陈述、申辩和举证的权利，有反驳、质问不利于自己的证据的权利和相互对质的权利，笔录中没有体现当事人上述权利则认为行政行为违法；其三，法院应以行政案卷为审查的依据，以此确定行政行为的合法性和合理性。长期以来，我国没有从法律上明确这一规则，行政处罚不以《听证案卷》为依据，听证程序流于形式。《证据规定》确认了这一规则。听证程序中的证据将被视为"案卷内证据"，其他当事人应提而拒不提供的证据，在诉讼程序即视为"案卷外证据"将不予采纳。由此，改变了我国听证程序走过场的弊端。

《听证笔录》应当载明的基本内容包括：案由；当事人的姓名或名称、地址、法定代表人或负责人；第三人的姓名；代理人的姓名、单位、与当事人或第三人的关系；本案调查人员和听证主持人、听证员、书记员的姓名、部门、职务或职称；举行听证的时间、地点、方式；调查人员提出的违法事实、证据、处罚建议及法律依据；当事人住所陈述申辩、质证的内容；第三人的陈述、申辩、质证的内容；当事人的最后陈述和申辩；其他需要载明的事项。

《听证笔录》应当交当事人、第三人、代理人、本案调查人员、证人和其他有关人员核对或向他们宣读，无误后签名或盖章。主持人、听证员、书记员审阅签名或盖章。听证会结束后的 3 天内,听证主持人应制作《听证报告书》并附《听证笔录》上报听证机关负责人审阅。

17.8.6 作出处罚决定

17.8.6.1 海洋行政处罚的决定权

只有完成了以上各道程序后,海洋行政主体才能作出正式行政处罚决定。《行政处罚法》在处罚决定程序上,采取的是分权原则。即除简易程序外,执法人员无权作出行政处罚决定,处罚决定由所在机关的负责人作出。

17.8.6.2 行政处罚的决定

行政机关负责人在审查当事人陈述申辩意见或者听证报告后,可以依法作出四种决定:

(1) 给予处罚决定。适用于"确有应受行政处罚的违法行为的"情形。是否"确有":一看证据,确能证明违法行为客观存在;二看法条,该行为确实按律当罚。事实不清不罚,法无明禁不罚。

(2) 不予处罚决定。适用于"违法行为轻微,依法可以不予行政处罚的"情形。何为"轻微",应当根据具体法律、法规或规章的规定。

以上所称不予处罚包括两类,理论上称之为:绝对不罚和相对不罚。绝对不罚,是指被查行为不符合行政处罚构成要件,不能进行行政处罚的情形;相对不罚,指被查行为符合行政处罚构成要件,应受处罚。但由于当事人具有某种法定情节或事由,依法免于行政处罚的情形。

(3) 撤销案件决定。适用于"违法事实不能成立的"情形。其中包括实体上的不成立和程序上的不成立。实体上的不成立,即当事人的行为是合法行为,没有违反禁止性或义务性的实体法规定。程序上的不成立,是指当事人的行为,在程序法上的规定而不成立。违法事实不成立主要包括四种情况:其一是当事人没有违法行为;其二是当事人的违法行为不应受行政处罚；其三是现有证据不能证实当事人存在违法行为或程度不详，即"存疑从无"原则；其四是当事人虽有应受行政处罚的行为，但已超过了"追罚时效"。如《行政处罚法》第二十九条规定，违法行为在2年内未被发现的，不再给予行政处罚。凡具备以上情形之一的，处罚实施主体的负责人应作出撤销案件的决定。

（4）移送案件决定。适用于"违法行为已构成犯罪的"情形。在行政执法过程中，发现当事人构成犯罪的，必须移送司法机关。这是行政执法人员的法定义务，放纵犯罪或以罚代刑情节严重的，行政执法人员将构成渎职罪。实务中，应区别以下三种情况分别处理：

①单罚。即只课以刑罚的行为。当事人的行为已构成犯罪，但依法该行为只能由司法机关处理，行政机关不得处罚的，行政处罚主体负责人，遂作出移送司法机关处理的决定。此为"只移不罚"。

②双罚。即行政与司法同时处罚的行为。当事人构成犯罪，依法可以同时处以行政处罚和刑罚的，行政处罚主体负责人可决定在行政处罚之后，再移送司法机关处理。此为"罚后再移"。

③补罚。行政执法主体认为当事人构成犯罪，负责人作出决定移送司法机关。但司法机关审查后，认为不构成犯罪不作处罚的，行政执法主体可再决定给予行政处罚。此称为"移后补罚"。

17.8.6.2 通信审查决定处罚程序

通信审查决定处罚程序，就是海洋行政执法机关负责人以各种海上通信联络工具，审查案件并作出处罚决定的程序。海洋行政执法人员在海上以通信审批立案，按照一般程序调查终结的案件，如有不现场处罚事后难以执行，或者经当事人提出，或者有其他需要现场执罚情形的，根据《海洋行政处罚实施办法》第二十四条有关规定，利用海上通信联络工具向行政机关负责人报告，有关负责人通过通信工具对案情进行审查并作出处罚决定。

17.8.7 《行政处罚决定书》的制定

《行政处罚法》第三十九条规定，按照一般程序作出处罚决定，必须制作《行政处罚决定书》。《行政处罚决定书》应当载明下列事项：

（1）当事人的情况。当事人是公民，包括姓名、住所、工作单位等自然情况；当事人是法人或其他组织的，包括名称、地址、法定代理人等基本情况。

（2）违法事实和证据。即当事人违反法律、法规或规章的事实经过，违法行为的情节、性质、程度等，并逐项说明证据及内容。

（3）行政处罚的种类和依据。说明行政处罚的种类、幅度及其依据的具体法律条文。处罚依据要写明法律、法规或规章的全称、条款及其内容。

（4）行政处罚的履行方式和期限。行政处罚法对此未作具体规定，由行政执法人员视海洋行政执法依据规定而定或者自由裁量。该部还应写明罚款代收机构的名称、地址，以及逾期缴纳的法律责任等。

（5）救济的途径和期限。《行政处罚决定书》中必须告知当事人不服本处罚的救济途径和期限。包括复议的机关和期限、提起行政诉讼的法院和期限。复议前置的应当告知当事人先申请复议后才能诉讼。具体期限的确定，单行法有特殊规定的按单行法规定确定。单行法没有特殊规定的，按《行政复议法》或《行政诉讼法》规定的期限确定。

（6）行政处罚机关的名称和日期。"谁署名、谁被告"是行政诉讼确定被告的规则之一。因此，《行政处罚决定书》必须依法署名并盖章，同时注明作出处罚决定的日期。

17.8.8 《行政处罚决定书》的送达

送达，就是行政处罚主体按照法定的程序和方法，将行政处罚决定书送交当事人的行为。送达的法律意义重大，《行政处罚决定书》非经送不生效，一经送达即生效。当事人提出复议或诉讼的期限，从送达后开始计算。《行政处罚法》第四十条规定,《行政处罚决定书》应当在宣告后当场送达当事人;当事人不在场的,行政机关应当在 7 日依照《民事诉讼法》的有关规定,将《行政处罚决定书》送达当事人。《民事诉讼法》规定的送达方式有六种:

17.8.8.1 直接送达

即行政处罚主体直接将《行政处罚决定书》送交当事人的送达方式。直接送交当事人是原则规定。当事人是公民本人不在的,《行政处罚决定书》可交给同往的成年家属签收;当事人是法人或者其他组织的由法定代表人、负责人,或负责收件的人签收;有代理人的,可送交其代理人签收;当事人已指定代收人的,送交代收人签收。

17.8.8.2 留置送达

留置送达是指当事人或成年家属等拒绝签收时,送达人把《行政处罚决定书》留置于当事人住所的送达方式。当事人拒收,送达人应邀请有关基层组织或者所在单位的代表到场,说明情况,在送达回证上记明拒收事由和日期,由送达人、见证人签名或者盖章,作为处罚决定书留在受送达人的依据,即视为送达。

17.8.8.3 委托送达

委托送达是指送达人委托其他行政机关或有关单位代为交给当事人的送达方式。委托送达适用于直接送达有困难的情形。委托送达应当制作委托函,注明委托事项和要求、当事人的姓名、住址及其他有关情况。受托人应及时送达,并由其签署送达回证。受委托人一般不能再行转委托。

17.8.8.4 邮寄送达

邮寄送达指送达人通过邮寄将《行政处罚决定书》送达当事人的方式。邮局的挂号收据为邮寄送达的凭证,挂号回执上的收件日期为送达日期,邮寄在途时间不计入期日。

17.8.8.5 转交送达

转交送达是因当事人处于特殊状态或环境，而由有关单位转交的送达方式。主要适用于两种情形：①当事人是军人的，通过其所在部队团以上单位的政治机关转交；②当事人被监禁的，通过其监所或劳改单位转交。当事人被劳动教养的，通过其所在劳教单位转交。

17.8.8.6 公告送达

公告送达是指当事人下落不明，或者用其他方法无法送达的时，送达人将处罚内容通过媒体公开告示，经过法定时间即视为送达的方式。应注意要点：一是当事人下落不明；二是其他方法无法送达；三是应在相应媒体上公示，让相应人群知晓，只在处罚单位公告栏公示的做法，达不到公告的目的和效果；四是必须自公告发布之日起，经过60天后方可视为送达；五是公告送达应当制作笔录。将公告送达的原因、经过，公告的方法及日期等记录在案。

送达《行政处罚决定书》，除公告送达外，其他送达方式都必须有《送达回证》，由受送达人在送达或其他法定人员在回证上记明日期，签名或者盖章。《送达回证》和其他相关的送达证据必须入卷保存。

17.9 海洋行政处罚的执行

行政处罚的执行，即行政处罚决定的实施阶段，指将《行政处罚决定书》所确定的内容付诸实现的过程。行政处罚决定一经依法作出即产生法律效力，对当事人具有拘束力，当事人必须在行政处罚决定的期限内认真及时地予以履行；另一方面，作出行政处罚决定的行政主体也必须采取各种适当的措施执行《行政处罚决定书》的内容，以实现其行政管理的目的。行政处罚的执行程序，是保证行政处罚决定实现的需要，也是保证行政管理职能实现的需要。

17.9.1 各类行政处罚的执行方式

在一般情况下,行政处罚的决定从《行政处罚决定书》送达之日起开始执行,被处罚的个人或者单位应当主动地、自觉地协助行政机关实现《行政处罚决定书》所确定的内容。行政处罚的种类不同,行政处罚决定的执行措施也各不相同:

17.9.1.1 申诫罚的执行

警告、通报批评等申诫罚由作出行政处罚决定的行政机关实施,通知被处罚人所在单位或者其上级单位,并将执行情况记入《行政处罚决定执行笔录》。

17.9.1.2 财产罚的执行

罚款,符合当场收缴或海上执行规定的,当场收缴。没收违法所得和非法财产时,由实施处罚决定的机关对被没收的物品、证件制作清单,登记造册,并向被处罚人出具没收单据。对于被没收的钱款,应当上缴国库;对于被没收的物品,除法律、行政法规另有规定的外,应当交由有经营权的单位进行公开拍卖,严禁内部私分或者低价处理;对于被没收的票证,则交有关部门统一处理。需要没收的物品,如果当场不能执行的,可以予以查封,或者扣押被处罚人的有关证件,但应当向被处罚人开具查封单据或者出具暂扣单据。对于需要销毁的物品(比如违禁品),应当由保管人员开列清单后按照有关规定进行处理;没有规定的,经作出处罚决定的行政机关的法定代表人批准,由两名以上的行政执法人员监督销毁,并对销毁现场进行拍照、录像,制作《现场笔录》。

17.9.1.3 行为罚的执行

责令停产停业的执行,对于责令停产停业的行政处罚措施,行政机关在必要时可以在明显地方张贴停业公告,公告停业的原因、期限等。停业改进的期限届满后,行政机关应当对之进行验收,记录改进的情况。对于验收合格的，送达恢复生产经营通知书；对验收不合格的，应当重新决定进行处罚。

对于吊销许可证、执照的行政处罚措施，应当由作出该处罚决定的行政机关对被吊销的证、照进行收缴。如果收缴的行政机关不是证照的签发机关，那么实施处罚的机关应当将收回的证书与《行政处罚决定书》副本一起转给证照签发机关，由证照签发机关注销此许可证、执照。吊销营业执照的，工商行政管理机关应当同时收缴被处罚人的公章及合同专用章，通知其开户银行，并按规定发布公告。被处罚的相对人拒不交回应被吊销的证照的，主管机关可以登报声明该证照作废。

17.9.1.4　自由罚的执行

自由罚的主要形式是行政拘留，按照法律规定，限制人身自由的行政处罚只能由公安机关执行。海洋行政执法机关不具有行政拘留权，如遇妨碍调查取证等行为的，可交由公安机关进行行政拘留处罚。

17.9.2　海上当场执行

海上执法受空间、气象等自然因素和船舶等交通工具的制约太大，常出现违法行为如不当场作出处理，事后就难以追究或者即使可能执行，执行成本也高等问题。为体现行政效率原则和应急原则的要求，法律和行政规章规定了水（海）上当场收缴罚款的执行程序。

根据《行政处罚法》第四十八条规定，在边远、水上、交通不便地区，行政机关及其执法人员依照简易程序或者一般程序作出罚款决定后，当事人向指定的银行缴纳罚款确有困难，经当事人提出，行政机关及其执法人员可以当场收缴罚款。《海洋行政处罚实施办法》第二十四条也进一步规定，适用一般程序在海上查处海洋违法案件时，不现场处罚事后难以执行或者经当事人提出的，海洋监察人员可以现场作出海洋行政处罚并执行。

海洋行政执法人员当场收缴罚款必须同时具备以下两个条件：一是不当场收缴事后难以执行。如违法采砂船作业后，如不当场处罚事后可能再也找不到。又如，涉外船只或人员，如不当场执行事后将驶离我国海域；二是当事人主动提出的。如出海作业的船舶、平台等，向银行缴纳罚款确有困难，如仅为了缴纳罚款而返航或登陆，其履行义务的成本显然是很不经济的。因此在实务中，当事人从效率的角度出发主动提出当场履行处罚决定的，执法人员可以当场收缴罚款。

海洋行政执法人员在当场收缴罚款时，应当遵守下列要求：其一，必须向当事人出具省、自治区、直辖市财政部门统一制发的罚款收据，不出具财政部门统一制发的罚款收据的，当事人有权拒绝缴纳罚款；其二，制作执行笔录，载明被处罚人的名称或者姓名、收缴罚款的金额、执行罚款的时间地点、当场收缴的原因，并由执法人员和被处罚人签名、盖章；其三，执法人员当场收缴的罚款应当自收缴罚款之日起2日内交至行政机关；在海上当场收缴的罚款，应当自抵岸之日起2日内交至行政机关；行政机关应当在2日内将罚款缴付指定的银行，不得截留、私分或者变相私分；其四，对于重大海洋违法案件，不得当场作出处罚决定并当场收缴罚款。

17.9.3　罚缴与收支分离制度

17.9.3.1　罚缴分离

根据《行政处罚法》第四十六条规定，作出罚款决定的行政机关应当与收缴罚款的机构分离。除依照本法第四十七条、第四十八条的规定当场收缴的罚款外，作出处罚的行政机关及其工作人员不得自行收缴罚款。而由当事人自收到处罚决定书之日起15日内到指定的银行缴纳罚款，银行将收缴的罚款直接上缴国库。

由银行等金融机构代收罚款的具体程序是：行政机关作出罚款决定后，一方面将处罚决定书送达被处罚人，另一方面将处罚决定书副本及收缴罚没款通知函送达指定的代收罚款机构。《行政处罚决定书》上应当写明被处罚人应当自收到《行政处罚决定书》之日起多少日内向哪个金融机构缴纳罚款。被处罚人应当在法定期限内（即收到《行政处罚决定书》

之日起15日内）向指定的金融机构缴纳罚款。金融机构收缴罚款时应当向缴纳人开具统一的收据；同时将被处罚人缴纳罚款的情况及时通知作出处罚决定的行政机关。

实行罚款与收缴相分离的做法是我国行政处罚制度的一大改进举措，是我国行政处罚程序进一步完善的标志。这一举措意义重大。此前的行政处罚罚款的收缴制度是：一个行政机关查处违法行为，作出罚款的处罚决定，然后由同一个行政机关负责收缴罚款。收缴罚款和决定处罚没有分工，处罚决定机关又是执行机关，更是收缴罚款的机关。这种收缴制度存在很大的弊端。一些行政机关对行政相对人滥施罚款，将罚款的收入充作行政机关的办公经费，甚至把罚款作为一些行政机关、事业单位创收的手段，以此增加奖金、福利，这就在制度上为腐败现象的发生留下了漏洞。有些单位的"小金库"不少是乱收费、乱罚款、乱摊派所得，有的是截留国家财政收入。而实行罚款和收缴相分离、由金融机构代收罚款的做法则有利于消除上述弊端，有利于制止乱罚款和以权谋私，从而有利于形成一个清正廉洁的政府。

17.9.3.2 收支两线

罚款必须全部上缴财政。不论是行政机关当场收缴的罚款，还是金融机构代收的罚款，都必须作为财政收入上缴国库，财政部门不得以任何形式向作出行政处罚的机关返还这些款项的全部或者部分。至于行政机关和行政执法人员的办案费用补助，一律纳入国家支付预算管理，各级财政机关对执法机关必不可少的办案费用，要予以保证，不受罚没多少的限制。办案费用补助也可以由省、自治区、直辖市决定，纳入各执法机关的行政事业经费统一安排管理，不另专项核发。另外，办案费用补助不得用于增加人员编制开支和基本建设支出，更不得用于给执法人员滥发奖金。

上述行政处罚决定的执行，应当由作出处罚决定的行政机关两名以上的执法人员进行。重大案件的执行，上级行政主管部门和有关单位应当派员参加。行政机关和行政执法人员执行行政处罚的决定时，发现事实有重大出入或者情况有变化时,应当及时复查,确实需要变更、撤销原处罚决定的,应当暂停执行,制作变更或者撤销行政处罚的决定。具体执行处罚决定的行政执法人员在执行处罚时,不得擅自超越或者变更行政处罚决定的执行范围,发现了问题,要及时向上级部门或者领导报告情况。

17.9.4 海洋行政处罚的强制执行

行政处罚决定作出之后,当事人应当在法定期限内自觉履行行政处罚决定中确定的义务,如果当事人没有正当理由逾期不履行,则导致强制执行。《行政处罚法》第五十一条规定,当事人逾期不履行行政处罚决定的,作出行政处罚决定的行政机关可以采取以下措施:一是,到期不缴纳罚款的,每日按罚款数额的3%加处罚款;二是,依法将查封、扣押的财物拍卖或者将冻结的存款划拨抵缴罚款;三是,申请人民法院强制执行。

17.10 结 案

17.10.1 结案的概念

结案是指在查处工作结束后,制作《结案审批表》,并经行政机关负责人批准,终结案件查处的活动。结案与立案相对应,立案是案件的入口,结案是案件的出口。立案意味着一个案件查处工作的正式开始,结案则意味着一个案件查处工作的结束。

17.10.2 结案的分类

1. 根据案件查处结果的不同,结案可分为三种情形:
(1) 不予处罚案件的结案
①撤销案件的结案
当行政违法案件在立案调查后,发现行为人涉嫌违法的事实不成立

的，在履行相关批准程序后撤销该案件，即常说的撤案。被撤销的案件，在履行完撤案程序之后直接结案。

②不予处罚案件的结案

对于违法行为轻微，依法可以不予处罚的案件，行政机关在作出不予处罚决定之后，予以结案。

（2）作出处罚决定案件的结案

对于予以行政处罚的案件，根据执行方式的不同又可分为三种情形：

①当事人自行履行行政处罚决定案件的结案。即当事人在规定的期限内自行履行完毕行政处罚决定，予以结案的情形。

②通过强制执行履行行政处罚决定案件的结案。即当事人逾期不履行行政处罚决定的，海洋行政主管部门依法强制执行或者申请人民法院强制执行，执行完毕后予以结案的情形。

③依法移送案件的结案

对受理后发现不属于自己主管或管辖的案件，或者违法行为构成犯罪的案件，行政机关在移送有权管辖的行政主管机关或司法机关之后，予以结案。

2. 根据案件经过的不同程序，结案也可分为三种情形：

（1）未经复议或诉讼案件的结案

一个案件在行政机关作出处罚决定后，当事人没有申请行政复议、也没有提起行政诉讼，行政处罚决定生效并履行完毕，予以结案。

（2）经过行政复议的案件的结案

一个案件在行政机关作出处罚决定后，当事人不服，申请行政复议，行政处罚决定经过行政复议决定后生效并履行完毕，予以结案。

（3）经过行政诉讼的案件的结案

一个案件在行政机关作出处罚决定后，当事人不服，提起行政诉讼，行政处罚决定经过行政诉讼裁判后生效并执行，予以结案。

17.10.3 结案的工作程序

17.10.3.1 结案的步骤

(1) 报告程序：案件承办人员制作结案报告并填写《结案审批表》。结案报告应当包括以下内容：

案由、案件编号、立案时间、当事人、处罚决定、案件承办人员、案件查处经过、执行情况、案件承办人的结案意见、部门负责人的审核意见、机关负责人的审批意见。

(2) 审批程序：机关有关部门制作《结案审批表》，经部门负责人审核之后，报请海洋行政机关负责人审批。经海洋行政机关负责人审核批准后，终结案件。

17.10.3.2 立卷归档

行政处罚案件结案后，案件承办人员应将案件查处过程中制作和提取的全部证据材料进行整理，按要求装订立卷归档。

立卷归档对于行政机关有两方面的意义：一是，以备行政复议或诉讼之用；二是，便于日后查阅和使用。具体立卷归档的标准与规则遵照国家海洋局及中国海监总队的有关规定执行。

思考题：

1. 简述海洋行政处罚的管辖。
2. 简述海洋行政处罚立案的案件与程序。
3. 简述行政处罚调查取证的程序与方法。
4. 简述海洋行政处罚决定书的制作要领。
5. 简述海洋行政处罚决定的执行与结案。

18 证据与证明

18.1 概述

18.1.1 证据的概念

用已知的事实求证未知的事实,谓之证明。在证明中,未知的事实是证明对象,已知的事实即为证据。海洋行政程序中的证据,是指海洋行政主体依照法定程序收集并审核认定的,能够证明案情真相,并为海洋行政主体用作处罚决定依据的一切事实材料。它不能等同行政诉讼证据,只有当具体行政处罚行为被诉,作为被告的行政主体将自己资以定案的证据材料提交到法院时,行政证据才成为诉讼证据。

18.1.2 证据的性质

海洋行政程序证据,是海洋行政主体在行政程序中用以证明待证事实的证据,如在海洋行政处罚程序中证明海洋行政相对人非法填海行为的证据。行政诉讼证据,则是在行政诉讼程序中用以证明案件事实的证据。两者既有区别、又有联系,区别在于两者是不同法律程序中的证据,联系的是行政程序中的证据可能进入诉讼程序而成为诉讼证据。因此,诉讼证据由行政证据转化而来,行政主体要使自己的行政决定经得起司法审查,就必须以诉讼证据的规则作为标杆,用诉讼证据的要求来规制自己的证据思维与证据行为。从这个意义上讲,行政证据与诉讼证据的性质并无明显差异。无论行政证据还是诉讼证据都要同时具备由《行政诉讼证据规则》

确定的三个基本特性，通常简称证据的"三性"：

（1）关联性。指证据与案件的待证事实存在的一种必然的逻辑联系，即只有对待证事实有证明作用的材料才能作为证据。证据与案件事实联系越紧证明力就越强，反之越弱。证据与案件的联系是多种多样的：可以是直接联系，也可以是间接联系；可以是因果联系，也可以是非因果联系；可以是必然联系，也可是偶然联系。联系的方式不同，其证明作用也不尽相同。

（2）合法性。也叫证据的许可性。指证据是来源和形式合法的事实。只有符合法律规定才能被许可成为证据。证据的合法性表现在四个方面：一是收集或提供证据的主体合法；二是收集证据的程序和方法合法；三是证据的表现形式合法；四是证据必须经法定程序查证属实。同时，也是指处罚程序内部的意见审核与审批、会审程序、听证程序等。

（3）真实性。真实性也叫证据的客观性或者确实性，是指证据所反映的内容应当是真实的，是不以人的意志为转移而客观存在的事实。行政主体认定当事人的行为是否违法，只能依据案件事实产生的证据。而法院判断行政行为是否合法，则既要审查案件事实产生的证据，也要审查行政程序中产生的证据。不过，无论何时产生的证据，都是任何人的意志所不能左右的。证据的真实性，是证据最本质的特征。

18.1.3 证据的作用

证据由关联性、合法性和真实性三个基本要素构成。关联性和真实性是证据的内容，合法性是证据的形式。三个要素互相联系、缺一不可，贯穿于举证、调查取证、质证和认证的全过程，决定着证据与非证据、定案根据和非定案根据之间的界限，也决定着证明力的大小。例如当事人举证和法院调取证据必须以是否具有"三性"为指导，如果不具有"三性"，就会使所提供的或者调取的证据丧失意义；质证和认证是围绕"三性"展开的，是以"三性"为核心确定证据的效力。在行政程序中，行政程序证据同样要具备"三性",也处于同样的重要地位,行政程序中的举证、取证、质证和认证同样必须围绕"三性"展开。

证据"三性"上述的排序,反映了法庭质证和认证的逻辑顺序或者思维逻辑,也是"三性"所具有的不同功能的要求。换言之,对于当事人提供或者法庭调取的证据材料,在质证(以及质证以后的认证)中,首先审查是否与待证事实(证明对象)是否有关联性,如果不具有关联性,即直接予以排除,对其合法性和真实性不再考虑;如果具有关联性,再进一步审查其是否具有合法性。如果不具有合法性,直接予以排除,不再继续审查其是否具有真实性;如果具有合法性,再进一步审查是否具有真实性。由于合法性是对证据的正当性的判断,即使证据是真的,也应当因其违法而予以排除,因而在审查顺序上将合法性排在真实性前面,符合证据活动的规律。

海洋行政执法人员了解证据这三大特征的目的在于明确:什么事实可以作为证据;什么人有权收集证据;应当如何去收集、审查和运用证据。掌握了证据这三大特性,就掌握了收集、审查和判断证据的基本标准和方法。

18.2 学理上对证据的分类

学理上对证据的分类,是指在理论研究中按照一定的标准,采用二分法,从不同的角度对证据所作的分类。其目的是研究和掌握证据的特点及其运用规律,以便指导理论研习与实践。

18.2.1 人证与物证

以证据存在和表现形式为标准,证据可分为人证和物证:

(1) 人证。人证是以人的陈述为存在和表现形式的证据,也称为言词证据。包括当事人的陈述、证人证言、鉴定结论等。

人证具有两个特点：一是能动态地证明案件事实。人证是陈述人直接或间接感知的案件事实，是其亲身经历的复述，可生动、形象、具体地重现案件全部经过；二是人证容易失真。主观上，或陈述人与案件有利害关系，或因个人品德，或受人威胁和利诱等会有不实陈述。客观上，人证的形成要经历人体功能器官的感知、记忆、陈述三个过程，人对客观事实的感知、记忆和陈述不可能达到"复印"的效果，每一个环节都有可能会自觉或不自觉地"走样"或"变形"。

（2）物证。物证是以实物形态存在和表现的证据。又称实物证据。包括物证、书证、音像证据、勘验笔录等。勘验笔录的内容系对有关场所、物品等情况的客观记载，而非勘验人员的主观意见或判断，所以也归为物证。

物证最大的特点是客观性强。实物证据伴随着案件的生发而形成，难以伪造，一旦获取易以保存。但物证也很容易受条件的变化或自然泯灭，或人为毁弃、顶替，海洋上的物证尤其如此。如漂离污染源的溢油、驶离倾废现场的船舶、倾入海底的废弃物等。

人证与物证的分类，揭示了人证和物证的不同特点。对人证应尽量发挥其动态重现和生动、具体的功能，克服其易变形走样的缺点；对物证要注重扬其客观真实之长，避其易自然或人为灭失之短，做到及时收集并妥善保管之。

18.2.2　原始证据与传来证据

以证据来源为标准，证据可分为原始证据与传来证据：

（1）原始证据。又称原生证据。是指直接来源于案件事实或原始出处的证据。直接来源于案件事实，就是在案件事实的直接作用或影响下而产生。如海上溢油、海洋倾废等。原始出处，即证据原始生成的处所。如现场倾废的船舶、海面油污痕迹、作业记录、原始票据等。

（2）传来证据。又称派生证据。指不是直接来源于案件事实或原始出处的证据。而是经过复制、复印、传抄等中间环节形成的证据。如物证的模型、书证的复印件、照片，证人转述他人感知事实的证言等。有些证据表面上看虽然是复制品，但并非传来证据。如复写的发票、复印的合同副本、复制的光盘、复制的证照、批文等。这些虽为复制品，但如系行为人原始制作，则就是原始证据。因为，在此分类的标准是证据的来源。

原始证据是第一手资料，与案件事实的距离更近。传来证据经过了中间转手，与案件事实距离更远。因此，原始证据比传来证据更为真实可靠，证明力更强。原始证据与传来证据的划分，给人们提供了一个衡量证据可靠性与证明力的标准，以其采选证据的行为思路和方法。

18.2.3　直接证据与间接证据

以证据与案件主要事实的证明关系为标准，证据可分为直接证据与间接证据。所谓案件主要事实，乃指诉辩或讼争的主要标的。行政违法案件的主要事实，就是行政违法人是否实施了行政违法行为。而行政诉讼案件的主要事实，即行政主体具体行政行为合法与否的事实。所谓证明关系，即证据对案件主要事实是直接证明还是间接证明。直接证据，就是能单独直接证明案件主要事实的证据；间接证据，则是不能单独直接证明，需要与其他证据结合才能证明案件主要事实的证据。凡能单独直接证明主要事实的，为直接证据。不能单独直接证明主要事实的，则为间接证据。

直接证据有四个特点：一是直截了当。不需借助其他证据就可以证明案件主要事实。二是运用便捷。一经查实就可作为认定案件主要事实的依据。三是收集较难。直接证据来源较窄，数量少且不易取得，在一些案件中甚至根本无法取得。四是较易失真。直接证据大多是言词证据，受言词证据特性的制约，直接证据的客观性和稳定性相对较差。

间接证据也有四个特点：一是证据相互依赖。一个间接证据没有单独的证明作用，必须与其他证据结合起来才有证明作用；二是彼此关联。间接证据的作用，首先取决于其与案件事实的联系，同时也取决于间接证据之间的相互联系与结合。只有把各个真实的间接证据串联起来，才能证明案件的主要事实；三是证明过程复杂。间接证据，在证明中有一个判断和推理的过程；四是要求一致排他。各个间接证据间不能互相矛盾，必须一致，排除了其他可能性。

直接证据、间接证据与原始证据、传来证据的划分标准不同。不能认为直接证据就是原始证据，间接证据就是传来证据。直接证据既可以是原始证据，也可是传来证据，反之亦然。

直接证据证明力强、运用方便，但数量少、收集难。间接证据虽然只能证明局部事实或个别情节，但范围广、数量多、易获取。间接证据可为调查向导、发现线索，在无法收集直接证据的情况下，有足够的间接证据串成证据体系，也足以定案。

18.2.4 本证与反证

以证据对诉辩双方主张的证明作用为标准，证据分为本证与反证。

本证，是能够证明己方主张事实存在的证据；反证，则是能够证明对方主张事实不存在的证据。本证用以肯定自己主张的事实存在，反证用以否定对方主张事实存在。

区分本证与反证的关键是，提出的证据是用于支持自己所主张的事实，还是用于反驳对方主张的事实。即立论为本证，驳论为反证。诉辩双方都可以提出支持自己主张的本证，也可以提出反驳对方主张的反证。不能认为诉方提出的都是本证，辩方提出的都是反证。本证与反证是相互对立的不可同真：本证成立，则反证不成立；反证成立，则必须推倒本证。

本证与反证的划分，有利于促使诉辩双方积极举证，有利于尽快查清事实，辨明是非，有利于办案人员正确审查和处理案件。

18.3 法律上对证据的分类

《行政诉讼法》第三十一条把证据分为书证、物证、视听资料、证人证言、当事人陈述、鉴定结论、勘验和现场笔录 7 种。这是立法者对证据所作的法律上的种类划分，也是行政诉讼只认的证据形式。不符合法定形式的证据，不能成为诉讼的定案依据。

18.3.1　书证

书证，是以其记载的信息和表达的涵义来证明案件事实的一切物品。包括：以文字或记载的内容证明案情的书证；以符号、图形表达的思想证明案情的书证；以数据、证照、印章或其他方式表达的信息或内容证明案情的书证等。

书证具有以下三个特征：①表现形式和制作方法多样性。书证的表现方式可以是文字、图形，也可是符号、数据。书证的载体可以是纸张、金属、木材等。书证的制作工具可以是笔、机器、刀具等。书证的制作方法可以是写、雕、刻、印、喷等；②书证所记载和表达的是与案件相关联的信息和思想。如果书证所含内容与案件无关就不成其为书证；③书证所载的是可被人们认知的信息和思想。如书证的信息或思想不能被人所识知，则也不可成为书证。

海洋行政执法案件中常见的书证有：海域使用证、倾废许可证等海洋行政许可文件，航行日志、报表、路由设计、施工计划、倾废记录、船位报告电文等海洋作业文件。

18.3.2　物证

物证，是指以其外部特征、存在场所、物质属性证明案件事实的物品或痕迹。物证的表现形式十分广泛，包括：违法行为侵害的客体物，违法现场留下的物品、痕迹，违法行为人使用的工具等一切可以证明违法事实的存在物。

物证有三个显著特点：①它以其外形、字迹特征或物质属性来证明案件的真相。以外形特征起证明作用的如指纹、足迹、工具等。以字迹痕迹起证明作用的如书写人的笔迹认定即是。以物质属性起证明作用的如对毒品、毒物、污染物和油指纹的认定即是。凡有一定固定形状的证物，一般是以其外部特征同案件事实产生关联而产生证明力的。如证物的形态、方位、规格、大小、图案等特殊标志。凡没有固定形状的证物，则是以其物质材料的特殊属性同案件事实发生关联而产生证明力的。如毒品、污水、油指纹等。需要通过技术鉴定确定其属性，以其鉴定结论而起到证明作用；②物证具有稳定性。物证的稳定性是相对于人证而言，常曰"人是活的，物是死的"。人证易受主、客观因素的影响而发生变化，物证系客观存在之物品或痕迹，只要及时提取并保全固定之，则比人证明显稳定而可靠；③物证具有不可替代性。任何一个物证都是特定的，只有这个特定的物，才与案件事实存有关联，如果以同类物甚至以它类物取而代之，也就失去了原证物的证据效力。是故，不可替代乃物证的本质属性。

18.3.3 视听资料

视听资料，是指利用录音、录像、计算机储存等手段所反映出的音、像或其他信息，以证明案情事实的资料。视听资料是随着现代科技进步而发展起来的一种独立的证据种类。主要包括以下几种：

（1）录音资料。它是原始声音的真实还原。即运用录音技术设备把现场各种声音录入载体，经播放还原声迹，以证明案件事实。其声音可以辨认，其话语得以固定。

（2）录像资料。它是历史画面的真实重演。即运用录像或摄影技术设备将事实过程原样录入载体，经重播画面，以证明案件事实的证据。它具有准确、完整、连贯再现的特点。内容广泛、信息量大，有鲜活的场景，可随时倒转，易于查看。录像对海上取证具有重要意义。

（3）计算机贮存资料。它是有关信息和数据的仓库。利用计算机的存储功能将有关信息存入计算机，一旦需要，经操作即可呈现电脑桌面或打印成书稿。

（4）运用专门技术设备获取的信息资料。它以专门设备监测或检验有关对象，通过设备的自动运行，显示检测或检验的结果信息和数据而证明案件事实。它不是个人技术的发挥，而是设备的自动运行或分析的结果。如机场的安全门、车站的安检器、海洋倾废记录仪、雷达扫描记录信息、海洋卫星监视数据等。

视听资料的特点是：直观、形象、准确、科学和综合性。直观，即指它直接来源于案件事实，直接反映案件事实，多数可作为直接证据使用；形象，即它可以原声原貌、鲜活动态地重演案件事实或执法过程；准确，是指视听资料对案件事实的记录细致入微，贴切、忠实原样；科学，视听资料是现代科技成果在法律上的反映，其设备和制取、及其重现还原都需要借助特定技术手段和设备。

视听资料对海洋行政执法具有特殊意义和作用：海上证据不同于陆地证据，海水、船和人都是活动的，水中现场变化快，海上证人少而且难找，其他证据捕捉和提取较难，紧急情况多，时间要求快视听资料信息量大，直观性强，可全天候海上监视，可快速、方便、准确地固定海上证据。视听资料体积小、重量轻，易携带、易保存。视听资料是目前适应海上证据流动性、快速性、变动性要求的最为理想的取证手段。

18.3.4　证人证言

18.3.4.1　概念

证人，即知道案件事实，法律许可作证的人。所谓证人证言，就是知道案件事实的人向办案人员所作的有关案件事实的陈述。证人关于案件事实以外的言辞，即根据其经历的事实所作的判断、推测或者评论，不能作为定案的依据。证人有特定的条件，并非任何人都有资格成为证人，证人的资格是证人证言有效的前提。合法的证人必须具备两个条件：一是知道案件事实；二是能够辨别是非和正确表达。理解证人的资格条件，须把握以下两点：

(1) 绝对条件。一要知道案情，二要能辨是非和正确表达。凡合此条件之人就有资格成为证人，既不受年龄、文化、财产、地位、表现好坏、思想觉悟等限制，也不受是否与当事人有亲属关系或其他利害关系的影响。

(2) 相对条件。凡不能辨别是非和不能正确表达的人，不能作为证人。但如果生理、精神虽有某种缺陷，抑或年幼，仍能辨别是非和正确表达，依然可以作为证人。生理、精神有缺陷或年幼，只是丧失证人资格的相对条件，而不是绝对条件。

18.3.4.2　证人的特性

(1) 不可替代性。证人是以其知道案件事实为条件的，因此，证人是恒定的，不能任意选择或指定，也不能代替和更换。

(2) 作证优先性。由于证人具有不可替代性，所以凡是知道案情的人，都应优先作为证人，而不为调查、鉴定、翻译等其他人员。因为后者是可以选择和替换的。

(3) 个体性。证人只能是公民个人，不能是法人或其他组织。因为，只有个人才有感知案件的能力，团体或组织没有感知事实的能力。它们提供的证明文件、档案资料等书面材料，属于书证范围，不是证人证言。

(4) 行政执法人员在行政诉讼中可成为特殊证人。最高人民法院《行政诉讼证据规定》第四十四条规定，有下列情形之一，原告或第三人可以要求相关行政执法人员出庭作证：其一，对笔录的合法性或者真实性有异议的；其二，对扣押财产的品种或者数量有异议的；其三，对检验的物品取样或者保管有异议的；其四，对行政执法人员的身份的合法性有异议的；其五，需要出庭作证的其他情形。这是一项新的证据规则，也称为特殊证人规则。之所以行政执法人员可成为特殊的证人，首先是因为证人的不可替代性决定的。其次是由于"证人在程序上无回避"规则所决定。《行政诉讼证据规定》第四十一条规定："凡是知道案件情况的人，都有作证的义务。"而不问他是否与案件存在利害关系。

18.3.4.3 证人证言的特点

①只认感知。证言是证人对案情的感知而不是推断。《行政诉讼证据规定》第四十六条规定，证人应当陈述其亲身经历的具体事实。证人根据其经历所作的判断、推测或者评论，不能作为定案的依据。故如为感知即可为证言，如非感知则不能作为证言；②相对客观。行政程序中的证人是独立于当事人之外的第三人，与案件不存在利害关系，因而相对于当事人的陈述等人证更为客观；③生动明确。证人证言能从动态上描述案件事实，使案情能生动重现，直击证明内容；④不稳多变。客观上，人感知的事实与客观事实不可能一模一样。主观上，证人证言常受情绪变化和外界干扰而多变。

18.3.5 当事人陈述

当事人就其经历的案件事实所作的陈述即是。主要包括以下内容：一是案件事实；二是对案件处理的申辩和意见；三是对案件事实的判断、推测或者评论；四是对事实的法律评判和适用法律的意见等。其中，能作为证据使用的，只有第一项内容即案件事实，其余不能作为证据使用。所以，当事人陈述并非都是证据。当事人陈述可分为三类：

（1）以陈述的内容为标准，可分为案情事实的陈述和案情事实以外的其他陈述。如上所述前者可作为定案依据，后者则不能作为证据使用。

（2）以陈述的形式为标准，可分为书面陈述和口头陈述。

（3）以陈述的性质为标准，可分为确认性陈述、否认性陈述、承认性陈述。确认性陈述，是当事人列举事实说明自己权益存在与合法，请求确认并予保护之陈述。否认性陈述，即当事人列举事实否认当罚事实存在之陈述。承认性陈述，是当事人对行政指控事实，明确表示承认的陈述。

当事人陈述，逢案必有、最易收集。其中不仅有案件事实，还蕴藏着许多证据线索，是行政调查和行政诉讼中应用最为广泛且有较强证明力的证据形式。但由于当事人与案件结果有直接的利害关系，决定了其陈述的证明力具有双重性，即易出现片面性和虚假性。

当事人就海洋行政违法事实所作的承认，对海上执法具有较大的实用价值。《行政诉讼证据规定》第六十七条规定，在不受外力影响的情况下，一方当事人提供的证据，对方当事人明确表示认可的，可以认定该证据的证明效力；对方当事人予以否认，但不能提供充分的证据进行反驳的，可以综合全案情况审查认定该证据的证明效力。这是行政诉讼程序对当事人承认的法律确认。在行政执法程序中虽然不能直接适用这一规则，但根据海上执法和证据的特性，如果海洋行政执法人员正确参照和引用这一规则，并有充分证据证实当事人在行政程序中在未受外力影响的情况下作出了承认，那么，在诉讼中当事人的承认应会有相当的价值。

18.3.6 鉴定结论

鉴定结论又称鉴定人的意见。是指经法定部门指派或委托，具有专业知识和专门技能的人，对某些专门性问题进行分析、检验或鉴别，从而得出的能证明案件事实的书面结论。鉴定结论和证人证言虽同属人证范畴，但两者各有特点不尽相同：

（1）资格要求不同。证人没有专业资质的要求，只要知道案件事实，能够辨别是非和正确表达的人即可成为证人；然而鉴定人或鉴定部门必须要有经有权机关认证的专业鉴定资质。

（2）证据内容不同。鉴定结论是鉴定人对案件专门性问题所作的判断结果，是对被鉴定事实的评价意见；证言则是证人对案件事实所作的陈述，其对案件事实的评判、推断等不能作为定案依据。

（3）可替代性不同。鉴定人是有权机关经选择指派或委托而产生的，具有可替代性，因此鉴定结论也就具有可替代性；而证人证言则因证人是特定而不可替代的，故不具有可替代性。

（4）形成的时间不同。鉴定结论是对案件专门性问题的评价，是案发后形成的；证人对案件事实所作的陈述，是当时过程的回忆，其内容是在案件发生过程中形成的。

鉴定的对象,只能是案件涉及的专门性问题。如法医问题、精神病问题、笔迹问题等。其他一般问题和法律问题无须鉴定,由调查人员判断并作出结论。在海洋行政违法案件中,有可能成为鉴定对象:如污染程度、数据的真伪、证照真伪、申请材料真伪、油指纹、路由的偏正、笔迹、作业记录、违法行为人行为能力等。

18.3.7 勘验笔录、现场笔录

18.3.7.1 勘验笔录

勘验笔录,是指行政执法人员对有关场所、物品等进行察看、检查时,所作的勘验情况的文字记录。勘验笔录和现场笔录实质上都是固定保全证据的方法和手段。在海洋行政执法中,常用的勘验笔录有:现场勘验笔录、证照或作业记录查验笔录、设备或船舶检查笔录、倾废核实笔录、物证检验笔录等。

18.3.7.2 现场笔录

现场笔录,又称当场记录。是指行政执法主体及其执法人员,在履行职务过程中,实施具体行政行为时,对现场情况当场所作的书面记录。《现场笔录》是行政诉讼中特有的法定证据,是专为适应行政审判的特殊性而设置的。

《现场笔录》可用的现场包括:行政违法行为实施或发现的现场、违法结果发生或发现的现场、作出具体行政行为的现场,及其与案件事实有关的其他场所。海洋行政执法的现场主要有:被违法使用的海域现场,被监视、监测或检查的船舶、平台现场,被污染或者倾废的海域现场,被破坏的自然保护区,铺设海底管线的现场以及执法行为现场等。

海洋行政执法的现场笔录的种类主要有:巡航笔录、检查笔录、监测笔录、检测笔录、监视笔录、责令停止笔录、调取物证或书证笔录、抽样

取证笔录、查验证照笔录、证据保全笔录、送达告知笔录、确认笔录、执行笔录等。

18.3.7.3 制作现场笔录的程序规则

（1）现场笔录可在以下情况适用：一是，在证据难以保全的情况下，如变质、大量、海面污染、海底废物、非法使用海域等；二是事后难以取证，如船舶驶离、油污漂散、倾入海底等；三是不可能取得其他证据或者其他证据难以证明案件事实。如夜晚海上拍摄、录像，海面或海底定位与测量等。

（2）制作现场笔录的规则：一是现场笔录应当在"现场"制作，不能事后补做。因为，现场笔录是执法过程的"纪录片"，不是事后编排的"电视剧"；二是现场笔录应当由当事人签名或盖章，在可能的情况下还应当由在场见证人签名或盖章。现场笔录的其他程序要求，按笔录制作的一般规则进行。

18.4 证明的对象

18.4.1 概念

证明对象，又称待证事实。即调查人员必须用证据加以证明的案件事实。分析证明对象的目的在于，使调查人员明确必须收集证据予以证明的事实范围，指导证据收集、运用实践，及时准确查明案情。

不同案件和不同程序的证明对象是不同的。各类案件或程序中的证明对象都是由法律具体规定的。海洋行政违法案件的证明对象是：海洋行政执法案件的实体法事实和程序法事实。包括：法律、法规和规章规定的海洋行政违法行为构成要件的事实，以及海洋行政处罚行为合法或合理与否的事实。

18.4.2 实体法事实

实体法事实，就是海洋行政法律、法规或规章等执法依据规定的，认定一个行为是否构成海洋行政违法，属何性质，情节轻重等必须查明的事实。即定性的事实和量罚的事实：

（1）海洋行政违法行为构成要件的事实。海洋行政违法行为的构成要件为：已经实施了海洋行政违法行为；该行为属于违反海洋行政法律规范的行为；应罚相对人须具有行政责任能力；该行为依法应当受到海洋行政处罚。以上构成要件也可概括为"七要素"：何人出于何动机与目的，在何时、何地、用何种方法，实施了何种海洋行政违法行为，产生了何种危害后果。①何人，就是海洋行政违法行为的实施主体；②何种动机与目的，即海洋违法行为人的主观方面；③何时，就是违法的时间，属于客观方面的要件；④何地，为发生违法的地点；⑤何种手段，就是违法的方法，属客观方面的要件；⑥何行为，即违法行为的表现形式，如非法使用海域、排污、倾废等；⑦何种危害结果，即违法行为造成的损害，属客观方面的要件。如污染海洋、非法占用海域、红树林被废等。以上七个要素并不是每一个行政违法行为都必须同时具备的，应根据具体的海洋法律、法规或规章的规定而加以证明。

（2）与海洋行政处罚轻重有关的各种事实。具体包括：①不予处罚的事实。《行政处罚法》规定了三种：违法行为人不满14岁的；精神病人在不能辨认或者不能控制自己行为时违法的；违法行为轻微并及时纠正，没有造成危害后果的。②从轻或减轻处罚的事实。《行政处罚法》规定了五种：已满14周岁不满18周岁的人违法的；主动消除或减轻危害后果的；受他人胁迫的；配合行政机关查处有立功表现的；其他依法从轻或减轻行政处罚的。③免于处罚的事实。《行政处罚法》规定，同一违法行为已受一次行政罚款处罚的；已过2年行政处罚追诉时效的。《海洋环境保护法》第九十二条规定，属于下列情形之一，经过及时采取合理措施，仍然不能避免对海洋环境造成污染损害的，造成污染损害的有关责任人免予承担责任：战争；不可抗拒的自然灾害；负责灯塔或者其他助航设备的主管部门，在执行职责时的疏忽，或者其他过失行为。

18.4.3　程序法事实

行政处罚程序中需要证明的程序法事实通常有：①有关管辖的事实；②有关回避的事实；③有关调查人员资格的事实；④有关处罚时效的事实；⑤告知行为人权利、听取行为人申辩、陈述或听证的事实；⑥有关证据保全的事实；⑦有关施用行政强制措施的事实；⑧有关调查过程的事实；⑨其他与合法性或者公正性有关的事实。

18.4.4　免证事实

免证事实指不必证明即可确认的事实。依据《证据规定》第六十八条，这些事实主要有：①众所周知的事实；②自然规律及定律；③按照法律规定推定的事实。推定，是指根据既存的某一事实，推断出另一事实的存在。如法院根据公民下落不明满四年的事实，可推定宣告死亡等；④已经依法证明了的事实；如已为生效判决或仲裁所确定的事实；⑤根据日常生活经验推定的事实。

18.5　证明的程度

证明的程度，是指证据调查人员对案件事实的证明必须达到的程度。我国法律规定的证明程度是：事实清楚，证据确实充分。事实清楚，是对证明对象查明程度的要求。即待证案件事实已经查清或认定清楚。不同的案件所要查清或认定的事实有所不同。证据确实充分，是对证明根据是否充足的要求。包括确实和充分两个方面的要求。确实是质的要求。指据以定案的每一个证据都具有客观性和关联性，能证明案件的真实情况。充分是量的要求。指全案证据对案件事实具有充足的证明力,足以证明案件事实情况。要求证据相互联结、相互印证,形成完整的证据体系。

在实践中可从以下几点衡量证据确实充分的程度:①据以定案的每一个证据都已查证属实,是客观存在的事实,具有证据的客观性、关联性和合法性;②每一个证据都与案件事实有关联,能起到证明案件事实的作用;③案件事实的每一个情节都有相应的证据予以证实;④证据之间、证据与案件事实间不存在矛盾;⑤全案证据形成完整的证据体系,得出证据证明结论是唯一的,并具有排他性。海洋行政执法证据必须同时具备以上要求,才能认为是达到了事实清楚,证据确实充分的标准。

18.6 证据的审核认定

18.6.1 证据审核认定的概念

证据的审核认定或曰证据审查判断,是指调查人员对所收集的证据进行排列、分析、鉴别,判定其证据力和证明力,从而对案件事实作出正确结论的活动。其实质是对证据与事实的认知与思辨,是一个对证据进行"去粗取精、去伪存真、由此及彼、由表及里"逐步深入的认识过程。值得注意的是,学理上对证据的分类,是为给人们提供一种认识的工具,法律上对证据的分类,是为司法创设一种证明的手段。大凡分类皆是对客观物的人为的析分。然而,客观的证据并不会因人为的析分而变得单纯或彼此孤立。相反,现实中的证据总是纷繁复杂、光怪陆离而又彼此联系、相互影响的,同一个物从不同角度可成为不同类别的证据。因此,作为证据的审核与认定,不仅要善于单个甄别,更要综合审视和融会贯通。

证据的审核判断,贯穿于调查的每一个阶段,与证据收集交错而行。收集证据是审核认定的前提,否则审核认定就成为无本之木。反之,及时审核证据,又可以进一步指导证据收集活动。调查人员对案件事实的正确认识，正是在不断地收集、审核证据的过程中实现的。

1. 证据的审核认定的特征

（1）证据审查判断系认识的理性阶段。证据的审查判断以证据的收集为基础，收集证据是调查的感性阶段，审查判断证据则是调查的理性阶段。审查既以收集为前提，又反作用于收集，两者相互促进，共同推动调查程序有效进行。事实经收集成为证据，而证据只有通过审查判断，才能起到证明的作用。因此，两者都是完成调查任务不可或缺的部分；

（2）证据审查判断的目的在于甄别证据真伪和效力，查明事实真相。包括对个别证据的审查判断和对全案证据的综合审查判断；

（3）证据审查判断是调查人员的一种思维活动。它要通过科学的分析和判断来完成，因而必须有科学的审查方法和正确的判断标准。

2. 证据审核认定的重要意义

（1）有利于为调查正确导航。证据审核判断与调查取证交错而行，正确地审核判断证据，对于指引调查活动朝正确航向推进、提高调查效率具有重要作用；

（2）有利于保障证据真实性。证据审定与运用是认定案件事实的必经程序。过去的事情不可倒现，认识中再现的案情完全依赖证据的证明。而真实的证据则必须甄别和取舍，去伪存真，故审核是保障证据客观真实性的必要手段；

（3）有利于确定证据相关性和证明力。证据本身，无法说明证据的真伪、与案件有无关联、证明力强弱等，唯有通过调查人员的鉴别、查实才能确定；

（4）有利于正确适用法律。证据确实充分是证明的标准，达到证明标准方可认定事实，证据确凿事实清楚是法律适用的基础和前提。

18.6.2 证据审核认定的基本规则

行政机关作出行政处罚，应当以证据证明的案件事实为依据。如前所述，由于行政权要受司法终决原则的规制，行政证据的审查判断就必须以诉讼证据的要求为准则，遵循行政诉讼的证据规则是保证海洋行政执法行为得到司法认可的关键。证据审核认定的内容，就是通过审查而确定证据的关联性、合法性和真实性及证明力，进而对案件事实作出结论。因此，审查认定的主要对象就是证据的"三性"。审核认定证据具体应遵守以下规则：

（1）审查证据的关联性。一看证据对查明本案实体法事实有无证明作用和价值；二看证据对查明本案程序法事实有无证明作用和价值。与本案特定的证明对象有关，即为具有关联性，无关则不具备关联性。

（2）审查证据的合法性：一看证据是否符合法定形式；二看证据取得是否符合法律、法规、司法解释和规章的要求；再看有无影响证据效力的其他违法情形。

（3）审查证据的真实性：一看证据形成的原因；二看发现证据的客观环境；三看证据是否为原件、原物，复制件、复制品与原件、原物是否相符；四看提供证据的持有人或证人与当事人是否有利害关系；再看是否有影响证据真实性的其他因素。

18.6.3　各类证据的逐一审核认定

18.6.3.1　物证、书证的审核认定

物证、书证最大的可能是被相似物、类似物冒名顶替，被人更换、伪造、伪装、变造等。必须经审查判断确定真实可靠后，方能作为证据使用：

（1）审查物证、书证来源。审查物证、书证的来源，就是要查明物证、书证是何时、何地、何人发现和收集的。来源不明的，不能作为证据使用。

（2）审查物证、书证与案件事实的关联性。即查明物证、书证能够证明案件事实中的什么问题。如果不能证明任何问题，也就没有任何证明效

力。因此，审查物证、书证与案件事实间的联系，是确定物证、书证证据价值的重要环节。

（3）审查物证、书证证据的内容。审查证据的内容，即审查物证、书证与本案其他证据的内容是否一致、相互印证、有无矛盾。一个证据通常只能反映案件事实的一个片断，或只提供了其他证据线索，只有综合审查，相互结合，相互对照才能再现案件全貌。

（4）审查物证、书证是否符合行政诉讼对提供物证、书证的要求。行政诉讼对当事人提供物证的要求有二：一是提供原物。提供原物确有困难的，可以提供与原物核对无误的复制件或者证明该物证的照片、录像等其他证据；二是原物为数量较多的种类物的，提供其中的一部分。

行政诉讼对当事人提供书证的要求有四：一是提供书证的原件，原本、正本和副本均属于书证的原件；二是提供由有关部门保管的书证原件的复制件、影印件或者抄录件的，应当注明出处，经该部门核对无异后另盖其印章；三是提供报表、图纸、会计账册、专业技术资料、科技文献等书证的，应当附有说明材料；四是被告提供的被诉具体行政行为所依据的询问、陈述、谈话类笔录，应当有行政执法人员、被询问人、陈述人、谈话人签名或者盖章。法律、法规、司法解释和规章对书证制作形式另有规定的，从其规定。

18.6.3.2　证人证言的审查判断

即使是最诚实的人，也可能提供失真的证言。证言失真的原因不外乎两个方面：第一，故意提供伪证。故意作伪证的动机与目的是多种多样的，主要有：与当事人有利害关系，本人品质不好，有思想顾虑，受人引诱、威胁、贿赂、欺骗等；第二，无意提供错证。证人主观上虽有如实作证的愿望，但由于受到主、客条件的制约和影响，如天色晚没看清、距离远没听清、理解能力差、记忆不好等。审查判断证人证言，可从以下几点着手：

（1）审查证人证言的形成过程。如是亲自耳闻目睹，还是听人叙说等。

（2）审查证人与当事人有无利害关系。

（3）审查证言是否合情合理，符合逻辑，有无矛盾等。

（4）进行实物验证。即与案内其他证据，特别是实物证据结合起来进行检验。真实的证言应与其他证据相一致，无矛盾。否则，就不能轻易采用。

（5）审查证人证言是否符合行政诉讼对提供证人证言的要求。行政诉讼对当事人提供证人证言有以下四个要求：写明证人的姓名、年龄、性别、职业、住址等基本情况；有证人的签名。不能签名的，应当以盖章等方式证明；注明出具日期；附有居民身份证复印件等证明证人身份的文件。

18.6.3.3　当事人陈述和申辩的审查判断

当事人陈述、申辩具有两面性。一方面，当事人是现场的亲历者，其陈述可直接反映即情、即景、即形，另一方面，是其虚假性较大。应从以下几方面进行审查：

一看其陈述与申辩的动机。动机纯则言词可真，动机不纯则言词可疑；二看其产生情形。是其自愿报告，还是受到干扰；三看有无反复和矛盾。真实的陈述应当具体、明确，合情合理，没有矛盾，如时翻时供，前后矛盾则可能虚假；四看印证。即将其与案内其他证据相互验证，如有矛盾则必须分析原因，进一步鉴别。

18.6.3.4　鉴定结论的审查判断

对鉴定结论的审查判断主要包括有以下内容：

（1）审查鉴定部门和鉴定人的主体资格。包括：鉴定部门和鉴定人资格的说明，鉴定人是否具有专门知识的或技能，是否经执法机关委派或聘请，是否有法定的回避情形，鉴定人签名及鉴定部门的盖章等。

（2）审查送交鉴定的材料是否确实、充分。送检材料确实，是指完全可以确认受检材料即为所送检的材料。其原物未被替换，其本性没有变化。送检材料充分，是指送检材料的数量充足，送检样品足以代表整体属性，否则鉴定结论就不具有代表性。

（3）审查鉴定依据和使用的鉴定方法是否科学，技术设备是否先进。通过分析获得的鉴定结论，应当说明分析过程。

（4）审查鉴定结论与案内其他证据有无矛盾。将鉴定结论交由当事人对质，如有异议或要求重新鉴定应当准许。鉴定人不具备鉴定资格，鉴定程序严重违法，鉴定结论错误、不明确或者内容不完整的鉴定结论不可采用。

18.6.3.5 勘验笔录、检查笔录的审查判断

（1）审查勘验、检查笔录制作过程是否符合法律规定。如制作主体是否合法，有无见证人在场，有关人员是否签名或者盖章等。

（2）审查勘验的现场或检查的对象是否被破坏、伪造。现场如被破坏，则现场证据特征就会发生变化而失去真实性。

（3）审查勘验、检查人员的责任心和业务水平。

（4）审查勘验、检查笔录与案内其他证据是否一致、相互印证，如有矛盾，应找出原因或重新勘验或检查。

（5）审查勘验、检查笔录是否符合行政诉讼对提供现场笔录的要求。行政诉讼要求现场笔录应当：载明时间、地点和事件等内容，并由执法人员和当事人签名。当事人拒绝签名或者不能签名的，应当注明原因。有其他人在现场的，可由其他人签名。法律、法规和规章对现场笔录的制作形式另有规定的，从其规定。

18.6.3.6 视听资料的审查判断

（1）审查视听资料来源。看视听资料是执法人员制作的，还是执法人员调取的，或是他人主动提供的。审查视听资料制作是否符合法定程序，调取是否合法进行，对他人提供的视听资料要看它是在什么情况下制作的，有无伪造、剪辑、编纂等。

（2）审查视听资料制作过程。看视听资料制作过程是否正常或合法，制作技术、设备如何，审查是否注明制作方法、制作时间、地点、制作人

和证明对象等。

（3）审查提供的视听资料是否为有关资料的原始载体。是原始还是转录的，如为转录应对照母版。提供原始载体确有困难的，可以提供复制件。声音资料应当附有该声音内容的文字记录。

18.6.3.7　域外形成的证据和外文或外国语证据的审查判断

域外形成的证据，应当说明来源，经所在国公证机关证明，并经中华人民共和国驻该国使领馆认证，或者履行中华人民共和国与证据所在国订立的有关条约的证明手续。

外文或外国语证据，应附有由具有翻译资质的机构翻译的或者其他翻译准确的中文译本，由翻译机构盖章或者翻译人员签名。

18.6.3.8　涉密证据的审查判断

调查人员在审查中，应仔细辨别所获证据是否有属于国家秘密、商业秘密或者个人隐私的，如发现涉及国家秘密、商业秘密或者个人隐私的证据，应当明确标注。并提示有关人员注意保守秘密。

18.6.4　全案证据的综合审查判断

对全案证据的综合审查判断，就是调查人员对收集到的各种证据进行综合审查，通过排序、对比、鉴别和分析，确定各种证据的真实性和证明力，并进一步对案件事实作出结论的调查行为。对全案证据审查判断的基本方法主要有四：

（1）甄别真伪。针对不同证据可从以下途径入手，发现不实证据而除之：一是证据提供人的不良动机；二是有关人员的生理和认识上的缺陷；三是环境情况的影响；四是调查人员工作上的原因；五是传来证据在转述、复制、传抄中的错误等。

（2）相互印证。通过全案证据的综合审查判断，必定会发现矛盾，分析并解决这些矛盾的过程，也就是调查人员认识升华、案情真相大白的过程。综合对比发现矛盾的方法有：一看证据本身是否有矛盾；二看证据内容与客观环境和条件上否有矛盾；三看全案证据与某个证据事实有无矛盾；四看全案证据与所认定事实有无矛盾。

(3) 对照规定。即对照《证据规定》关于证据的证明效力的认定规则，综合对比确定证据的证明效力，排除不合规则要求的证据。《证据规定》规定：

①以下十类证据材料不能作为定案的依据：第一，严重违反法定程序收集的证据；第二，以偷拍、偷录、窃听方式获取的证据材料；第三，以利诱、欺诈、胁迫、暴力等不正当手段获取的证据材料；第四，当事人无正当事由超出举证期限提供的证据材料；第五，在我国领域以外或者在我国香港特别行政区、澳门特别行政区和台湾地区形成的未办理法定证明手续的证据材料；第六，当事人无正当理由拒不提供原件、原物，又无其他证据印证的复制件或者复制品；第七，被当事人或者他人进行技术处理而无法辨明真伪的证据材料；第八，不能正确表达意志的证人提供的证言；第九，以违反法律禁止性规定或者侵犯他人合法权益的方法取得的证据；第十，未经当事人质证的证据不能作为定案依据。

②以下六种证据材料不能单独作为定案的依据：其一，未成年人所作的与其年龄和智力状况不相适应的证言；其二，与一方当事人有亲属关系或者其他密切关系的证人，所作的对该当事人有利的证言，或者与一方当事人有不利关系的证人所作的对该当事人不利的证言；其三，难以识别是否经过修改的视听资料；其四，无法与原件、原物核对的复制件或者复制品；其六，经一方当事人或者他人改动，调查人员难以认可的证据材料等。

③以下事实可以直接认定：众所周知的事实，自然规律及定律；按照法律规定推定的事实；已经依法证明了的事实；根据日常生活经验推定的事实。前述事实当事人有相反证据推翻的除外。

④对方确认、承认或认可的事实：以有形载体固定或者显示的电子数据交换、电子邮件以及其他数据资料，当事人确认，或者以公证等其他有

效方式予以证明的，与原件具有同等的证明效力；在听证中当事人或者其代理人在代理权限内，对案件事实明确表示认可的，可以认定该事实，有相反证据足以推翻的除外；在不受外力影响的情况下，当事人对调查人员提供的证据明确表示认可的，可以认定该证据的证明效力。

⑤最佳证据规则。即同一事实多个证据的择优规则：其一，国家机关及其他职能部门依职权制作的公文文书优于其他文书；其二，鉴定结论、现场笔录、勘验笔录、档案材料以及经过公证或者登记的书证优于其他书证、视听资料和证人证言；其三，原件、原物优于复制件、复制品；其四，法定鉴定部门的鉴定结论优于其他鉴定部门的鉴定结论；其五，调查部门主持勘验所制作的勘验笔录优于其他部门主持勘验所制作的勘验笔录；其六，原始证据优于传来证据；其七，其他证人证言优于与当事人有亲属关系或者其他密切关系的证人提供的对该当事人有利的证言；其八，到场作证的证人证言优于未到场作证的证人证言；其九，数个种类不同、内容一致的证据优于一个孤立的证据。

（4）逻辑推断。案件事实的认定，是运用各种审查判断方法的结果。除上述规则之外，在综合审查中主要常用形式逻辑的原理，以推理、判断、联系和比较等方法来进行审核认定。综合审定案件应注意：第一，必须客观全面、防止主观片面；第二，将案件事实与相应证据分解和综合审查印证；第三，灵活运用同一律、矛盾律和排中律，进行合理推断，分析全案事实与结论是否符合情理；第四，全案证据相互印证，形成一个协调一致的证据体系。在证明违法行为存在的方向上具有同向性，在排除其他行为人实施的可能性上能得出行为人实施的唯一性结论。

思考题：

1. 简述学理上对证据的分类。
2. 简述证明的对象与程度。
3. 简述证据的审核认定。

19 行政强制

为了规范行政强制的设定和实施，保障和监督行政机关依法履行职责，维护公共利益和社会秩序，保护公民、法人和其他组织的合法权益，全国人大常委会于 2011 年 6 月 30 日表决通过了《中华人民共和国行政强制法》，该法从 2012 年 1 月 1 日起开始实施。该法所称行政强制，包括行政强制措施和行政强制执行。以下主要根据新颁布的《行政强制法》，对我国的行政强制制度进行简要的介绍。

19.1 行政强制的概念和特征

我国《行政强制法》规定了行政强制措施和行政强制执行两大类行政强制。

19.1.1 行政强制措施的概念和特征

行政强制措施，是指行政机关在行政管理过程中，为制止违法行为、防止证据损毁、避免危害发生、控制危险扩大等情形，依法对公民的人身自由实施暂时性限制，或者对公民、法人或者其他组织的财物实施暂时性控制的行为。

行政强制措施具有如下三个特征：

（1）行政强制措施的实施主体是依法享有行政强制措施权的行政机关或法律、法规授权的组织。只有行政机关或法律、法规授权的组织在行政管理过程中作出的强制措施才可能是行政强制措施。其他主体，比如司法机关对干扰法庭秩序的当事人所采取的措施，显然不属于行政强制措施的范畴。

（2）行政强制措施的根本属性，在于它的暂时性。行政强制措施和其他大多数行政行为的区别就在于它是暂时性的，当实施行政强制措施的目的已经达到或者条件已经消失时，行政机关应当立即解除行政强制措施。而其他大多数行政行为通常情况下并不是暂时性的。

（3）行政强制措施针对的对象是人身或者财产。行政强制措施针对的对象包括两类：一类是公民的人身自由，另一类是公民、法人或者其他组织的财物。

19.1.2　行政强制执行的概念和特征

行政强制执行，是指行政机关或者行政机关申请人民法院，对不履行行政决定的公民、法人或者其他组织，依法强制履行义务的行为。

行政强制执行具有以下三个方面的特征：

（1）行政强制执行的主体是行政机关或者人民法院。在我国，并不是所有的行政机关都享有行政强制执行权。没有行政强制执行权的行政机关只能申请人民法院强制执行。因此，虽然名为"行政强制执行"，但执行的主体并非都是行政主体。

（2）行政强制执行的前提是公民、法人或者其他组织不履行生效的行政决定。这是行政强制执行的先决条件。当一个行政决定赋予公民、法人或者其他组织某种义务，而公民、法人或者其他组织拒不履行该义务时，行政强制执行的启动就获得了相应的前提。如果公民、法人或者其他组织自觉履行了相关行政决定，就没有启动行政强制执行程序的必要。

（3）行政强制执行是依法强制公民、法人或者其他组织履行义务的行为。行政强制执行的目的，是强制公民、法人或者其他组织履行义务，从而确保行政决定所确定的义务得以实现。

19.1.3　行政强制措施和行政强制执行的区别

行政强制措施和行政强制执行同属于行政强制,但两者的区别也是很明显的:

(1) 两者的实施主体存在差异。行政强制措施的主体只能是行政主体,而行政强制执行的主体可以是行政机关,也可以是人民法院。

(2) 两者的目的不同。行政强制措施的目的是为了制止违法行为、防止证据损毁、避免危害发生、控制危险扩大等情形,而行政强制执行的目的则是为了履行行政决定所赋予的义务。

(3) 两者的前提不同。行政强制执行以公民、法人或者其他组织事先存在一个行政决定所赋予的义务并拒不履行义务为前提,而行政强制措施则并不存在此前提。

19.2　行政强制的种类和方式

19.2.1　行政强制措施的种类

根据《行政强制法》第九条的规定,行政强制措施的种类包括:①限制公民人身自由;②查封场所、设施或者财物;③扣押财物;④冻结存款、汇款;⑤其他行政强制措施。

以上是《行政强制法》规定的行政强制措施的主要种类。鉴于限制公民人身自由的强制措施应该由公安机关负责实施,在海洋行政执法活动中不存在这一问题,这里不再涉及,只简单介绍其他三种行政强制措施种类。

(1) 查封场所、设施或者财物。所谓查封,字面上的意思是检查后贴上封条,不准动用。查封的对象,可以是场所、设施,也可以是财物。查封意味着行政主体限制行政相对人对其财产的占有和处分,其目的是为了保障行政主体取得证据，保证行政决定的执行和行政相对人金钱财物给付义务的履行。查封的特点是：因为不易移动或不必移动，被查封的财产并不转移到行政机关处，而是在原地查封。

（2）扣押财物。扣押有没收，或暂时没收，或近似于没收的意味。和查封的目的一样，扣押财物的目的也是为了保障行政主体取得证据，保证行政决定的执行和行政相对人金钱财物给付义务的履行。扣押的特点是：被扣押的财物一般在行政机关处，在行政主体的实际掌控之下。

（3）冻结存款、汇款。法律上的冻结，是指账户、资金等被有关部门控制，禁止财产的原所有权人自由动用、流转。冻结这种措施的特点在于其对象的特定性。冻结的对象是行政相对人在银行等金融机构的存款或汇款。

以上三种行政强制措施都属于限制财产权的措施强制，所针对的对象都是财产，都是以限制行政相对人对财产的使用和处分为内容。

19.2.2　行政强制执行的方式

根据《行政强制法》第十二条的规定，行政强制执行的方式包括：①加处罚款或者滞纳金；②划拨存款、汇款；③拍卖或者依法处理查封、扣押的场所、设施或者财物；④排除妨碍、恢复原状；⑤代履行；⑥其他强制执行方式。

以上行政强制执行的方式大体上可以归为三类：代履行、执行罚、直接强制。

代履行是指在义务人不履行义务而该义务又可以由他人代为履行时，行政主体可以自行或者雇人代为履行，相关费用由义务人承担。代履行是一种比较温和的执行方式，对行政相对人的强制程度比较低，等于在其不履行义务的情况下，无须对当事人的人身进行强制，而是把对人的强制转化成了对财产的强制，既突破了僵局解决了问题，又不激化矛盾。

执行罚是指在义务人不履行义务而该义务又不可以由他人代为时，

为了促使义务人履行义务,行政主体对其科以新的金钱给付义务。很明显,执行罚只适用于义务人不履行义务而该义务又不可以由他人代为的情形,如果该行为可以由他人代为,则最好通过代履行的方式来解决问题,而无须动用执行罚这种方式。执行罚的表现形式主要是加处罚款或者滞纳金。

代履行和执行罚都属于间接的强制方法。在上述间接强制方法不能奏效的情况下,或者在非常紧急的情况下,则可以考虑采取直接强制的方法,即对义务人的人身和财产实施直接的、强有力的强制,比如由行政主体或司法机关直接划拨义务人的存款、汇款,直接拍卖或者依法处理查封、扣押的场所、设施或者财物,直接出面排除妨碍、恢复原状,等等。因为直接强制的方法是极为严厉的手段,对义务人的权益会造成严重的损害和冲击,因此,有必要采取慎重的态度,只有在穷尽各种间接强制措施手段不能奏效的情况下,或者在非常紧急的情况下,才考虑采取直接强制的手段。这才是对行政相对人、对法律负责的态度。

19.3 行政强制的程序要求

鉴于行政强制对公民、法人或者其他组织的权益影响甚大,因此有必要从程序上对行政强制进行规范和规制。《行政强制法》对行政强制的实施程序进行了细密的规定,提出了严格的要求。

19.3.1 行政强制措施的程序要求

19.3.1.1 行政强制措施实施程序的一般要求

根据《行政强制法》的规定,行政主体在实施行政强制措施时,应当遵守以下两条原则要求:

第一,依法实施。《行政强制法》第十六条明确规定,行政机关履行行政管理职责,依照法律、法规的规定,实施行政强制措施。

第二，主体法定。《行政强制法》第十七条规定，行政强制措施由法律、法规规定的行政机关在法定职权范围内实施。行政强制措施权是不能进行委托的。而且，行政强制措施应当由行政机关具备资格的行政执法人员实施，其他人员不得实施。

行政强制措施的法定实施主体主要包括两类：法律、行政法规、地方性法规规定的行政机关；行使相对集中行政处罚权的行政机关。

除了上述原则性要求外，《行政强制法》第十八条还对实施行政强制措施的基本程序进行了具体规定。根据该条规定，行政机关实施行政强制措施应当遵守下列基本要求：

（1）实施前须向行政机关负责人报告并经批准；

（2）由两名以上行政执法人员实施；

（3）出示执法身份证件，表明身份；

（4）通知当事人到场；

（5）当场告知当事人采取行政强制措施的理由、依据以及当事人依法享有的权利、救济途径；

（6）听取当事人的陈述和申辩；

（7）行政执法人员制作现场笔录；

（8）现场笔录由当事人和行政执法人员签名或者盖章，当事人拒绝的，在笔录中予以注明；

（9）当事人不到场的，邀请见证人到场，由见证人和行政执法人员在现场笔录上签名或者盖章。

在紧急情况下，需要当场实施行政强制措施的，行政执法人员应当在24小时内向行政机关负责人报告，并补办批准手续。行政机关负责人认为不应当采取行政强制措施的，应当立即解除。

19.3.1.2 对查封、扣押程序的特殊要求

《行政强制法》对于查封、扣押程序还做出了特殊规定。行政主体在实施查封、扣押时，除了遵守上述一般规定外，还要遵守这些特殊的

要求。

《行政强制法》第二十三条规定，查封、扣押限于涉案的场所、设施或者财物，不得查封、扣押与违法行为无关的场所、设施或者财物；不得查封、扣押公民个人及其所扶养家属的生活必需品。这就严格限定了查封、扣押的范围。

《行政强制法》第二十四条规定，行政机关决定实施查封、扣押的，除了履行第十八条规定的程序外，还应当制作并当场交付查封、扣押决定书和清单。查封、扣押决定书应当载明下列事项：

（1）当事人的姓名或者名称、地址；

（2）查封、扣押的理由、依据和期限；

（3）查封、扣押场所、设施或者财物的名称、数量等；

（4）申请行政复议或者提起行政诉讼的途径和期限；

（5）行政机关的名称、印章和日期。

查封、扣押清单一式二份，由当事人和行政机关分别保存。

《行政强制法》第二十五条具体规定了查封、扣押的期限。查封、扣押的期限不得超过30日；情况复杂的，经行政机关负责人批准，可以延长，但是延长期限不得超过30日。延长查封、扣押的决定应当及时书面告知当事人，并说明理由。

行政主体对被查封、扣押的财物负有保管义务。《行政强制法》第二十六条规定，对查封、扣押的场所、设施或者财物，行政机关应当妥善保管，不得使用或者损毁；造成损失的，应当承担赔偿责任。

对查封的场所、设施或者财物，行政机关可以委托第三人保管，第三人不得损毁或者擅自转移、处置。因第三人的原因造成的损失，行政机关先行赔付后，有权向第三人追偿。因查封、扣押发生的保管费用由行政机关承担。

因为查封、扣押是暂时性措施，因此行政主体应当根据不同情况及时进行处理。《行政强制法》第二十七条规定，行政机关采取查封、扣押措施后,应当及时查清事实,在法定的期限内作出处理决定。对违法事实清楚,依法应当没收的非法财物予以没收;法律、行政法规规定应当销毁的,依法销毁;应当解除查封、扣押的,作出解除查封、扣押的决定。

《行政强制法》第二十八条还规定了解除查封、扣押的情形和程序。第二十八条规定,有下列情形之一的,行政机关应当及时作出解除查封、扣押决定:

(1) 当事人没有违法行为;
(2) 查封、扣押的场所、设施或者财物与违法行为无关;
(3) 行政机关对违法行为已经做出处理决定,不再需要查封、扣押;
(4) 查封、扣押期限已经届满。

解除查封、扣押应当立即退还财物,恢复权利人对其财产的占有、使用、收益等权益;已将鲜活物品或者其他不易保管的财物拍卖或者变卖的,退还拍卖或者变卖所得款项。变卖价格明显低于市场价格,给当事人造成损失的,应当给予补偿。

19.3.1.3 对冻结存款、汇款程序的特殊要求

《行政强制法》对于冻结存款、汇款程序也作出了一些特殊规定。

《行政强制法》第二十九条规定,冻结存款、汇款应当由法律规定的行政机关实施,不得委托给其他行政机关或者组织;其他任何行政机关或者组织不得冻结存款、汇款。这意味着,实施冻结的主体也是法定的,而且只能由法律这个层级的文件进行规定,相当严格。

《行政强制法》第三十条规定,行政机关依照法律规定决定实施冻结存款、汇款的,除了履行第十八条第一项、第二项、第三项、第七项规定的程序外,还应当向金融机构交付冻结通知书。金融机构接到行政机关依法作出的冻结通知书后,应当立即予以冻结,不得拖延,不得在冻结前向当事人泄露信息。冻结的实施主体是行政机关,但金融机构负有协助义务,来进行具体操作。

《行政强制法》第三十一条规定,依照法律规定冻结存款、汇款的,

作出决定的行政机关应当在 3 日内向当事人交付冻结决定书。冻结存款、汇款决定书应当载明下列事项：

（1）当事人的姓名或者名称、地址；

（2）冻结的理由、依据和期限；

（3）冻结的账号和数额；

（4）申请行政复议或者提起行政诉讼的途径和期限；

（5）行政机关的名称、印章和日期。

《行政强制法》第三十二条规定了冻结存款、汇款的期限。自冻结存款、汇款之日起 30 日内，行政机关应当作出处理决定或者作出解除冻结决定；情况复杂的，经行政机关负责人批准，可以延长，但是延长期限不得超过 30 日。延长冻结的决定应当及时书面告知当事人，并说明理由。

《行政强制法》第三十三条规定，有下列情形之一的，行政机关应当及时作出解除冻结存款、汇款决定：

（1）当事人没有违法行为；

（2）冻结的存款、汇款与违法行为无关；

（3）行政机关对违法行为已经作出处理决定，不再需要冻结；

（4）冻结期限已经届满。

行政机关作出解除冻结存款、汇款决定的，应当及时通知金融机构和当事人。金融机构接到通知后，应当立即解除冻结存款、汇款。行政机关逾期未作出处理决定或者解除冻结决定的，金融机构应当自冻结期满之日起解除冻结。

19.3.2　行政机关强制执行的程序要求

19.3.2.1　行政机关强制执行程序的一般性要求

前面已经提到，行政强制执行以公民、法人或者其他组织事先存在一个行政决定所赋予的义务并拒不履行义务为前提条件，也就是说，行政机关依法作出行政决定后，当事人在行政机关决定的期限内不履行义务的，才存在启动行政强制执行程序的问题。不过行政机关作出强制执行决定前,应当事先催告当事人履行义务,再给当事人一次自动履行的机会。《行政强制法》第三十五条并且明确规定,催告应当以书面形式作出,并载明下列事项:

(1) 履行义务的期限;
(2) 履行义务的方式;
(3) 涉及金钱给付的,应当有明确的金额和给付方式;
(4) 当事人依法享有的陈述权和申辩权。

当事人收到催告书后有权进行陈述和申辩。行政机关应当充分听取当事人的意见,对当事人提出的事实、理由和证据,应当进行记录、复核。当事人提出的事实、理由或者证据成立的,行政机关应当采纳。

经过催告程序,当事人逾期仍不履行行政决定,且无正当理由的,行政机关可以作出强制执行的决定。

强制执行决定应当以书面形式作出,并载明下列事项:

(1) 当事人的姓名或者名称、地址;
(2) 强制执行的理由和依据;
(3) 强制执行的方式和时间;
(4) 申请行政复议或者提起行政诉讼的途径和期限;
(5) 行政机关的名称、印章和日期。

在催告期间,对有证据证明有转移或者隐匿财物迹象的,行政机关可以作出立即强制执行决定。

上述文书,包括催告书、行政强制执行决定书应当直接送达当事人。当事人拒绝接收或者无法直接送达当事人的,依照《中华人民共和国民事诉讼法》的有关规定进行送达。

《行政强制法》并且规定了中止执行、终结执行、执行回转、执行和解的情况。这些规定,基本上和《民事诉讼法》的相关规定是一致的。

《行政强制法》第三十九条规定,有下列情形之一的,中止执行:

(1) 当事人履行行政决定确有困难或者暂无履行能力的；
(2) 第三人对执行标的主张权利，确有理由的；
(3) 执行可能造成难以弥补的损失，且中止执行不损害公共利益的；
(4) 行政机关认为需要中止执行的其他情形。

中止执行的情形消失后，行政机关应当恢复执行。对没有明显社会危害，当事人确无能力履行，中止执行满三年未恢复执行的，行政机关不再执行。

《行政强制法》第四十条规定，有下列情形之一的，终结执行：
(1) 公民死亡，无遗产可供执行，又无义务承受人的；
(2) 法人或者其他组织终止，无财产可供执行，又无义务承受人的；
(3) 执行标的灭失的；
(4) 据以执行的行政决定被撤销的；
(5) 行政机关认为需要终结执行的其他情形。

在执行中或者执行完毕后，据以执行的行政决定被撤销、变更，或者执行错误的，应当恢复原状或者退还财物；不能恢复原状或者退还财物的，依法给予赔偿。

实施行政强制执行，行政机关可以在不损害公共利益和他人合法权益的情况下，与当事人达成执行协议。执行协议可以约定分阶段履行；当事人采取补救措施的，可以减免加处的罚款或者滞纳金。执行协议应当履行。当事人不履行执行协议的，行政机关应当恢复强制执行。

根据现实情况，《行政强制法》并且进行了一些限制性规定，充分体现了以人为本的人文关怀。比如，行政机关不得在夜间或者法定节假日实施行政强制执行；行政机关不得对居民生活采取停止供水、供电、供热、供燃气等方式迫使当事人履行相关行政决定。

19.3.2.2 金钱给付义务执行程序的特殊要求

当事人的义务，大体上可以分为两类：给付金钱的义务和作出行为的义务。对于这两类义务的执行程序，《行政强制法》都有一些特殊的规定。

对于给付金钱的义务,《行政强制法》规定首先考虑间接强制执行的方法即执行罚的方法。第四十五条规定,行政机关依法作出金钱给付义务的行政决定,当事人逾期不履行的,行政机关可以依法加处罚款或者滞纳金。加处罚款或者滞纳金的标准应当告知当事人。加处罚款或者滞纳金的数额不得超出原来金钱给付义务的数额。

在行政机关实施加处罚款或者滞纳金超过30日,经催告当事人仍不履行的情况下,行政机关考虑实施直接强制执行。行政机关实施强制执行前,需要采取查封、扣押、冻结措施的,可以采取查封、扣押、冻结措施。

强制划拨存款、汇款应当由法律规定的行政机关决定,并书面通知金融机构。金融机构接到行政机关依法作出划拨存款、汇款的决定后,应当立即划拨。除了强制划拨外,还有强制拍卖,也是一种直接执行的形式。划拨的存款、汇款以及拍卖和依法处理所得的款项应当上缴国库或者划入财政专户。任何行政机关或者个人不得以任何形式截留、私分或者变相私分。

19.3.2.3 代履行执行程序的特殊要求

《行政强制法》第五十条规定,行政机关依法作出要求当事人履行排除妨碍、恢复原状等行为义务的行政决定,当事人逾期不履行,经催告仍不履行,其后果已经或者将危害交通安全、造成环境污染或者破坏自然资源的,行政机关可以代履行,或者委托没有利害关系的第三人代履行。这就明确了代履行的适用条件。

代履行的具体程序是:

(1) 代履行前送达决定书,代履行决定书应当载明当事人的姓名或者名称、地址,代履行的理由和依据、方式和时间、标的、费用预算以及代履行人;

(2) 代履行3日前,催告当事人履行,当事人履行的,停止代履行;

(3) 代履行时,作出决定的行政机关应当派员到场监督;

(4) 代履行完毕,行政机关到场监督的工作人员、代履行人和当事人或者见证人应当在执行文书上签名或者盖章。

至于代履行的费用，应当按照成本合理确定，由当事人承担。这是代履行的核心特点。

《行政强制法》第五十二条还专门规定了立即强制清除的情况。对于需要立即清除道路、河道、航道或者公共场所的遗洒物、障碍物或者污染物，当事人不能清除的，行政机关可以决定立即实施代履行；当事人不在场的，行政机关应当在事后立即通知当事人，并依法作出处理。

19.3.3 行政机关申请人民法院强制执行的程序

并非所有的行政机关都具有行政强制执行权。当事人在法定期限内不申请行政复议或者提起行政诉讼，又不履行行政决定的，没有行政强制执行权的行政机关可以自期限届满之日起3个月内，依照规定申请人民法院强制执行。行政机关申请人民法院强制执行前，应当催告当事人履行义务。催告书送达10日后当事人仍未履行义务的，行政机关可以向所在地有管辖权的人民法院申请强制执行；执行对象是不动产的，向不动产所在地有管辖权的人民法院申请强制执行。根据上述规定，一般情况下，行政机关向该行政机关所在地人民法院申请强制执行，在涉及不动产时，则应当向不动产所在地人民法院申请强制执行。这些规定，和行政诉讼法所确立的管辖原则是一致的。

行政机关向人民法院申请强制执行，应当提供下列材料：

（1）强制执行申请书；

（2）行政决定书及作出决定的事实、理由和依据；

（3）当事人的意见及行政机关催告情况；

（4）申请强制执行标的情况；

（5）法律、行政法规规定的其他材料。

强制执行申请书应当由行政机关负责人签名，加盖行政机关的印章，并注明日期。

人民法院接到行政机关强制执行的申请，应当在5日内受理。行政机关对人民法院不予受理的裁定有异议的，可以在 15 日内向上一级人民法院申请复议，上一级人民法院应当自收到复议申请之日起 15 日内作出是否受理的裁定。人民法院对行政机关强制执行的申请进行书面审查，对符合规定，且行政决定具备法定执行效力的，人民法院应当自受理之日起 7 日内作出执行裁定。

一般情况下，人民法院采取书面审查的方式即可。但如果存在下列情形之一的，人民法院在作出裁定前可以听取被执行人和行政机关的意见：

（1）明显缺乏事实根据的；

（2）明显缺乏法律、法规依据的；

（3）其他明显违法并损害被执行人合法权益的。

人民法院应当自受理之日起 30 日内作出是否执行的裁定。裁定不予执行的，应当说明理由，并在 5 日内将不予执行的裁定送达行政机关。行政机关对人民法院不予执行的裁定有异议的，可以自收到裁定之日起 15 日内向上一级人民法院申请复议，上一级人民法院应当自收到复议申请之日起 30 内作出是否执行的裁定。

因情况紧急，为保障公共安全，行政机关可以申请人民法院立即执行。经人民法院院长批准，人民法院应当自作出执行裁定之日起 5 日内执行。

行政机关申请人民法院强制执行，不缴纳执行费。强制执行的费用由被执行人承担。人民法院以划拨、拍卖方式强制执行的，可以在划拨、拍卖后将强制执行的费用扣除。划拨的存款、汇款以及拍卖和依法处理所得的款项应当上缴国库或者划入财政专户，不得以任何形式截留、私分或者变相私分。

思考题：

1. 简述行政强制措施和行政强制执行的区别。
2. 简述行政强制的程序要求。
3. 简述行政机关申请人民法院执行的程序。

20 行政救济

行政权力具有扩张性、侵略性和损害性的一般属性。行政权力的动用，则意味着对公民、法人或者其他组织权利的限制或侵害。故一方面要对行政权力进行规范与制约，让权力"带上镣铐"。另一方面必须让公民权利得到充分的保障与救济。在此，主要介绍行政复议和行政诉讼两大救济制度。

20.1 行政复议

20.1.1 行政复议的概念

为了防止和纠正违法的或者不当的具体行政行为，保护公民、法人和其他组织的合法权益，保障和监督行政机关依法行使职权，我国制定了《行政复议法》，建立了行政复议制度。

行政复议是指公民、法人或者其他组织不服行政主体作出的具体行政行为，认为行政主体的具体行政行为侵犯了其合法权益，依法向法定的行政复议机关提出复议申请，行政复议机关依法对该具体行政行为进行合法性、适当性审查，并作出行政复议决定的行政行为。行政复议是公民、法人或其他组织通过行政救济途径解决行政争议的一种方法。

我国实行一级复议的制度。一级复议制度是指公民、法人或者其他组织对行政机关作出的具体行政行为不服，可以向该行政机关的上一级行政机关或者法律、法规规定的其他机关申请复议，对复议决定不服，只能依法向人民法院提起行政诉讼，不得再向复议机关的上一级行政机关申请复议的制度。即不服从行政主体的具体行政行为的公民、法人或者其他组织，可以向法定的复议机关申请复议一次，复议机关作出的复议决定是行政终级决定，行政相对人不服不能再向上级国家行政机关申请复议的制度。一级复议制度是我国《行政复议法》确立的基本制度，主要是考虑到我国行政复议决定在多数情况下并非最后救济手段，当事人对复议决定不服，还可以提起行政诉讼，仍可以得到人民法院两级审判的救济，这样就没有必要在行政系统内实行两级或多级复议制度，以免行政争议在行政系统内迟迟不能解决，对保护公民、法人或者其他组织的合法权益产生不利影响，而且影响行政效率的提高。

20.1.2　行政复议的范围

对于行政复议，首先要解决的一个问题是它的范围问题，也就是说，什么样的纠纷可以通过行政复议的途径来解决。对此，《行政复议法》第六条有明确的规定。该条规定，有下列情形之一的，公民、法人或者其他组织可以依照本法申请行政复议：

（1）对行政机关作出的警告、罚款、没收违法所得、没收非法财物、责令停产停业、暂扣或者吊销许可证、暂扣或者吊销执照、行政拘留等行政处罚决定不服的；

（2）对行政机关作出的限制人身自由或者查封、扣押、冻结财产等行政强制措施决定不服的；

（3）对行政机关作出的有关许可证、执照、资质证、资格证等证书变更、中止、撤销的决定不服的；

（4）对行政机关作出的关于确认土地、矿藏、水流、森林、山岭、草原、荒地、滩涂、海域等自然资源的所有权或者使用权的决定不服的；

（5）认为行政机关侵犯合法的经营自主权的；

（6）认为行政机关变更或者废止农业承包合同，侵犯其合法权益的；

(7) 认为行政机关违法集资、征收财物、摊派费用或者违法要求履行其他义务的；

(8) 认为符合法定条件，申请行政机关颁发许可证、执照、资质证、资格证等证书，或者申请行政机关审批、登记有关事项，行政机关没有依法办理的；

(9) 申请行政机关履行保护人身权利、财产权利、受教育权利的法定职责，行政机关没有依法履行的；

(10) 申请行政机关依法发放抚恤金、社会保险金或者最低生活保障费，行政机关没有依法发放的；

(11) 认为行政机关的其他侵犯其合法权益的。

对于上述规定，我们要认识到，行政复议的受理范围只限于具体行政行为。因此，我们有必要关注一下具体行政行为的概念。

根据行政行为所实施的对象、产生的效果和适用的范围不同，可将其分为抽象行政行为和具体行政行为。根据最高人民法院的司法解释，抽象行政机关针对不特定的对象，制定和发布的能反复适用的行政规范性文件的行为。由此我们可以反推出具体行政行为的定义：具体行政行为是指行政主体针对特定对象、特定的具体事项所实施的不具有普遍约束力、不能反复适用的、具有直接执行力的行政行为。

20.1.3 行政复议的申请期限及其主体

在公民、法人或者其他组织认为行政主体的具体行政行为侵犯其合法权益时，可以自知道该具体行政行为之日起60日内提出行政复议申请。这里我们需要注意的是，申请行政复议的期限一般情况下是60日，但如果一些单行法律规定的申请期限超过60日的，从有利于申请人的角度，应当适用该单行法律的规定。另外，因不可抗力或者其他正当理由耽误法定申请期限的，申请期限自障碍消除之日起继续计算。

根据国务院的规定，行政复议申请期限的计算，依照下列规定办理：

（1）当场作出具体行政行为的，自具体行政行为作出之日起计算；

（2）载明具体行政行为的法律文书直接送达的，自受送达人签收之日起计算；

（3）载明具体行政行为的法律文书邮寄送达的，自受送达人在邮件签收单上签收之日起计算；没有邮件签收单的，自受送达人在送达回执上签名之日起计算；

（4）具体行政行为依法通过公告形式告知受送达人的，自公告规定的期限届满之日起计算；

（5）行政机关作出具体行政行为时未告知公民、法人或者其他组织，事后补充告知的，自该公民、法人或者其他组织收到行政机关补充告知的通知之日起计算；

（6）被申请人能够证明公民、法人或者其他组织知道具体行政行为的，自证据材料证明其知道具体行政行为之日起计算。

公民、法人或者其他组织申请行政机关履行法定职责，行政机关未履行的，行政复议申请期限依照下列规定计算：

（1）有履行期限规定的，自履行期限届满之日起计算；

（2）没有履行期限规定的，自行政机关收到申请满60日起计算。

公民、法人或者其他组织在紧急情况下请求行政机关履行保护人身权、财产权的法定职责，行政机关不履行的，行政复议申请期限不受前款规定的限制。

行政复议的主体包括申请人、第三人、被申请人，以及受理机关。对于申请行政复议的主体即行政复议申请人，法律上也有一些详细规定。一般情况下，依照法律申请行政复议的公民、法人或者其他组织即是申请人。

有权申请行政复议的公民死亡的，其近亲属可以申请行政复议。有权申请行政复议的公民为无民事行为能力人或者限制民事行为能力人的，其法定代理人可以代为申请行政复议。有权申请行政复议的法人或者其他组织终止的,承受其权利的法人或者其他组织可以申请行政复议。合伙企业申请行政复议的,应当以核准登记的企业为申请人,由执行合伙事务的合伙人代表该企业参加行政复议;其他合伙组织申请行政复议的,由合伙人共同申请行政复议。

不具备法人资格的其他组织申请行政复议的,由该组织的主要负责人代表该组织参加行政复议;没有主要负责人的,由共同推选的其他成员代表该组织参加行政复议。股份制企业的股东大会、股东代表大会、董事会认为行政机关作出的具体行政行为侵犯企业合法权益的,可以以企业的名义申请行政复议。同一行政复议案件申请人超过5人的,推选1~5名代表参加行政复议。

同申请行政复议的具体行政行为有利害关系的其他公民、法人或者其他组织,可以作为第三人参加行政复议。行政复议期间,行政复议机构认为申请人以外的公民、法人或者其他组织与被审查的具体行政行为有利害关系的,可以通知其作为第三人参加行政复议。行政复议期间,申请人以外的公民、法人或者其他组织与被审查的具体行政行为有利害关系的,可以向行政复议机构申请作为第三人参加行政复议。第三人不参加行政复议,不影响行政复议案件的审理。

公民、法人或者其他组织对行政机关的具体行政行为不服申请行政复议的,作出具体行政行为的行政机关是被申请人。行政机关与法律、法规授权的组织以共同的名义作出具体行政行为的,行政机关和法律、法规授权的组织为共同被申请人。行政机关与其他组织以共同名义作出具体行政行为的,行政机关为被申请人。下级行政机关依照法律、法规、规章规定,经上级行政机关批准作出具体行政行为的,批准机关为被申请人。行政机关设立的派出机构、内设机构或者其他组织,未经法律、法规授权,对外以自己名义作出具体行政行为的,该行政机关为被申请人。

对于行政复议的受理机关,《行政复议法》有明确的规定。

对县级以上地方各级人民政府工作部门的具体行政行为不服的,由申请人选择，可以向该部门的本级人民政府申请行政复议，也可以向上一级主管部门申请行政复议。对海关、金融、国税、外汇管理等实行垂直领导的行政机关和国家安全机关的具体行政行为不服的，向上一级主管部门申请行政复议。对地方各级人民政府的具体行政行为不服的，向上一级地方人民政府申请行政复议。对省、自治区人民政府依法设立的派出机关所属的县级地方人民政府的具体行政行为不服的，向该派出机关申请行政复议。对国务院部门或者省、自治区、直辖市人民政府的具体行政行为不服的，向作出该具体行政行为的国务院部门或者省、自治区、直辖市人民政府申请行政复议。

另外，《行政复议法》第十五条还规定了一些特殊情况下的行政复议的受理机关：

（1）对县级以上地方人民政府依法设立的派出机关的具体行政行为不服的，向设立该派出机关的人民政府申请行政复议；

（2）对政府工作部门依法设立的派出机构依照法律、法规或者规章规定，以自己的名义作出的具体行政行为不服的，向设立该派出机构的部门或者该部门的本级地方人民政府申请行政复议；

（3）对法律、法规授权的组织的具体行政行为不服的，分别向直接管理该组织的地方人民政府、地方人民政府工作部门或者国务院部门申请行政复议；

（4）对两个或者两个以上行政机关以共同的名义作出的具体行政行为不服的，向其共同上一级行政机关申请行政复议；

（5）对被撤销的行政机关在撤销前所作出的具体行政行为不服的，向继续行使其职权的行政机关的上一级行政机关申请行政复议。

有上述情形之一的，申请人也可以向具体行政行为发生地的县级地方人民政府提出行政复议申请，由接受申请的县级地方人民政府依法办理。

20.1.4　行政复议的受理程序

根据《行政复议法》的规定，行政复议机关收到行政复议申请后，应当在 5 日内进行审查，对不符合本法规定的行政复议申请，决定不予受理，并书面告知申请人；对符合本法规定，但是不属于本机关受理的行政复议申请，应当告知申请人向有关行政复议机关提出。在行政复议机关没有书面告知是否受理的情况下，行政复议申请自行政复议机关负责法制工作的机构收到之日起即为受理。

已经接受行政复议申请的县级地方人民政府，对属于其他行政复议机关受理的行政复议申请，应当自接到该行政复议申请之日起 7 日内，转送有关行政复议机关，并告知申请人。接受转送的行政复议机关应当依法办理。

法律、法规规定应当先向行政复议机关申请行政复议、对行政复议决定不服再向人民法院提起行政诉讼的，行政复议机关决定不予受理或者受理后超过行政复议期限不作答复的，公民、法人或者其他组织可以自收到不予受理决定书之日起或者行政复议期满之日起 15 日内，依法向人民法院提起行政诉讼。

公民、法人或者其他组织依法提出行政复议申请，行政复议机关无正当理由不予受理的，上级行政机关应当责令其受理；必要时，上级行政机关也可以直接受理。

行政复议期间具体行政行为不停止执行，但是，有下列情形之一的，可以停止执行：①被申请人认为需要停止执行的；②行政复议机关认为需要停止执行的；③申请人申请停止执行，行政复议机关认为其要求合理，决定停止执行的；④法律规定停止执行的。

20.1.5　行政复议的处理和决定程序

行政复议原则上采取书面审查的办法，复议机关可以仅仅根据复议申请书、被申请人的书面答复以及双方提交的证据和法律依据，对具体行政行为的合法性及合理性进行审查，不必听取申请人、被申请人和其他人的口头陈述。但是申请人提出要求或者行政复议机关负责法制工作的机构认为有必要时，可以向有关组织和人员调查情况，听取申请人、被申请人和第三人的意见。

行政复议机关负责法制工作的机构应当自行政复议申请受理之日起7日内，将行政复议申请书副本或者行政复议申请笔录复印件发送被申请人。被申请人应当自收到申请书副本或者申请笔录复印件之日起10日内，提出书面答复，并提交当初作出具体行政行为的证据、依据和其他有关材料。

申请人、第三人可以查阅被申请人提出的书面答复、作出具体行政行为的证据、依据和其他有关材料，除涉及国家秘密、商业秘密或者个人隐私外，行政复议机关不得拒绝。

在行政复议过程中，被申请人不得自行向申请人和其他有关组织或者个人收集证据。

在行政复议决定作出前，申请人要求撤回行政复议申请的，经说明理由后，可以撤回；撤回行政复议申请的，行政复议终止。

根据《行政复议法》的规定，不仅要审查具体行政行为的合法性，还要审查具体行政行为的合理性。在进行合理性审查的时候，重点考虑行政主体行使裁量权是否做到了以下几点：是否充分考虑了相关因素；是否目的正当；是否坚持了公平原则；是否遵循了比例原则。

行政复议机关负责法制工作的机构应当对被申请人作出的具体行政行为进行审查，提出意见，经行政复议机关的负责人同意或者集体讨论通过后，作出行政复议决定：

（1）具体行政行为认定事实清楚，证据确凿，适用依据正确，程序合法，内容适当的，决定维持；

（2）被申请人不履行法定职责的，决定其在一定期限内履行；

（3）具体行政行为有下列情形之一的，决定撤销、变更或者确认该具体行政行为违法；决定撤销或者确认该具体行政行为违法的，可以责令被申请人在一定期限内重新作出具体行政行为：①主要事实不清、证据不足的；②适用依据错误的；③违反法定程序的；④超越或者滥用职权的；⑤具体行政行为明显不当的。

(4) 被申请人不提出书面答复、提交当初作出具体行政行为的证据、依据和其他有关材料的，视为该具体行政行为没有证据、依据，决定撤销该具体行政行为。

(5) 具体行政行为有下列情形之一，行政复议机关可以决定变更：①认定事实清楚，证据确凿，程序合法，但是明显不当或者适用依据错误的；②认定事实不清，证据不足，但是经行政复议机关审理查明事实清楚，证据确凿的。

(6) 有下列情形之一的，行政复议机关应当决定驳回行政复议申请：①申请人认为行政机关不履行法定职责申请行政复议，行政复议机关受理后发现该行政机关没有相应法定职责或者在受理前已经履行法定职责的；②受理行政复议申请后，发现该行政复议申请不符合行政复议法和国务院颁发的有关行政复议条例规定的受理条件的。

申请人在申请行政复议时可以一并提出行政赔偿请求，行政复议机关对符合《国家赔偿法》的有关规定应当给予赔偿的，在决定撤销、变更具体行政行为或者确认具体行政行为违法时，应当同时决定被申请人依法给予赔偿。

申请人在申请行政复议时没有提出行政赔偿请求的，行政复议机关在依法决定撤销或者变更罚款，撤销违法集资、没收财物、征收财物、摊派费用以及对财产的查封、扣押、冻结等具体行政行为时，应当同时责令被申请人返还财产，解除对财产的查封、扣押、冻结措施，或者赔偿相应的价款。

行政复议机关可以按照自愿、合法的原则对以下案件进行调解：

(1) 公民、法人或者其他组织对行政机关行使法律、法规规定的自由裁量权作出的具体行政行为不服申请行政复议的；

(2) 当事人之间的行政赔偿或者行政补偿纠纷。

当事人经调解达成协议的，行政复议机关应当制作行政复议调解书。调解书应当载明行政复议请求、事实、理由和调解结果，并加盖行政复议机关印章。行政复议调解书经双方当事人签字，即具有法律效力。调解未达成协议或者调解书生效前一方反悔的,行政复议机关应当及时作出行政复议决定。

一般情况下,行政复议的办理时限是60日。行政复议机关应当自受理申请之日起60日内作出行政复议决定;但是法律规定的行政复议期限少于60日的除外。情况复杂,不能在规定期限内作出行政复议决定的,经行政复议机关的负责人批准,可以适当延长,并告知申请人和被申请人;但是延长期限最多不超过30日。

行政复议机关作出行政复议决定,应当制作行政复议决定书,并加盖印章。行政复议决定书一经送达,即发生法律效力。

20.1.6 行政复议的执行程序

行政复议决定书是具有法律效力的法律文书,行政复议的双方当事人都应当主动履行。被申请人不履行或者无正当理由拖延履行行政复议决定的,行政复议机关或者有关上级行政机关应当责令其限期履行。申请人逾期不起诉又不履行行政复议决定的,或者不履行最终裁决的行政复议决定的,按照下列规定分别处理:

(1)维持具体行政行为的行政复议决定,由作出具体行政行为的行政机关依法强制执行,或者申请人民法院强制执行;

(2)变更具体行政行为的行政复议决定,由行政复议机关依法强制执行,或者申请人民法院强制执行。

20.2 行政诉讼

20.2.1 行政诉讼的基本原则

1. 人民法院依法独立审判原则

《行政诉讼法》第三条第一款规定,"人民法院依法对行政案件独立行使审判权,不受行政机关、社会团体和个人的干涉"。《行政诉讼法》的上述规定,确立了人民法院对行政案件依法独立行使审判权的原则。这一规定,也是《宪法》第一百二十六条、《人民法院组织法》第四条有关规定在行政诉讼中的具体化。

2. 以事实为根据,以法律为准绳

《行政诉讼法》第四条规定,"人民法院审理行政案件,以事实为根据,以法律为准绳"。这一原则要求人民法院在审理行政案件过程中,要查明案件事实真相,以法律为尺度,作出公正的裁判。

3. 对具体行政行为进行合法性审查原则

《行政诉讼法》第五条规定,"人民法院审理行政案件,对具体行政行为是否合法进行审查"。由此确立人民法院通过行政审判对具体行政行为进行合法性审查的特有原则,简称合法性审查原则。

4. 当事人法律地位平等原则

《行政诉讼法》第七条规定,"当事人在行政诉讼中的法律地位平等"。这一规定是法律面前人人平等的法治原则在行政诉讼中的具体体现。在行政诉讼的双方当事人中,一方是行政主体,它在行政管理活动中代表国家行使行政权力,处于管理者的主导地位;另一方是公民、法人或者其他组织,他们在行政管理活动中处于被管理者的地位。两者之间的关系是管理者与被管理者之间从属性的行政管理关系。但是,双方发生行政争议依法进入行政诉讼程序后,他们之间就由原来的从属性行政管理关系,转变为平等性的行政诉讼关系,成为行政诉讼的双方当事人,在整个诉讼过程中,原告与被告的诉讼法律地位是平等的。

5. 辩论原则

《行政诉讼法》第九条规定,"当事人在行政诉讼中有权进行辩论"。所谓辩论,是指当事人在人民法院主持下,就案件的事实和争议的问题,充分陈述各自的主张和意见,互相进行反驳和答辩,以维护自己的合法权益。辩论原则具体体现了行政诉讼当事人在诉讼中平等的法律地位,是现代诉讼制度的象征。

20.2.2　行政诉讼的受案范围

　　根据《行政诉讼法》的规定,法院受理对以下事项不服提起的行政诉讼:对拘留、罚款、吊销许可证和执照、责令停产停业、没收财产等行政处罚不服的;对限制人身自由或者对财产的查封、扣押、冻结等行政强制措施不服的;认为行政机关侵犯法律规定的经营自主权的;认为符合法定条件申请行政机关颁发许可证和执照,行政机关拒绝颁发或者不予答复的;申请行政机关保护人身权、财产权的法定职责,行政机关拒绝履行后者不予答复的;认为行政机关没有依法发给抚恤金的;认为行政机关违法要求履行义务的;认为行政机关侵犯其他人身权、财产权的。除上述规定外,人民法院受理法律、法规规定可以提起诉讼的其他行政案件。以上从正面对行政诉讼的受案范围进行了规定。

　　根据《行政诉讼法》及最高人民法院的司法解释,下列九种行为不属于人民法院的受案范围:国防、外交等国家行为;抽象行政行为;内部行政行为;法律规定的终局行政行为;公安、国家安全等机关依照《刑事诉讼法》的明确授权实施的行为;行政调解行为和仲裁行为;行政指导行为;重复处理行为;对行政相对人的权利义务不产生实际影响的行为。

20.2.3　管辖问题

　　管辖是指各个法院在受理一审行政诉讼时的分工,也就是原告在起诉时应当向哪一个法院提起的问题。主要涉及各级人民法院之间的分工和各地人民法院之间的分工,前者称为级别管辖,后者称为地域管辖。

　　级别管辖是指按照人民法院的组织系统来划分上下级人民法院之间受理第一审案件的分工和权限。《行政诉讼法》第十三条至第十六条对级别管辖作了明确具体的规定。

　　1. 基层人民法院管辖第一审行政案件。

2. 中级人民法院管辖下列第一审行政案件：

（1）确认发明专利案件和海关处理案件；

（2）对国务院各部门或者省、自治区、直辖市人民政府所作的具体行政行为提起诉讼的案件；

（3）本辖区内重大、复杂的案件。这里的"本辖区内重大、复杂的案件"，根据最高法院的司法解释，有下列几种情形：①被告为县级以上人民政府，基层人民法院不适宜审理的案件；②社会影响重大的共同诉讼、集团诉讼案件；③重大涉外或者涉及香港特别行政区、澳门特别行政区、台湾地区的案件；④其他重大、复杂案件。

3. 高级人民法院管辖本辖区内重大、复杂的第一审行政案件。

4. 最高人民法院管辖全国范围内重大、复杂的第一审行政案件。

地域管辖又称区域管辖，是指同级人民法院之间在各自辖区内受理第一审案件的分工和权限。

在行政诉讼中，按照最初作出具体行政行为的行政机关所在地划分案件管辖，称作一般地域管辖。《行政诉讼法》第十七条规定："行政案件由最初作出具体行政行为的行政机关所在地人民法院管辖，经复议的案件，复议机关改变原具体行政行为的，也可以由复议机关所在地人民法院管辖。"

《行政诉讼法》第十八条规定了一些特殊情况下的地域管辖：对限制人身自由的行政强制措施不服提起的诉讼，由被告所在地或者原告所在地人民法院管辖；因不动产提起的诉讼，由不动产所在地人民法院管辖。

20.2.4 行政诉讼的当事人

行政诉讼的当事人包括原告、被告、诉讼第三人。

依法提起诉讼的公民、法人或者其他组织是原告。有权提起诉讼的公民死亡，其近亲属可以提起诉讼。有权提起诉讼的法人或者其他组织终止，承受其权利的法人或者其他组织可以提起诉讼。

公民、法人或者其他组织直接向人民法院提起诉讼的，作出具体行政行为的行政机关是被告。经复议的案件，复议机关决定维持原具体行政行为的，作出原具体行政行为的行政机关是被告；复议机关改变原具体行政行为的，复议机关是被告。两个以上行政机关作出同一具体行政行为的，共同作出具体行政行为的行政机关是共同被告。由法律、法规授权的组织所作的具体行政行为的，该组织是被告。由行政机关委托的组织所作的具体行政行为的，委托的行政机关是被告。行政机关被撤销的，继续行使其职权的行政机关是被告。

同提起诉讼的具体行政行为有利害关系的其他公民、法人或者其他组织，可以作为第三人申请参加诉讼，或者由人民法院通知参加诉讼。

20.2.5 证据规则

在行政诉讼中，证据有以下几种：①书证；②物证；③视听资料；④证人证言；⑤当事人的陈述；⑥鉴定结论；⑦勘验笔录、现场笔录。

以上证据经法庭审查属实，才能作为定案的根据。

被告对作出的具体行政行为负有举证责任，应当提供作出该具体行政行为的证据和所依据的规范性文件。也就是说，在行政诉讼中，承担举证责任的是作为被告的行政主体，而作为原告的公民、法人、其他组织是不承担举证责任的。

在诉讼过程中，被告不得自行向原告和证人收集证据。人民法院有权要求当事人提供或者补充证据。人民法院有权向有关行政机关以及其他组织、公民调取证据。

在诉讼过程中，人民法院认为对专门性问题需要鉴定的，应当交由法定鉴定部门鉴定；没有法定鉴定部门的，由人民法院指定的鉴定部门鉴定。

在证据可能灭失或者以后难以取得的情况下，诉讼参加人可以向人民法院申请保全证据，人民法院也可以主动采取保全措施。

20.2.6 起诉和受理

对属于人民法院受案范围的行政案件，公民、法人或者其他组织可以先向上一级行政机关或者法律、法规规定的行政机关申请复议，对复议不服的，再向人民法院提起诉讼；也可以直接向人民法院提起诉讼。法律、法规规定应当先向行政机关申请复议，对复议不服再向人民法院提起诉讼的，依照法律、法规的规定。

公民、法人或者其他组织向行政机关申请复议的，复议机关应当在收到申请书之日起两个月内作出决定。申请人不服复议决定的，可以在收到复议决定书之日起 15 日内向人民法院提起诉讼。复议机关逾期不作决定的，申请人可以在复议期满之日起 15 日内向人民法院提起诉讼。

公民、法人或者其他组织直接向人民法院提起诉讼的，应当在知道作出具体行政行为之日起 3 个月内提出。公民、法人或者其他组织因不可抗力或者其他特殊情况耽误法定期限的，在障碍消除后的 10 日内，可以申请延长期限，由人民法院决定是否延长。

提起诉讼应当符合以下条件：
（1）原告是认为具体行政行为侵犯其合法权益的公民、法人或者其他组织；
（2）有明确的被告；
（3）有具体的诉讼请求和事实根据；
（4）属于人民法院受案范围和受诉人民法院管辖。

人民法院接到起诉状，经审查，应当在 7 日内立案或者作出裁定不予受理。原告对裁定不服的，可以提起上诉。

20.2.7 审理和判决

法院应当在立案之日起 5 日内，将起诉状副本发送被告。被告应当在收到起诉状副本之日起 10 日内向人民法院提交作出具体行政行为的有关材料，并提出答辩状。人民法院应当在收到答辩状之日起5日内，将答辩状副本发送原告。被告不提出答辩状的，不影响人民法院审理。

诉讼期间，不停止具体行政行为的执行。但有下列情形之一的，停止具体行政行为的执行：

（1）被告认为需要停止执行的；

（2）原告申请停止执行，人民法院认为该具体行政行为的执行会造成难以弥补的损失，并且停止执行不损害社会公共利益，裁定停止执行的；

（3）法律、法规规定停止执行的。

人民法院公开审理行政案件，但涉及国家秘密、个人隐私和法律另有规定的除外。

根据《行政诉讼法》的规定，人民法院审理行政案件，不适用调解。

人民法院对行政案件宣告判决或者裁定前，原告申请撤诉的，或者被告改变其所作的具体行政行为，原告同意并申请撤诉的，是否准许，由人民法院裁定。

人民法院审理行政案件，以法律和行政法规、地方性法规为依据。地方性法规适用于本行政区域内发生的行政案件。人民法院审理民族自治地方的行政案件，并以该民族自治地方的自治条例和单行条例为依据。人民法院审理行政案件，可以参照国务院部、委根据法律和国务院的行政法规、决定、命令制定、发布的规章以及省、自治区、直辖市和省、自治区的人民政府所在地的市和经国务院批准的较大的市的人民政府根据法律和国务院的行政法规制定、发布的规章。至于其他规范性文件能否作为法院审理案件的依据或参考，由人民法院根据具体情况确定。

人民法院审理行政案件，只审查具体行政行为的合法性，并不涉及具体行政行为的合理性。这充分体现了司法机关对行政机关的尊重，以及司法权和行政权之间的分工。

人民法院对案件进行审理后，根据不同情况，分别作出以下判决：

（1）具体行政行为证据确凿，适用法律、法规正确，符合法定程序的，判决维持。

（2）具体行政行为有下列情形之一的，判决撤销或者部分撤销，并可以判决被告重新作出具体行政行为：①主要证据不足的；②适用法律、法规错误的；③违反法定程序的；④超越职权的；⑤滥用职权的。

（3）被告不履行或者拖延履行法定职责的，判决其在一定期限内履行。

（4）行政处罚显失公正的，可以判决变更。

人民法院判决被告重新作出具体行政行为的，被告不得以同一的事实和理由作出与原具体行政行为基本相同的具体行政行为。

根据司法实践，最高人民法院通过司法解释的形式又增加了两种判决形式：确认判决和驳回判决。

在不适宜作出维持判决的情况下，人民法院可以考虑作出确认行政行为合法或有效的判决；而在被告不履行法定职责，但判令其履行职责已无实际意义、被诉具体行政行为违法，但不具有可撤销内容、被诉具体行政行为依法不成立或者无效、被诉具体行政行为违法，但撤销该具体行政行为将会给国家利益或者公共利益造成重大损失等情况下，人民法院可以考虑作出确认具体行政行为违法或无效的判决。

在起诉被告不作为理由不能成立、被诉具体行政行为合法但存在合理性问题、被诉具体行政行为合法但因法律政策变化需要变更或废止等情形下，人民法院应当判决驳回原告的诉讼请求。

对于一审案件的审理时限，《行政诉讼法》有明确的规定。根据该法规定，人民法院应当在立案之日起3个月内作出第一审判决。有特殊情况需要延长的，由高级人民法院批准，高级人民法院审理第一审案件需要延长的，由最高人民法院批准。

当事人不服人民法院第一审判决的，有权在判决书送达之日起15日内向上一级人民法院提起上诉。当事人不服人民法院第一审裁定的，有权在裁定书送达之日起10日内向上一级人民法院提起上诉。逾期不提起上诉的，人民法院的第一审判决或者裁定发生法律效力。

二审的审理时限一般是 2 个月。《行政诉讼法》规定，人民法院审理上诉案件，应当在收到上诉状之日起 2 个月内作出终审判决。有特殊情况需要延长的，由高级人民法院批准，高级人民法院审理上诉案件需要延长的，由最高人民法院批准。

人民法院审理上诉案件，按照下列情形，分别处理：

（1）原判决认定事实清楚，适用法律、法规正确的，判决驳回上诉，维持原判；

（2）原判决认定事实清楚，但适用法律、法规错误的，依法改判；

（3）原判决认定事实不清，证据不足，或者由于违反法定程序可能影响案件正确判决的，裁定撤销原判，发回原审人民法院重审，也可以查清事实后改判。当事人对重审案件的判决、裁定，可以上诉。

20.3　行政执法问责制

20.3.1　行政执法问责制的概念和特点

所谓行政执法问责制，是指行政执法人员在行政执法过程中，因为不履行或者不正确履行法定职责，以致影响行政秩序和行政效率，贻误行政工作，或者损害行政管理相对人的合法权益，给行政机关造成不良影响和后果的，对相关责任人员进行内部监督和责任追究的制度。

需要注意的是，在行政执法问责制中，承担责任的主体是行政执法人员个人，而不是单位。这是行政执法问责制最重要的特点。行政执法问责制有利于促使和保证行政执法人员依法正确履行自己的职责，有利于保护行政管理相对人的合法权益，有利于建立正常的行政秩序。

这里所说的行政执法人员，具有以下四个特点：

（1）属于特定组织的成员。行政执法人员必须是行政主体内的工作人员。行政执法人员大部分属于行政机关，仅有少部分是法定授权组织或者行政委托组织的成员。

（2）从事特定的职业。行政执法人员应当是依法从事行政执法任务的人员，他们担当一定的行政职务，受行政主体指派，行使一定的行政职权，并承担一定的行政职责。

（3）经过特殊的选任。行政执法人员是由国家有关部门经过特别程序选拔和任命的人员，而不可能自然成为行政执法人员。

（4）具有特殊的地位。行政执法人员与国家存在着职务关系，在法律上处于特殊地位，受国家的委托，以国家的名义执行公务；国家要为其提供行使行政执法权的必要条件，并承担其行政执法行为所产生的法律后果。

20.3.2 应予追究责任的不当执法行为

在行政执法活动中，行政执法人员应当严格依照法律规定的职权和程序来履行自己的职责。如果没能做到这一点，出现如下情形，应当被追究责任：

（1）违反法定权限和程序滥用职权的；

（2）滥用自由裁量权的；

（3）行政不作为的；

（4）违反规定实行检查措施或行政强制性措施不当，给当事人造成损失的；

（5）违反规定使用、损毁或保管不当被扣押罚没的财物，造成较大损失的；

（6）当事人对执法行为有异议时，未依法告知其可以通过申请复议或行政诉讼等途径寻求行政救济的；

（7）对《中华人民共和国行政许可法》要求依法应当举行听证后才做出行政许可决定的，不举行听证的；

（8）对符合法定条件进行的申请，应予受理或超过规定时限拖延不理的；

（9）在执法过程中，玩忽职守、徇私舞弊或者滥用职权的；

（10）在处理案件过程中，以权谋私，向执法对象索要、收受财物的；

（11）没有法律法规依据擅自设立处罚种类或者改变处罚标准的；

（12）违反社会服务承诺，不履行职责、办事不公或执法态度差，对群众反映的问题不认真听取，造成不良影响或损失的；

（13）接受当事人的钱财、货币、购物券或吃、拿、卡、要、拖，无偿占用他人财物的。

当然，上面所列举的情况是不全面的。事实上，现实生活是复杂的，会出现各种各样的情况。我们应该根据具体情况，针对不同的个案来分析行政执法人员在行政执法过程中，是否依法正确履行了法定职责，是否影响了行政秩序和行政效率，是否损害了行政管理相对人的合法权益，是否给行政机关造成了不良影响和后果，来确定是否对相关行政执法人员进行问责。

20.3.3 行政执法问责的责任形式

行政执法问责，主要追究直接责任者和主要领导责任者的责任。①直接责任者：在其职责范围内，不履行或不正确履行自己的职责，对造成的损失或者后果起决定作用的；②主要领导责任者：在其职责范围内，对直接主管的工作不履行或不正确履行职责，对造成的损失或者后果负直接领导责任的。

对行政执法人员进行问责的主要形式是行政处分。

行政处分又称纪律处分，是指国家行政机关、企业、事业单位，根据行政隶属关系，依照有关法规或内部规章对有违法失职行为和违纪行为的下属人员给予的一种行政制裁。行政处分的种类包括：警告；记过；记大过；降级；降职；撤职；留用察看；开除；等等。通过行政处分，可以制裁行政执法人员的违法违纪行为，使之遵守国家法律，尽量做到依法行政。行政处分这种制裁措施是必不可少的，不是可有可无的。

对行政执法人员进行问责，还可以采取其他形式。比如：①责令改正并作出书面检查；②通报批评；③取消当年评优评先资格；④调离工作岗位或停职离岗培训；⑤扣发奖金；等等。

20.3.4 海洋行政管理法律法规中有关行政执法问责制的规定

根据宪法和法律，包括行政执法人员必须承担应由他们承担的责任，包括道义责任、政治责任和法律责任；同时，行政执法人员还必须接受来自内部和外部的监督，以保证责任的实现。这是为增强的行政执法人员责任感而设置的一道"紧箍咒"。

我国在行政执法问责制的建设方面比较薄弱，行政执法问责制尚未形成制度化的法规，只是散见于一些法律法规中。

在现行海洋行政管理的法律法规中，有关于行政执法问责制的零散规定。下面仅举几例。

《海域使用管理法》第四十三条规定，超越批准权限非法批准使用海域的，批准文件无效，收回非法使用的海域，对非法批准使用海域的直接负责的主管人员和其他直接责任人员，依法给予行政处分。

第五十一条规定，国务院海洋行政主管部门和县级以上地方政府有下列行为之一的，对直接负责的主管人员和其他直接责任人员，依法给予行政处分：

违反法律规定颁发海域使用权证书的行为。比如单位和个人未提交有关的书面材料或者提交的书面资料不符合规定，而向其颁发海域使用权证书的；或者对不符合海洋功能区划的申请而颁发使用权证书的，以及越权颁发海域使用权证书的行为，等等。

颁发海域使用权证书后不进行监督管理的行为。有权机关对海域使用者颁发海域使用权证书后，应当随时进行监督检查，不能不闻不问，不能等出现问题以后再处理,因为这样就有可能给国家或者他人造成不必要的损失。

发现违法行为不予查处的行为。国务院海洋行政主管部门和县级以上地方人民政府是《海域使用管理法》规定的行政执法部门,调查和处理违法行为是它们的法定职责。上述机关发现违法行为而不予查处是一种玩忽职守的行为,有关的责任人员应当承担相应的法律责任。

《海洋环境保护法》第九十四条规定,海洋环境监督管理人员滥用职权、玩忽职守、徇私舞弊,造成海洋环境污染损害的,依法给予行政处分。这里所讲的"海洋环境监督管理人员"是指依法享有实施海洋环境监督管理职权,并以海洋环境监督管理部门的名义,对被监督管理的单位和个人实施监督管理的人员。上述人员滥用职权、玩忽职守、徇私舞弊,情节轻微,未造成重大损失的,可以由其所在单位或者上级机关给予行政处分。

该条还规定,海洋环境监督管理人员滥用职权、玩忽职守、徇私舞弊,造成海洋环境污染损害构成犯罪的,依法追究其刑事责任。上述人员承担刑事责任的前提条件是其违法行为情节严重,给公共财产、国家和人民利益造成了重大损失。

《自然保护区条例》第四十一条规定,海洋自然保护区管理人员滥用职权、玩忽职守、徇私舞弊,情节轻微,尚不构成犯罪的,由其所在单位或者其上级机关给予行政处分。

思考题:

1. 简述行政复议的范围与申请期限。
2. 简述行政诉讼的受案范围与管辖。
3. 简述行政执法问责制度。

第 3 篇 我国的海洋法律制度

21　我国海洋法律制度概述

随着人类活动不断向海洋扩展，沿海各国之间展开了关于海洋利用、控制的斗争与较量。国际社会越来越多地通过法律的方式，协调各国的海洋活动，调节国际海洋秩序。受国际海洋法律制度的影响，我国的海洋法律制度也经历了从无到有，不断完善的过程。特别是受到《联合国海洋法公约》（以下简称《公约》）的影响，形成了目前这种在内水、领海、毗连区、专属经济区、大陆架等不同区域实行不同管辖制度的法律格局。由于人类对海洋的利用不断深入，新的海洋问题不断涌现，海洋法律制度的内涵也在不断发展扩大，并向着更加综合系统的方向发展。

21.1　我国海洋法律制度的概念

21.1.1　我国海洋法律制度定义

海洋法是关于海域的法律地位以及指导国家利用不同海域的原则、规则和制度的总和[1]。我国的海洋法律制度是所有涉海法律、法规等规范性文件所建立的关于我国海洋事务的法律规则和原则的总称，并不能简单地归入某一部门法。

我国海洋法律制度是随着海洋开发利用活动的增多而逐渐产生和发展的，是我国法律体系的重要组成部分。主要调整在不同海域的开发利用活

---

[1]　王铁崖：《国际法》，法律出版社1995年版，第256页。

动中产生的权利和义务关系，其主体是海洋法律关系的参加人，包括国家、组织和个人。其客体是国家管辖范围内的海洋，包括海洋的水域、海床、底土以及海域上空。

21.1.2　我国海洋法律的分类

按照分类标准的不同，可以对我国海洋法律进行不同分类。

按照法律制定机关和适用范围的不同，可以将海洋法律分为国家立法和地方立法两类。国家立法是由具有立法权的国家立法机关和行政机关制定的法律，适用于我国管辖的所有海域；地方立法是由地方立法机构制定的地方性法规和地方政府规章，适用于相应省（自治区）、市管辖海域范围。

按照法律规范海洋活动的不同，可以将海洋法律分为基本海洋法律制度和规范具体海洋活动的制度。基本海洋法律制度主要是涉及国家主权、海洋权益的原则规定。具体海洋事务管理制度包括海域使用管理制度、海洋生态环境保护制度、海洋资源开发制度、海洋科学研究制度、海上交通安全制度、海岛保护开发制度和海洋公益服务法律制度等。

21.1.3　我国海洋立法的效力层级

我国的海洋立法表现形式多样，没有统一的海洋基本立法，有关规定分散于各种法律、行政法规和部门规章中。根据海洋事务法律关系对国家和社会的重要程度不同，分别由全国人民代表大会及其常务委员会、国务院、涉海部门或地方立法机关来制定，既有基本法律规定，也有一般的规定，具有不同的效力层级。

21.1.2.1　基本法律

中华人民共和国成立后，先后四次颁布宪法，分别是 1954 年宪法、1975 年宪法、1978 年宪法和 1982 年宪法[①]，其中 1978 年宪法中曾出现过

[①] 宋俭、丁俊萍：《中国社会主义宪政建设的历程及启示》，《教学与研究》2004 年第 10 期，第 57 页。

关于海洋的表述①。《中华人民共和国政府关于领海的声明》、《中华人民共和国领海及毗连区法》和《中华人民共和国专属经济区和大陆架法》等法律文件规定了我国领海的宽度、不同海域法律地位等事项，涉及领土主权、主权权利和管辖权，成为其他海洋立法的基本依据。

21.1.2.2 一般法律

一般法律层面的海洋立法是由全国人民代表大会常务委员会制定的，涉及海洋事务管理重要法律关系的法律。主要包括：《中华人民共和国海域使用管理法》、《中华人民共和国海洋环境保护法》、《中华人民共和国矿产资源法》、《中华人民共和国渔业法》、《中华人民共和国可再生能源法》、《中华人民共和国海岛保护法》、《中华人民共和国海上交通安全法》和《中华人民共和国港口法》等10多部法律。

21.1.2.3 涉海行政法规

行政法规是由国务院制定的规范行政关系的法律规范。行政法规层面的海洋立法数量较多，范围较广，几乎涉及海洋环境、海洋资源、海洋科学研究、海上交通等海洋事务的所有领域，制定的法律法规包括《中华人民共和国海洋倾废管理条例》、《中华人民共和国防治海洋工程建设项目污染损害海洋环境管理条例》、《中华人民共和国防治海岸工程建设项目污染损害海洋环境管理条例》、《中华人民共和国防治陆源污染物污染损害海洋环境管理条例》、《中华人民共和国防治船舶污染海洋环境管理条例》、《中华人民共和国海洋石油勘探开发环境保护管理条例》、《中华人民共和国对外合作开采海洋石油资源条例》、《中华人民共和国涉外海洋科学研究管理规定》、《中华人民共和国航道管理条例》、《中华人民共和国水下文物保护管理条例》等20多部。

---

① 1978年《宪法》第六条第二款规定，"矿藏、水流、国有的森林、荒地和其他海陆资源，都属于全民所有"。

21.1.2.4　部门规章

部门规章是某一具体海洋事务的管理部门依职权制定的规范海洋活动的法律规范，是有关主管部门根据海洋法律、行政法规的规定，在本部门权限范围内制定的细化海洋管理活动具体问题的规章，如海洋行政主管部门制定的《海域使用权管理规定》、《海域使用权登记办法》、《中华人民共和国海洋倾废管理条例实施办法》、《海洋自然保护区管理办法》、《无居民海岛使用权登记办法》，交通主管部门制定的《中华人民共和国航道管理条例实施细则》、《沿海航标管理办法》，国土资源管理部门制定的《外国的组织或者个人来华测绘管理暂行办法》等，都是为了明确有关法律中的具体问题、实施有关上位法制定的具体规定。

21.1.2.5　地方性法规和政府规章

地方海洋立法是具有立法权的地方机关，依据法律的规定或授权，制定、修改在其行政管理区域内适用的关于海洋事务的地方性法规、规章等规范性法律文件。地方海洋立法的主要任务，一是具体落实、实施国家法律和行政法规的有关规定，二是履行属于本行政区域的具体行政管理职权。我国（不含港、澳、台地区）共有11个沿海省、市、自治区，各级沿海行政区域内的人民代表大会及其常委会、人民政府都十分重视海洋立法工作，结合本区域海洋工作的具体情况和实际需要，制定了相关条例或规章，管理海洋环境、海洋资源、海上交通等各方面事务。

21.1.2.6　我国缔结的国际条约和协定

我国缔结和参加的条约也是我国海洋法律制度的重要组成部分，其中最重要是联合国第三次海洋法会议制定的1982年《联合国海洋法公约》。此外，我国还参加了一系列有关海洋环境保护、海洋渔业、海事安全等内容的国际公约，包括：1969年《国际油污损害民事责任公约》及其议定书、1972年《防止倾倒废物及其他物质污染海洋公约》及其1996年议定书、1973年《国际防止船舶造成污染公约》及其1978年议定书、1974年

《国际海上人命安全公约》、1992年《生物多样性公约》等。另外，我国与周边国家签订的有关协定，如我国同韩国、日本、越南等国签订的渔业协定，《中越关于两国在北部湾领海、专属经济区和大陆架的划界协定》等也是我国海洋法律制度重要的组成部分。

21.2　我国海洋法律制度的发展

我国的海洋法律制度是随着海洋开发利用活动的不断深入而产生和发展起来的，并在国际海洋法的影响下不断完善。我国海洋法律制度的产生和发展大体可分为三个阶段：古代自成体系的海洋管理制度、近现代海洋立法的出现，以及当代海洋法律制度的建立和完善。

21.2.1　古代的海洋管理制度

我国是最早开发利用海洋的国家之一，早在殷商时期就出现了航海活动的记载。我国劳动人民对海洋的利用开发活动主要集中在海洋渔业、海洋盐业、海洋航运和海上贸易领域。"渔盐之利，舟楫之便"是我国先民对海洋认识和利用的高度概括。我国古代政府通过对海洋开发利用活动实行严密控制，形成了一些独具特色的海洋管理制度。这一阶段的法治活动较少，多是国家针对具体海洋活动的管控命令，没有形成海洋事务有关的法律制度。

我国很早就出现对海洋渔业进行管理的记载，但真正制度化的海洋渔业管理形成于明清时期。政府出于海洋安全的考虑，通过税收、户籍管理、渔船管理等手段对从事海洋渔业的渔民渔船进行严格管理。明代推行澳甲制和船甲制的严格户籍制度。澳甲制不但严格将渔民编籍，还对渔船进行严格的编籍管理，使得渔民的居住和生产的双重空间都在澳甲制的严格监控和绳束之下[①]；船甲制则是针对以船为家的居民实行以船为基本户

---

① 欧阳宗书著，《海上人家》，江西高校出版社1998年版。

籍单位的海上保甲制度。清朝时期,政府设立了繁杂的渔业税名目,并设有专职机构进行征收。政府对渔船管控措施包括对新造渔船设立严格审批标准,渔船必须验烙刊号、备有执照方能下海,同时对海上作业的渔船进行监管,严防渔船私自下海作业。

在海洋盐业方面,政府通过集中生产和销售加强管理。自汉代开始,各主要朝代均在产盐区设置官员专门管理盐的生产。西汉时期,在盐产区设立盐官,其中在海洋盐业产区所置盐官占汉置盐官的一半。[①] 唐代在产盐区设立盐监,负责盐的生产和收购,形成了多处重要的海盐监。明代在重点盐区设都转运盐使司,其中大多设于海洋盐业区。明清时期对海洋盐业生产用地,即濒海地区的滩涂荡地,进行统一拨付,并通过编造盐册等方式加强管理。政府对盐实行国家专卖,专卖方式由汉代的完全专卖制,即对盐实行官收、官运、官销,逐渐发展为由有经营特许权的商人将盐运销到指定区域。

在海洋航运方面,随着海洋捕捞技术的不断进步,春秋时代,我国的造船技术和航海业已获得较大发展[②]。到宋元时期,已经出现容量大、安全性高的海船。明成祖时期,曾派遣郑和乘宝船七下西洋,遍历爪哇、苏门答腊、锡兰、印度等30多个国家和地区,最远达到非洲东岸、红海和伊斯兰教圣地麦加,成为世界远程航海史上的创举,足见我国古代舟师的强大和控制海洋的实力。在长期的航海活动中,我国人民不断发现了西沙群岛、南沙群岛、钓鱼岛等一系列远离大陆的岛屿,并在这些岛屿及其海域从事生产经营活动,取得这些岛屿的主权。

我国有着悠久的海上贸易历史并逐步形成了独特的市舶贸易制度,政府通过对出海贸易颁发许可、对进口海商征收商税、优先垄断对藩商珍贵货物的交易等方式加强对海上贸易的管控。唐朝时期,中央政府设置市舶

---

① 《战国秦汉时期的盐业》,参见中国盐业协会网站,网址:http://www.cnsalt.cn/cn。
② 华敬炘著,《海洋法学教程》,中国海洋大学出版社2009年版,第454页。

使,赴广州等地"向海外藩商采买舶货"①,市舶制度开始萌芽。宋元时期,在主要外贸港口设有市舶司,负责招徕外商、征税、处置舶货、检视进出口船舶以及管理本国商人出海经商等事宜。宋代有关市舶法律制度总称为市舶条法、或条约、条贯等。宋神宗(1068—1085 年)时期还颁布了《广州市舶条法》,是宋代市舶条法的集大成者。直到明清时期实行海禁政策,这种市舶制度才走向衰落。市舶机构逐渐演成为朝贡贸易服务的机构,并最终为海关所替代。

21.2.2 近现代海洋法律制度的萌芽

鸦片战争后,包括国际海洋法在内的近代国际法传入我国,对我国的海洋法律制度产生了重要影响。晚清至民国时期,政府开始制定法律,参加一些涉海国际条约,出现了现代意义上的海洋立法实践,为当时的海洋开发活动提供了依据。

清末立法中已经出现了关于海洋事务的规定。清光绪年间(1875—1908 年)制定的《大清商律草案》,对海上运输有关问题作了系统规定,详细规定了海船所有人、船长的权利、职责,以及海上运输中各种意外事件的处理原则等。②民国时期颁布了一系列涉海法律法规,包括:1929 年颁布的第一部《渔业法》、而后颁布实施的《渔业法实行细则》、1931 年公布的《渔业警察规程》、1929 年颁布实施的《中华民国海商法》。1931 年 4 月国民政府颁布了《领海范围定为三海里令》,首次明确了我国领海的宽度。1947 年国民政府内政部重新命名并公布了包括南沙群岛在内的南海诸岛全部岛礁沙滩名称共 159 个。1948 年 2 月,民国政府公开发行了《中华民国行政区域图》及其附图《南海诸岛位置图》,划出 11 段由国界线标绘方式构成的断续线,标注东沙群岛、西沙群岛、中沙群岛和南沙群岛的整体名称,明确了我国在南海的权利主张。

---

① 郑有国:《中国市舶制度研究》,福建教育出版社 2004 年版,第 3 页。
② 杨一凡主编:《新编中国法制史》,社会科学文献出版社 2005 年 10 月版,第 528 页。

我国加入的涉海国际条约包括：1896 年加入的《航海避碰章程》（即 1889 年海上避碰规则）、1909 年加入的《关于战时海军轰击公约》和《关于海战时中立国权利义务公约》①、1925 年参加的《斯匹茨卑尔根条约》。通过加入《斯匹茨卑尔根条约》，我国获得了自由进入斯匹茨卑尔根群岛地区水域、在该岛及其水域从事生产和商业活动的权利。

21.2.3　当代海洋法律制度的发展

新中国成立以后，海洋法律制度的建设得到高度重视。在国际海洋法的影响下，我国的海洋法律制度逐步建立并取得了高速发展。

1958 年 2 月 24 日，联合国召开了第一次海洋法会议，通过了《领海与毗连区公约》、《公海公约》、《大陆架公约》和《捕鱼与养护公海生物资源公约》4 个公约。由于众所周知的原因，我国政府虽然未能参加本次会议，但仍吸收了国际海洋法律的最新发展，于 1958 年 9 月 4 日发布了《中华人民共和国政府关于领海的声明》，确立了我国的领海制度。我国领海宽度为 12 海里，适用于中华人民共和国的一切领土，包括中国大陆及其沿海岛屿，和同大陆及其沿海岛屿隔有公海的台湾及其周围各岛、澎湖列岛、东沙群岛、西沙群岛、中沙群岛、南沙群岛以及其他属于我国的岛屿。并且宣布一切外国飞机和军用船舶，未经我国政府许可，不得进入我国的领海和领海上空。这一时期海上安全形势复杂，受国际环境的影响，海洋法律制度的关注重点在于维护国家主权和国防安全。1956 年的《关于商船通过老铁山水道的规定》、1964 年发布的《外籍非军用船舶通过琼州海峡管理规则》，在部分海域划定禁航区，设置通行条件。1976 年的《中华人民共和国交通部海港引航工作规定》，明确提出其立法目的是"为了维护中华人民共和国的主权，保障港口、船舶安全"。② 这一阶段颁

---

① 田涛：《国际法输入与晚清中国》，济南出版社 2001 年版，第 347 页。
② 国家海洋局政策法规办公室编：《中华人民共和国海洋法规选编》，海洋出版社 2001 年版，第 106 页。

布的其他主要海洋法规还包括:《海港管理暂行条例》、《关于渤海、黄海及东海机轮拖网渔业禁渔区的命令》、《进出口船舶联合检查通则》、《防止沿海水域污染暂行规定》等。

随着海洋事业的蓬勃发展,从20世纪70年代末开始,我国海洋法律制度进入快速发展时期。我国陆续出台了大量海洋法律法规,海洋立法的体系逐渐完善,涵盖了海洋渔业、交通安全、环境保护和资源开发等各个方面。这一时期,国际海洋法也出现了重大发展,并对当代我国海洋法律制度的基本格局产生了重大影响。1973—1982年第三次联合国海洋法会议的召开和《联合国海洋法公约》的制定,将海洋划分为内水、领海、毗连区、群岛水域、专属经济区、大陆架、公海、国际海底区域等不同区域,并赋予不同区域不同的法律地位和管辖制度。我国参加了第三次联合国海洋法会议的全部会议并于1996年批准了《公约》。为履行《公约》的权利义务,我国于1992年和1998年颁布了《中华人民共和国领海及毗连区法》和《中华人民共和国专属经济区和大陆架法》,1996年发布了《关于中华人民共和国领海基线的声明》,将内水、领海、毗连区、专属经济区、大陆架制度转化为国内法。

涉海法律法规也由原来关注对单一海洋活动的管理,向协调管理渔业发展、交通运输、矿产资源开发等行业用海之间的矛盾,实施海洋综合管理的方向发展。这一阶段主要的海洋立法有:1986年出台的《渔业法》,1987年制定的《渔业法实施细则》,对我国海洋渔业资源的保护起到了重要作用;1979年颁布的《中华人民共和国对外国籍船舶管理规则》、1983年颁布的《海上交通安全法》等,规范了海洋运输和港口运营的秩序;1982年颁布的《对外合作开采海洋石油资源条例》,对中外合作开采海洋石油作出了明确的规定;1982年颁布的《海洋环境保护法》及其配套法规,形成了较为全面的海洋环境保护法律体系;2001年颁布的《海域使用管理法》,正式确立了我国的海域使用管理制度。这一时期,大批的海洋法律迅速出台,涉及海域使用、海洋资源开发保护、海洋生态环境保护、海上交通安全海底文物保护等各个领域，为有序开发海洋和依法管理用海活动提供了充分依据，形成了较为系统全面的海洋法律制度。

21.3 我国海洋法律制度的基本内容与特征

21.3.1 我国海洋法律制度的基本内容

我国的海洋法律制度主要包括海洋法基本制度和管理海洋具体事务的制度两部分内容。

海洋法基本制度是指将海洋划分为领海、毗连区、专属经济区、大陆架，公海和国际海底区域等不同的海域，不同的海域具有不同的法律地位及制度。这些基本制度将《联合国海洋法公约》的规定直接转化为国内法，相关内容体现在 1992 年《领海及毗连区法》、1996 年《关于中华人民共和国领海基线的声明》、1998 年《专属经济区和大陆架法》以及 2012 年《关于钓鱼岛及其附属岛屿领海基线的声明》中。这些法律正式确定了我国领海、专属经济区和大陆架的范围，相关海域的各项权利和相关主张，专属经济区和大陆架划界原则等重要问题，为维护我国领土主权和海洋权益奠定了坚实基础，也为我国开展海洋综合管理提供了重要的依据。

其他管理海洋事务的具体制度，根据海洋开发利用活动的不同，可分为海域使用管理法律制度、海洋环境保护法律制度、海岛保护开发法律制度、海洋科学研究法律制度、海上交通安全法律制度、海洋资源开发法律制度等，以下将对这些法律制度的主要内容进行介绍。

21.3.1.1 海域使用管理制度

为保护有限的岸线资源，规范用海秩序，保障用海人的权益，全国人大常委会于 2001 年通过了《中华人民共和国海域使用管理法》（以下简称《海域使用管理法》），确立了我国海域使用管理的基本制度，包括海洋功能区划制度、海域使用权制度和海域有偿使用制度。海域使用权制度是海域使用管理制度的核心。海域使用权是一种用益物权，来源于国家对海域的所有权，是使用人对海域占有、使用和收益的权利。海洋功能区划制度是根据海域的自然条件和社会发展的需要，按照海洋功能标准划分为不同区域，目的在于控制和引导海域使用方向，保护海洋生态环境，促进海洋资源可持续利用。海域有偿使用制度是指国家出让海域使用权，必须实行有偿使用制度，使用海域的单位和个人应当向国家缴纳一定的费用。国家有关部门还出台了《海域使用权管理规定》、《海域使用权登记办法》、《海域使用金减免管理办法》等一系列配套部门规章，全面充实了我国海域使用管理制度的内容。

21.3.1.2 海洋环境保护制度

海洋环境的污染状况引发国际社会的关注，也加快了我国海洋环境保护立法的进程。早在1989年《中华人民共和国环境保护法》出台之前，我国就于1982年率先出台了《中华人民共和国海洋环境保护法》（以下简称《海洋环境保护法》）。这是我国第一部正式颁布的环境保护法律，建立了海洋环境保护的基本制度，后经过1999年全国人大常委会的修订，增加了对于海洋环境的宏观监督管理和海洋生态环境保护的内容。为实施《海洋环境保护法》，国务院先后制定了《中华人民共和国海洋石油勘探开发环境保护管理条例》、《中华人民共和国海洋倾废管理条例》、《防止拆船污染环境管理条例》、《中华人民共和国防治海岸工程建设项目污染损害海洋环境管理条例》、《中华人民共和国防治陆源污染物污染损害海洋环境管理条例》、《中华人民共和国自然保护区条例》、《中华人民共和国防治海洋工程建设项目污染损害海洋环境管理条例》、《中华人民共和国防治船舶污染海洋环境管理条例》等多个配套条例，使得海洋环境保护制度体系更加完备。目前我国实行的是"统一监督管理、分工分级负责"的海洋环境管理体制，由国家有关主管部门和地方政府共同监管，在各自权限范围内制定海洋环境保护规划、海洋环境质量标准，进行海洋环境监测。这些法律法规确立了海洋环境保护的一系列具体制度，并按照轻重程度对违反海洋环境保护法律的行为分别追究行政责任、民事责任和刑事责任。

21.3.1.3 海洋资源开发制度

按照资源特点不同,海洋资源可分为渔业资源、海洋矿产资源、海洋能源资源、海水资源、海洋空间资源等。不同海洋资源的开发方式不同,规范其开发活动的法律制度也不相同。海洋矿产资源的开发制度和渔业资源的开发制度是其中最主要的两类。

海洋矿产资源开发中,最重要的是对海洋油气资源和海砂资源的开发。《中华人民共和国矿产资源法》(简称《矿产资源法》)确立了在我国领海及管辖的其他海域开采矿产资源,实行审批许可制度。对于海洋石油资源的开发,国务院早在1982年就发布了《中华人民共和国对外合作开采海洋石油资源条例》[①],规定由主管部门制定同外国企业合作开采海洋石油的规划和政策、划分区块、审批开发方案,中国海洋石油总公司全面负责对外合作开采业务。对于海砂开采活动的管理规定,主要有2007年国土资源部发布的《关于加强海砂开采管理的通知》,确定了海砂开采总量控制、采矿权固定年限出让和开采审批许可等制度。

对于海洋渔业活动的管理制度,主要体现在《中华人民共和国渔业法》(简称《渔业法》)中。《渔业法》适用于包括海洋渔业在内的所有渔业活动。该法于1986年颁布,经2000年、2004年两次修订,规定了渔业的监督管理机关及其权限、从事养殖和捕捞活动的要求、渔业资源的保护和增殖等方面的内容。《中华人民共和国渔业法实施细则》对渔业开发保护的具体问题作了更为详细的规定,也是渔业开发和保护活动的重要依据。

对于海盐、海水、海洋能源等其他资源的开发管理制度,在《中华人民共和国可再生能源法》、《盐业管理条例》、《中华人民共和国循环经济

---

① 2011年9月30日,国务院对该法进行修订。

促进法》、《海水利用专项规划》等一系列法规和文件中均有所体现。

21.3.1.4 海洋科学研究制度

海洋科学研究是人们加深对海洋认识的重要活动,在沿海国管辖海域内进行的海洋科学研究将对沿海国安全和海洋权益产生重要影响。为了维护国家安全和海洋权益,促进海洋科学研究的国际交流与合作,我国于1996年颁布了《涉外海洋科学研究管理规定》,对在我国管辖海域内进行的涉外海洋科学研究活动进行管理。该法规定的内容包括:从事海洋科学研究的外方必须出于和平目的开展科学研究活动;负责涉外海洋科学研究的管理机构是国家海洋行政主管部门及其派出机构或者其委托的机构;从事涉外海洋科学研究应遵循的申请程序和活动计划报批程序;作业船舶对于船位和船舶活动情况的报告义务、接受海上监视或者登船检查的义务;海洋科学研究活动中获得的原始资料和样品的所有权和使用权的分配;以及将海洋科学研究成果和结论上报的义务等,并对违法法律规定的行为设定了相应的法律责任。

21.3.1.5 海上交通安全制度

海上交通运输业是海洋开发的传统产业,对我国社会经济发展起着十分重要的作用。为了维护海上交通航行的安全和秩序,全国人大常委会于1983年颁布了《中华人民共和国海上交通安全法》,从船舶安全管理、船员管理、航行秩序、危险货物运输、海难救助、打捞清除、交通事故的调查处理等方面做出系统规定。为加强海上交通管理、保障航行安全,国务院、交通主管部门先后制定了一系列配套法规[1],确立了管理海上交通活动的具体制度,形成相互衔接的制度体系。海上交通安全管理的具体制定

---

[1] 主要包括:《中华人民共和国打捞沉船管理办法》、《中华人民共和国船舶及海上设施检验条例》、《中华人民共和国海上航行警告和航行通告管理规定》、《中华人民共和国船舶登记条例》、《中华人民共和国航标条例》、《中华人民共和国船员条例》、《中华人民共和国港口设施保安规则》、《中华人民共和国航道管理条例》、《中华人民共和国船舶安全检查规则》、《中华人民共和国水上水下活动通航安全管理规定》。

主要包括船舶的检验登记和安全检查制度、海上通航管理制度、水上水下安全作业制度、航道和航标的管理制度、沉船打捞管理制度等。

21.3.1.6 海岛保护制度

为了保护海岛的生态环境,规范海岛开发和利用的秩序,维护国家的海洋权益的任务,全国人大常委会于2009年通过了《中华人民共和国海岛保护法》,确立了海岛管理体制,以及海岛规划制度、海岛生态保护制度、无居民海岛国家所有权及有偿使用制度、特殊用途海岛设定的特别保护制度等管理制度。国务院海洋有关部门和地方政府按照各自职责分工开展海岛及周边海域的生态保护工作。海岛规划制度是海岛保护法的基本制度之一。海岛生态保护制度包括有居民海岛保护和无居民海岛保护两种情况,对海岛开发中资源植被的保护、污染物处理问题都做出了规定。海洋主管部门逐步完善配套措施建设,出台了《无居民海岛使用申请审批试行办法》、《无居民海岛使用权登记办法》、《无居民海岛使用金征收使用管理办法》、《海岛名称管理办法》、《领海基点保护范围选划与保护办法》等一系列部门规章。

随着海上开发利用活动形式的多样化,海洋立法的内容也在不断增加。除上述主要海洋法律制度外,海底文物保护制度、海洋公益服务制度等一系列法律制度也在不断扩充完善,成为海洋法律制度的重要组成部分。

21.3.2 我国海洋法律制度的特点

从上述海洋管理制度的内容可以看出,我国海洋法律制度具有一些鲜明的特点:

第一,从国内法与国际法的关系上来看,我国海洋法律制度受国际海洋法影响突出。我国缔结的关于海洋事务的国际条约、双边协定数量较多,根据部分国际条约还制定了相应的国内法,构成海洋法律制度不可或缺的一部分。《联合国海洋法公约》对我国海洋法律制度的影响至深,奠定了内水、领海、专属经济区和大陆架等不同区域不同管辖法律制度的立法格局。

第二，从法律内容来看，我国海洋立法多以行政管理法律法规为主，伴有少量的民事规定和刑事规定。这些法律法规多是从海洋活动的管理机构、管理机构的权限和责任、被管理人的权利和义务等方面做出规定，并明确违法行为应承担的法律责任。但也有一些法律兼具经济法、民法、行政法等法规的内容。例如，《海域使用管理法》中既有海域物权制度的民事规定，也有行政管理的法律规定；《海洋环境保护法》中既有行政管理的规定，法律责任中也有适用刑事责任的规定，很难按照传统的法律部门来划分，成为海洋立法的显著特点。

第三，从制度内容的创新性上来看，我国海洋法律制度存在许多独创之处。比如，针对海岛资源开发过度和保护不足的情况，国家先后通过了《海岛保护法》及其配套措施，从立法层面完善了海岛保护规划、明确了海岛管理机制及执法机关的职能、细化了特殊用途岛屿的保护措施等，与其他国家相比，保护意识和管理措施都处于领先水平。

第四，从立法的层级来看，我国现行海洋立法的层级繁多，涉及不同级别的制定机关，这在国内立法中是不多见的。从立法涉及的部门看，纵向包括中央政府管理和地方的分级管理；横向包括海洋行政主管部门、外交、渔业、矿产、交通、环保、科研等管理部门，都在一定程度上扩展了我国海洋立法的内容。

第五，从法律效力范围来看，我国海洋法律制度的空间效力主要及于我国管辖海域，部分涉及岸线或海岸带，一般不涉及陆地区域主体部分。由于领海、专属经济区、大陆架等不同国家管辖海域的法律地位不同，对同一海洋活动的管理要求也不一样，这与适用于陆地领土的法律制度存在很大差异，是区别于其他法律制度的一个重要特征。

21.4　我国海洋法律制度的发展方向

经过 60 多年的发展，我国的海洋立法数量不断增加，基本法律框架已经建立，拥有一些特点鲜明并行之有效的制度，如海域使用管理制度、海岛保护制度、海底文物保护制度等。但考虑到海洋法制建设状况和海洋事业发展的内在需求，仍有继续完善发展的空间。

2012 年国务院批准的《国家海洋事业发展"十二五"规划》将"海洋综合管理体制机制进一步完善，涉海法律法规和政策日益健全，海洋联合执法力度不断加大"作为海洋事业发展的目标之一，对海洋法律制度建设也提出了更新更高的要求。制定和实施海洋发展战略，加强规划和立法工作是国家需着力推进的一项重点任务，是推进海洋工作顺利有序开展的重要基础。今后需要从以下几个方面对我国海洋法律制度进行完善。

21.4.1 推动"海洋基本法"出台

"海洋基本法"，是为国家整个海洋活动和其他海洋立法提供基本准则的法律，为有机协调海洋法律体系，维护海洋权益、促进海洋经济发展提供强有力的支撑。制定"海洋基本法"的主要目的是对我国海洋事务作通盘考虑，统筹安排维护国家海洋权益、规范海洋开发秩序、保护海洋生态环境、促进海洋科教发展和提供海洋公益服务等问题。目前我国缺乏一部统筹管理的基本海洋立法。这一情况已经引起国家立法机关的重视，2011 年 12 月 31 日，十一届全国人大常委会第二十四次会议表决通过了全国人大外事委员会有关代表提出的议案审议结果的报告，指出制定海洋基本法有利于推进制定和实施国家海洋发展战略，有利于提高全民的海洋意识，建议进一步深入研究论证，条件成熟时启动海洋基本法的立法工作[①]。

21.4.2 加强配套程序立法

我国海洋法律体系的框架已基本建立，实体法律内容也相当完备，但

---

① 全国人大外事委建议：条件成熟时启动海洋基本法立法，国家海洋局网站，http://www.soa.gov.cn/xw/hyyw_90/201211/t20121109_655.html，访问时间：2012 - 09 - 17。

执法程序方面的规定还十分缺乏。《领海及毗连区法》、《专属经济区和大陆架法》虽然建立了基本海洋法律制度,但内容主要是对我国海洋权益进行原则性宣示,缺乏具体的管理制度,也没有关于海上执法的程序规则,不利于执法人员依法行使职权。因此亟须建立和完善相关制度,将登临、紧追、扣押措施的使用条件和程序,人工构造物(人工岛屿、设施)的建造、使用和管理,外国军用船舶、飞机在我国领海及其上空的通过问题、领海基线和基点的保护和管理等问题作为立法重点,制定配套制度,使其更具有可操作性,增强海洋立法的有效执行。

21.4.3 近期需要完善的海洋法律制度

近年来国务院发布的年度立法工作计划中,海洋立法工作都占据了重要位置。究其原因,一是部分海洋法律制定的时间较早,已不能适应目前海上活动日趋复杂的情况;二是海洋开发利用活动范围不断扩大,公海和极地视为战略新疆域在沿海国家发展与安全战略大局中的地位更加凸显,而对于日趋活跃的大洋和极地活动,相关立法仍是空白。因此,需要积极推进相关立法的修订工作,包括《海洋环境保护法》、《涉外海洋科学研究管理条例》、《海洋石油勘探开发环境保护管理条例》、《防治海洋工程建设项目污染损害海洋环境管理条例》等法律条例内容的更新完善。还要抓紧工作,积极论证,突破理论和实际难题,完成南极活动管理条例、大洋资源勘探开发管理条例、海洋观测预报的配套法规等紧缺法律的立法,进一步健全和完善海洋法律法规体系。

22 基本海洋法律制度

22.1 内水、领海法律制度

22.1.1 内水、领海的定义及其界限

我国关于领海、内水的规定主要体现在 1958 年《中华人民共和国政府关于领海的声明》、1992 年《中华人民共和国领海及毗连区法》和 1996 年《中华人民共和国政府关于中华人民共和国领海基线的声明》中。

《领海及毗连区法》第二条，对我国的内水、领海做了完整定义。中华人民共和国领海为邻接中华人民共和国陆地领土和内水的一带海域。内水为中华人民共和国领海基线向陆地一侧的水域。并在"领海声明"及《领海及毗连区法》中反复声明，"中华人民共和国的一切领土，包括中国大陆及其沿海岛屿，和同大陆及其沿海岛屿隔有公海的台湾及其周围各岛、澎湖列岛、东沙群岛、西沙群岛、中沙群岛、南沙群岛以及其他属于中国的岛屿"。

我国完全遵循《联合国海洋法公约》的规定，宣布采用 12 海里的领海宽度，领海的外部界限为一条其每一点与领海基线的最近点距离等于 12 海里的线。

22.1.2 我国的领海基线

《领海及毗连区法》第三条规定，中华人民共和国领海基线采用直线基线法划定，由各相邻基点之间的直线连线组成。《1996 年关于领海基线

的声明》宣布了我国大陆领海的部分基线和西沙群岛的领海基线，公布了领海基点的名称及地理坐标。其中我国大陆领海基点共 49 个，北起山东高角，南至海南岛峻壁角。西沙群岛的领海基点共 28 个，基点之间的连线形成闭合区域。2012 年我国政府公布了《关于钓鱼岛及其附属岛屿领海基线的声明》，宣布了我国钓鱼岛及其附属岛屿的领海基线和 17 个领海基点的名称和地理坐标，从立法上巩固我国对钓鱼岛及其附属岛屿及领海的主权。

目前其他部分的领海基点尚未公布。

22.1.3 领海的主要制度

22.1.3.1 领海的法律地位

领海是沿海国领土不可分割的组成部分。中华人民共和国对领海的主权不仅及于领海的水域，也扩展到领海的上空、海床和底土。根据国际上公认的原则，国家对领海主权的行使，如同对本国其他领域一样，没有原则差别。在不违反《联合国海洋法公约》和其他国际法规则的前提下，国家可以对领海的一切事务行使管辖，对在领海进行的活动拥有司法管辖权，不管该活动的主体是本国国民还是他国国民。

22.1.3.2 领海的通过制度

外国船舶、航空器在我国领海内享有的最重要的权利是航行通过的权利。

根据《领海及毗连区法》第六条的规定，一般船舶通过我国领海享有无害通过的权利，而外国军用船舶进入我国领海，应当事先经过我国政府批准。1996 年《全国人民代表大会常务委员会关于批准〈联合国海洋法公约〉的决定》中重申，"《联合国海洋法公约》有关领海内无害通过的规定，不妨碍沿海国按其法律规章要求外国军舰通过领海必须事先得到该国许可或通知该国的权利"。对于行使无害通过权利的船舶，要求它们不得损害我国的和平、安全和良好秩序，也不得违反我国的法律、法规，否则有权令其立即离开领海。外国潜水艇和其他潜水器通过我国领海，必须在海面上航行，并展示其旗帜。为了维护航行安全或其他特殊需要，我国政府可以要求通过我领海的外国船舶使用指定的航道或实行分道通航制度。

而对于需要飞越我国领海上空的外国航空器，只有根据该国政府和我国政府签订的协议、协定，或者经过我国政府或者授权的机关批准或者接受，方可进入我国领海上空。

外国船舶、航空器在我国领海的航行、飞越，只限于以迅速不停的通过为目的。航行中不得擅自从事科学研究、海洋作业等活动。任何国际组织、外国的组织或者个人，在中华人民共和国领海内进行科学研究、海洋作业等活动，必须事先经过中华人民共和国政府或者有关主管部门的批准，按照中华人民共和国法律、法规的要求进行。

22.2 毗连区法律制度

22.2.1 毗连区的定义及法律地位

根据《领海及毗连区法》第四条的规定，中华人民共和国毗连区为领海以外邻接领海的一带海域。毗连区的宽度为12海里。毗连区的外部界限为一条其每一点与领海基线的最近点距离等于24海里的线。

毗连区制度最早出现在1958年《领海和毗连区公约》中，1982年《联合国海洋法公约》保留了这一制度。毗连区是为了保护国家重要利益而设置的特殊区域，从地理位置上看，它是专属经济区水域的一部分。沿海国这种特殊的管制权，并不影响这一区域的法律地位。

依照《领海及毗连区法》的规定，为了防止和惩处在陆地领土、内水或领海内发生违反安全、海关、财政、卫生或者入境出境管理的法律、法规的行为，我国可以在毗连区内行使管制权，包括采取临检、调查、搜查和逮捕，或实行海关监管、实施卫生检疫等措施。与《联合国海洋法公约》相比，我国在毗连区的管制权多了与安全有关的法律法规一项。由于国家安全是一国最根本的利益，因此增加此项规定并不违背《公约》的精神。

22.2.2 紧追权的行使

紧追权，是指沿海国有充分理由认为外国船舶违反该国法律和规章时，可对该外国船舶进行追逐的权利。这项权利是国际法为保护沿海国权益特别设立的，是沿海国管辖权的扩大和延伸。《领海及毗连区法》对于紧追权的行使条件只做出原则性规定。根据规定，对外国船舶或其小艇的追逐必须从其在中华人民共和国的内水、领海或者毗连区内时开始。只要追逐没有中断，可在中华人民共和国领海或者毗连区外继续进行，直到被追逐的船舶进入其本国领海或者第三国领海时，追逐终止。紧追权的行使主体必须是中华人民共和国军用船舶、军用航空器或者中华人民共和国政府授权的执行政府公务的船舶、航空器。除了1993年《国务院关于海关执行缉私任务的船舶在海上行使紧追权的批复》中，曾对行使紧追权的范围做出说明，对于紧追权行使的具体程序，我国法律没有更加明确的规定。

22.3 专属经济区法律制度

22.3.1 专属经济区的定义及界限

专属经济区制度是《联合国海洋法公约》建立的新的法律制度，体现了沿海国扩大自己国家管辖范围，行使更多管辖权的要求。《专属经济区和大陆架法》第二条明确了我国专属经济区的含义和范围。"中华人民共和国的专属经济区，为中华人民共和国领海以外并邻接领海的区域，从测算领海宽度的基线量起延至200海里"。也就是说，专属经济区的范围由领海外部界线向海延伸至 188 海里为止。沿海国在此区域内享有与勘探开发利用自然资源（无论为生物资源或非生物资源）有关的主权权利以及对特定海洋活动的管辖权。但这一区域内关于海床和底土的权利，应按照大陆架的有关规定行使。

22.3.2　专属经济区的基本法律制度

《专属经济区和大陆架法》第三条规定了我国在专属经济区内享有的主权权利和管辖权。一是以勘查、开发、养护和管理海床上覆水域、海床及其底土的自然资源为目的的主权权利；二是进行其他经济性开发勘查，如利用海水、海流和风力生产能等活动的主权权利；三是对专属经济区内人工岛屿、设施和结构的建造和使用，海洋科学研究，海洋环境的保护和保全，行使管辖权。

22.3.2.1　生物资源的养护和利用

沿海国对专属经济区内自然资源享有的主权权利，主要涉及生物资源的养护和利用。我国的主管机关有权采取各种必要的养护和管理措施，确保专属经济区的生物资源不受过度开发的危害，并有权对专属经济区的跨界种群、高度洄游鱼种、海洋哺乳动物、源自我国河流的溯河产卵种群、在我国水域内度过大部分生命周期的降河产卵鱼种，进行养护和管理。

对于专属经济区内生物资源的利用，我国对源自本国河流的溯河产卵种群，享有主要利益。任何其他外国的组织或者个人，若要在我国专属经济区内从事渔业活动，必须经过主管机关的批准，并遵守我国的法律、法规以及我国与有关国家签订的条约、协定。若在专属经济区捕鱼的外国渔民违反了这些法律规定，渔业主管机关可以采取登临、检查、逮捕、扣留和进行司法程序等一切必要措施。

22.3.2.2　人工岛屿、设施和结构的建造和管理

沿海国对于在专属经济区内建造、授权建造、管理建造、操作和使用

人工岛屿、设施和结构的权利是一种专属权利。一方面，任何国家未经我国政府同意，不得在我国专属经济区内建造和使用人工岛屿、设施和结构。另一方面，国家的专属管辖权，还体现在：①有权对这些人工岛屿、设施和结构行使专包括海关、财政、卫生、安全和出境入境的法律和法规方面的管辖权。②有权在这些人工岛屿、设施和结构周围设置安全地带，并可以在该地带采取适当措施，确保航行安全以及人工岛屿、设施和结构安全。对于安全地带的宽度，可以参照国际标准设定，但不得超过500米[1]。

22.3.2.3 海洋科学研究管辖权

任何国际组织、外国的组织或者个人进入我国专属经济区进行海洋科学研究，必须经过我国主管机关的批准，并遵守我国的法律、法规。如果其他国家或个人是专为和平目的，并为了增进关于海洋环境的科学知识以谋全人类的利益，而在专属经济区内进行海洋科学研究，正常情况下沿海国会同意其研究计划，除非该计划给海洋环境造成污染，或影响了沿海国专属权利的行使。

22.3.2.4 海洋环境保护管辖权

为行使海洋环境保护和保全的管辖权，我国主管机关有权采取必要措施，防止、减少和控制海洋环境的污染，保护和保全专属经济区内的海洋环境。如果外国船舶在我国专属经济区内发生违反海洋环境、海洋科学研究等法律法规的行为，可以依照《领海及毗连区法》的规定，对其行使紧追权。

其他国家在遵守国际法和我国法律法规的前提下，在我国专属经济区内享有航行、飞越的自由，铺设海底电缆和管道的自由，以及与上述自由有关的其他合法使用海洋的便利。但是铺设海底电缆和管道的路由，必须经过主管机关的同意。

---

[1] 参见《联合国海洋法公约》第六十条。

22.4 大陆架法律制度

22.4.1 大陆架的定义及界限

大陆架这一概念最早由美国在 1945 年提出,并在 1958 年《大陆架公约》中形成制度化规定。《联合国海洋法公约》吸收了这一制度,并对大陆架的范围界限予以明确。

我国《专属经济区和大陆架法》按照《联合国海洋法公约》的规定,将我国大陆架定义为,我国领海以外依本国陆地领土的全部自然延伸,扩展到大陆边外缘的海底区域的海床和底土;如果从测算领海宽度的基线量起至大陆边外缘的距离不足 200 海里,则扩展至 200 海里。沿海国对大陆架的权利不影响其上覆水域或水域上空的法律地位。

如果一国大陆架的自然延伸超过 200 海里,则需要根据《联合国海洋法公约》第七十六条的规定,向大陆架界限委员会提交其确定 200 海里以外大陆架外部界限的划界案。由大陆架界限委员会就有关划定大陆架外部界限的事项向沿海国提出建议。沿海国在这些建议基础上划定的大陆架界限具有确定性和拘束力。

2012 年 12 月 14 日,我国依据《联合国海洋法公约》等文件的要求,向联合国秘书处提交了东海部分海域 200 海里以外大陆架外部界限划界案。该划界案指出,地貌与地质特征表明东海大陆架是我国陆地领土的自然延伸,冲绳海槽是具有显著隔断特点的重要地理单元,是我国东海大陆架延伸的终止。我国东海大陆架宽度从测算我国领海宽度的基线量起超过 200 海里。划界案同时明确,提交该划界案不影响我国政府以后在东海或其他海域提交其他外大陆架划界案①。

---

① 详见"中国向联合国提交东海二百海里以外大陆架划界案",http://www.fmprc.gov.cn/mfa_chn/zyxw_602251/t998191.shtml,2013 年 3 月 14 日登录。

22.4.2 大陆架法律制度

22.4.2.1 我国对大陆架的权利

《专属经济区和大陆架法》第四条规定了我国对大陆架的主要权利，包括：①为勘查大陆架和开发大陆架的自然资源为目的，对大陆架行使主权权利；②拥有授权和管理为一切目的在大陆架上进行钻探的专属权利；③对大陆架上的人工岛屿、设施和结构的建造和使用和海洋科学研究、海洋环境的保护和保全，行使管辖权。

沿海国对大陆架享有主权权利，主要是基于大陆架是沿海国陆地领土自然延伸这一事实，这种权利是一种固有权利，并不取决于有效或象征的占领或任何明文公告。这一权利也是专属的，如果沿海国不勘探大陆架或开发其自然资源，任何人未经沿海国明示同意，不得从事这种活动。这种权利的专属性，在《中华人民共和国对外合作开采海洋石油资源条例》中也有所体现。该法规定，我国的内海、领海、大陆架以及其他属于我国海洋资源管辖海域的石油资源，都属于中华人民共和国国家所有。在此区域内合作开采海洋石油资源的一切活动，都应当遵守我国法律的有关规定。

沿海国对大陆架上的人工岛屿、设施和结构的建造和使用和海洋科学研究、海洋环境的保护和保全的管辖权的内容，与专属经济区内的这一权利相同，此处不再赘述。

22.4.2.2 我国行使大陆架权利时的义务

沿海国在对大陆架行使权利时，也承担一定的义务。主要是：①除为了勘探大陆架，开发其自然资源和防止、减少和控制管道造成的污染有权采取合理措施外，对于其他国家在大陆架上铺设或维持海底电缆和管道不得加以阻碍。②沿海国对大陆架权利的行使，不得对航行和《联合国海洋法公约》规定的其他国家的其他权利和自由有所侵害，或造成不当干扰。

③根据《联合国海洋法公约》规定,沿海国如果对 200 海里以外的大陆架上的非生物资源进行开发,需要按照一定的比例和年限向国际海底管理局缴付费用或实物。

22.4.3 专属经济区和大陆架的划界

由于各沿海国家都有主张 200 海里专属经济区和大陆架的权利,若海岸相邻或相向国家间的距离不足 400 海里,可能会因主张重叠产生专属经济区和大陆架的划界问题。沿海各国对于划界应当按照什么原则进行存在严重分歧。一些国家坚持主张按照中间线或等距离原则划界,另一些国家则认为,由于划界涉及的问题复杂,各个海区的情况各不相同,应当考虑一切情况,按照公平原则进行划界。我国《专属经济区和大陆架法》确定了我国同海洋邻国解决专属经济区和大陆架的划界问题的原则立场,即"中华人民共和国与海岸相邻或者相向国家关于专属经济区和大陆架的主张重叠的,在国际法的基础上按照公平原则以协议划定界限"。这一立场同《联合国海洋法公约》的规定相一致。上述《公约》同时规定,有关国家在合理期限内未能达成任何划界协议,他们应当迅速就以何种方式解决划界争端问题交换意见。在达成协议之前,有关国家应努力做出临时安排;但是这种临时安排不应妨害最后界限的划定。

目前,我国除了和越南于 2000 年 12 月 25 日签署了《中华人民共和国和越南社会主义共和国关于两国在北部湾领海、专属经济区和大陆架的划界协定》,划定了两国在北部湾的海洋边界外,其余部分的专属经济区和大陆架边界仍未确定。

23 海域使用管理法律制度

20世纪80年代以后,我国海洋经济飞速发展。随着海洋开发密度、强度的加大,沿海海域使用中的问题和矛盾凸显:一是海域所有权的归属不明确,一些沿海地方擅自占用或者出让、转让、出租海域;二是海洋功能区划的法律地位不明确,致使养殖与港口锚地、滨海旅游、盐田、排污以及与国防设施安全之间的矛盾加深;三是海域使用确权发证的权限和程序规定缺失,海域使用者的合法权益得不到有效保护;四是无偿使用海域现象突出,造成国有海域资源性资产流失。为规范海域使用秩序,加强对海域资源保护,国家开始探索建立海域使用许可制度和有偿使用制度。1993年,国家海洋局和财政部发布实施了《国家海域使用管理暂行规定》,建立了"海域使用证制度"和"海域有偿使用制度",我国的海域使用管理制度初步形成。经过7年的实践经验,在有关各部门的反复论证下,全国人大常委会于2001年10月27日通过《海域使用管理法》,正式确立了我国的海域使用管理制度。

经过多年的发展,国家海洋行政主管部门根据实际需要,出台了《海域使用权管理规定》、《海域使用权登记办法》、《海域使用金减免管理办法》、《海洋功能区划管理规定》、《海域使用论证管理规定》、《围填海计划管理办法》等一系列配套法律规章,进一步在理论和制度上丰富了我国的海域使用管理制度,促进了海洋综合管理措施的发展。我国海域使用管理制度包括三项基本制度:海洋功能区划制度、海域使用权制度和海域有偿使用制度。

23.1 海洋功能区划制度

海洋功能区划是海洋开发与管理的基础,其核心内容是根据海域区位、自然资源的环境条件和开发利用的要求,按照海域功能标准,将海域划分为不同类型的功能区,确定海域使用的最佳功能顺序,以控制和引导海域的使用方向,保护和改善海洋生态环境,促进海洋资源的可持续利用,为合理使用海域提供科学依据①。《海域使用管理法》明确规定"国家实行海洋功能区划制度。使用海域必须符合海洋功能区划"。并规定了海洋功能区划的编制主体:"国务院海洋行政主管部门会同国务院有关部门和沿海省、自治区、直辖市人民政府,编制全国海洋功能区划。沿海县级以上地方人民政府海洋行政主管部门会同本级人民政府有关部门,依据上一级海洋功能区划,编制地方海洋功能区划。"海洋功能区划实行分级审批制度,全国海洋功能区划和省、自治区、直辖市一级的海洋功能区划由国务院审批,沿海市、县海洋功能区划由所在的省、自治区、直辖市人民政府批准,报国务院海洋行政主管部门备案。此外,该法还对海洋功能区划的编制原则、审批和修改程序做了规定,明确了海洋功能区划与行业规划、土地利用规划、城市规划的关系。

我国开展海洋功能区划工作的时间较长。1989 年和 1998 年国家海洋行政主管部门分别开展了小比例尺和大比例尺海洋功能区划工作。2002 年 8 月《全国海洋功能区划》编制完成,并由国务院发布实施。2012 年 3 月 3 日,新一轮的海洋功能区划出台,《全国海洋功能区划(2011—2020 年)》经国务院批准正式实施。新的全国海洋功能区划针对海洋利用开发的新情况做出部署,未来海域利用的重点在于海洋保护区的建设和岸线的修复整治。

---

① 关于《中华人民共和国海域使用管理法(草案)》的说明,http://law.npc.gov.cnpagebrowseotherlaw.cbs? rid = bj&bs = 41976&anchor = 0#go0。

海洋功能区划是我国海洋空间开发、控制和综合管理的整体性、基础性、约束性文件，是开展海域管理、海洋环境保护等海洋管理工作的重要依据。国家和地方的海洋功能区划的编制、发布和修订均有严格的法律程序，海洋功能区域一经公布即具有法律效力，"沿海地方各级人民政府应当根据全国和地方海洋功能区划，科学合理地使用海域"[①]，不得擅自改变海域用途。

23.2 海域使用权制度

海域使用权制度是海域使用管理制度的核心。《海域使用管理法》首先明确了海域的范围和海域的归属。"海域"为中华人民共和国内水、领海的水面、水体、海床和底土，是一个立体空间。海域属于国家所有，国务院代表国家行使海域所有权，按照海洋功能区划对不同海域的活动进行管理。2007年出台的《物权法》也再次确认"矿藏、水流、海域属于国家所有"。海域使用权来源于国家对海域的所有权，所有权与使用权互相分离，是一种在他人所有权基础上设定的他物权。国家通过一定的法律程序确认单位和个人占有、使用海域和获得收益的权利，取得海域使用权。"依法取得的海域使用权受法律保护"。

海域使用权制度的主要内容包括：海域使用权的取得、变更和终止，海域使用权的期限、使用权人的权利义务等。

23.2.1 海域使用权的取得

《海域使用管理法》对海域使用权的取得方式做了规定，依照取得的权利是否为初始权利，可分为原始取得和继受取得。

---

① 参见《海洋环境保护法》第六条规定。

23.2.1.1　海域使用权的原始取得

海域使用权人可以通过申请和招标、拍卖两种方式获得海域使用的原始权利。

（1）通过申请方式取得海域使用权。申请人应当按照法律规定提交申请书、论证材料等书面材料，由县级以上人民政府海洋行政主管部门根据海洋功能区划进行审核，报有批准权的人民政府批准。

需要注意的是，填海 50 公顷以上的项目用海、围海 100 公顷以上的项目用海、不改变海域自然属性的用海 700 公顷以上的项目用海、国家重大建设项目用海以及国务院规定的其他项目用海需要报国务院审批。

海域使用申请经依法批准后，向海域使用申请人颁发海域使用权证书，海域使用申请人自领取海域使用权证书之日起，取得海域使用权。

（2）通过招标、拍卖方式取得海域使用权。海洋行政主管部门可以采取招标、拍卖方式出让海域使用权，但是，涉及国务院或国务院投资主管部门审批、核准的建设项目，国防建设项目，传统赶海区、海洋保护区、有争议的海域或涉及公共利益的海域或法律规定的其他情形，不得采取招标、拍卖方式出让海域使用权。同一海域有两个或者两个以上用海意向人的，应当采用招标、拍卖方式出让海域使用权。

海洋行政主管部门制订招标或者拍卖方案，报有审批权的人民政府批准后组织实施。招标或者拍卖工作完成后，依法向中标人或者买受人颁发海域使用权证书。中标人或者买受人自领取海域使用权证书之日起，取得海域使用权。

23.2.1.2　海域使用权的继受取得

海域使用权人通过一定的变更方式从原权利人处取得对海域的使用权的方式，即为继受取得。《海域使用管理法》中继受取得的方式有三种：

一是因企业合并、分立或者与他人合资、合作经营，对海域使用权人进行变更取得。这种变更需要经过原批准用海的人民政府批准。获得变更申请批准后，原海域使用权人和变更后的海域使用权人应当到海域使用权证书原发证机关办理变更登记手续。

二是通过出售、赠与、作价入股、交换等形式，依法转让海域使用权。海域使用权的转让需要满足一定条件，必须在开发利用海域满一年以后进行，且不改变海域用途，已缴清海域使用金，并已进行实际投资达计划投资总额20%以上，原海域使用权人无违法用海行为，或违法用海行为已依法处理。海域使用权转让时，其固定附属用海设施随之转让。

三是通过依法继承取得海域使用权。

23.2.2 海域使用权的期限

《海域使用管理法》第二条规定："在中华人民共和国内水、领海持续使用特定海域三个月以上的排他性用海活动，适用本法。"也就是说，海域使用权是持续用海"3个月以上"的"排他性"权利。持续3个月以上的用海活动需要依法确定其使用权期限。

海域使用权的最高期限，按照海域的用途不同而有所不同：①养殖用海最高期限15年；②拆船用海最高期限20年；③旅游、娱乐用海最高期限25年；④盐业、矿业用海最高期限30年；⑤公益事业用海最高期限40年；⑥港口、修造船厂等建设工程用海最高期限50年。

海域使用权期限届满，海域使用权人需要继续使用海域的，应当于期限届满2个月前向原批准用海人民政府申请续期。除根据公共利益或者国家安全需要收回海域使用权的，一般情况下，原批准用海的人民政府应当批准续期。

持续时间不足3个月的为临时用海活动，需要依法办理临时海域使用证。经批准的临时使用的海域，不得抵押、转让和出租。临时海域使用期限届满，不得批准续期。

23.2.3　海域使用权人的权利义务

依据相关法律规定，海域使用权人依法享有使用海域并获得收益的权利，任何单位和个人不得侵犯。具体包括：①在使用期限内对使用范围内海域进行自主使用，并取得收益。②依法对海域使用权进行转让，设立承租权、抵押权，获得收益的权利。海域使用权出租的，承租人应当按照海域使用权证书确定的面积、年限和用途使用海域。海域使用权出租、抵押时，其固定附属用海设施随之出租、抵押，固定附属用海设施出租、抵押时，其使用范围内的海域使用权随之出租、抵押。法律法规另有规定的，从其规定。

海域使用权人在享有权利的同时，也应承担一定的义务包括：①依照海域使用权证书和其他法律规定，保护和合理使用海域的义务。海域使用权人不得擅自改变经批准的海域用途；确需改变的，应当在符合海洋功能区划的前提下，报原批准用海的人民政府批准。②对不妨害其依法使用海域的非排他性用海活动，不得拒绝或阻挠的义务。③按照国务院的规定缴纳海域使用金的义务。④在使用海域期间未经依法批准，不得从事海洋基础测绘的义务。确因开发利用需要进行海洋基础测绘的，必须按照《测绘法》的规定报经批准后进行。⑤发现所使用海域的自然资源和自然条件发生重大变化时，及时报告海洋行政主管部门的义务。

23.2.4　海域使用权的终止

海域使用权的终止，是指由于某种事实或行为的发生，导致海域使用权权利的消灭。权利终止的原因很多，包括法定原因的终止和自然原因的终止两种情况。

23.2.4.1　法定原因的终止

由于法定事由的出现，导致海域使用权终止。包括：①因使用权期限届满终止。由于海域使用权期满,而使用权人未申请续期或者申请续期未获批准的,海域使用权终止。海域使用权终止后,原海域使用权人应当拆除可能造成海洋环境污染或者影响其他用海项目的用海设施和构筑物。②因公共利益需要终止。为了维护国家安全或公共利益的需要,原批准用海的人民政府可以在海域使用权期满前依法收回海域使用权。这种情况下,海域使用权人可以获得相应的补偿。

23.2.4.2 自然原因的终止

由于权利人的灭失,或权利依附的对象灭失,也可能导致海域使用权的终止。包括:①海域使用权人死亡,且无人继承。②海域使用权人放弃了海域使用权。③由于围填海等原因导致权利依附的海域灭失。

23.2.5 海域使用权登记

海域使用权登记是海域使用权管理体制中一个重要的问题,目的是为了明确海域使用的权属状况,对公众予以公示,以保护交易、促进资源利用。海域使用权登记是指依法对海域的权属、面积、用途、位置、使用期限等情况以及海域使用权派生的承租权、抵押权等权利所作的登记,包括海域使用权初始登记、变更登记和注销登记。

海域使用权的登记具有重要效力。一般情况下不动产物权的设立、变更、转让和消灭,需要通过依法登记才发生效力;未经登记的,不发生效力①。根据《海域使用管理法》的规定,海域使用权人在完成登记后才取得海域使用权,因此登记是海域使用权发生效力的必要条件。

海域使用权实行分级登记。《海域使用权登记办法》第五条规定,"国务院批准的项目用海,由国家海洋局登记造册;县级以上地方人民政府批准的项目用海,由批准用海的人民政府登记造册,海洋行政主管部门负责登记的具体工作"。通过申请审批或者招标拍卖方式确定初始权利的,

---

① 参见《物权法》第九条。

由申请人向登记机关提出办理初始登记。变更登记、注销登记和出租、抵押海域使用权的,由原海域使用权登记机关办理。

由于海域使用的位置、面积或者期限发生变更,企业法定代表人或地址发生变化,围填海造地项目已竣工验收,或海域使用权人变更等原因,相关权利人应当申请变更登记。

由于政府依法收回海域使用权,海域使用权期限届满而未申请续期或者续期申请未获批准的,海域使用权人放弃海域使用权,以及海域使用权人死亡且无人继承等原因造成海域使用权终止的,可由登记机关直接办理注销登记。

登记过程中形成的资料,包括海域使用权登记册和原始登记资料(以下简称登记资料),应当永久保存。海域使用权人或者他项权利人可以查询其海域权利范围内的原始登记资料;国家安全机关、公安机关、检察机关和审判机关可以查询与案件有关的原始登记资料。

从实践情况看,海域使用权登记管理日趋规范合理。2012年,全国通过统一配号共发放海域使用权证书3 901本,新增确权海域面积283 385.50公顷[①]。其中经初始登记发放海域使用权证书2 418本,确权海域面积283 385.50公顷;经变更登记换发海域使用权证书1 483本,变更海域面积116 656.13公顷。全国共注销海域使用权证书5 375本,注销海域面积213 021.80公顷。

除上述内容,海域使用论证也是海域使用管理的一项重要内容。申请使用海域应当依法进行海域使用论证。通过申请审批方式取得海域使用权的,申请人负有开展海域使用论证的义务;通过招标、拍卖方式取得海域使用权的,组织招标、拍卖的单位负有开展海域使用论证的义务。而对于养殖用海活动,应由市、县两级政府海洋行政主管部门负责整体选划海域的使用论证,单位和个人则不再进行海域使用论证。但围海养殖、建设人工渔礁或者省、自治区、直辖市以上人民政府审批的养殖用海项目等

---

① 参见《2012年海域使用管理公报》。

除外。

国家海洋局发布了《海域使用论证评审专家库管理办法》、《海域使用论证资质管理规定》、《海域使用论证管理规定》等一系列法律文件，对于海域使用论证资质单位、编制海域使用论证报告技术人员、海域使用论证报告评审等问题做出了详细规定。

23.3 海域有偿使用制度

23.3.1 海域使用金的缴纳

实行海域有偿使用制度，是世界沿海国家的通行做法。我国实行海域有偿使用制度，不仅有助于国家海域所有权在经济上的实现，而且有利于杜绝海域使用中的资源浪费和国有资源性资产流失。海域有偿使用制度的核心问题是关于海域使用金的规定。

海域使用金是各级政府海洋行政主管部门代表国家出让海域使用权时，向用海人收取的海域使用权出让价款，是国家基于所有者的身份随着海域使用权的转移而获得的海域使用权获得的收益。使用海域的单位和个人，应当按照规定缴纳海域使用金。海域使用金应当上缴中央财政统一管理。

根据不同的用海性质或者情形，海域使用金的缴纳方式可以是一次全部缴纳，也可以是按年度逐年缴纳。

23.3.2 海域使用金的减免

《海域使用管理法》对海域使用金的缴纳办法和减免措施作了原则规定。考虑到养殖用海的高投入、高风险性以及军事用海、公务船舶专用码头用海、非经营性公益事业用海、国家扶持项目用海的实际需要，2006年财政部和国家海洋局联合颁布了《海域使用金减免管理办法》，进一步规范了海域使用金减免程序，完善了海域有偿使用制度。

可以免缴海域使用金的用海项目包括：军事用海；用于政府行政管理目的的公务船舶专用码头用海，包括公安边防、海关、交通、港航、公安、海事、海监、出入境检验检疫、环境监测、渔政、渔监等公务船舶专用码头用海；航道、避风（避难）锚地、航标、由政府还贷的跨海桥梁及海底隧道等非经营性交通基础设施用海；教学、科研、防灾减灾、海难搜救打捞、渔港等非经营性公益事业用海。

可以减缴或免缴海域使用金的用海项目包括：除避风（避难）以外的其他锚地、出入海通道等公用设施用海；列入国家发展和改革委员会公布的国家重点建设项目名单的项目用海；遭受自然灾害或者意外事故，经核实经济损失达正常收益60%以上的养殖用海。

海域使用金减免的审批机关，由县级以上人民政府财政部门和海洋行政主管部门按照各自的审批权限进行分工。国务院审批的用海项目申请减免海域使用金的，以及县级以上地方人民政府审批的用海项目申请减免应缴中央国库的海域使用金，由财政部和国家海洋局审查批准；县级以上地方人民政府审批的项目用海申请减免应缴地方国库的海域使用金，由省、自治区、直辖市人民政府财政部门和海洋行政主管部门共同审查批准。减免养殖用海应缴的海域使用金，由审批项目用海的地方人民政府财政部门和同级海洋行政主管部门审查批准。

24 海洋环境保护法律制度

24.1 海洋环境保护法概述

我国拥有丰富的海洋生物资源、矿藏资源、海洋能源以及优良的交通航运条件,为我国经济社会的迅速发展提供坚实的物质基础。但是随着开发、利用海洋活动的增多,我国海洋环境受到了不同程度的污染损害,特别是一些入海河口海区、港湾、内海和沿岸局部区域,污染范围很广,生物资源退化严重。我国早在20世纪80年度就注意到海洋环保问题的重要性,为了改善海洋环境,保护海洋资源,促进经济和社会的可持续发展,全国人大常委会于1982年通过了《海洋环境保护法》,建立了我国的海洋生态环境保护制度。

之后的20多年间,国务院先后制定了《中华人民共和国海洋石油勘探开发环境保护管理条例》、《中华人民共和国海洋倾废管理条例》、《中华人民共和国防治陆源污染物污染损害海洋环境管理条例》、《中华人民共和国自然保护区条例》、《防治海洋工程建设项目污染损害海洋环境管理条例》、《中华人民共和国防治海岸工程建设项目污染损害海洋环境管理条例》、《防治船舶污染海洋环境管理条例》等一系列行政法规,细化了《海洋环境保护法》的有关规定,形成较为完备成熟的海洋环保法律制度。

我国海洋环境保护制度的内容可以分为两方面,一类是监督管理有关制度,适用于所有海洋环境保护活动,包括:污染物总量控制、海洋功能区划、海洋环境质量标准及质量定期评价、重大海上污染事故应急计划等制度；另一类是针对不同类型的海洋污染设立的具体管理制度，包括：针对防治陆源污染物、海岸工程建设项目和海洋工程建设项目的污染损害，防治倾倒废弃物的污染损害，防止船舶有关活动污染损害、海洋石油勘探开发环境保护设立的管理制度。

24.2 海洋环境监督管理制度

24.2.1 海洋环境保护管理体制

我国对海洋事务实行分部门管理方式，因此在海洋环保事务上实行"统一监督管理、分工分级负责"的监督管理体制。

第一，保证在国务院环境保护行政主管部门对全国环境保护工作统一监督管理并对全国海洋环境工作指导、协调、监督的前提下，海洋、海事、渔业、军事等有关部门根据各自的职责对海洋环境加强管理。其中，国家海洋行政主管部门负责海洋环境的监督管理，组织海洋环境的调查、监测、监视、评价和科学研究，负责全国防治海洋工程建设项目和海洋倾倒废弃物对海洋污染损害的环境保护工作。国家海事行政主管部门负责所辖港区水域内非军事船舶和港区水域外非渔业、非军事船舶污染海洋环境的监督管理，并负责污染事故的调查处理；国家渔业行政主管部门负责渔港水域内非军事船舶和渔港水域外渔业船舶污染海洋环境的监督管理，负责保护渔业水域生态环境工作，并调查有关渔业的污染事故；军队环境保护部门负责军事船舶污染海洋环境的监督管理及污染事故的调查处理。

第二，沿海地方人民政府行使海洋环境监督管理权的部门的职责，由省、自治区、直辖市人民政府根据《海洋环境保护法》及国务院有关规定确定。

第三，跨区域的海洋环境保护工作，由有关沿海地方人民政府协商解决，或者由上级人民政府协调解决。跨部门的重大海洋环境保护工作，由国务院环境保护行政主管部门协调；协调未能解决的，由国务院作出决定。

24.2.2 海洋环境保护主要监管制度

为加强海洋环境监管力度，《海洋环境保护法》将建立实施重点海域排污总量控制制度、制定全国海洋环境保护规划和重点海域海洋环境保护规划、制定国家海洋环境质量标准的重要职能交由国家统一行使。

（1）重点海域污染物总量控制制度

国家建立并实施重点海域排污总量控制制度，确定主要污染物排海总量控制指标，并对主要污染源分配排放控制数量。这种制度只在需要保护的重点海域和受污染严重的海域实行，受控制的污染物种类依据海域功能、污染源情况、经济技术条件、环境目标的不同而有所变化。

（2）海洋环境保护规划制度

国家根据海洋功能区划制定全国海洋环境保护规划和重点海域区域性海洋环境保护规划。毗邻重点海域的有关沿海省、自治区、直辖市人民政府及行使海洋环境监督管理权的部门，可以建立海洋环境保护区域合作组织，负责对重点海域环境保护规划进行实施。

（3）国家海洋环境质量标准制度

国家根据海洋环境质量状况和国家经济、技术条件，制定国家海洋环境质量标准。沿海省级人民政府可对国家海洋环境质量标准中未作规定的项目，制定地方海洋环境质量标准。沿海各级人民政府根据国家和地方海洋环境质量标准的规定以及管辖海域的环境状况，确定海洋环境保护的目标和任务，落实海洋环境管理工作。国家和地方水污染物排放标准的制定，应当将国家和地方海洋环境质量标准作为重要依据之一。

考虑到国家不同海域的经济发展状况、自然特点和环境保护状况，国家允许地方在不低于国家环境保护标准要求的前提下，根据各自的特点采取更严格的标准保护海洋环境，以适应当地的经济发展和保护海洋的需要。

(4) 海洋环境的监测和监视制度

国家海洋行政主管部门负责管理全国海洋环境的调查、监测、监视工作。按照国家环境监测、监视的标准，制定具体的实施办法，会同有关部门组织全国海洋环境监测、监视网络，定期评价海洋环境质量，发布海洋巡航监视通报。具有海洋环境监督管理权的部门分别负责各自所辖水域的监测、监视具体工作。其他有关部门根据全国海洋环境监测网的分工，分别负责对入海河口、主要排污口的监测。

国家海洋行政主管部门按照国家制定的环境监测、监视信息管理制度，负责管理海洋综合信息系统，为海洋环境保护监督管理提供服务。

(5) 重大海上污染事故应急制度

为满足防止海洋环境污染的需要，国家应当制定国家重大海上污染事故应急计划。全国海洋石油勘探开发重大海上溢油应急计划和全国船舶重大海上溢油污染事故应急计划，分别应由国家海洋行政主管部门和国家海事行政主管部门负责制定，并报国务院环境保护行政主管部门备案。沿海可能发生重大海洋环境污染事故的单位，也应当制定污染事故应急计划，并向当地环境保护行政主管部门、海洋行政主管部门备案。

当发生重大海上污染事故时，沿海县级以上地方人民政府及其有关部门必须按照应急计划解除或者减轻危害。发生海上事故或者其他突发性事件的单位和个人，对可能造成的海洋环境污染，必须立即采取有效措施，及时向可能受到危害者通报，并向有权行使海洋环境监督管理职能的部门报告，接受调查处理。

24.3 海洋自然保护区制度

保护海洋生态与保护海洋环境具有密不可分的关系，保护海洋生态有利于自然资源的可持续利用和海洋环境的修复整治。《海洋环境保护法》也明确提出了"海洋生态保护"的要求。

一是政府对海洋生态的保护义务。规定国务院和沿海地方各级人民政府都有义务对红树林、珊瑚礁、滨海湿地、海岛、海湾、入海河口、重要渔业水域等具有典型性、代表性的海洋生态系统以及遭受破坏但经保护能恢复的海洋自然生态区域，珍稀、濒危海洋生物的天然集中分布区，具有重要经济价值的海洋生物生存区域，具有重大科学文化价值的海洋自然历史遗迹和自然景观进行保护。沿海地方政府有责任根据当地自然环境特点，建设海岸防护设施、沿海防护林、沿海城镇园林和绿地，对海岸侵蚀和海水入侵造成生态系统破坏的地区进行综合治理。

二是开发利用活动对生态的保护义务。对于开发利用海洋资源、引进海洋动植物物种、海水养殖、开发海岛及周围海域资源等活动，法律作出了不得造成海洋生态环境破坏的规定。

24.3.1 海洋保护区的种类

建立自然保护区是目前保护海洋生态的有效途径之一，有利于保护重要的生态系统、珍稀物种和海洋生物多样性，可以减缓近岸海域污染和生态系统破坏的趋势，也是世界各国普遍采取的保护措施。按照《海洋环境保护法》的规定，海洋保护区可以分为两种，一种是海洋自然保护区，另一种是海洋特别保护区。海洋自然保护区注重对海洋自然生态区域、海洋生物物种或有特殊价值区域的保护。海洋特别保护区是对具有特殊地理条件、生态系统、生物与非生物资源及海洋开发利用特殊需要的区域，采取有效保护措施和科学开发方式进行特殊管理。与自然保护区相比，海洋特别保护区重视开发与保护并举。

24.3.2 海洋保护区的建立

根据《海洋自然保护区管理办法》和《海洋特别保护区管理办法》的规定，国家海洋行政主管部门统一管理全国海洋保护区工作，负责制定全国海洋自然保护区规划和全国海洋特别保护区建设发展规划，审批国家级海洋自然保护区和海洋特别保护区的建立。沿海省、自治区、直辖市人民政府海洋行政主管部门负责制定本行政区域毗邻海域内海洋自然保护规划和海洋特别保护区建设发展规划，主管本行政区内地级海洋自然保护区、地级海洋特别保护区的建立、建设、管理工作。

海洋保护区实行评审委员会评审制度。国家级海洋保护区的建立，由国家级评审委员会作出评审；地方级海洋保护区的建立，由地方级评审委员会进行评审。海洋保护区的位置和范围，由批准建立该保护区的人民政府确定，并在适当位置设立界标、标志物，公布于众。

24.3.3　海洋保护区的管理

海洋自然保护区和海洋特别保护区均实行功能分区管理制度。

24.3.3.1　海洋自然保护区的管理

根据自然环境、自然资源状况和保护需要，海洋自然保护区可划为核心区、缓冲区、实验区，或者根据不同保护对象规定绝对保护期和相对保护期。核心区内，除经沿海省、自治区、直辖市海洋行政主管部门批准进行的调查观测和科学研究活动外，禁止其他一切可能对保护区造成危害或不良影响的活动。缓冲区内，在保护对象不遭人为破坏和污染前提下，经该保护区管理机构批准，可在限定时间和范围内适当进行渔业生产、旅游观光、科学研究、教学实习等活动。实验区内，在该保护区管理机构统一规划和指导下，可有计划地进行适度开发活动。

绝对保护期即根据保护对象生活习性规定的一定时期，禁止从事任何损害保护对象的活动；只有经该保护区管理机构批准，可适当进行科学研究、教学实习活动。在相对保护期内（绝对保护期以外的时间），保护区内可从事不捕捉、损害保护对象的其他活动。

法律同时规定了海洋自然保护区内绝对禁止的活动：①擅自移动、搬迁或破坏界碑、标志物及保护设施；②非法捕捞、采集海洋生物；③非法采石、挖沙、开采矿藏；④其他任何有损保护对象及自然环境和资源的行为。

24.3.3.2　海洋特别保护区的管理

根据生态环境及资源的特点和管理需要，海洋特别保护区可以适当划分出重点保护区、适度利用区、生态与资源恢复区和预留区。在重点保护区内，实行严格的保护制度，禁止实施各种与保护无关的工程建设活动。在适度利用区内，在确保海洋生态系统安全的前提下，允许适度利用海洋资源，鼓励实施与保护区保护目标相一致的生态型资源利用活动，发展生态旅游、生态养殖等海洋生态产业。在生态与资源恢复区内，根据科学研究结果，可以采取适当的人工生态整治与修复措施，恢复海洋生态、资源与关键生境。在预留区内，严格控制人为干扰，禁止实施改变区内自然生态条件的生产活动和任何形式的工程建设活动。

禁止在海洋特别保护区内进行下列活动：①狩猎、采拾鸟卵；②砍伐红树林、采挖珊瑚和破坏珊瑚礁；③炸鱼、毒鱼、电鱼；④直接向海域排放污染物；⑤擅自采集、加工、销售野生动植物及矿物质制品；⑥移动、污损和破坏海洋特别保护区设施。

24.4　防治陆源污染物污染海洋制度

陆源污染物，是指从陆地的场所设施向海域排放，造成或者可能造成海洋环境污染损害的污染物。为了控制陆源污染物对海洋环境的损害，《海洋环境保护法》和《防治陆源污染物污染损害海洋环境管理条例》规定了排污口设置、入海河流水质控制、禁止排放陆源污染物的种类、岸滩弃置固体废物管理等一系列严格管理措施。

入海排污口位置的选择，应当根据海洋功能区划、海水动力条件和有关规定，经科学论证后，报设区的市级以上人民政府环境保护行政主管部门审查批准。任何单位和个人，不得在海洋特别保护区、海上自然保护区、海滨风景游览区、盐场保护区、海水浴场、重要渔业水域和其他需要特殊保护的区域内兴建排污口。对于单位和个人排放的陆源污染物超过国家和地方污染物排放标准的，必须缴纳超标准排污费，并负责治理。

为了避免因入海河流水质超标而对海洋环境造成损害，法律规定了禁止向海域排放的废水的种类，包括：禁止在岸滩采用不正当的稀释、渗透方式排放有毒、有害废水；禁止排放含高、中放射性物质的废水；禁止排放油类、酸液、碱液和毒液。严格控制排放含有不易降解的有机物、重金属的废水和其他工业废水，以及含病原体的废水。

禁止在岸滩擅自堆放、弃置和处理固体废弃物。确需临时堆放、处理固体废弃物的，必须经过有关环境保护主管部门的审批，并建造合格的防护设施。

24.5 防治海岸工程项目污染海洋制度

依照《防治海岸工程建设项目污染损害海洋环境管理条例》的规定，海岸工程建设项目，是指位于海岸或者与海岸连接，工程主体位于海岸线向陆一侧，对海洋环境产生影响的新建、改建、扩建工程项目，包括：港口、码头、航道、造船厂等工程项目，固体废弃物、污水等污染物处理处置排海项目、滨海矿山、滨海石油勘探开发工程项目以及滨海大型养殖场等[①]。在依法划定的海洋自然保护区、海滨风景名胜区、重要渔业水域及其他需要特别保护的区域，不得从事污染环境、破坏景观的海岸工程项目建设或者其他活动。对于海岸工程建设的管理制度包括以下几点。

24.5.1 环境影响评价制度

环境影响评价制度是实现经济建设和环境建设同步发展的重要法律手

---

① 参见《中华人民共和国防治海岸工程建设项目污染损害海洋环境管理条例》第二条。海岸工程建设项目具体包括：（一）港口、码头、航道、滨海机场工程项目；（二）造船厂、修船厂；（三）滨海火电站、核电站、风电站；（四）滨海物资存储设施工程项目；（五）滨海矿山、化工、轻工、冶金等工业工程项目；（六）固体废弃物、污水等污染物处理处置排海工程项目；（七）滨海大型养殖场；（八）海岸防护工程、砂石场和入海河口处的水利设施；（九）滨海石油勘探开发工程项目；（十）国务院环境保护主管部门会同国家海洋主管部门规定的其他海岸工程项目。

段。通过环境影响评价，可以为建设项目合理选址提供依据，防止布局不合理给环境带来难以消除的损害，预测建设项目对环境影响的范围、程度和趋势，并提出有针对性的环境保护措施。

根据有关法律规定，海岸工程建设项目的单位，必须在建设项目可行性研究阶段，对海洋环境进行科学调查，根据自然条件和社会条件，合理选址，编报环境影响报告书。环境影响报告书需经过海洋行政主管部门的审核后，报环境保护行政主管部门审查批准。环境保护行政主管部门在批准环境影响报告书之前，必须征求海事、渔业、军队环境保护等有关部门的意见。

有关法律对于承担环境影响评价任务的单位资质、环境影响报告书的内容也作出了规定。

24.5.2 "三同时"制度

"三同时"是指海岸工程建设项目的环境保护设施，必须与主体工程同时设计、同时施工、同时投产使用。海岸工程建设项目竣工验收时，建设项目的环境保护设施，应当经环境保护主管部门验收合格后，该建设项目方可正式投入生产或者使用。环境保护设施未经环境保护行政主管部门检查批准，建设项目不得试运行；环境保护设施未经环境保护行政主管部门验收，或者经验收不合格的，建设项目不得投入生产或者使用。

通过"三同时"的规定，可以把环境保护要求在基本建设程序的各个阶段得到落实，防止建设项目建成投产使用后产生新的环境问题，同时防止项目建设过程中造成的环境污染和生态破坏。

根据海岸工程项目的不同，需要建设的环境保护设施也有所不同。总体来说，包括：①对工业废水的接收处理设施；②对油类的接收处理设施，包括对残油、废油、含油废水的接收处理设施，拦油、收油、消油设施；③对工业和船舶垃圾的接收处理设施；④对含放射性物质废水的处理设施；⑤在垃圾场或者工业废渣填埋场设置渗液收集、导出、处理系统和可燃性气体防爆装置；⑥对输油管线和储油设施进行防渗漏、防腐蚀处理等。

24.5.3 污染防治措施

《防治海岸工程建设项目污染损害海洋环境管理条例》专门规定了海岸工程建设项目污染防治措施，主要包括：

(1) 根据海域情况设置好排污口。采用暗沟或者管道方式排放的，出水管口位置应当在低潮线以下。

(2) 不得兴建可能导致重点保护的野生动植物生存环境污染和破坏的海岸工程建设项目；确需兴建的，应当征得有关主管部门同意，并采取相应的保护措施。

(3) 禁止在红树林和珊瑚礁生长的地区，建设毁坏红树林和珊瑚礁生态系统的海岸工程建设项目。

(4) 禁止在海岸保护设施管理部门规定的海岸保护设施的保护范围内从事爆破、采挖砂石、取土等危害海岸保护设施安全的活动。

24.6 防治海洋工程项目污染海洋制度

海洋工程，是指以开发、利用、保护、恢复海洋资源为目的，并且工程主体位于海岸线向海一侧的新建、改建、扩建工程。具体包括：围填海、海上堤坝工程，人工岛屿、构造物，海底管道电缆，跨海桥梁、海底隧道工程，海洋矿产资源勘探开发工程，海洋能源开发利用工程等多种工程[①]。

随着海洋开发活动的不断发展，各种海洋工程建设越来越多，一些海洋工程对海洋环境的污染破坏十分严重，因此需要对海洋工程建设污染海

---

① 参见《防治海洋工程建设项目污染损害海洋环境管理条例》第三条。海洋工程具体包括：（一）围填海、海上堤坝工程；（二）人工岛、海上和海底物资储藏设施、跨海桥梁、海底隧道工程；（三）海底管道、海底电（光）缆工程；（四）海洋矿产资源勘探开发及其附属工程；（五）海上潮汐电站、波浪电站、温差电站等海洋能源开发利用工程；（六）大型海水养殖场、人工鱼礁工程；（七）盐田、海水淡化等海水综合利用工程；（八）海上娱乐及运动、景观开发工程；（九）国家海洋主管部门会同国务院环境保护主管部门规定的其他海洋工程。

洋环境实施严格的管理制度。

海洋工程建设项目必须符合海洋功能区划、海洋环境保护规划和国家有关环境保护标准。建设海洋工程项目，同样要遵循环境影响评价制度和"三同时"制度的规定。《防治海洋工程建设项目污染损害海洋环境管理条例》对于环境影响评价制度的规定更为细致完善，新增了"对海洋工程在建设、运行过程中出现不符合经核准的环境影响报告书的情形，建设单位应组织进行环境影响的后评价"的规定，作为环境影响评价制度的补充。

除此之外，《防治海洋工程建设项目污染损害海洋环境管理条例》针对海洋工程建设规定了一些特殊的污染防治措施。

24.6.1　污染防治措施

通过规定海洋工程建设中禁止从事的活动和严格限制从事的活动，防止或减少对海洋环境的污染，以及对海洋自然面貌的改变。主要包括：

（1）由于围填海工程对海洋环境的破坏较大，因此法律严格控制围填海工程。禁止在经济生物的自然产卵场、繁殖场、索饵场和鸟类栖息地进行围填海活动。

（2）不得使用含超标准放射性物质或者易溶出有毒有害物质的材料建设海洋工程项目。

（3）由于领海基点涉及国家安全和权益的维护，因此建设海洋工程，不得造成领海基点及其周围环境的侵蚀、淤积和损害，危及领海基点的稳定。

（4）考虑对海洋岸线的保护，进行海上堤坝、跨海桥梁、海上娱乐设施等工程建设时，应当采取有效措施防止对海岸的侵蚀或者淤积。

（5）限制污水离岸排放工程排污口的设置，污水离岸排放不得超过国家或者地方规定的排放标准，或污染物排海总量控制指标。

（6）减少海水养殖饵料对海洋环境的污染。因养殖污染海域或者严重破坏海洋景观的,养殖者应当予以恢复和整治。

(7)在海洋固体矿产资源勘探开发工程的建设、运行过程中,应当采取有效措施,防止污染物大范围悬浮扩散,破坏海洋环境。

24.6.2 污染物排放管理

对于海洋工程建设过程中产生的污染物排放,采取允许排放和禁止排放两种管理手段。海洋工程中可排放的污染物的种类、数量,由县级以上人民政府海洋行政主管部门按照各自的权限进行核定,并根据国务院主管部门的收费标准确定排污者应缴纳的排污费数额。

法律明确禁止向海域排放的污染物包括:含油量超过国家规定标准的水基泥浆和钻屑、油类、酸液、碱液、剧毒废液,高、中水平放射性废水,以及塑料制品、残油、废油、油基泥浆、含油垃圾和其他有毒有害残液残渣。

严格限制向海域排放的污染物包括:低水平放射性废水、含有不易降解的有机物和重金属的废水或含油污水等;严格限制向大气排放的物质包括:含有毒物质的气体和含放射性物质的气体。需要排放上述物质前,应当经过净化处理,符合国家有关排放标准后再排放。

海洋工程试运行或者正式投入运行后,建设单位对污染物排放设施、处理设备的运转情况及其污染物的排放、处置情况具有如实记录,并定期向原核准该工程环境影响报告书的海洋主管部门报告的义务。

24.6.3 污染事故处理

建设单位在海洋工程正式投入运行前,应当制定防治海洋工程污染损害海洋环境的应急预案,并报原核准该工程环境影响报告书的海洋行政主管部门和有关主管部门备案。

防治海洋工程污染损害海洋环境的应急预案应当包括:工程及其相邻海域的环境、资源状况,污染事故风险分析,应急设施的配备,污染事故的处理方案等内容。

当海洋工程事故或者其他突发性事件发生，造成或者可能造成海洋环境污染事故时，建设单位负有立即向可能受到污染的沿海有关主管部门报告的义务和采取有效措施减轻或者消除污染的义务。建设单位同时应通报可能受到危害的单位和个人。

沿海县级以上地方人民政府海洋行政主管部门或者其他有关主管部门接到报告后，应当按照污染事故分级规定及时向有关上级部门报告。县级以上人民政府和有关主管部门应当按照各自的职责，立即派人赶赴现场，采取有效措施，消除或者减轻危害，对污染事故进行调查处理。

24.6.4 海洋石油勘探开发环境保护制度

20世纪80年代起，我国对海洋石油勘探开采的规模逐渐加大。为了减轻石油开发活动对海洋环境的污染损害，国务院于1983年颁布了《海洋石油勘探开发环境保护管理条例》，规定了海洋石油勘探开发中应采取的环境保护措施。海洋石油勘探开采活动是海洋工程建设项目中开展较早，污染风险较高的工程项目之一。在1999年《海洋环境保护法》修订之前，该法中只有对于海洋石油勘探开发环境保护制度的规定。海洋石油勘探开发环境保护的管理规定主要包括：

（1）海洋环境影响报告书的编制

企业或作业者在编制油（气）田总体开发方案的同时，必须编制海洋环境影响报告书，并报有关部门进行审批。

（2）污染事故的应急处理

从事石油勘探开发的企业、事业单位、作业者应具备防治油污染事故的应急能力，制定应急计划，配备与其所从事的海洋石油勘探开发规模相适应的油收回设施和围油、消油器材，并具有有关污染损害民事责任保险或其他财务保证。

企业、事业单位及作业者在作业中发生溢油、漏油等污染事故，应迅速采取围油、回收油的措施，控制、减轻和消除污染。发生大量溢油、漏油和井喷等重大油污染事故，应立即报告主管部门，并采取有效措施，控制和消除油污染，接受主管部门的调查处理。

在每季度末后15日内，企业和作业者应向主管部门综合报告该季度防污染情况及污染事故的情况。

(3) 防污设施的配备

固定式和移动式平台配备的防污设备，要满足残油废油、含油废水、固体垃圾等的处理要求，并应备有由主管部门批准格式的防污记录簿。海洋油气矿产资源勘探开发作业中应当安装污染物流量自动监控仪器，对生产污水、机舱污水和生活污水的排放进行计量。海上储油设施、输油管线应符合防渗、防漏、防腐蚀的要求。

(4) 固定式平台和移动式平台废弃物的处理

固定式平台和移动式平台的含油污水，不得直接或稀释排放，必须经过处理，符合国家有关含油污水排放标准后才可以排放。对于残油、废油、油基泥浆、含油垃圾和其他有毒残液残渣，必须回收，不得排放或弃置入海。大量工业垃圾的弃置，按照海洋倾废的规定管理。在距最近陆地12海里以内投弃生活垃圾的，应将垃圾进行粉碎处理，粉碎后粒径应小于25毫米。

(5) 主管部门对固定式平台和移动式平台的监测检查

主管部门的公务人员或指派的人员，有权登临固定式平台和移动式平台以及其他有关设施，进行监测和检查。检查的内容包括：采集各类样品；检查各项防污设备、设施和器材的装备、运行或使用情况；检查有关的文书、证件；检查防污记录簿及有关的操作记录，必要时可进行复制和摘录，并要求平台负责人签证该复制和摘录件为正确无误的副本；向有关人员调查污染事故；检查法律规定的其他有关事项。被检查者应为上述公务船舶、公务人员和指派人员的监测检查提供方便，并如实提供材料，陈述情况。

24.7 防治倾倒废弃物污染海洋制度

海洋倾废管理制度是国际社会对于海洋环境保护的一项重要制度。为了系统规范人类向海洋倾倒有害物质并限制有害物质倾倒活动，国际海事组织制定了《伦敦倾废公约》，并于1972年获得通过。为有效控制倾倒废物对海洋环境的污染，《海洋环境保护法》吸收了控制和管理海洋倾废活动的有关规定。1985年我国加入《1972年伦敦倾废公约》后，颁布并实施了《中华人民共和国海洋倾废管理条例》，与倾废公约规定保持一致，完善了我国的海洋倾废管理制度。此外，国家海洋局制定的《中华人民共和国海洋倾废管理条例实施办法》、《疏浚物分类标准》、《海洋倾倒区选划监测指南》等规章和规范文件也是海洋倾废管理工作的重要依据。

海洋倾废管理制度，主要包括倾倒的定义、废弃物分类管理制度、倾废许可证制度、海洋倾废区选划制度、海洋倾废监测制度等内容。

24.7.1 倾倒的定义

倾倒是指利用船舶、航空器、平台及其他载运工具，向海洋处置废弃物和其他物质；向海洋弃置船舶、航空器、平台和其他海上人工构造物，以及向海洋处置由于海底矿物资源的勘探开发及与勘探开发相关的海上加工所产生的废弃物和其他物质的行为。但不包括船舶、航空器及其他载运工具和设施正常操作产生的废弃物的排放。倾倒发生的范围可以是我国的内海、领海、大陆架和其他管辖海域。在我国管辖海域以焚烧方式处置废弃物和其他物质的也适用倾倒的有关规定。

24.7.2 废弃物分类管理制度

向海洋倾倒废弃物，应当按照废弃物的类别和数量实行分级管理。建立废弃物分级管理制度可以在倾废时按照废弃物等级进行严格管理，履行相应手续，签发相应等级和相应倾倒区域的倾倒许可证。

对应《1972年伦敦倾废公约》中"黑名单、灰名单、白名单"的分类，根据废弃物的毒性、有害物质含量和对海洋环境的影响等因素，我国将废弃物分为三类，即一类废弃物、二类废弃物、三类废弃物。

一类废弃物，包括含有机卤素化合物、汞及汞化合物、镉及镉化合物的废弃物，强放射性废弃物，原油、石油炼制品及其废弃物以及含这类物质的混合物，渔网、绳索、塑料制品等。一般情况下禁止向海洋倾倒一类废弃物。

二类废弃物，指含有大量砷及砷化合物、铅及铅化合物、铜及铜化合物、锌及锌化合物、有机硅化合物、氰化物、氟化物和铍、铬、镍、钒及其化合物，以及未列入一类的杀虫剂及其副产品的废弃物。

三类废弃物，指未列入一类、二类的含低毒或无毒物质的废弃物，包括疏浚物等。

可以向海洋倾倒的废弃物名录，由国家海洋行政主管部门拟定，经国务院环境保护行政主管部门提出审核意见后，报国务院批准。

24.7.3 倾废许可证制度

海洋倾倒废弃物的主管部门是国家海洋局及其派出机构。任何单位未经国家海洋行政主管部门批准，不得向中华人民共和国管辖海域倾倒任何废弃物。

需要倾倒废弃物的单位，必须向国家海洋行政主管部门提出书面申请，按规定的格式填报倾倒废弃物申请书，并附报废弃物特性和成分检验单。经国家海洋行政主管部门审查批准，发给许可证后，方可倾倒。根据倾倒废弃物种类的不同，倾废许可证可以分为：紧急许可证、特别许可证和普通许可证。

对于一类废弃物，除非出现在陆上处置会危及人民健康的紧急情况，经国家主管部门批准，才可获得紧急许可证在海上倾倒。

倾倒二类废弃物应事先获得特别许可证，到指定海区按规定方法倾倒。

倾倒三类废弃物应当事先获得普通许可证，到指定海区倾倒。

24.7.4　海洋倾废区选划制度

《海洋倾废管理条例》第五条明确提出了倾倒区选划的原则及程序，国家海洋行政主管部门按照科学、合理、经济、安全的原则划出海洋倾倒区，经国务院环境保护行政主管部门提出审核意见后，报国务院批准。

《海洋倾废管理条例实施办法》对海洋倾倒区选划程序又做了进一步明确规定。规定一类、二类废弃物海洋倾倒区由国家海洋局组织选划，三类废弃物倾倒区、试验倾倒区、临时倾倒区由海区主管部门组织选划。一类、二类、三类倾倒区经商同有关部门后，由国家海洋局报国务院批准，国家海洋局公布；试验倾倒区由国家海洋局审查确定，报国务院备案；临时倾倒区由海区主管部门审查批准，报国家海洋局备案。

获准倾倒废弃物的单位，必须按照许可证注明的期限及条件，到指定的区域进行倾倒。废弃物装载之后，批准部门应当予以核实。

24.7.5　海洋倾废监测制度

海洋倾废的监测有两种含义，一种是对倾废区海洋环境、水文、生态状况的监测，另一种是对倾废活动本身的监督监视。

对于倾废区海洋环境、生态状况，国家海洋行政主管部门监督管理倾倒区的使用，组织倾倒区的环境监测。海洋倾废活动实施前后，主管部门都要对倾废区进行监测，以观察倾倒后果。对经确认不宜继续使用的倾倒区，国家海洋行政主管部门应当予以封闭，终止在该倾倒区的一切倾倒活动，并报国务院备案。

对于倾废活动本身的监管，主管机构对倾废活动进行监视的方式有三种：第一种是派出监视船在海面进行监视；第二种是派人随倾倒船出海进行监视，第三种是在倾废载具装载时的监视。主管部门应对海洋倾倒活动进行监视和监督，必要时可派员随航。倾倒单位应为随航公务人员提供方便。

获准倾倒废弃物的单位，应当详细记录倾倒的情况，并在倾倒后向批准部门作出书面报告。倾倒废弃物的船舶必须向驶出港的海事行政主管部门作出书面报告。在核实过程中，如果发现实际装载与许可证规定内容不一致的，主管部门应责令施工单位停止装运。情节严重的，可以中止或者吊销许可证。

海洋环境保护制度的内容十分丰富，除上述介绍的有关制度外，《海洋环境保护法》还建立了防治船舶及有关作业活动污染海洋环境的制度以及海洋环境保护法律责任制度，也是海洋环境保护制度的重要组成部分。

2009年9月9日公布的《防治船舶污染海洋环境管理条例》，对防止船舶污染海洋的措施作出专门规定，完善了相关制度，包括：船舶及其有关作业活动污染海洋环境的监测、监视；船舶污染物的排放和接收；船舶有关作业活动的污染防治；船舶污染事故应急处置；船舶污染事故调查处理和船舶污染事故损害赔偿等，并明确规定了相关法律责任。

对于违反海洋环境保护法律的行为，按照其违反法律的严重程度，分别追究行政责任、民事责任和刑事责任。行政责任主要包括责令限期改正、警告与罚款、责令重新安装使用、责令其限期拆除、责令停止生产使用等。造成海洋环境污染损害的责任者，应当承担排除危害、赔偿损失的民事责任。造成重大海洋环境污染事故，致使公私财产遭受重大损失或者人身伤亡严重后果的，应当承担刑事责任。[1]

---

[1] 参见：王延义、李守芹：从海洋环境保护法的角度看我国的海洋法实践，载于高之国、张海文、贾宇主编：《国际海洋法论文集》（一），海洋出版社2004年7月第一版，第234~236页。

25　涉外海洋科学研究管理制度

海洋科学研究对人类认识开发海洋具有重要意义,《联合国海洋法公约》(以下简称《公约》)赋予了各国进行海洋科学研究的权利。但是《公约》并没有明确海洋科学研究的定义,在实践中各国对海洋科学研究的理解有很大差别。一般认为,海洋科学是研究海洋的自然现象、性质及其变化规律,以及与开发利用海洋有关的知识体系[①]。海洋科学研究大体可分为基础性科学研究和应用性技术研究两部分,包括海洋物理学和海洋化学、海洋生物学、渔业研究、海洋地质学以及以研究如何应用自然规律为人类服务的相关活动。

由于《公约》将世界海洋划分为了不同区域,不同区域的法律地位不同,因此沿海国在不同区域内对海洋科学研究的管辖权大小也不同。沿海国对领海内的科学研究有专属权利,其他国家要想在沿海国领海内进行科学研究,需经过沿海国明示同意并在沿海国规定的条件下进行。而对于专属经济区和大陆架上进行的科学研究,在正常情形下,沿海国应该同意其他国家或各主管国际组织为和平目的和为了增进关于海洋环境的科学知识以谋全人类利益,而进行的海洋科学研究。

为履行《公约》规定的权利义务,国务院于1996年6月发布了《中华人民共和国涉外海洋科学研究管理规定》,对在我国进行涉外海洋科学研究的条件和管理规则作出了明确规定。

---

① 宋云霞:海洋科学研究法律制度解析,《西安政治学院学报》2011年第2期,第75页。

25.1 适用的范围与对象

从活动的主体上看,涉外科学研究制度适用于国际组织、外国的组织和个人为和平目的,单独或者与中华人民共和国的组织合作,在我国内海、领海以及管辖的其他海域内进行的对海洋环境和海洋资源等的调查研究活动。我国国内有关组织和个人单独进行的活动不适用该制度。

从活动的性质上看,涉及海洋矿产资源(包括海洋石油资源)勘查、海洋渔业资源调查和国家重点保护的海洋野生动物考察等活动,不适用该制度规定。

25.2 涉外海洋科研审批制度

对于在中华人民共和国管辖海域内进行的涉外海洋科学研究活动,实行审批制度,必须经过国家海洋行政主管部门批准或者由国家海洋行政主管部门报请国务院批准,并遵守中华人民共和国的有关法律、法规。根据《测绘法》的规定,若外国组织或者个人在中华人民共和国领域和管辖的其他海域从事测绘活动,则必须经国务院测绘行政主管部门会同军队测绘主管部门批准,并遵守有关法律规定。

国家海洋行政主管部门及其派出机构或者其委托的机构有权对涉外科研活动实施管理。国务院其他有关部门根据国务院规定的职责,协同国家海洋行政主管部门对在中华人民共和国管辖海域内进行的涉外海洋科学研究活动实施管理。

25.2.1 涉外海洋科学研究的方式

外方在我国管辖海域进行科学研究的方式分为单独进行和与中方合作进行两种方式。在我国内海、领海内进行的海洋科学研究活动,应当采用与中方合作进行的方式;在我国管辖的其他海域内,外方可以单独或者与中方合作进行海洋科学研究活动。

外国组织或者个人在中华人民共和国领海内从事测绘活动,也必须采取与我国有关部门或者单位合资、合作的形式进行,并不得涉及国家秘密和危害国家安全。

25.2.2 涉外海洋科研计划的审批

外国组织或个人在我国管辖海域内进行海洋科学研究的,应当提前将研究计划和海上船只活动计划报国家海洋行政主管部门批准。

根据科学研究方式的不同,提交海洋科学研究申请的程序也有所不同。①外方与中方合作进行海洋科学研究活动的,应当在海洋科学研究计划预定开始日期6个月前,由中方向国家海洋行政主管部门提出书面申请,并按照规定提交海洋科学研究计划和其他有关说明材料。②外方单独进行海洋科学研究活动的,应当在海洋科学研究计划预定开始日期6个月前,通过外交途径向国家海洋行政主管部门提出书面申请,并按照规定提交海洋科学研究计划和其他有关说明材料。国家海洋行政主管部门收到海洋科学研究申请后,将会同外交部、军事主管部门以及国务院其他有关部门进行审查,在4个月内作出批准或者不批准的决定。

除科研计划,外方还应将船只到达、离开和使用等活动计划报国家海洋行政主管部门审批。申请人应当在各航次开始之日2个月前提出申请,国家海洋行政主管部门应当在收到申请1个月内作出批准或者不批准的决定,并书面通知申请人,同时通报国务院有关部门。

25.2.3 涉外海洋科研计划的变更

海洋科学研究计划和海上船只活动计划得到国家海洋行政主管部门批准后,申请人有义务按照计划开展研究活动。如果需要对海洋科学研究计划和海上船只活动计划作出重大修改的,应当征得国家海洋行政主管部门同意。如果未经批准，擅自对研究计划或船只活动计划作出重大改动的，国家海洋行政主管部门有权停止这种科研活动的进行。

由于不可抗力不能执行原批准的海洋科学研究计划或者海上船只活动计划的，应当及时报告国家海洋行政主管部门。在不可抗力消失后，海洋行政主管部门应允许科学研究执行方恢复执行、修改计划或者中止执行计划。

25.3 其他涉外海洋科研管理规则

25.3.1 外方开展海洋科学研究履行的其他义务

（1）无害活动的义务

进行涉外海洋科学研究活动时，应当遵循无害原则，不得将有害物质引入海洋环境，不得擅自钻探或者使用炸药作业。违法进行钻探或使用炸药的，国家海洋行政主管部门有权拒绝或停止这种科研活动的进行。

（2）按时报告船舶活动情况的义务

在我国管辖海域内进行海洋科学研究的外国籍调查船，负有按时向国家海洋行政主管部门报告船位及船舶活动情况的义务，并根据海洋科学研究开展方式的不同，报告时间有所不同。国家海洋行政主管部门或者其派出机构、其委托的机构可以对前款外国籍调查船进行海上监视或者登船检查。

（3）涉外科研成果的使用义务

对于在我国内海、领海内进行涉外海洋科学研究活动所获得的原始资料和样品，所有权归我国。参加合作研究的外方可以依照合同约定无偿使用。

对于在我国其他管辖海域内进行海洋科学研究活动所获得的原始资料和样品，在不违反中华人民共和国有关法律、法规和有关规定的前提下，由中外双方按照协议分享，都可以无偿使用。外方单独活动获得的原始资料和样品，应当向国家海洋行政主管部门无偿提供所获得的资料的复制件和可分样品，并允许我国有关组织无偿使用。涉外海洋科学研究活动获得的原始资料、样品、研究成果和结论的公开和转让，应事先取得国家海洋行政主管部门的同意。

(4) 研究成果及时报送的义务。

中外合作进行的海洋科学研究活动结束后，中方应当将研究成果和资料目录抄报国家海洋行政主管部门和国务院有关部门。外方单独进行的海洋科学研究活动结束后，应当向国家海洋行政主管部门提供该项活动所获得的资料或者复制件和样品或者可分样品，并及时提供有关阶段性研究成果以及最后研究成果和结论。

(5) 活动结束接受检查的义务

外方单独或者中外合作进行的海洋科学研究活动结束后，所使用的外国籍调查船应当接受国家海洋行政主管部门或者其派出机构、其委托的机构检查。

25.3.2 涉外海洋科学研究的责任制度

对于违反有关法律规定开展涉外海洋科学研究的行为，国家海洋行政主管部门或者其派出机构、其委托的机构可根据涉外科学研究违法行为的严重程度，追究行政责任、民事责任或刑事责任。对于违反情节较轻的，可以采取责令停止活动、没收违法活动器具、没收违法获得的资料和样品、处以罚款等处罚措施；对于违反法律规定造成重大损失或者引起严重后果，构成犯罪的，依法追究刑事责任；对于采取违法活动措施造成损害的，应承担民事赔偿义务。

26 海岛保护管理制度

26.1 海岛保护概述

有关海岛保护的法律制度是在近几年形成并逐渐完善的。在《海岛保护法》公布之前,除了少数的专门规定外,有关海岛的保护和管理规定多数散见于其他法律法规中。

1958年的《中华人民共和国政府关于领海的声明》首次正式明确了我国海岛的范围,将领海宽度12海里的规定"适用于中华人民共和国的一切领土,包括中国大陆及其沿海岛屿,和同大陆及其沿海岛屿隔有公海的台湾及其周围各岛、澎湖列岛、东沙群岛、西沙群岛、中沙群岛、南沙群岛以及其他属于中国的岛屿"。1992年《领海及毗连区法》第二条再次重申了我国海岛的范围。

1999年全国人大常委会对《中华人民共和国海洋环境保护法》作出修订,首次出现了海岛保护的规定。"国务院和沿海地方各级人民政府应当采取有效措施,保护红树林、珊瑚礁、滨海湿地、海岛……"等的海洋生态系统。对具有特殊保护价值的海域、海岸、岛屿、滨海湿地、入海河口和海湾等,应当建立海洋自然保护区。并提出对开发海岛和周围海域的资源,采取严格的生态保护措施,不得对海岛地形、岸滩、植被以及海岛周围海域的生态环境造成破坏[①]。

2003年6月,国家海洋局、民政部和总参谋部联合发布《无居民海岛保护与利用管理规定》,出现了对无居民海岛的专门管理规定。该规定

---

① 参见《海岛保护法》第二十条、第二十二条和第二十六条的规定。

的主要目的重在保护无居民海岛的生态环境,以及发挥海岛在维护国家海洋权益和国防安全中的作用,其次才是促进无居民海岛的合理开发利用。我国近94%的海岛均为无居民海岛,因此绝大多数海岛均适用该规定。该规定建立了无居民海岛功能区划和保护与利用规划制度、无居民海岛利用审批制度、特殊岛礁的整治和保护、无居民海岛的命名及使用。

2010年3月1日,《中华人民共和国海岛保护法》生效,标志着我国海岛保护制度的全面建立。该法适用于我国所有的海岛,包括有居民海岛和无居民海岛[①],进一步完善了海岛保护规划制度,明确了海岛管理机制及执法机关的职能,细化了特殊岛屿的保护措施等。

依照法律和国务院规定的职责分工,国家对海岛实行分级分工负责的管理体制,按照全国和地方行政区域划分不同机构的管辖范围。国务院海洋行政主管部门和国务院其他有关部门负责全国有居民海岛及其周边海域生态保护工作。沿海县级以上地方人民政府海洋行政主管部门和其他有关部门按照各自的职责,负责本行政区域内有居民海岛及其周边海域生态保护工作。国务院行政海洋主管部门负责全国无居民海岛保护和开发利用的管理工作。沿海县级以上地方人民政府海洋行政主管部门负责本行政区域内无居民海岛保护和开发利用管理的有关工作。

26.2 海岛保护规划制度

《海岛保护法》第二章规定了国家实行海岛保护规划制度,明确规定海岛保护规划是进行海岛保护与利用的依据,并对海岛保护规划的内容以及编制、审批和修改程序做了规定。

---

① 对于低潮高地(在低潮时四面环海水并高于水面但在高潮时没入水中的自然形成的陆地区域)的保护及相关管理活动,比照该法有关规定执行。

26.2.1 海岛保护规划的编制和审批

国家和沿海地方政府海洋行政主管部门是负责组织编制海岛保护规划的职能机构。

全国海岛保护规划由国务院海洋行政主管部门会同本级人民政府有关部门、军事机关，依据国民经济和社会发展规划、全国海洋功能区划组织编制，并报国务院审批。全国海岛保护规划应当按照海岛的区位、自然资源、环境等自然属性及保护、利用状况，确定海岛分类保护的原则和可利用的无居民海岛，以及需要重点修复的海岛等。

省域海岛保护规划由沿海省、自治区人民政府海洋行政主管部门会同本级人民政府有关部门、军事机关，依据全国海岛保护规划、省域城镇体系规划和省、自治区土地利用总体规划，组织编制，并报省级人民政府批准后，报国务院备案。

沿海城市、县、镇海岛的保护规划，可以由沿海城市、县、镇人民政府组织编制海岛保护专项规划，并成为城、镇总体规划的一部分，也可以由沿海县人民政府组织编制县域海岛保护规划。沿海城市、镇海岛保护专项规划和县域海岛保护规划，应当符合全国海岛保护规划和省域海岛保护规划。编制沿海城市、镇海岛保护专项规划，应当征求上一级人民政府海洋行政主管部门的意见。县域海岛保护规划应报省、自治区人民政府审批后，报国务院海洋行政主管部门备案[①]。

海岛保护规划的编制应遵循有利于保护和改善海岛及其周边海域生态系统，促进海岛经济社会可持续发展的原则。在编制程序上要求，除涉及国家秘密的外，在报送审批前，海岛保护规划应当征求有关专家和公众的意见，经批准后应当及时向社会公布。

海岛保护规划的修改的程序，与海岛保护规划编制的审批程序相同。

---

① 参见《海岛保护法》第九条至第十一条。

26.2.2 海岛统计调查制度

为保障海岛保护规划的编制和修改具有及时、准确的依据，国家建立完善海岛统计调查制度，由国务院海洋行政主管部门会同有关部门拟定海岛综合统计调查计划，依法经批准后组织实施，发布海岛统计调查公报。国家还应建立海岛管理信息系统，开展海岛自然资源的调查评估，对海岛的保护与利用等状况实施监视、监测。

26.3 海岛保护管理制度

26.3.1 一般规定

《海岛保护法》第三章用了较大的篇幅，对有居民海岛生态系统的保护、无居民海岛的保护及特殊用途海岛的保护作了较为具体的规定。

本章首先从保护对象、禁止的活动及支持的活动三个方面规定了适用于所有海岛保护活动的一般规定。需要保护的对象包括：海岛的自然资源、自然景观以及历史、人文遗迹；海岛植被；海岛生物物种；设置在海岛的军事设施及助航导航、测量、气象观测、海洋监测和地震监测等公益设施。明确禁止的活动包括：改变自然保护区内海岛的海岸线；采挖、破坏珊瑚和珊瑚礁；砍伐海岛周边海域的红树林；破坏、危害军事设施；损毁或者擅自移动公益设施。支持或鼓励的活动包括：利用海岛开展科学研究活动；在海岛建立可再生能源开发利用、生态建设等实验基地。并且规定，国家安排海岛保护专项资金，用于海岛的保护、生态修复和科学研究活动。

26.3.2 有居民海岛生态系统保护

有居民海岛生态系统的保护包括保护海岛及其周边海域生态系统。有居民海岛及其周边海域应当划定禁止开发区域、限制开发区域，并采取措施保护海岛生物栖息地，防止海岛植被退化和生物多样性降低。有居民海岛的开发、建设应当遵守环境影响评价、环境容量及污染物排放、建设用地和用水总量控制等多项制度，并优先使用可再生能源和节水和雨水集蓄、海水淡化、污水再生利用等技术。严格限制3类活动：在有居民海岛沙滩采挖海砂；填海、围海等改变海岸线的行为；填海连岛工程建设。对于在《海岛保护法》施行前因填海连岛工程建设，对生态系统造成严重破坏的，应当进行生态修复。

26.3.3 无居民海岛保护制度

《海岛保护法》对无居民海岛的保护措施更为严格。

首先，该法规定，"无居民海岛属于国家所有，国务院代表国家行使无居民海岛所有权"。涉及利用特殊用途海岛，或者确需填海连岛以及其他严重改变海岛自然地形、地貌的，由国务院审批。

其次，开发利用全国海岛保护规划确定的可利用无居民海岛，应当遵守严格的申请审批程序：向省级人民政府海洋行政主管部门提出申请，并提交项目论证报告、开发利用具体方案等申请文件；由海洋行政主管部门组织有关部门和专家审查，提出审查意见；报省级人民政府审批。经批准开发利用无居民海岛的，还应当依法缴纳使用金。

最后，禁止采石、挖海砂、采伐林木以及进行生产、建设、旅游等活动，因海岛教学、科学研究确需在无居民采集生物和非生物样本的，需报经海岛所在县级以上地方人民政府海洋行政主管部门批准。此外，建造建筑物或者设施、废弃物处理、旅游开发等方面有规定了更严格的要求[①]。

---

① 参见《海岛保护法》第二十八条至第三十条。

26.3.4　特殊用途海岛保护制度

需要特别保护的特殊用途海岛主要有3类：领海基点所在海岛、国防用途海岛、海洋自然保护区内的海岛等具有特殊用途或者特殊保护价值的海岛。

关于领海基点所在岛屿，应当由省级人民政府划定领海基点保护范围，报国务院海洋行政主管部门备案。领海基点及其保护范围周边应当设置明显标志。禁止损毁或者擅自移动领海基点标志。禁止在领海基点保护范围内进行工程建设以及其他可能改变该区域地形、地貌的活动。确需进行以保护领海基点为目的的工程建设的，应当在科学论证后，报经国务院海洋行政主管部门同意方可办理审批手续。县级以上人民政府海洋行政主管部门应当按照国家规定，对领海基点所在海岛及其周边海域生态系统实施监视、监测。

关于国防用途海岛，禁止破坏国防用途无居民海岛的自然地形、地貌和有居民海岛国防用途区域及其周边的地形、地貌；禁止将国防用途无居民海岛用于与国防无关的目的。

国务院、国务院有关部门和沿海省、自治区、直辖市人民政府，根据海岛自然资源、自然景观以及历史、人文遗迹保护的需要，对具有特殊保护价值的海岛及其周边海域，依法批准设立海洋自然保护区或者海洋特别保护区，依据国家有关制度进行保护和管理。

27 海底电缆管道管理和保护制度

海底电缆管道是各国交流和沟通的重要桥梁，《联合国海洋法公约》赋予各国在沿海国大陆架上铺设海底电缆管道的权利。但海底电缆的铺设、修复、保护和管理，关系到沿海国主权权利和管辖权在各个海域的行使，因此各国有权对允许进入其领土或领海的电缆或管道订立条件。

为了加强对海底电缆管道的管理和保护，我国在吸收国际规定的基础上，结合本国海洋管理实际情况，制定了一系列法律法规。国务院于1989年2月11日发布了《铺设海底电缆管道管理规定》，这是我国第一部关于海底电缆管道铺设活动管理的专门法规。为实施国务院规定，国家海洋局于1992年8月26日发布了《铺设海底电缆管道管理规定实施办法》，对外国企业或个人在我国大陆架上进行海底电缆管道的路由调查勘测活动，做了更详细的规定。2004年1月9日，国土资源部发布了《海底电缆管道保护规定》，对海底电缆管道的保护做了特别规定。这些法规和规章是开展海底电缆管理和保护工作的最直接的依据。

27.1 适用的范围与对象

根据法律规定，"海底电缆管道"系指位于大潮高潮线以下的军用和民用的海底通信电缆（含光缆）和电力电缆及输水（含工业废水、城市污水等）、输气、输油和输送其他物质的管状设施。

从地域范围来看，适用于中华人民共和国的内海、领海及大陆架；适用活动的类型可以是海底电缆、管道铺设活动，也可以是为铺设所进行的路由调查、勘测及其他有关活动；活动的主体可以是开展上述活动的任何法人、自然人和其他经济实体。

对于军用海底电缆、管道的铺设，执行相同的管理规定，但军队可以制定具体的实施办法。

27.2 铺设海底电缆管道管理制度

27.2.1 铺设海底电缆管道的审批

国家对铺设海底电缆、管道及其他有关活动的管理，实行统一领导、分级管理体制，由国家海洋局及其所属分局以及沿海省、自治区、直辖市人民政府海洋行政主管部门共同管理。

海底电缆管道的铺设采取的是依申请的审批制度。我国的企业、事业单位铺设海底电缆、管道，须经其上级业务主管部门审批后，按照有关法律规定执行。外国的公司、企业和其他经济组织或者个人在我国内海、领海铺设海底电缆、管道以及为铺设所进行的路由调查、勘测等活动，应当报国家海洋行政主管部门审批；在我国大陆架上进行的上述活动，应当事先通知国家海洋主管部门，但铺设海底电缆、管道的路由，应经过国家海洋行政主管部门的批准。

国家海洋局负责审批的海底电缆管道类型包括：①路经我国管辖海域和大陆架的外国海底电缆、管道；②由我国铺向其他国家和地区的国际海底电缆、管道；③国内距离达200千米以上的海底管道和污水排放量为20万吨/日以上的海底排污管道。

除上述几种类型，地方海洋行政主管部门负责其管理海域内海底电缆、管道的审批与监督管理；国家海洋局所属分局负责地方海洋行政主管部门管理海域之外的海底电缆、管道的审批与监督管理。跨省、自治区、直辖市管理海域和超出省、自治区、直辖市管理海域的海底电缆、管道，由国家海洋局所属分局商有关地方海洋行政主管部门审批,并负责监督管理。

27.2.2 路由调查、勘测活动的管理

海底电缆、管道所有者,为铺设所进行的路由调查、勘测活动,须在实施60天前,向相应的审批机关提出书面申请,递交相应的材料[①]。主管机关应当自收到申请之日起30天内作出答复。

海底电缆、管道路由调查、勘测完成后,所有者应当在计划铺设施工60天前,将最后确定的海底电缆、管道路由报主管机关审批,主管机关应当自收到申请之日起30天内作出答复。

海底电缆、管道的铺设和为铺设所进行的路由调查、勘测活动,应在批准的区域进行批准的活动。一经批准不得在获准作业区域以外的海域作业,也不得在获准区域内进行未经批准的作业。铺设施工完毕后,所有者应当将海底电缆、管道的路线图、位置表等说明资料报送主管机关备案,并抄送港监机关。

海底电缆、管道的维修、改造、拆除和废弃,所有者应当获得主管机关的批准。

27.2.3 为海洋开发所铺设海底电缆、管道的特殊要求

对于为海洋石油开发所铺设的海底电缆、管道,规定了特别的审批备案制度:

(1) 对包含在油(气)田总体开发方案中的路由超出石油开发区的海底电缆、管道,所有者应在该方案审批前,将初选路由等资料一式五份按《铺设海底电缆管道管理规定实施办法》第四条报相应的审批机关,由审批机关商国家能源部门审定。在实施上述路由调查、勘测60天前,

---

① 参见《铺设海底电缆管道管理规定实施办法》第五条。

所有者应将《规定》第五条要求提供的资料报主管机关备案。在实施铺设施工 60 天前,所有者应将最后确定的路由等资料一式五份,依照《规定》第六条的有关要求报主管机关批准,由主管机关发给铺设施工许可证。

(2) 对在石油开发区内铺设平台间或者平台与单点系泊间的海底电缆、管道,在实施路由调查、勘测和铺设施工 60 天前,所有者应分别将《规定》第五条、第六条要求提供的资料报主管机关备案。

27.3 海底电缆管道保护制度

为加强海底电缆管道的保护,国土资源部于 2004 年 1 月发布了《海底电缆管道保护规定》(2004 年 3 月 1 日起施行)。根据该规定,国务院海洋行政主管部门负责全国海底电缆管道的保护工作,沿海县级以上地方人民政府海洋行政主管部门负责本行政区毗邻海域海底电缆管道的保护工作。

《海底电缆管道保护规定》主要包括:

(1) 禁止在海底电缆管道保护区内从事挖砂、钻探、打桩、抛锚、拖锚、底拖捕捞、张网、养殖或者其他可能破坏海底电缆管道安全的海上作业的行为;

(2) 国家鼓励为海底电缆管道线路和保护区设立标识;

(3) 省级以上人民政府海洋行政主管部门应当每年向社会发布海底电缆管道公告;

(4) 海底电缆管道所有者进行海底电缆管道的路由调查、铺设施工,对海底电缆管道进行维修、改造、拆除、废弃时,应当在媒体上向社会发布公告;

(5) 实行海底电缆管道保护区制度,省级以上人民政府海洋行政主管部门商同级有关部门划定海底电缆管道保护区,沿海宽阔海域为海底电缆管道两侧各 500 米、海湾等狭窄海域为海底电缆管道两侧各 100 米、海港区内为海底电缆管道两侧各 50 米为保护区范围。

《军事设施保护法》、《石油天然气管道保护条例》、《电信条例》、《广播电视设施保护条例》和《电力设施保护条例》等其他法律、法规，也对海底电缆管道的铺设管理作出了相关规定。

28 我国缔结和参加的涉海国际条约

人类利用和开发海洋已有几千年的历史。随着人类利用海洋的程度日益增高，沿海各国在海上的交往越来越紧密，国家间对于利用海洋的矛盾也不断凸显。为了寻求合作和共同发展，各国不断达成妥协，越来越多地直接利用条约的形式来确定彼此间的权利义务关系。涉海国际条约不仅是国际法的重要渊源，也是各国国内立法的重要渊源之一。一国政府批准加入或核准的条约对该国有拘束力，是一国海洋法律的重要渊源，也是一国享有海洋权益、承担条约义务的主要依据。

我国缔结和参加的涉海国际条约主要包括多边条约和双边条约两种方式。参加的多边条约中，最重要的是被称为"海洋宪法"的《联合国海洋法公约》（简称《公约》）。全国人大常委会于1996年5月15日批准加入《公约》。除《公约》外，联合国、国际海事组织等也制定了许多有影响力的涉海条约，内容涉及海上航行安全、海洋环境保护、海洋渔业、水下文化遗产、生物多样性等多个方面，补充和发展了《公约》所建立的海洋法律制度。我国政府积极参与国际事务，批准加入了一大批涉海条约，对我国海洋法律制度的发展产生重要影响。

28.1 《联合国海洋法公约》的主要内容

第三次联合国海洋法会议于1973年12月召开，历时近10年，共召开11期16次会议。各国经过长时间艰苦的谈判和反复较量，终于在1982年4月达成一致，实现重大历史性突破，形成了《联合国海洋法公约》。

这是人类历史上第一部涵盖最广泛、内容最丰富的海洋法典，对国家在不同海洋空间的权利和义务进行了全面、明确的规范，确立了现代海洋法的基本制度，为在世界范围内和平利用海洋提供了基本法律框架。

国际海洋法律制度的主要内容包括：内水、领海、毗连区、用于国际航行的海峡、群岛水域、专属经济区、大陆架、公海、国际海底区域等不同海域的法律制度，以及国家在利用和保护海洋方面遵守的原则和规则，即海洋环境的保护和保全、海洋科学研究、海洋技术的发展和转让、争端的解决等各个方面的规则。

28.1.1 领海

《公约》规定"沿海国的主权及于其陆地领土及其以外邻接的一带海域，在群岛国的情形下则及于群岛水域以外邻接的一带海域，称为领海"。每一沿海国有权确定其领海的宽度，但其领海最大宽度从领海基线量起不超过12海里。

领海是沿海国领土的组成部分，沿海国主权不仅及于领海的水域，也扩展到领海的上空、海床和底土。根据国际上公认的原则，国家对领海主权的行使，如同对本国其他领域一样，没有原则差别。

28.1.1.1 领海基线

基线是测算沿海国领海和其他海域向海一面的起算线。在《公约》制定之前，基线仅仅是领海的起算线，所以常被称为"领海基线"。由于《公约》还确定了毗连区、专属经济区和大陆架制度，基线也构成了这些海域的起算线。

测算领海宽度的基线有三种，即：正常基线、直线基线和混合基线。正常基线是以沿海国官方承认的大比例尺海图所标明的沿岸低潮线为基线。直线基线是"在海岸线极为曲折的地方，或者如果紧接海岸有一系列岛屿"的情况下，选择沿岸和岛屿外缘的适当点，以直线连接各相邻点形成的一条折线。直线基线的划定不应在任何明显程度上偏离海岸的一般方向，而且基线内的海域必须充分接近陆地领土，使其受内水制度的支配。混合基线则是交替使用正常基线和直线基线确定领海基线。此外《公约》对特殊情况下的领海基点和基线问题作了专门规定。

28.1.1.2 领海的无害通过

沿海国行使领海主权时应允许外国船舶无害通过其领海。在《公约》的限制下，所有国家的船舶均享有无害通过领海的权利。所谓"无害"是指外国船舶在通过领海时，不得以任何方式方法损害沿海国的和平、良好秩序或安全。对于《公约》第十九条第二款列举的12种情况，外国船舶进行其中任何一项，都应被视为损害了沿海国的和平、良好秩序或安全。所谓"通过"是指船舶在领海上的继续不停和迅速的航行，允许停船和下锚的情况仅限于通常航行所附带的、不可抗力、遇难所必要的或救助遇险人员、船舶或飞机。所以，若船舶通过领海时进行捕鱼、科研、测量以及其他与通过没有直接关系的活动，都不能被视为"无害通过"。

对于外国船舶的无害通过，沿海国有权制定关于无害通过的法律和规章，并享有为外国船舶指定海道，要求其遵守分道通航制度的权利。除按照《公约》的规定外，沿海国不应妨碍外国船舶无害通过领海；并负有将其所知的在其领海内对航行有危险的任何情况妥为公布的义务。

对外国军舰是否享有无害通过沿海国领海的问题，海洋大国与发展中国家存在不同主张，《公约》对此问题采取了调和折中的办法，未就军事船舶是否具有无害通过权作出明确规定，而是赋予沿海国政府制定法律法规的权利，自行决定军舰通过其领海是否须经事先通知或事先批准。对于军舰不遵守沿海国有关通过领海的法律和规章的情形，沿海国可要求其立即离开领海。若因此给沿海国造成损害的，还应由船旗国负国际责任。

28.1.2 毗连区

毗连区是指在领海之外而又毗连于领海的具有一定宽度的区域。毗连区的外部界限从领海基线算起不超过24海里。毗连区制度作为国际制度的一部分,最早出现在1958年《领海和毗连区公约》中。至1982年《公约》通过,这一制度得以保留。

毗连区是为了保护国家某些利益而设置的特殊区域。根据《公约》规定,沿海国在这一区域中享有一种特殊管制权,但此种管制权并不改变该水域的法律地位。沿海国为防止外国船舶在其领土或领海内发生违犯其海关、财政、移民或卫生等法律规章的行为,或对违反上述法律和规章的行为进行惩治处罚,可以对船舶采取必要的管制,如临检、调查、搜查和逮捕,或实行海关监管、实施卫生检疫等。

28.1.3 专属经济区

专属经济区是指领海以外并邻接领海的一个区域,其宽度从领海基线量起不应超过200海里,包括区域内的水体、海床和底土。专属经济区是现代海洋法的新概念,是第三次联合国海洋法会议对有关国家管辖海域问题的新发展,体现了沿海国扩大自己国家沿海的管辖区范围,行使更多管辖权限的要求。

28.1.3.1 沿海国在专属经济区的权利和义务

沿海国在专属经济区内享有的权利包括:①主权权利。即以勘探和开发、养护和管理海床和底土及其上覆水域自然资源(无论为生物资源或非生物资源)为目的的主权权利,以及在该区内从事经济性开发和勘探,如利用海水、海流和风力生产能等活动的主权权利。但是《公约》第五十六条第三款的规定说明,虽然专属经济区制度涉及对区域内海床和底土资源的权利,但这一部分实际上适用于大陆架制度的规定。②管辖权。一是沿海国对人工岛屿、设施和结构的建造和使用的管辖权;二是沿海国对海洋科学研究的管辖权;三是对海洋环境保护和保全的管辖权。

《公约》同时规定,沿海国在其专属经济区内还必须履行一些义务,主要有:①沿海国有义务采取正当的养护和管理措施,以确保专属经济区内的生物资源不致过度开发;②沿海国在没有能力捕捞全部可捕量时,应通过一定安排,准许其他国家进入其专属经济区内捕捞可捕量的剩余部分;③在专属经济区和大陆架内构建人工岛屿、设施和结构,须遵守《公约》的有关规定,如对此类构造应妥为通知;并对其存在维持永久性的警告方法。已被放弃或不再使用的,应予以撤除或妥为公布其深度、位置和大小等。

28.1.3.2　其他国家在专属经济区内的权利和义务

《公约》第五十八条规定,所有国家,不论是沿海国还是内陆国,在专属经济区内都享有航行和飞越的自由、铺设海底电缆和管道的自由以及与这些自由有关的海洋的其他国际合法用途,诸如同船舶和飞机的操作及海底电缆和管道的使用有关的符合本公约其他规定的那些用途。

包括内陆国和地理不利国在内的其他国家,享有在沿海国专属经济区捕捞生物资源的适当剩余部分的权利。

各国在专属经济区内的主要义务是:根据《公约》行使其权利和履行其义务时,应适当顾及沿海国的权利和义务,并应遵守沿海国按照《公约》的规定和其他国际法规则所制定的不相抵触的法律和规章。

28.1.3.3　剩余权利问题

《公约》采取列举的方式规定了沿海国和其他国家在专属经济区的权利和义务。但随着客观情况的变化发展,产生了一些新的问题,例如,对专属经济区的军事测量活动、水下考古发掘活动的管辖权、剩余捕鱼权的行使等。对于这部分权利的归属,《公约》没有明确规定,就产生了所谓的"剩余权利"问题。《公约》第五十九条只对解决因这种剩余权利而发生的冲突做了原则性规定,"应在公平的基础上参照一切有关情况,考虑到所涉利益分别对有关各方和整个国际社会的重要性,加以解决"。但《公约》同时规定"其他国家在行使权利和履行义务时,应适当顾及沿海国的权利和义务"。因此,其他国家在沿海国专属经济区的活动不应损害沿海国的利益。

28.1.4 大陆架

沿海国的大陆架包括其领海以外依其陆地领土的全部自然延伸,扩展到大陆边外缘的海底区域的海床和底土,如果从测算领海宽度的基线量起到大陆边的外缘的距离不到 200 海里,则扩展到 200 海里的距离。如果沿海国大陆架自然延伸超过 200 海里的,需要根据《公约》第七十六条规定划定其外部界限,但大陆架在海床上的外部界线的各定点,一般不应超过从测算领海宽度的基线量起 350 海里。沿海国主张 200 海里以外大陆架的,应向联合国大陆架界限委员会提交其确定 200 海里以外大陆架外部界限的划界案。

大陆架不是沿海国领土的组成部分,沿海国对大陆架的权利不影响其上覆水域或水域上空的法律地位。

28.1.4.1 沿海国对大陆架的权利

沿海国对大陆架的权利,主要表现在对开发大陆架自然资源享有特殊权利。沿海国对大陆架的权利不决定于有效或象征性的占领或任何明文公告。

(1) 主权权利

沿海国为勘探大陆架和开发其自然资源的目的,对大陆架行使主权权利。这种自然资源包括海底和底土的矿物和其他非生物资源,以及属于定居种的生物,在可收获阶段在海床上或海床下不能移动或其躯体需与海床或底土保持接触才能移动的生物。沿海国的这种权利是专属性的,沿海国可以通过自己勘探开发,或授权外国人开发来行使这项权利。若沿海国不行使此项权利,其他任何人不经沿海国明示同意不得从事此项活动。

(2) 专属权利

沿海国享有授权和管理为一切目的在大陆架上进行钻探的专属权利。

(3) 管辖权

沿海国对大陆架上的人工岛屿、其他合乎《公约》目的的设施和结构的建造和使用拥有专属管辖权，以及对可能干扰沿海国在区内行使权利的设施和结构拥有专属权利。沿海国对这种人工岛屿、设施和结构拥有海关、财政、卫生、安全和移民的法律和规章方面的管辖权。

28.1.4.2 沿海国负有的义务

除为了勘探大陆架，开发其自然资源和防止、减少和控制管道造成的污染有权采取合理措施外，沿海国对于其他国家在大陆架上铺设或维持海底电缆和管道的活动负有不得加以阻碍的义务。

《公约》第七十八条规定，沿海国对大陆架权利的行使，不得对航行和《公约》规定的其他国家的其他权利和自由有所侵害，或造成不当的干扰。

《公约》第八十二条还要求沿海国对200海里以外的大陆架上的非生物资源的开发，按照一定的比例和年限向国际海底管理局缴付费用或实物，并由国际海底管理局根据公平分享的标准进行分配。但《公约》对于本条款的具体执行，包括由谁（国家还是开采企业）缴付资源费用或实物、如何计算缴付数量、交付时间、海管局在管理和公平分配收入方面的职权以及有关争端解决机制等并没有作出规定。

28.1.5 公海

公海是指"不包括在国家的专属经济区、领海或者内水或者群岛国的群岛水域内的全部海域"。公海不包括其水域覆盖的海底区域。公海只用于和平目的，对所有国家开放，不受任何国家的支配和管辖。

28.1.5.1 公海自由

每个国家不论是沿海国还是内陆国，在公海均有航行、飞越、捕鱼、科学研究、铺设海底电缆和管道以及建造国际法容许的人工岛屿和其他设施六项自由。

公海航行自由是公海自由中最主要、最基本的内容。《公约》第九十条规定"每个国家,不论是沿海国或内陆国,均有权在公海上行驶悬挂其旗帜的船舶"。也就是说一切国家的船舶,不论是商船或军用船舶,均有权在公海自由航行,除受船旗国管辖和国际法的限制外,不受其他国家的支配和管辖。

28.1.5.2　各国在公海的普遍义务

各国在行使公海自由时,还受到《公约》有关规定的限制。《公约》第九十四条至第一百一十五条规定了船旗国在公海上的义务与管辖权以及各国的一般性义务和管辖权。各国普遍具有的义务包括禁止贩运奴隶的义务、合作制止海盗行为的义务、禁止非法贩运麻醉药品的义务等。

28.1.5.3　登临权和紧追权

为了实现各国公海上的管辖权,《公约》赋予各国一项特别的权利——登临权。一国军舰发现外国船舶有下列嫌疑情况的,可以进行登船检查:①从事海盗行为;②从事奴隶贩卖;③从事未经许可的广播而军舰所属国具有管辖权;④没有国籍;⑤虽悬挂外国旗帜或拒不展示其旗帜,而事实上却与该军舰同属一个国籍。登临权也可以由一国的军用飞机和经正式授权并有清楚标识可以识别的为政府服务的任何其他船舶或飞机行使。

紧追权,是指沿海国对违反该国法律并从该国管辖范围内的水域驶向公海的外国船舶进行追逐,将其拿捕和交付审判的权利。它是沿海国管辖权的扩大和延伸。紧追权的行使须遵循一定的条件和程序。若外国船舶违反沿海国法律规章,沿海国可对该外国船舶行使紧追权。此项追逐须在外国船舶或其小艇之一在追逐国的内水、群岛水域、领海或毗连区内时开始,而且只有追逐未曾中断,才可在领海或毗连区外继续进行。追逐到船舶进入其本国领海或第三国领海为止。

另外,《公约》对各国国民公海捕鱼自由作出了一些限制规定,明确了各国养护公海生物资源的义务。所有国家均有义务为各该国国民采取，或与其他国家合作采取养护公海生物资源的必要措施，使捕捞的鱼种或与捕捞鱼种相关联的鱼种数量维持在一定水平，保证生产的持续和物种的繁殖。各国在养护与管理生物资源方面有进行合作的义务，凡其国民开发相同生物资源，或在同一区域内开发不同生物资源的国家，应进行谈判，以期采取养护有关生物资源的必要措施。为达到养护管理公海区域内生物资源的目的，各国应在适当情形下进行合作，设立分区域或区域渔业组织。

28.1.6 国际海底区域

国际海底区域，在《公约》中专称"区域"，指"国家管辖范围以外的海床和洋底及其底土"，即不包括在国家的内水、领海、专属经济区和大陆架或者群岛国的群岛水域的海床和洋底及其底土内的全部海底区域。沿海国划定其大陆架的外部界限时，也就间接确定了"区域"的边界。

国际海底区域是《公约》创立的新的国际法概念。传统海洋法中，公海制度只涉及公海的水域而没有扩及海底区域的海床和底土。随着人们对国际海底资源的认识不断深入，海底矿藏开发利用的法律问题也随之而来。经过各国的不断协商，最终形成了如今的"区域"制度。《公约》对国际海底区域的规定，包括四部分：①《公约》第十一部分规定；②附件三：探矿、勘探和开发的基本条件；③附件四：企业部章程；④《公约》"关于执行第十一部分的协定"（含三个附录）。

28.1.6.1 支配"区域"的原则

《公约》明确规定，人类共同继承原则为国际海底区域法律制度的基础和核心。"区域"内资源的一切权利属于全人类。根据这一原则，确定了适用于区域的五项具体原则：①不得把"区域"及其资源据为己有。"区域"及其资源对所有国家开放，任何国家不应对"区域"的任何部分及其资源主张或行使主权或主权权利。②对"区域"及其资源实行国际管理的原则。由国际海底管理局代表全人类对"区域"及其资源进行管理。③各国公平分配经济利益的原则，在没有歧视的基础上公平分配从"区域"内活动中取得的财政及其经济利益，并特别照顾发展中国家的利益。④和平利用区域的原则。⑤保护海洋环境的原则。

28.1.6.2 平行开发制度

"区域"内资源的勘探和开发，应在国际海底管理局的组织和控制下进行。国际海底管理局采用平行开发制控制有关的资源开发活动。所谓平行开发制，一方面，由管理局的开发机构企业部代表全人类直接从事勘探和开发；另一方面，缔约国及其国有企业、或在缔约国担保之下的具有该国国籍的自然人或法人也可以与管理局协作的方式进行。具体做法是：在一海底区域被勘探后，开发申请者要向管理局提供两块具有同等价值的矿址。管理局选择其中一块作为保留区，留待自己直接开发，另一块由申请开发者开发，每年交纳固定的开采费。开发申请者在经营中取得的利润还要提成，和国际海底管理局自己开发取得的利润一并分给全体公约的成员国。

这个做法是当时只有少数发达国家拥有开发的技术和资金而大多数国家还不具备开发能力情况下的产物，是发展中国家和发达国家相互妥协的产物。但由于《公约》第十一部分平行开发制度明显强调发展中国家的利益，美国、英国等发达国家迟迟不批准加入。而且《公约》对深海海底开发的估计超前，深海海底资源的大规模商业开采目前尚不可能。为此，《执行〈公约〉第十一部分的协定》做了巧妙修改和补充，对缔约国的费用承担、企业部的资金和经营特权、技术转让和生产限额等问题进行了修改。《公约》第十一部分被更改、取消的条款就由《协定》所取代。凡是递交批准书，加入《公约》的国家，都视为同样接受《协定》的约束。此后表示愿意接受《公约》约束的国家，即表示同样愿意接受《协定》的约束。

此外，《公约》还对缔约国或国际组织对"区域"内活动承担的赔偿责任做了规定。

28.1.6.3 国际海底管理局

国际海底管理局是《公约》成立的三个国际机构之一，代表全人类行使职权，负责组织和控制国际海底区域内活动，特别是管理区域资源。《公约》第十一部分第四节详细地规定了管理局的设立、性质和原则，管理局的组成、程序和职责。管理局由大会、理事会、秘书处和企业部组成，理事会下设法律和技术委员会和经济规划委员会，以协助理事会执行相应任务。

大会是管理局的最高权力机关，由全体成员国组成，每年召开一届常会，必要时可召开特别会议。理事会是管理局的执行机关，由36个成员国组成，通过大会选举产生。理事会制定各种具体政策，采取措施，审查计划，在管理局的实际工作中掌握实际权力，起着最重要的作用。企业部是在区域内直接进行勘探、开发活动以及从事运输、加工和销售从区域回收的矿物的机关。

28.1.7 用于国际航行的海峡

鉴于海峡在国际航运中的重要作用，《公约》第三部分特别规定了用于国际航行的海峡。构成用于国际航行的海峡必须具有以下两个要素：一是在国际海运和航行中具有重要价值；二是两端连接公海或专属经济区。根据使用通行制度的不同，用于国际航行的海峡可以分为两类：一类是连接公海或专属经济区的一部分和公海或专属经济区另一部分之间的用于国际航行的海峡，在这种海峡中，所有飞机和船舶均享有过境通行的权利，适用过境通行制度；另一类是《公约》第四十五条规定的用于国际航行的海峡，适用无害通过制度。

过境通行制度是指以过境为目的，继续不停、迅速地通过两端连接公海或专属经济区的用于国际航行的海峡[1]。过境通行制度是《公约》建立

---

[1] 张海文等著：《〈联合国海洋法公约〉图解》，法律出版社2010年版，第27页。

的一种全新的海峡通行制度,是一种附加条件的航行和飞越自由,其通行的自由度介于无害通过和航行自由之间。《公约》规定了过境通行的飞机和船舶应遵守的义务,外国船舶过境通行时,非经海峡沿岸国事前准许,不得进行任何研究或测量活动。海峡沿岸国有制定关于过境通行的法律和规章的权利,出于船舶安全通过的考虑,可于必要时为海峡航行指定海道和规定分道通航制。海峡沿岸国负有"不应妨碍"和"不应予以停止"过境通行的义务,并有将其所知的海峡内或海峡上空对航行或飞越有危险的任何情况妥为公布的义务。

适用无害通过制度的海峡有两种,主要体现在《公约》第四十五条的规定中,包括:在公海或专属经济区的一部分和外国领海之间的海峡;由海峡沿岸国的一个岛屿和该国大陆形成的、且该岛向海一面有一条在航行和水文特征方面同样方便的穿过公海或专属经济区的航道的海峡。

28.1.8　群岛国

28.1.8.1　群岛和群岛国

群岛国制度是《公约》规定的一项新的海洋法律制度。群岛具有特别的地理特征,因此《公约》第四十六条明确了群岛的定义:"一群岛屿,包括若干岛屿的若干部分、相连的水域或其他自然地形,彼此密切相关,以致这种岛屿、水域和其他自然地形在本质上构成一个地理、经济和政治的实体,或在历史上已被视为这种实体。"一个国家若能证明其全部领土由一个或者多个群岛构成,并可包括其他岛屿,则可主张成为法律意义上的群岛国。

28.1.8.2　群岛基线

《公约》第四十七条规定,群岛国可以用连接群岛最外缘各岛和各干礁的最外缘各点的直线作为群岛基线,这种基线应包括主要的岛屿和一个区域,在该区域内,水域面积和包括环礁在内的陆地面积的比例应在1:1

到 9∶1 之间。这种基线并不同于划定领海的直线基线，要受到一定条件的限制：群岛基线的长度不应超过 100 海里，但围绕任何群岛的基线总数中至多 3% 可超过该长度，最长以 125 海里为限，且不应在任何明显的程度上偏离群岛的一般轮廓。群岛基线是测量群岛国领海、毗连区、专属经济区和大陆架宽度的起始线。

28.1.8.3 群岛水域的法律地位

群岛基线所包围的水域，称为群岛水域。群岛水域地位特殊，既不同于内水，也不同于领海。群岛国对群岛水域享有主权，其主权及于群岛水域的上空、海床和底土，以及其中所包含的资源。同时，群岛国的主权行使受《公约》有关群岛国规定的限制，主要表现在其他国家在群岛水域内通行的权利，相邻国家在群岛水域的某些区域内的传统捕鱼权利和其他国家维护已铺设的海底电缆的权利。

28.1.8.4 群岛水域的通过制度

由于国际航行的需要，《公约》第五十三条规定，群岛国可指定适当的海道和其上的空中航道，以便外国船舶和飞机继续不停和迅速通过或飞越其群岛水域和邻接的领海。所有的外国船舶和飞机都享有这种通过权。如果群岛国没有指定海道或空中航道，外国船舶和飞机可通过正常用于国际航行的航道，行使群岛海道通过权。在不妨碍群岛海道通过和群岛内水制度的情况下，所有国家船舶享有无害通过群岛水域的权利。

28.1.9 《公约》确立的其他制度

除上述不同海洋空间的法律制度外，《公约》还对海洋环境的保护和保全、海洋科学研究、争端解决机制等问题做出了规定。

28.1.9.1 海洋环境的保护和保全

对于海洋环境的保护和保全，《公约》建立了一套全面、有约束力和可直接执行的关于保护和保全海洋环境的制度，其中规定了普遍的法律义务，并且还呼吁有关方面编写和执行处理具体问题的详细规则。

各国有保护和保全海洋环境的义务。各国在制定符合《公约》的国际规则、标准和建议的办法及程序时，应在全球性或区域性的基础上，直接或通过主管国际组织进行合作，同时考虑到区域特点。

《公约》规定了国家管辖范围内防止和控制海底活动对海洋环境造成污染的法律制度。《公约》第二百零八条和第二百一十四条，各国通过并执行国家法律的规章，防止、减少和控制其管辖范围内海底活动或与海底活动有关，以及根据第六十条和第八十条的规定，其管辖范围内人工岛屿、装置和结构造成的海洋环境污染，而且这些国内法律和规章的效力不得低于国际规则、标准和建议的实践和程序。还要求各国努力在适当的区域一致协调其政策。

28.1.9.2 海洋科学研究

对于海洋科学研究活动的管理，1982年《公约》赋予沿海国在其管辖的各类海域中，对海洋科学研究或海洋测量拥有不同程度的权利。但是，《公约》的规定比较笼统，而且，更重要的是既未明确"海洋科学研究"或"测量活动"的定义或概念，也未规定"海洋科学研究"或"测量活动"的种类，更无法对科技发展所带来的法律问题进行规定。

在《公约》制定之前，关于海洋科学研究问题，国际法一般仅承认在沿海国领海水域所进行的研究必须取得沿海国的同意；至于在领海以外的海域，原则上各国享有科学研究自由，唯一例外是涉及大陆架研究时，若进行实地研究则必须取得沿海国同意。但是，若有适当机构提出请求，而目的在对大陆架物理或生物特征进行纯科学研究时，沿海国通常不得拒绝同意。

28.1.9.3 争端解决机制

《公约》中的争端解决机制是多层次的，其争端解决机制的多重性、强制性和复杂性是其他任何公约无法相比的。它既考虑到争端解决的一般性程序又考虑到争端解决的职能性程序，既容纳了争端当事方在争端解决方法方面的自由选择又强调了争端当事方在自由选择失败后，有义务接受导致有拘束力裁判的强制程序。

关于和平方法解决国际争端，是国际社会创立的一项重要国际法制度。《公约》把《联合国宪章》第三十三条第一项所列的解决争端方法作为可供选择的范例。可以采取谈判、调停、调查与和解等政治方法，或仲裁和司法解决等法律方法。

根据《公约》规定，缔约国在采用自行选择的和平方法解决其争端失败后，有义务将争端交付《公约》第十五部分第二节规定的导致有拘束力裁判的强制程序解决（《公约》第二百八十六条）。这种程序的强制性体现在争端各方只要不能自行选择解决方法，争端任何一方可将争端提交该程序，而不需要争端各方再达成专门同意。而且这种程序是法律程序，争端当事方要遵守通过该程序作出的裁决或判决。适用这种强制程序的法律机构有四个：海洋法法庭、国际法院、仲裁法庭以及特别仲裁法庭。

但适用上述程序也有例外。并非所有海洋争端都必须适用上述强制程序解决，《公约》第十五部分第三节规定了适用上述强制程序的限制和例外情况。依据《公约》第二百九十八条，缔约国可以对以下三类争端不接受导致有拘束力裁判的强制程序：（1）关于划定海洋边界的第十五条（领海划界）、第七十四条（专属经济区划界）和第八十三条（大陆架划界）在解释或适用上的争端，或涉及历史性海湾或所有权的争端；（2）关于军事活动，包括从事非商业服务的政府船只和飞机的军事活动的争端，以及根据第二百九十七条第二款和第三款不属法院或法庭管辖的关于行使主权权利或管辖权的法律执行活动的争端；（3）正由联合国安理会执行《联合国宪章》所赋予职务的争端。而《公约》第二百九十七条第二款和第三款规定的争端有两类：一类是关于在沿海国专属经济区和大陆架上进行海洋科学研究的规定在解释或适用上的争端。

28.2 我国加入的其他多边涉海国际条约

28.2.1 海事安全有关条约

国际海事组织（International Maritime Organization，IMO）是联合国负责海上航行安全和防止船舶造成海洋污染的专门机构。该组织制定和修改了多项条约，涉及海事安全、提高航行效率、海事责任等内容，对促进海事安全，防止和控制船舶污染起到了重要作用。

28.2.1.1 《国际海上人命安全公约》

《国际海上人命安全公约》于1974年11月1日在伦敦签订，1980年5月25日生效。该公约旨在为船舶建造、设备和操作规定最低的标准，以保障海上航行船舶上的人命安全。公约主要内容涉及船舶检验、船舶证书、船舶构造、消防和救生设备、航行安全、无线电设备、谷物运输和危险货物运输等诸多方面。船旗国有义务确保悬挂其国旗的船舶遵守该公约的要求，港口国则有权对停泊在其港口的其他缔约国船舶进行证书等方面的检查。该公约已经过了40余次的修正和补充，对船舶的技术要求不断提高，这对减少船舶事故、保障海上人命安全以及保护海洋环境起到了积极的作用。

我国于1980年1月7日加入该公约，1980年5月25日公约对我国生效。

28.2.1.2 《制止危及海上航行安全非法行为公约》

《制止危及海上航行安全非法行为公约》于1988年3月在罗马制定，1992年3月1日生效。2005年10月，国际海事组织召开会议，审议并通过了《制止危及海上航行安全非法行为公约》2005年议定书，对危及海上航行安全非法行为进行了补充。

该公约的适用范围比较宽泛，只要非法行为发生在沿海国领海之外或罪犯是在缔约国发现的，都可以适用。① 该公约在界定"非法行为"时不问动机或目的，只要针对船舶、人员、货物、导航设施的破坏行为，足以影响船舶安全航行，都构成非法行为。②

该公约采用了"非引渡即起诉的原则"。对于在其领土内发现的罪犯或嫌疑人，如果缔约国不将其引渡给具有管辖权的任何国家，则该缔约国应采取必要措施，确定其管辖权。

《制止危及海上航行安全非法行为公约》在管辖范围和对非法行为的界定上，都一定程度地弥补了《联合国海洋法公约》对"海盗行为"的界定过于严格、影响打击海上非法行为的缺陷，对于加强打击海上非法行为以及保障海上航行安全具有重要意义。

我国于1991年8月20日提交批准书，但对该公约第十六条第一款有关争端解决的规定提出了保留。1992年3月1日该公约对我国生效。

28.2.1.3 《制止危及大陆架固定平台安全非法行为议定书》

《制止危及大陆架固定平台安全非法行为议定书》于1988年3月在罗马制定，1992年3月1日生效。《制止危及大陆架固定平台安全非法行为议定书》是目前国际上唯一的保护大陆架固定平台方面的国际性协定，对于打击危害固定平台的非法行为，保障固定平台的安全具有重要意义。

《制止危及大陆架固定平台安全非法行为议定书》规定，"固定平台"是指用于资源的勘探或开发或用于其他经济目的的永久依附于海床的人工岛屿、设施或结构。因此，根据《联合国海洋法公约》的有关规定，沿海国对这种固定平台享有专属权利和专属管辖权。

---

① 对于在领水之内的非法行为，缔约国可依据其国内法进行打击。
② 《制止危及海上航行安全非法行为公约》规定的犯罪行为主要包括：以武力或武力威胁或其他恐吓形式夺取或控制船舶；对船上人员施用暴力，而该行为有可能危及船舶的航行安全；毁坏船舶或对船舶或其货物造成有可能危及船舶航行安全的损坏；以任何手段把某种装置或物质放置或使之放置于船上，而该装置或物质有可能毁坏船舶或对船舶或其货物造成损坏而危及或有可能危及船舶航行安全；毁坏或严重损坏海上导航设施或严重干扰其运行，而此种行为有可能危及船舶的航行安全；传递其明知是虚假的情报，从而危及船舶的航行安全；因从事上述罪行或未遂而对他人造成伤亡；唆使他人从事上述罪行或罪犯的同谋；威胁某自然人或法人，迫使其从事或不从事某种行为，而这种威胁可能危及船舶的航行安全。

作为《制止危及海上航行安全非法行为公约》的议定书,《制止危及大陆架固定平台安全非法行为议定书》适用范围同《制止危及海上航行安全非法行为公约》一致。《制止危及大陆架固定平台安全非法行为议定书》在管理海上设施的非法行为方面也反映了《制止危及海上航行安全非法行为公约》的本质内容,将下列在大陆架固定平台上或针对大陆架固定平台的非法活动,列为犯罪,主要有:以武力或武力威胁或任何其他恐吓形式夺取或控制固定平台;对固定平台上的人员施用暴力,该行为有可能危及固定平台的安全;毁坏固定平台或对固定平台造成可能危及其安全的损坏;将可能毁坏固定平台或危及其安全的装置或物质放置或使之放置在固定平台上;因从事上述犯罪活动及犯罪未遂而伤害或杀害他人;唆使他人从事上述罪行或罪犯的同谋;威胁某自然人或法人,迫使其从事或不从事某种行为,而这种威胁可能危及固定平台的安全。根据该议定书,缔约国对于针对位于其大陆架上的固定平台的罪行或发生在该固定平台上的罪行,以及其本国国民所犯的上述罪行,具有优先管辖权,缔约国有权采取必要措施,确定并行使管辖权。至于哪种管辖权更为优先,协定没有做出明确规定。

2005年10月,国际海事组织召开外交大会,审议并通过了《制止危及大陆架固定平台安全非法行为议定书》2005年议定书。[①]《制止危及大陆架固定平台安全非法行为议定书》2005年议定书扩大了原议定书规定的犯罪范围,为达到胁迫某一人员、或强迫一国政府或国际组织为或不为某种行为的目的,而故意实施的非法行为,也被视为犯罪。

我国于1991年8月20日提交批准书,1992年3月1日议定书对我国生效。

28.2.2 防治海洋污染有关条约

28.2.2.1 1973年《国际防止船舶造成污染公约》及其1978年议定书

1973年,国际海事组织通过了《国际防止船舶造成污染公约》。1978

[①] 截至2009年12月,该2005年议定书尚未生效。

年通过议定书对该公约有关内容进行了修订和补充。《经 1978 年议定书修正的 1973 年国际防止船舶造成污染公约》(以下简称"MARPOL 73/78")于 1983 年 10 月 2 日生效。

"MARPOL 73/78"旨在防止并消除船舶排放油类和其他有害物质对海洋的污染,以及最大限度地减少船舶海损事故造成污染。该《公约》适用于除军用和政府非商业性船舶外的任何类型的船舶,以及固定和浮动的采油平台。该《公约》以船舶为规范对象,对于船体机构、船舶操作以及在港口建立接收设施等方面提出了一系列严格的要求。《公约》加强了对违章船舶的处置,一方面,无论在什么地方违反公约规定,船旗国均应按照国内法禁止并制裁该行为;另一方面,在任一缔约国管辖区域以内的任何违反公约行为,也应按照该缔约国的法律予以禁止和制裁。

1984 年以来,"MARPOL 73/78"基本上每年都有修正和更新,是防止船舶污染方面最具影响力的国际公约。我国于 1983 年 7 月 1 日交存加入书,该《公约》于 1983 年 10 月 2 日对我国生效。《公约》有六个附则,我国已全部加入,这些附则已对我国生效。

28.2.2.2 《防止倾倒废物及其他物质污染海洋的公约》及其议定书

《防止倾倒废物及其他物质污染海洋的公约》(以下简称《伦敦公约》)于 1972 年在伦敦签订,1975 年 8 月生效。1996 年《伦敦公约》缔约国协商大会政府间特别会议通过了《〈防止倾倒废物及其他物质污染海洋的公约〉议定书》(以下简称《议定书》)。《伦敦公约》缔约国如成为《议定书》缔约国,则《议定书》取代《伦敦公约》。《伦敦公约》旨在防止向海洋倾倒废弃物,有效地保护海洋环境。《伦敦公约》的适用范围包括内水以外的所有海域。对于内水,缔约国有权自主决定是否适用。

《伦敦公约》及其《议定书》对"废物"做了宽泛的解释,指任何种类、形态或形式的材料和物质。《议定书》要求各缔约国采取"预防方法",保护海洋环境不受倾倒和海上焚烧的危害,规定了污染者付费的原则,增加了对在海床及其底土进行倾废活动的管辖。《议定书》以"反列名单"的方式列出七类"可以考虑倾倒的废物或其他物质",比《伦敦公约》只规定哪些物质不可以倾倒的"禁止名单"更为严格。

2006年11月2日,《议定书》第一届缔约方会议确定将"二氧化碳海床下封存"列为废物海洋处置的可选方案。2008年10月第三届会议,通过了一项关于海洋施铁肥的决议,将海洋施肥铁活动纳入《伦敦公约》和《议定书》的管辖范围,禁止合法科学研究活动以外的海洋施铁肥活动。我国于1985年加入《伦敦公约》,并于2006年10月成为《议定书》的缔约国。

28.2.3 《联合国鱼类种群协定》

《执行1982年12月10日〈联合国海洋法公约〉有关养护和管理跨界鱼类种群和高度洄游鱼类种群的规定的协定》(以下简称《联合国鱼类种群协定》)于1995年8月4日通过,2001年12月11日正式生效。截至2009年11月2日,《联合国鱼类种群协定》缔约方共有77个。

《联合国鱼类种群协定》是关于公海渔业养护和管理的最重要的多边条约之一。其目标是通过有效执行《联合国海洋法公约》的相关条款,确保长期养护和可持续使用跨界和高度洄游鱼类种群。[①]《联合国鱼类种群协定》确定了许多新的原则,主要有:预防性做法的适用、考虑生态系的管理、发展和使用有选择性渔具、强调船旗国的责任和义务、强化区域或分区域渔业管理组织和"安排"的功能和作用、考虑发展中国家的特殊需要、及时收集和共用完整的捕鱼活动数据、加强有效的监测、管制和监督,以实施和执行养护管理措施。

我国于1996年11月6日签署了该协定,但尚未批准。我国在签署该协定时发表了如下声明:①对协定第二十一条第七款的理解:中国政府认为,船旗国授权检查国采取执法行动涉及船旗国的主权和国内立法,经授权的执

---

① 《海洋和海洋法秘书长的报告》,A/63/128,第11段。

法行动，应限于船旗国授权决定所确定的行动方式与范围，检查国在这种情况下的执法行为，只能是执行船旗国授权决定的行为。②对协定第二十三条一款（f）规定的理解是：该项规定要求检查国应保证其正式授权的检查员"避免使用武力，但为确保检查员安全和在检查员执行职务时受到阻碍时而必须使用者除外，并应以必要限度为限，使用的武力不应超过根据情况为合理需要的程度"。我国政府对该项规定的理解是：只有当经核实被授权的检查员的人身安全，以及他们正当的检查行为受到被检查船上的船员或渔民所实施的暴力危害和阻挠时，检查人员方可对实施暴力行为的船员或渔民，采取为阻止该暴力行为所需的，适当的强烈措施。需要强调的是，检查人员采取的武力行为，只能针对实施暴力行为的船员或渔民，绝对不能针对整个渔船或其他船员或渔民。

此外，联合国粮农组织还组织制定了《管理捕捞能力国际行动计划》、《在延绳捕鱼中减少附带捕获海鸟国际行动计划》、《养护和管理鲨鱼国际行动计划》、《负责任渔业行为手册》以及《公海上的深海渔业管理国际准则》、《港口国预防、制止和消除非法、不报告、不管制捕鱼的措施协定》等，对于规范海洋渔业秩序具有重要意义。

28.2.4 《保护水下文化遗产公约》

2001年联合国教科文组织制定了《保护水下文化遗产公约》，专门规定了水下文化遗产保护的规则，制订了保护水下文物遗产的高标准，对有关水下文物的科学研究活动、考古活动、开发活动做了不同的规定。《公约》没有具体规定保存、保护和处置水下文化遗产的规则，尤其是对沿海国对位于其专属经济区和大陆架上的海底文物享有哪些权利和义务没有明确的规定。《保护水下文化遗产公约》的制定，弥补了在水下文化遗产保护方面存在的国际法空白。

《保护水下文化遗产公约》将水下文化遗产定义为，"至少100年来，周期性地或连续地，部分或全部位于水下的具有文化、历史或考古价值的所有人类生存的遗迹"。① 海底铺设的管道和电缆不应视为水下文化遗产。该公约确立了就地保护原则以及严格保护准则，确认了缔约国拥有管理其内海、群岛水域和领海中的有关海底文物活动的专属权利，确认了缔约国可管理和批准在毗连区内开发水下文化遗产的活动。确立了沿海国在其专属经济区内、大陆架上及在国际海底区域内，在执行保护水下文化遗产措施方面建立包括提供报告、咨询及协调在内的国际合作规则的权利和义务。

该《公约》对"开发水下文化遗产的活动"与"无意中影响水下文化遗产的活动"进行了区分，所谓"开发水下文化遗产的活动"系指以水下文化遗产为其主要对象，并可能直接或间接对其造成损伤或破坏的活动，可以分为对水下文化遗产的商业性开发活动和科研等非商业性开发活动。"无意中影响水下文化遗产的活动"系指尽管不以水下文化遗产为主要对象或对象之一，但可能对其造成损伤或破坏的活动，如捕鱼、海底电缆与管道的铺设以及海底矿产资源开发等。根据该《公约》，不得对水下文化遗产进行商业开发，禁止以交易或投机为目的而对水下文化遗产进行商业性开发，水下文化遗产不得作为商品进行交易、买卖和以物换物。根据该《公约》，批准开发水下文化遗产的活动必须看它是否符合保护该遗产之要求，在符合这种要求的情况下，可以批准进行一些有助于保护、认识或改善水下文化遗产的活动。只要不妨碍对水下文化遗产的保护和管理，应当鼓励人们以负责的和非闯入方式进入仍在水下的水下文化遗产，以对其进行考察或建立档案资料，从而使公众认识到应当了解、欣赏和保护水下文化遗产。进行其他水下文化遗产开发活动时必须注意对这些遗产的保护。

《保护水下文化遗产公约》回避了水下文化遗产的所有权问题。《保

---

① 如遗址、建筑、房屋、工艺品和人的遗骸，及其有考古价值的环境和自然环境；船只、飞行器、其他运输工具或上述三类的任何部分，所载货物或其他物品，及其有考古价值的环境和自然环境；具有史前意义的物品。

护水下文化遗产公约》对于在各个不同水域中打捞出来的水下文化遗产的所有权归属问题,几乎完全省略未提。《保护水下文化遗产公约》对水下文化遗产的文化、历史和考古起源国的权利重视不够。《保护水下文化遗产公约》确立的"就地保护"原则对属于"无意中影响水下文化遗产的活动",如海底电缆管道的铺设等,没有明确规定。

我国尚没有加入《保护水下文化遗产公约》,该公约没有反映我国关注的来源于我国的水下文化遗产流失的问题,且其规定同我国国内有关法律存在一定冲突,尤其是对位于我国管辖海域外、起源于我国的水下文化遗产,《保护水下文化遗产公约》的规定将对我国依据本国法律所享有的所有权的行使构成限制。

28.3 我国与周边国家签订的双边涉海条约

我国一向主张通过双边谈判解决与海上邻国间的海洋争端。通过多年的努力,在海洋渔业和海洋划界问题上取得了一些成果,签署的双边协定成为我国海洋条约的重要内容。

28.3.1 中韩渔业协定

我国与韩国自1997年起建立海洋法磋商机制,就海洋划界及其他海洋法问题交换意见。通过磋商,增进了彼此有关海洋法立场的了解。双方通过谈判于2000年8月3日签订了《中华人民共和国政府和大韩民国政府渔业协定》。该协定是中韩在划定两国专属经济区和大陆架界线之前就渔业问题达成的临时性安排,为共同养护和管理海洋生物资源,维护海上正常作业秩序创造了条件。该协定划定了"暂定措施水域",就两国国民相互入渔、过渡水域安排、渔业活动管理、海洋生物资源养护以及海洋生物资源科学研究合作等事项作出了规定。

28.3.2 中日渔业协定

1972年,中日建交后,两国政府在此前民间渔业安排基础上通过谈判于1975年8月正式签订了《中日渔业协定》。进入20世纪90年代后,随着《联合国海洋法公约》的生效,国家在海洋上的权利发生了变化,两国间又重新启动了渔业谈判。1996年12月至1997年11月,中日两国在海洋法问题磋商机制框架下举行渔业谈判,双方同意在两国东海专属经济区划界前就渔业问题作出临时性安排。为此,双方于1997年11月11日签订了新的《中华人民共和国和日本国渔业协定》。2000年6月1日,该协定正式生效。

新的渔业协定规定,协定的使用水域为我国的专属经济区和日本的专属经济区。双方同意,为确保本协定的实施,设立中日渔业联合委员会,定期举行会议,就协定执行有关事宜进行协商。

28.3.3 中越划界协定和渔业协定

中越于1993年正式启动了两国政府的边界谈判机制,确认在"和平共处五项原则"基础上,通过协商解决两国包括海上和陆地上的边界领土问题。在中越政府级边界谈判框架下,中越两国于2000年12月25日签署了《中华人民共和国和越南社会主义共和国关于两国在北部湾领海、专属经济区和大陆架的划界协定》,解决了两国之间北部湾海洋划界问题。这是我国第一个海上划界协定,成为通过协商解决海洋划界问题的范例。该协定规定,中越在北部湾的领海、专属经济区和大陆架分界线,由以21个界点及其之间的20段直线连线而组成,自北仑河入海口起,大致向南延伸,至协定规定的北部湾封口线止,全长约500公里。

中越两国在该划界协定的框架基础上,于2000年12月25日就在北部湾开展渔业合作事宜签订了《中华人民共和国政府和越南社会主义共和国政府北部湾渔业合作协定》,在北部湾设立了"共同渔区"和"过渡性安排水域",并规定了两国渔民捕鱼作业的管理措施。

中越双方代表于2004年6月30日在河内互换了《北部湾划界协定》的批准书。同时，两国外交当局就《中越北部湾渔业合作协定》生效事互换了照会。同日，上述两协定同时生效。

附录：

我国主要的海洋立法

内容分类	序号	名称	发布机关	发布日期	施行日期	备注
海洋区域基本制度	1	中华人民共和国领海及毗连区法	全国人大常委会	1992年2月25日	1992年2月25日	
	2	中华人民共和国专属经济区和大陆架法	全国人大常委会	1998年6月26日	1998年6月26日	
	3	中华人民共和国政府关于领海的声明	中华人民共和国政府	1958年9月4日	1958年9月4日	
	4	中华人民共和国政府关于领海基线的声明	中华人民共和国政府	1996年5月15日	1996年5月15日	
	5	中华人民共和国政府关于钓鱼岛及其附属岛屿领海基线的声明	中华人民共和国政府	2012年9月10日	2012年9月10日	
海域使用管理	6	中华人民共和国海域使用管理法	全国人大常委会	2001年10月27日	2002年1月1日	
	7	国务院关于国土资源部《报国务院批准的项目用海审批办法》的批复（国函〔2003〕44号）	国务院	2003年4月19日	2003年4月19日	
	8	关于印发《临时海域使用管理暂行办法》的通知（国海发〔2003〕18号）	国家海洋局	2003年8月20日	2003年8月20日	
	9	关于印发《海域使用论证评审专家库管理办法》的通知（国海管字〔2004〕90号）	国家海洋局	2004年3月4日	2004年3月4日	
	10	关于印发《海域使用论证资质管理规定》的通知（国海发〔2004〕21号）	国家海洋局	2004年6月29日	2004年6月29日	
	11	关于印发《海域使用权管理规定》的通知（国海发〔2006〕27号）	国家海洋局	2006年10月13日	2007年1月1日	

续表

内容分类	序号	名称	发布机关	发布日期	施行日期	备注
海域使用管理	12	国家海洋局关于印发《海域使用权登记办法》的通知（国海发〔2006〕28号）	国家海洋局	2006年10月13日	2007年1月1日	
	13	关于印发《海洋功能区划管理规定》的通知（国海发〔2007〕18号）	国家海洋局	2007年7月12日	2007年8月1日	
	14	关于印发《海域使用论证管理规定》的通知（国海发〔2008〕4号）	国家海洋局	2008年1月23日	2008年3月1日	
	15	关于印发《海域使用权证书管理办法》的通知（国海发〔2008〕24号）	国家海洋局	2008年9月18日	2009年1月1日	
	16	财政部、国家海洋局关于印发《海域使用金减免管理办法》的通知（财综〔2006〕24号）	财政部、国家海洋局	2006年7月5日	2006年10月1日	
	17	国家发展改革委、国家海洋局关于印发《围填海计划管理办法》的通知（发改地区〔2011〕2929号）	国家发改委、国家海洋局	2011年12月5日	2011年12月5日	
海洋环境保护	18	中华人民共和国海洋环境保护法	全国人大常委会	1999年12月25日	2000年4月1日	1次修订
	19	中华人民共和国环境影响评价法	全国人大常委会	2002年8月29日	2002年12月1日	
	20	中华人民共和国海洋石油勘探开发环境保护管理条例	国务院	1983年12月29日	1983年12月29日	
	21	中华人民共和国海洋倾废管理条例	国务院	1985年3月6日	1985年4月1日	
	22	防止拆船污染环境管理条例	国务院	1988年5月18日	1988年6月1日	
	23	中华人民共和国防治陆源污染物污染损害海洋环境管理条例	国务院	1990年6月22日	1990年8月1日	

续表

内容分类	序号	名称	发布机关	发布日期	施行日期	备注
海洋环境保护	24	中华人民共和国自然保护区条例	国务院	1994年10月9日	1994年12月1日	
	25	防治海洋工程建设项目污染损害海洋环境管理条例	国务院	2006年9月19日	2006年11月1日	
	26	中华人民共和国防治海岸工程建设项目污染损害海洋环境管理条例	国务院	2007年9月25日	2008年1月1日	
	27	防治船舶污染海洋环境管理条例	国务院	2009年9月9日	2010年3月1日	
	28	关于印发《海洋工程环境影响评价管理规定》的通知（国海环字〔2008〕367号）	国家海洋局	2008年7月1日	2008年7月1日	
	29	关于印发《海洋油气开发工程环境保护设施竣工验收管理办法》的通知（国海环字〔2008〕64号）	国家海洋局	2008年2月1日	2008年2月1日	
	30	关于印发海洋石油勘探开发溢油应急响应执行程序的通知（国海环字〔2006〕428号）	国家海洋局	2006年8月23日	2006年8月23日	
	31	关于印发《倾倒区管理暂行规定》的通知（国海发〔2003〕23号）	国家海洋局	2003年11月14日	2004年1月1日	
	32	关于发布《海洋自然保护区管理办法》的通知（国海法发〔1995〕251号）	国家海洋局	1995年5月29日	1995年5月29日	
	33	关于印发《海洋石油平台弃置管理暂行办法》的通知（国海发〔2002〕21号）	国家海洋局	2002年6月24日	2002年6月24日	
	34	海洋特别保护区管理办法（国海发〔2010〕21号）	国家海洋局	2010年8月31日	2010年8月31日	

续表

内容分类	序号	名称	发布机关	发布日期	施行日期	备注
海岛保护	35	中华人民共和国海岛保护法	全国人大常委会	2009年12月26日	2010年3月1日	
	36	中华人民共和国海洋环境保护法	全国人大常委会	1999年12月25日	2000年4月1日	
	37	关于全国海岛保护规划的批复（国函〔2012〕11号）	国务院	2012年2月29日	2012年2月29日	
	38	关于印发全国海岛保护规划的通知（国海发〔2012〕22号）	国家海洋局	2012年4月18日	2012年4月18日	
	39	关于印发《无居民海岛使用申请审批试行办法》的通知（国海岛字〔2011〕225号）	国家海洋局	2011年4月20日	2011年4月20日	
	40	关于印发《无居民海岛使用权登记办法》的通知（国海岛字〔2010〕775号）	国家海洋局	2010年12月7日	2010年12月7日	
	41	关于印发《无居民海岛使用权证书管理办法》的通知（国海岛字〔2010〕776号）	国家海洋局	2010年12月7日	2010年12月7日	
	42	关于印发《无居民海岛使用测量规范》的通知（国海岛字〔2011〕365号）	国家海洋局	2011年6月9日	2011年6月9日	
	43	关于推进《海岛保护法》生效前已用岛活动确权登记工作的意见（海岛字〔2011〕45号）	国家海洋局海岛办、中国海监总队	2011年8月24日	2011年8月24日	
	44	关于印发《无居民海岛保护和利用指导意见》的通知（海岛字〔2011〕44号）	国家海洋局海岛办	2011年8月22日	2011年8月22日	

续表

内容分类	序号	名称	发布机关	发布日期	施行日期	备注
海岛保护	45	财政部、国家海洋局关于印发《无居民海岛使用金征收使用管理办法》的通知（财综〔2010〕44号）	财政部、国家海洋局	2010年6月13日	2010年6月13日	
	46	关于印发《海岛名称管理办法》的通知（国海发〔2010〕16号）	国家海洋局	2010年6月28日	2010年6月28日	
	47	关于印发《海岛界定与数量统计方法》的通知（海岛字〔2010〕18号）	国家海洋局海岛办	2010年12月15日	2010年12月15日	
	48	关于印发《钓鱼岛及其部分附属岛屿标准名称》的通知（国海发〔2012〕13号）	国家海洋局	2012年3月2日	2012年3月2日	
	49	国家海洋局关于印发《领海基点保护范围选划与保护办法》的通知	国家海洋局	2012年9月11日	2012年9月11日	
海洋资源开发与保护	50	中华人民共和国矿产资源法	全国人大常委会	1996年8月29日	1997年1月1日	
	51	中华人民共和国渔业法	全国人大常委会	2004年8月28日	2004年8月28日	经2次修正
	52	中华人民共和国野生动物保护法	全国人大常委会	2004年8月28日	2004年8月28日	1次修正
	53	中华人民共和国可再生能源法	全国人大常委会	2010年4月1日	2010年4月1日	
	54	中华人民共和国渔业法实施细则	国务院批准，农牧渔业部发布	1987年10月20日	1987年10月20日	
	55	盐业管理条例	国务院	1990年3月2日	1990年3月2日	
	56	中华人民共和国水生野生动物保护实施条例	国务院批准，农业部发布	1993年10月5日	1993年10月5日	
	57	中华人民共和国矿产资源法实施细则	国务院	1994年3月26日	1994年3月26日	

第3篇 我国的海洋法律制度 437

续表

内容分类	序号	名称	发布机关	发布日期	施行日期	备注
海洋资源开发与保护	58	中华人民共和国对外合作开采海洋石油资源条例	国务院	2011年9月30日	2011年11月1日	经3次修订
海洋科学研究	59	中华人民共和国测绘法	全国人大常委会	2002年8月29日	2002年12月1日	1次修正
	60	中华人民共和国涉外海洋科学研究管理规定	国务院	1996年6月18日	1996年10月1日	
	61	地质资料管理条例	国务院	2002年3月19日	2002年7月1日	
	62	地质勘探资质管理条例	国务院	2008年3月3日	2008年7月1日	
	63	基础测绘条例	国务院	2009年5月12日	2009年8月1日	
	64	地质资料管理条例实施办法	国土资源部	2003年1月3日	2003年3月1日	
	65	外国的组织或者个人来华测绘管理暂行办法	国土资源部	2007年1月19日	2007年3月1日	
水上交通安全	66	中华人民共和国海上交通安全法	全国人大常委会	1983年9月2日	1984年1月1日	
	67	中华人民共和国港口法	全国人大常委会	2003年6月28日	2004年1月1日	
	68	中华人民共和国打捞沉船管理办法	国务院批准，交通部发布	1957年10月11日	1957年10月11日	
	69	外国籍非军用船舶通过琼州海峡管理规则	国务院	1964年6月8日	1964年6月8日	
	70	中华人民共和国对外国籍船舶管理规则	国务院批准，交通部公布	1979年9月18日	1979年9月18日	
	71	中华人民共和国航道管理条例	国务院	2008年12月27日	2009年1月1日	1次修订
	72	中华人民共和国渔港水域交通安全管理条例	国务院	1989年5月5日	1989年8月1日	
	73	中华人民共和国海上交通事故调查处理条例	国务院批准，交通部公布	1990年1月11日	1990年3月3日	

续表

内容分类	序号	名称	发布机关	发布日期	施行日期	备注
水上交通安全	74	中华人民共和国海上航行警告和航行通告管理规定	国务院批准，交通部发布	1993年1月11日	1993年2月1日	
	75	中华人民共和国船舶和海上设施检验条例	国务院	1993年2月14日	1993年2月14日	
	76	国际航行船舶进出中华人民共和国口岸检查办法	国务院	1995年3月21日	1995年3月21日	
	77	中华人民共和国航标条例	国务院	1995年12月3日	1995年12月3日	
	78	中华人民共和国国际海运条例	国务院	2001年12月11日	2002年1月1日	
	79	中华人民共和国渔业船舶检验条例	国务院	2003年6月27日	2003年8月1日	
	80	沿海航标管理办法	交通部	2003年7月10日	2003年9月1日	
	81	中华人民共和国航道管理条例实施细则	交通部	2009年6月23日	2009年6月23日	
海底电缆保护	82	铺设海底电缆管道管理规定	国务院	1989年2月11日	1989年3月1日	
	83	海底电缆管道保护规定	国土资源部	2004年1月9日	2004年3月1日	
	84	铺设海底电缆管道管理规定实施办法	国家海洋局	1992年8月26日	1992年8月26日	

资料来源：根据我国法律法规检索系统、国家海洋局网站资料编辑而成。